交锋二十年

AMERICA'S TRADE
POLICY TOWARDS
JAPAN

[澳] 约翰·昆克尔 著

殷建峰 于杰
译 校

四川人民出版社

图书在版编目（CIP）数据

交锋二十年/（澳）约翰·昆克尔著；殷建峰译.
—成都：四川人民出版社，2024.05
ISBN 978-7-220-13494-4

Ⅰ.①交… Ⅱ.①约…②殷 Ⅲ.①日美关系－双边贸易－研究 Ⅳ.①F753.13②F757.12

中国国家版本馆 CIP 数据核字（2023）第 185100 号

AMERICA'S TRADE POLICY TOWARDS JAPAN @ 2003 John Kunkel
Authorized translation from English language edition published by Routledge，a member of Taylor & Francis Group LLC；All Rights Reserved.

Sichuan People's Publishing House is authorized to publish and distribute exclusively the Chinese（Simplified Characters）language edition. This edition is authorized for sale throughout Mainland of China. No part of the publication may be reproduced or distributed by any means，or stored in a database or retrieval system，without the prior written permission of the publisher.

Copies of this book sold without a Taylor & Francis sticker on the cover are unauthorized and illegal.

四川省版权局著作权合同登记号：21-24-029

JIAOFENG ERSHI NIAN
交锋二十年

【澳】约翰·昆克尔 著　　殷建峰 译　　于杰 校

出　版　人	黄立新
策　划　人	罗　茵
责任编辑	袁　璐　邵显瞳
责任校对	舒晓利
责任印制	祝　健
装帧设计	张　科
出版发行	四川人民出版社（成都三色路 238 号）
网　　　址	http://www.scpph.com
E-mail	scrmcbs@sina.com
新浪微博	@四川人民出版社
微信公众号	四川人民出版社
发行部业务电话	（028）86361653　86361656
防盗版举报电话	（028）86361661
照　排	四川胜翔数码印务设计有限公司
印　刷	成都东江印务有限公司
成品尺寸	145mm×210mm
印　　　张	15.625
字　　　数	333 千
版　　　次	2024 年 5 月第 1 版
印　　　次	2024 年 5 月第 1 次印刷
书　　　号	ISBN 978-7-220-13494-4
定　　　价	79.00 元

■版权所有·侵权必究

本书若出现印装质量问题，请与我社发行部联系调换
电话：（028）86361653

目 录

001 **自序**
005 **序：现有国际经济秩序仍将延续**

001 | **第一章 概述**
第一节 在国家和社会的接合部，构建理论体系/004
第二节 概述主要论点/008

013 | **第二章 解读美国贸易政策：国家－社会理论的研究方法**
第一节 针对贸易政策的体系理论存在局限性/014
第二节 贸易政策体制是一种"国内结构"/031
第三节 游说联盟、理念和面向政策的学习/039

047 | 第三章　美国贸易政策经历了一场体制危机

第一节　作为一种条件变量的国内体制危机 / 048

第二节　美国经济的相对衰退和来自日本的挑战 / 059

第三节　里根经济学和体制危机的国内根源 / 075

第四节　进攻性的双边主义崛起了 / 082

096 | 第四章　强硬派与自由贸易派针锋相对

第一节　NTT 和高科技目标：焦点在于边境保护 / 097

第二节　一边"剥洋葱"，一边争论产业政策 / 116

第三节　自由贸易派：对强硬派严加管控 / 124

第四节　体制危机和《市场导向多领域谈判方案》以及新政策开端 / 140

147 | 第五章　《半导体协议》：强硬派迎来高光时刻

第一节　日本对内存市场的主导和高科技工作组的设立 / 148

第二节　拯救危机中的战略性产业 / 155

第三节　倾销诉讼增强了美国的谈判筹码 / 166

第四节　暧昧的交易、20%的目标以及报复的动力 / 171

第五节　正确看待第一份半导体协议 / 178

第六章 里根、老布什和面向结果的多领域诉求 ... 184

第一节 汽车零部件争端：当国产化率遇到自愿进口扩张 / 185

第二节 摩托罗拉和克雷科技：为结果而战 / 196

第三节 半导体协议更新版和必须达到的 20% 目标 / 209

第四节 里根—老布什时代留下的遗产 / 220

第七章 强硬派高歌猛进 ... 224

第一节 国会、日本和超级 301 / 225

第二节 美国公司和日本难题 / 233

第三节 修正主义：强硬派学习建立范式 / 238

第四节 肥沃的土壤和隐性的强硬派 / 253

第八章 自由贸易派与日本经济的结构性障碍 ... 260

第一节 经济学家与日本问题 / 261

第二节 《结构性障碍问题协议》/ 276

289　第九章　修正主义者与强硬派领袖的邂逅

第一节　克林顿的拥趸们重任在肩 /290

第二节　"能拿多少就拿多少"：一种对抗性框架 /305

第三节　适度的结果：第一份框架协议 /318

第四节　汽车行业危如累卵 /325

第五节　强硬派势力衰退了 /333

340　第十章　日本问题黯然失色

第一节　从克林顿到小布什 /340

第二节　一些理论观点和未来的美日贸易关系 /345

第三节　新的挑战者及其挑战 /355

360　注释
391　引述和摘录指南
431　参考文献
481　缩略词表

自序

美国人想打开日本市场并非一时心血来潮，他们一直在穷尽所能，做各种尝试。我们可以上溯至 1853 年，当时马修·佩里准将率领四艘"黑船"来到静冈，要求跟日本人做生意。对很多日本人来说，美国在 20 世纪后期的贸易政策，跟当年的炮舰外交相对照，真可谓殊途同归。与此同时，在美国国内有一大批人认为，日本的封闭市场对美国和全球经济繁荣而言，是一种显而易见的危害。

写这本书是想阐明美国在 20 世纪 80 年代和 20 世纪 90 年代敲开日本市场的政策探索，而这些探索又是以结果为导向的。也许有人会问，为什么市面上已经有很多美日贸易关系的书，而你偏偏还要再写一本呢？理由很多，仅举三例。

其一，时间会给我们距离感，而距离又会带给我们全新的视角。针对美国的"日本难题"所开展的课题研究，绝大多数都出现于美日两国双边贸易冲突此起彼伏的时期。但是有句话说得好：要等尘埃落定，再去寻找最初扬起尘埃的因素是什么。在关注某些特定谈判的时候，即使是美国对日政策中一些最深谋远虑的学者，也没能充分考虑长期结构性因素和历史偶然性的作用。例如，莱昂纳多·舒帕在他的著作中曾开宗明义地建议，"事物的变化越多，就越会表现出相同的东西"（Schoppa，1997）。但是经过一段更长的观察期（连同一部分事后诸葛亮式的领悟），我们能够看到，事物已经改变得相当多了。

其二，本书的研究内容跟那些专研美日贸易关系的经济学家相比，存在明显的区别：他们通常把关注的重点放在经济领域，而在提出政治分析架构时，总是讲不清楚所以然（Lincoln 1990，1999；Bergsten and Noland，1993；Bergsten，2001）。

本书虽然是针对经济学领域的研究，但是以国际政治经济学和贸易政治的文献为根基，其目标是追根溯源：当时发生了什么，以及为什么会发生；至于什么样的经济政策可以避免两大经济强权发生灾难性的冲突，则涉及不多。以结果为导向的美国对日贸易政策之所以时而被奉为圭臬，时而被弃置一旁，是因为多种因素的复杂交织，进而显得难以避免。本书的主要工作就是要找出那些为数不多的变量因素，因为它们对于研究课题来说，起到了最重要的解释性杠杆作用。

其三，有非常多的美国和日本学者涉足美日贸易关系的研究，这是很正常的事。实际上，我从他们的著作中获益匪浅。即便如此，我总觉得自己虽然是一个"局外人"，但是真的可以再做一点什么。贸易政策虽然堪称最枯燥乏味的研究课题，但是它也能够唤醒强烈的民族主义情绪。在 20 世纪 80 年代和 20 世纪

· 自序 ·

90年代的美日贸易冲突中，情况尤其如此。尽管这个争议性的话题我也无法回避，但有一个事实可以拿出来说一说，那就是，我提供了一个观察美国对日贸易政策的新视角，它既不是美国人的，也不是日本人的，而是一名澳大利亚人的。

这本书的面世得到了许多人的协助。承蒙澳大利亚日本研究中心的彼得·德赖斯代尔教授多年来的学术指导，他很耐心，而且风趣幽默，这份恩情此生定当加倍奉还。我也很感激邰若素、斯图尔特·哈里斯和格雷戈·诺贝尔，这几位学者经常跟我讨论，直言不讳，裨补阙漏。在我就读澳大利亚国立大学期间，有很多同学也给了我不小的支持，特别是希瑟·史密斯、托尼·沃伦、卢克·高尔、克里斯·保伽莱尔、宋立刚、戈登·德·布劳威尔、温妮莎·塔姆斯、多米尼克·威尔逊、寺田隆、冲本次郎。还要感谢我在澳大利亚日本研究中心工作期间的同事们，他们对我总是不厌其烦，有求必应。

我很幸运，在奖学金的资助下，花了一年时间就完成博士学位的全部课程。要特别致谢的是国际经济研究所的弗雷德·伯格斯滕及其团队，正是他们给了我一生中难得一遇的机会，可以在华盛顿工作和游历将近一年。现在，我的书架上摆满了国际经济研究所历年来出版的精品。我特意从中挑出来一本，麦克·戴斯勒的著作，给研读美国贸易政策的学生们作参考书，同时，对于绝大多数严谨的学者来说，这本书堪称典范：竟然把一个学术命题描绘得这么生动精彩，令人惊艳。

在我的研究过程中，美国政府和日本政府的很多前任和现任官员接受了我的面对面访谈，分享了他们的看法，特别是在访谈时间上，给了我很大的自由度，在此一并致谢。本书摘录的访谈资料只是其中的一小部分，很多时候真的难以取舍。勤勉辛劳的公务人员在公共政策研究作品中抛头露面的机会太少了，弥足珍贵。

最后，我要感谢我的太太安妮，感谢她给我的鼓励和支持，我将白首不渝。

约翰·昆克尔
2002 年 5 月

序

现有国际经济秩序仍将延续

战后的美日贸易摩擦始于 1950 年代中，恰逢美国努力帮衬日本成为 GATT（关税和贸易总协定）成员的关口；两国贸易争端白热化起于 1980 年前后，其时，美日作为创始成员共同促成 G5 已然数年（加拿大、意大利将其扩容为 G7 还要等 7 年），之后，两国贸易争端不断升级，并持续十几年。这对各自经济发展、国内政策以及法规都产生了深远影响，也给世界经济史留下了不可多得的记录。

两国贸易摩擦，源于日本产品向美国的海量出口。其影响自美国国内受影响产业/从业者始，媒体跟进、学者研究到立法者最终形成贸易法案，政府相关部门全程介入，只是不同阶段角色不同。美国相关各方大致经历了这样一个参与过程。本书作者就此完整记录了两国贸易争端从激化到渐次消退的二十年，就美国而言，是在国际政治经济环境变化背景下，其全国上下思想变化的过程，此间通过的贸易法案，则是当下其对外贸易政策的重要构成。

战后不独日本同美国存在贸易摩擦，只是日美更为激烈，且日本有着东亚经济体同美国经贸关系的代表性。

回望二战后近八十年的国际经贸史，如此之多同美国相关的贸易摩擦，无论是否是美国先挑起，人们不免会有这样的疑问，为什么都涉及美国而不是莫桑比克或者委内瑞拉？绝大多数情况下（如果不是全部），皆因为美国是他国的出口目的国，贸易争端的美国对手方，均需要美国的消费市场，都需要美元。一个不能否认的事实是，二战后的"世界工厂"是几个国家轮流做，但最大的终端消费市场则一直没有换，即美国。这就是战后延续至今的国际经贸秩序：参与全球化的各国生产经营活动均围绕着美元展开。美元因此被视为货币霸权，但正如日美贸易争端白热化阶段所示：美元霸权恰恰是这些以美国为目标市场的出口导向国共同努力的结果。

时下，经常能看到"日本在 1980 年代曾意图同美国争霸"的说法，通读本书及日本经贸参与者在 1980 年代时的言论会发现，日本从未有过这样的打算。同美国争霸，就不会去努力赚美元进而维系美元的地位，就不会努力保持一个净出口国的角色。这两者间是一个悖论。在可见的未来，这类经济体都不可能也没有真正的意愿去颠覆现有的国际经济秩序，否则就是自掘坟墓。因为其发展模式、分配机制已经决定了如离开外需（增长），其经济将停滞甚至陷入衰退的深渊，一如过去三十年的日本，只是日本仍然居于发达经济体行列。不是每个经济体都这么幸运。

读史可以明智。行天丰雄先生曾告诉我说，《日本经济奇迹》和《时运变迁》系列出版后，国内去拜访他的官员、学者日增。

· 作者序 ·

一位官方机构博士曾紧握他的手说：行天先生，我是看了您的书才知道战后货币的演变过程。央行前行长在侧。希望本书对国内读者了解战后国际贸易史有同样的帮助。

读好书，免于无知。

于杰
2023 年 7 月

第一章

概　述

　　两相对比，情节上的反差有如云泥之别。小布什总统在2002年2月访问东京期间，对日本的表现感到满意，并对小泉纯一郎首相赞赏有加。可是明眼人一看便知，在全球力量对比中，日本这个昔日的经济巨人现如今已江河日下，不论小泉首相怎样发奋图强，想在短时间内扭转局面，绝非易事。

　　可是回想一下十年前，那完全是另一番景象。小布什的父亲，就是美国前总统老布什，开启了访日之旅，整个过程就像在拍摄一部纪录片，讲述着美国人的世纪如何从光芒四射变成日薄西山。面对日本的崛起，美国疲态尽显，无力再去加以制衡了。老布什风尘仆仆穿越太平洋，其目的人尽皆知，就是为了到日本给美国企业寻求巨额订单。也许是长途跋涉太过辛苦的缘故，他竟然在1992年1月的欢迎宴会上突然晕倒，幸好身旁的宫泽喜一首相扶了他一把。毋庸讳言，这仿佛象征了一个旧的世界秩序正在逝去，而一个新的世界秩序已悄然登场。

一个明显的事实是，从 20 世纪 90 年代初期开始，美日关系的基础出现了戏剧性的变化。很多美国人貌似刚刚开始对日本感到焦虑，担心这个国家一路高歌猛进，也许很快就会将美国的经济霸权取而代之，但是，这种情况就像坐过山车一样，甚至还没来得及喊出声，就结束了，而且角色上出现大反转：老当益壮的山姆大叔回过头来要为日本操心了，担忧其经济会不会突然崩溃。这种转变反映到美国的贸易政策中很能说明问题。在过去的差不多 20 年里，美日关系危机不断，美国人对日本市场准入政策的抱怨声此起彼伏。尤其是美国出炉了以结果为导向的对日政策之后，争议之声更是不绝于耳，这都体现在美国要求日本针对市场准入签署的双边协议中，必须要有很多明确的量化指标。

从 20 世纪 80 年代中期开始，罗纳德·里根和老布什都寻求一种多领域的、以结果为导向的对日政策。比尔·克林顿在 20 世纪 90 年代将此政策推向深入，针对日本市场提出量化目标，并以此作为美国贸易政策的核心。但是，这一政策在克林顿的第二任期被弃置不用了。后来的小布什也对"狠锤"日本兴趣不大。本书将把美国这一以结果为导向的对日市场准入政策作为线索，进行追根溯源。

这项政策，与美国此前在国际贸易谈判中的承诺大相径庭。一直以来，美国都坚持一种多边的、以过程为导向的谈判策略。二战结束以后，在关贸总协定（GATT）之下，一套多边贸易体系逐渐建立起来，尽管还存在资格审查和例外措施等诸多问题，但在此过程中，美国发挥的作用是至关重要的。那个时候的美国贸易政策圈子，存在一种对日本的传统认知，即日本异质论，简

第一章 概 述

而言之,就是美国需要一种量身定制的政策路径。1998年,在纪念关贸总协定50周年的一个论坛上,前美国贸易代表夏琳·巴尔舍夫斯基干脆把上述看法抛出来供大家讨论。她称赞多边体系取得的成就,同时特别点名了一些需要批评的国家,虽然这些国家修改了法律条文,经过持续多个回合的关贸总协定谈判来减少贸易壁垒,但是,"都没有达到关贸总协定的目标精神。他们的市场基本上仍旧保持封闭和不透明状态,并且受到一些非官方利益集团的驱使,而不是去遵循法律、法规和契约。假如我们要寻找典型案例,那么,日本就算一个"[1]。

不用讲,并非每个人都以同样的方式看到美国所面临的"日本问题"。一些分析家看到了美国做出的一些激进尝试,以撬开日本市场,他们认为这对国际贸易体系构成了主要威胁(Bhagwati 1990)。研究国际关系的学者约翰·鲁杰(John Ruggie)认定,对于多边体系的"内嵌式自由主义"理论而言,美国以结果为导向的对日政策是严重的、历史性的背离,"无论在精神层面还是在具体条文上,都是对战后秩序"的粗暴侵犯(Ruggie 1996:133)[2]。

那么,到底是何种原因,促使美国热衷于对日本市场提出带有量化指标的明确要求?又是何种原因导致该政策在20世纪90年代中期销声匿迹?

第一节　在国家和社会的接合部，构建理论体系

回答这些问题的过程，也包含了对美国贸易政策的内容和时间线进行解读。可供选择的一些理论采用了不同的层次分析法（levels-of-analysis）[3]，来研究贸易政策的主要决定因素。体系理论或者国际层面的研究方法，在理论上优先考虑的是全球政治军事力量的分配、国际经济结构，或者国际制度中体现的共同规范和信息等因素；"国内层面"的研究方法，强调的则是一些变量因素，诸如社会参与者的经济利益，国内政治结构和联盟，以及/或者中央决策者普遍的意识形态和理念等。

任何理论都需要在简约性和解释能力的双重要求之间取得平衡。为了追求简约，一些学者对体系中心论的研究模型赋予了特权地位。例如，基欧汉（Keohane 1984：16）认为，采用体系理论进行分析应该被视为理论上的第一手法，因为"在没有共同的外部问题、压力和挑战（面对国家）的概念的情况下，我们缺乏分析基础，无法鉴别那些国内利益所扮演的角色"。然而，这种"自上而下"的体系优先的主张，如果与一个具体的研究问题相隔绝，那么也往往难以令人信服。也有一些更为谨慎的体系理论家，他们对结构主义的国际关系理论（国家集合的行为方式）和外交政策理论（单一国家的行为方式）进行了区分（Waltz 1979）。在理论上采用多元化的某种方法，而不是宏大的理论模板，本书所讨论的案例，很能说明问题。

· 第一章 概 述 ·

现实主义，连同其他简约的、体系中心理论的研究方法，一致认为美国的贸易政策主要是由国际层面的变量塑造的。国内政治因素仅仅是次要的解释来源。例如，现实主义学者会强调那些对国家生存而言始终存在的威胁，并将重点放在国家实力如何在国际体系中进行配置，这是政策行为的主要决定因素。但是，正如第二章所讨论的那样，体系理论的研究方法受到"存在反例"和一种"不确定度"的困扰，这使得它们很难作为一个出发点，去解释美国贸易政策发生的那些具有历史重要性的变化。

那么，以国内政治为中心的那些理论更加"自下而上"，又会如何呢？最常见的研究方法就是将美国贸易政策与社会利益集团的要求联系起来。但是，只关注利益集团施压的模型，也遇到了理论上和经验上的问题。下一章会加以讨论，这主要是因为在政策出台的过程中，供给侧——就是指国家——仅仅被视为社会团体在物质需求方面的一个过滤器。

本书将其理论关注点指向国家与社会概念的接合部，指向那些制度、规范和利益集团，它们可以将国家与社会的各自优缺点黏合在一起加以展示。透过双镜头——美国贸易政策体制和主要的对日政策游说团体，这种国家－社会关系理论的研究方法，追溯了美国以结果为导向的对日市场准入政策的兴衰。

这种研究方法有个前提，即国家偏好——就是一些重大目标以政府的战略算计为基础并进行优先级排序——在成因上具有重要作用。这可以归结为一个假设，即国家想要什么，决定了国家要做什么，而国家偏好决定了国家正在"玩的游戏"的性质和强度[4]。恰巧，一种国家－社会理论的研究方法把排序优先级最高的国内偏好的形成过程理论化了（Moravcsik 1997）。它聚焦于国内偏好给美国贸易政策转换带来的一连串后果，而这些偏好体现了国家－社会关系的制度、标准和以利益集团为基础的特点。这与体系理论的研究方法形成了鲜明的对照，在该理论下，那些被视为"一元行为体"和"理性行为体"的国家，其目标总是被设定成恒定不变的，或者说是由外部的地缘政治环境所决定的。

这种研究方法还有第二个关键特征，就是聚焦于政策体制，对探索国内偏好形成过程起到折射作用。国内政策体制被定义为：在给定的命题范围内，调解国家－社会关系的制度、法律和共同规范，并具有持久性。把体制问题置于分析的核心，突出了一点，即在已经建立制度和行为规范的环境之中，个人和利益集团如何做出选择。制度性的变量因素不仅影响着哪些国内利益集团有机会进入决策流程，而且还塑造了这些利益集团确定其目标的方式。注意到哪些制度要素的建构并令其发挥效力，会让这种研究方法在"社会中心论"的贸易政策模型中鹤立鸡群，因为其他那些社会中心论的贸易政策模型，忽视或者低估了国内偏好在形成过程中政府所具有的变革作用。在国家－社会关系理论的这一研究方法之下，政策体制提供了极佳的观察视点，可以辨别美国对日贸易政策转变的那些广泛的决定因素，尽管制度要素并非政策的主要成因。

当政策体制构建国内贸易政治的时候，参与者会不断寻求控制权或重新制定游戏规则，声索制度的授权和资源分配，并游说决策中心关注其理念和策略的价值。追踪游说联盟——其"次级团体"负责政策解读和提供政策应对——之间的政治竞争，有助

第一章 概 述

于理解美国政策创新的那些更细微之处。引入游说团体的话,可以在解释政策变化的时候,允许共同的理念或想法[5]发挥一些(有限的)作用。探索政治与理念之间的契合度,能够阐明政策边界在哪里,以及它是如何被构思、设定和跨越的。一些非认知因素或许恰好成了政策的主要驱动力,包括国际结构变化、宏观经济冲击或广泛的执政联盟变化。但是,政策问题,或者说面向政策的学习过程,也为观念的转变预留了空间。这种转变必定会留下一些蛛丝马迹,并为以后的政策成果埋下伏笔。

有一点必须阐明,把理论关注的焦点放在美国的国家-社会关系上,并不意味着政策更容易从国内政治方面去解读。当然国家-社会的研究方法对那些"国际层面"的变量因素仍然有用,这有助于把美国贸易政策的轮廓打造得更为宽广。它所要明确论证的是,把理论基础建构于国内政治的方法,有助于理解与此相关的国际环境,在何时以及如何发生了改变。有不少学者已经明确地认识到,在国际政治中,有必要进行更偶然性的分析:整合那些来自不同分析层次的变量——尽管这些变量常常被视为相互排斥的解释来源;同时,设定一些变量条件,在此条件下,到底有哪些特定变量存在重大的因果关联(Cohen 1990;Odell 1990;Haggard 1991;Ikenberry 1996)。基于这种情况,随着时间的推移,对政策变化的案例研究,远远超出了"讲故事"的层面,尽管理论概括的范围受到了限制(Lijphart 1971;Eckstein 1975;Skocpol and Somers 1980)。把对历史背景的比照和鉴赏整合在一起,开展近距离的分析是很有价值的,尤其是在本书讨论的案例之下,有很多事件仍在轮番上演(George and McKeown 1985;

Collier 1993)。

显而易见,这本书对一系列研究项目多有借鉴。该理论的核心应归功于莫劳夫奇克(Moravcsik 1997)的"非意识形态和非乌托邦式的"自由主义理论,强调那些建立在国家－社会关系基础上的国内政策偏好。然而,这项研究更加强调制度和国家行为者的独立的因果关联,而非社会团体对国家的"绑架"。基于此点,国家－社会关系理论的研究方法,极大地借鉴了历史制度主义(historical institutionalist)政治学派(Thelen and Steinmo 1992)。制度的重要性、政治的偶然性以及"路径依赖"的作用融合在一个整体框架值中,其历史意义殊为可贵。在某一个时间点上,一些"决定"可以通过在特定的轨道上输出政策来限制未来的可能性,沿着这些轨道,"观念"和"兴趣"日益发展,"制度"和"战略"与时俱进(Weir 1992:192)。尽管如此,决策者仍有选择的余地。把游说联盟纳入国家－社会理论的研究方法,可以解决政策制定过程中、在共同理念的作用之下的政治能动性和政治选择的问题(Sabatier and Jenkins-Smith 1993)。

第二节 概述主要论点

美国对日本实行以结果为导向的市场准入政策可以追溯到 20 世纪 80 年代上半期,当时发生的一场危机,涉及了美国贸易政策的制度、法律和规范。这场体制危机是由条件变量引发的,导致 1985 年以后美国的双边市场准入政策更具攻击性,在这一过程中,日本被锁定为主要目标。通过追踪美国贸易政策圈强硬派

第一章 概　述

压倒自由贸易派的过程，可以呈现一幅更完整的图景：一项以结果为导向的对日政策正冉冉升起。

继1934年《对等贸易协定法》（Reciprocal Trade Agreements Act，RTAA）之后，美国的贸易政策体制相继出台了一系列的制度、法律和规范，美国国会也将贸易政策的主导权移交给了行政部门。在"1934体制"之下，行政部门利用这一权利来促进多边体系的"出口政治"（Destler 1995）。二战后，行政部门在贸易政策中处于主导地位，他们了解美国偏好在很大程度上取决于以过程为导向的多边贸易谈判机制。贸易壁垒的对等自由化（reciprocal liberalisation）是通过关贸总协定谈判来进行的，这使美国国会跳出是非之地，极大地避免了被保护主义者口诛笔伐，因为在20世纪30年代初，这些保护主义者的行为就有过先例，曾经导致美国的贸易保护在当时骤然升温。

正如第三章所概述，"1934体制"在20世纪80年代上半叶面临合法性危机，来自国际和国内的影响因素交织在一起，相当复杂。战后美国经济（人为）主导地位的侵蚀是这场危机的根源之一。火上浇油的是，日本的生产、出口和技术能力的扩张引发了系统性压力。此时的日本已走向前台，成为国际资本市场的新宠，从而强化了国家间贸易政策的相互依存度。美国在世界经济中的相对地位，比之日本而言，自然出现了变化，这就为后来我们解读美国以结果为导向的对日贸易政策，提供了重要的但是相对宽松的国际语境。

对于体制危机的性质、时机和强度，国内因素是至关重要的，特别是里根第一届政府做出的那些宏观经济政策决定。随着

20 世纪 80 年代初财政宽松政策的推出，美国国民储蓄急剧下降，美元持续上涨。这是一个标志性事件。尤其是在 1981 年 2 月美国经济出现衰退苗头之后，原来很有竞争力的美国贸易商品行业竟然也受到冲击，这在急剧上升的贸易赤字里有明显的反映。对美国贸易商品行业的巨大压力为两个事情提供了强力支撑：一个是日益增强的美国贸易保护意识，另一个就是 1985 年 9 月里根第二届政府基于《贸易法》第 301 条款，转而采取更加具有进攻性的双边市场开放政策。贸易战略转变的原因，大体上是国会向行政部门发出了威胁，声称要进行更有约束力的贸易立法，并大大限制行政部门的贸易政策自由裁量权。给美国工业带来竞争性挑战的烈度和双边贸易失衡的规模，有助于给日本贴上"美国的主要目标"的标签，实施新的进攻性双边主义。

第四章探讨了在体制危机之下，两个游说团体之间展开的政治竞争，针对美国的"日本问题"，其结果将如何影响政策反应。战后美国实行以过程为导向的多边贸易战略，这体现了自由贸易—良好关系这一派（自由贸易论者）的实力和偏好。贸易体制危机的爆发，将使这一派别变得溃不成军，并与新兴的强硬路线—日本异质论这一派（强硬派）的矛盾对立变得白热化。在大多数情况下，自由贸易派（集中在行政部门的高级官员、国家安全政策圈子以及专业的经济学家之列）倾向于将围绕日本问题的风险视为相对较低。相比之下，强硬派（特别是在国会、美国贸易商品行业以及面向制造业的政策分析人士中）认为风险太高，美国有必要做出重大的政策调整。

在体制危机发生之前，自由贸易派一直在约束强硬派。1985

第一章 概述

年9月，里根第二届政府向具有进攻性的双边主义转变，迎来了对强硬派有利的政策环境。于1985年开始的《市场导向多领域谈判方案》表明，里根第二届政府在解决日本问题的过程中，已朝着采取更加结构化和更具进攻性的方法过渡。结果导致在一系列正式的双边贸易协定中，美国政府的参与范围得到扩大，他们声称在确保市场准入的结果方面责无旁贷。

1986年就半导体贸易达成的一项双边协议，让强硬派取得了最重大的政策突破，其中包括将日本市场上的外国销售的市场份额按20%进行目标设定。第五章探讨的这项协议将成为多领域的、以结果为导向的政策的一部分，在里根总统的第二任期和老布什执政时期得以实施。第六章重点介绍了在其他一些领域的双边安排为什么也会显示出以结果为导向的特征，例如汽车零部件、电信、政府采购的超级计算机和计算机、玻璃和纸制品等。

在20世纪80年代下半叶，强硬派在美国贸易政策界攻城略地，政策演变的大戏即将上演。正如第七章所述，在这种情况下，美国国会和跨国公司成为主角，前者声称对美国的贸易政策当仁不让，与后者协调一致后，都对以结果为导向的对日政策提出要求。在一群有理念基础的所谓修正主义者出现后，强硬派得到了有力加持，这些修正主义者在著作中纷纷强调日本的资本主义形态具有差异性。恰逢其时的是，冷战的紧张局势日渐终结，美国的政治精英们对日本的敌意不断加深，这种氛围和环境为上述修正主义理念提供了肥沃的土壤。正如第八章所说明的那样，专业的经济学家队伍——他们过去可都是倡导自由贸易的传统卫道士——也转而支持日本异质论的观点（至少在其国际开放性方面是这样的)。从1989年开始,老布什政府签订的《结构性障碍问题倡议》(SII)将这种"学习经验"的方方面面纳入了以过程为导向的政策创新之中。

在1992年11月比尔·克林顿当选美国总统之后,要求与日本达成市场准入协议必须要有量化目标,这一政策享有更高的优先级。在第九章提到克林顿政府采用了更系统化的、以结果为导向的方法,这标志着一个新的政策时代降临了。但是,尽管克林顿政府为第一任期内达成的协议确立了一些新的基准,日本政府还是成功地大幅消减了对明确的量化指标的要求。日本的强烈抵制,加上美日两国经济状况的巨大转变,有助于解释一个问题,即为何截至20世纪90年代中期,美国采取具有进攻性的、以结果为导向的政策,后来却出现了动力不足的问题。

克林顿政府在第二任期内对市场准入更多地坚持了以过程为导向的磋商原则。小布什政府接手以后,谈判策略显得更为低调。在这一过程中,由于从20世纪90年代初开始,美国经济形势出现明显好转,同期的日本刚刚进入所谓"失去的十年",所以强硬派们提出的很多政策思路被大打折扣。第十章主要阐述从该案例研究中吸取的一些理论教训,包括对美日贸易关系未来远景的一些暗示,以及21世纪初美国贸易政策面临的其他的挑战。

第二章

解读美国贸易政策：
国家－社会理论的研究方法

国家偏好到底重不重要？这是对外经济政策理论需要直面的关键问题。如果答案是肯定的，那么该采用什么样的方式对国家偏好进行考察，在理论上才是可行的？针对美国的贸易政策，体系理论中的现实主义模型和博弈论模型，充其量是在理论上可行，因为它们排除了偏好形成的国内过程。社会中心论的模型，则又过于关注国内利益集团的要求，国家对于各种偏好的决定性作用，被轻描淡写了。

采用国家－社会理论的研究方法，会把理论上的注意力集中在制度、规范和利益集团方，它们都处于国家 社会关系的接合部。政策体制提供了极佳的观察视点，可以辨别美国对日贸易政策转变的那些广泛的决定因素。要知道，在美国的贸易政策圈子里，有很多游说团体。对他们之间展开的政治竞争进行追踪考察，可以更细微地了解政策革新的内容和时间线。尽管如此，国家－社会理论的研究方法以国内政治为基础，刻意避开了任何先前的假设，不再坚持认为单一的层次分析，就足以解释国家的贸易政策。

第一节 针对贸易政策的体系理论存在局限性

正如第一章所述，国际经济关系的体系理论更侧重于一些关键要素，比如全球政治军事力量的分布、国际经济结构、国际制度中体现的共同规范和信息，等等。传统上，他们将国家间互动的广泛模式作为主要的研究课题。占主导地位的现实主义学派强调的是给国家生存带来的长期威胁，以及在国际实力结构中的能力高低——这会影响国家行为并限制国际合作的范围（Waltz 1979；Gilpin 1981）。国际制度主义理论接受了现实主义理论的许多核心假设，同时更着力于多边机制和规范，因为那可以创造更多的合作机会，产生更多的政治成果（Krasner 1983；Keohane 1984）。

体系理论或许是国际关系高水平研究的逻辑起点，但在解释外国经济政策内容的能力方面，更容易引发争议。鉴于该理论的解释力偏弱，以国家为主体行为者的美国贸易政策模型，建议更多地采用"自下而上"的方法，注重将贸易政策偏好与政策结果联系起来的国内程序。于是研究者们开始对偏好进行层次分析，扭转了"当代国际关系理论家几乎普遍的假设，即应将'现实主义'和'[国际]制度主义'这样的体系理论作为分析的第一切入点；与此同时，研究者们还把涉及国内偏好形成过程的一些理论加以参考，单独对那些'存在反例'进行解释"（Moravcsik

第二章　解读美国贸易政策：国家—社会理论的研究方法

1997：516）。遗憾的是，体系理论的研究方法尚未找到一种成果丰硕的偏好理论（Powell 1994）。在国家被视为一元行为体和理性行为体的情况下，国家的目标通常会假定为：要么一成不变，要么极易受到外部地缘政治环境变化的影响。上述的后一种假定，又被视为解释政策变化的关键。当然，这些假定并没有依据，只不过约定俗成。

我们假定偏好关系重大，但这并不意味着，国家想干什么就干什么，而无须顾虑其他参与者。真正的战略和政策所映衬出的，不仅仅是一个国家自身的偏好，更是所有国家的偏好组合（Moravcsik 1997：523）。同样的，国家—社会理论的研究方法也不是试图把政策行动的主要来源，单纯地定位于国内政治因素。举例来说，国内的经济参与者，其偏好就并非简单地来自国内的经济资产和禀赋。很明显的是，那些资产和禀赋在全球经济中的相对位置也可谓利益攸关（Gourevitch 1978，1986；Katzenstein 1978，1985；Milner 1988；Rogowski 1989）。问题的重点在于，并不是要去否认国际层面的因素在多源分析中所具有的重要作用，恰恰相反，而是要鉴别出一种分析框架，有助于明确这些（国际的）因素在什么时候以及如何发挥其重要作用。正如雅各布森在他的书中写道：

针对国际上的施压，国家有必要在做出回应的时候采用多样化的手段，但具体细节是国内政治的事情。国际信息未经处理和斡旋就进入国内舞台的情况并不多见，其中能够避免在国内"熔炉"里深度炼制的，就更是屈指可数了……当我们提到国际领域的时候，我们实际上指的是对它的方方面面所做的政治化诠释，这种政治化是以合乎国内情况的方式建构起来的。大多数政策的出台，并非取决于体系中的决定要素，因为达成任何单一的目标都存在着多种通路，而且，诱发因素往往在国内远比在国际上所起作用更大。(Jacobsen 1995：100)

体系理论中把国家作为行为体的研究方法确实存在很多局限性，这在美国贸易政策的现实主义文献中均有反映。现实主义研究者将一元的、理性的国家视为国际政治中的主导角色，而国家则仅以其在国际体系中的相对权力来予以区分。该理论认为国际政治处于"无政府状态"，根据有序原则，那些影响国家生存的威胁无处不在。在现实主义者看来，国际合作的难度极高，而国家在追求共同利益的过程中，就动机而言，要更看重"相对收益"（一些国家相对于其他国家在国际合作中负担的开支是更多还是更少），而不是"绝对收益"（针对各国自身的情况而言，在国际合作中所负担的开支是更多还是更少）。各国之所以要构建国际经济关系，是因为要追求实力、财富和安全。诸如世界产出、贸易和境外直接投资（FDI）的分布，以及相对人均收入和相对生产率，这些变量被认为是主要的因素，决定了国家获取贸易利润的多寡，以及采用何种应对之策。对自由贸易的偏离，恰恰代表了理性的国家行为，因为国家的一些非经济目标和/或保护政策，确实带来了经济上的斩获。就其本身而言，现实主义体现了重商主义传统的独特要素。

有两个难题，它们都涉及对国家偏好的不恰当论述，凸显出

第二章 解读美国贸易政策：国家—社会理论的研究方法

体系理论中的现实主义存在不足，令其难以作为美国贸易政策的一种解释性理论。第一个难题是，即使在最合理的情况下，现实主义也只是在理论上具有可行性，其不确定性是存在的。直白点讲，如果对国际结构的变量因素进行设定，那么即使最后的政策成果出现非常大的差异，也能自圆其说。这种政策的不确定性部分地反映了学者们在一些根本问题上的分歧，比如国际实力结构的性质、国家追求的目标、贯彻这些目标的方式以及在多国蔓延的后果影响等。而博弈论的研究方法是把国家作为主要行为体，也会遇到类似的问题。第二个难题是，当现实主义学者试图对美国贸易政策的体系性决定因素给出推理结果的时候，一些众所周知的反例向他们提出了质疑。罗伯特·吉尔平、史蒂芬·克拉斯纳和戴维·莱克的著作强调的一些理论困境包括：认为国家的贸易利益来自国际环境，或者对形成贸易偏好的国内演变过程缺乏足够的重视。这种情况就导致了一种结果，即大量的文献难以在简约性和解释力上做到两全其美。因此，把现实主义理论作为研究的出发点，对美国的日本市场准入政策所经历的前后变化进行更细颗粒度的分析难以服众。

罗伯特·吉尔平（Gilpin 1971，1975，1977，1981，1987）和斯蒂芬·克拉斯纳（Krasner 1976，1978，1979）都是现代国际政治经济学的创立者，在涉及国际经济的开放/封闭的国际关系结构性决定因素领域建树颇多。与金德尔伯格（Kindleberger 1973）一样，他们都对霸权稳定理论（Hegemonic Stability Theory）推崇备至，认为一个强大的霸权对于维持开放和稳定的国际经济秩序是必要的。尽管霸权主义的贸易政策不是他们的研究重点，但在美国经济出现相对大幅衰退和贸易保护显著抬头的情况下，吉尔平和克拉斯纳把二者建立起明确的关联。他们都认为，鉴于美国的相对衰落，这个国家将会——实际上也应该——放弃开放政策，尽管他们意识到，这种政策上的转变并非一蹴而就。

吉尔平的论点（Gilpin 1975：40）之所以能成为霸权稳定理论的精髓，是因为他强调"自由的国际经济需要一种实力去管理和稳定整个体系"。20世纪70年代中期发生的一系列事件为其理论分析提供了有力的观察视点，包括世界经济的不稳定性，美国面临的苏联军事力量增强，以及西欧和日本作为经济竞争者的崛起，等等。因此，吉尔平认为美国霸权是不长久的。他为国际经济构思了各种脚本，并暗示，美国主导的经济秩序"崩溃并分裂为相互冲突的帝国体系或区域性的封闭体系"，这是"最有可能的"（Gilpin 1975：72）。截至20世纪80年代，"美国治下的和平处于混乱无序状态"（Gilpin 1981：231）。吉尔平认为，美国要想进入经济民族主义和保护主义的新时代，就需要克服其不合时宜的自由贸易意识形态（Gilpin 1987：230）。[1]

克拉斯纳跟吉尔平一样，主要关注国际开放和稳定，而不是国家政策，但是他的现实主义国家实力模型，把国际结构和国家贸易利益很清晰地关联起来。克拉斯纳（Krasner 1976：323）坚持认为，"（市场）开放的情况最有可能出现在霸权国家处于统治地位的时候"。他回顾了1945年至1960年美国的崛起，并以国家实力对国际开放进行了解释，的确很有说服力——在此期间，关税降低了，贸易流量也恢复到两次世界大战之间的水平，同时，贸易的区域化运动也变得低调了。不过，克拉斯纳承认，他的现实主义贸易政策理论也会遇到难题，比如，针对20世纪六七十年代开放趋势的延续性问题，他的理论解释工作就不那么顺利。他将其归因于"某些特定的社会集团的实力已经通过早先的国家政策得到了增强"，以至于它们阻止了美国"根据国家利益"对政策进行修正（Krasner 1976：318）。

对霸权稳定理论而言，其主要的存在反例是，美国的贸易政策比吉尔平和克拉斯纳预期的要开放得多，对进口的控制也更为宽松。根据上述两位学者引用的一系列指标，自第二次世界大战以来，美国在国际经济体系中的相对地位已经受到侵蚀，尽管这种经历看上去有些跌宕起伏。[2] 有些指标反映了美国国际经济支配地位的相对下降，包括产出份额、贸易份额、人均收入和生产率趋同方面，尤其是在 1950 年至 1970 年这段时间（Nye 1990；Maddison 1995a）。从这些观测手段看，20世纪70年代初期开始，美国的国际经济地位就一直保持稳定。日本地位的不断提高一直持续到20世纪90年代，而在某些地区，西欧的主要工业化国家已从 1970 年之前达到战后峰值后开始跌落。至于美国的国际金融地位，其变化自 1970 年以来更加明显。在 1970 年至 1990 年期间，美国拥有的境外直接投资在全球所占份额大幅下降，部分原因是，其他工业化国家的大量资本流入了美国（Kunkel 1998；联合国贸易和发展会议 1998）。

虽然美国在国际经济中的地位出现了这种相对变化，但是当那些持霸权稳定理论的现实主义者提出要开放的时候，从结果上看，美国并没有在广义的、国家认可的层面上与其分道扬镳。贸易开放通常包括两个方面,一个是实际的贸易流动,另一个是影响进口的政策工具(Krasner 1976;Webb and Krasner 1989;McKeown 1991)。关于前者,图 2.1 显示了美国持续融入国际经济的情况。货物和服务贸易总额(出口加进口),进口和制成品进口在美国国内生产总值(GDP)中所占的份额持续上升。1965 年至 2000 年,进口量以每年高于 6% 的速度增长,20 世纪 90 年代进口弹性增加。从 1990 年到 2000 年,美国商品进口量平均每年以 8.5% 的速度增长,美国在世界商品进口中的份额从 14.8% 上升到 19.4%(世界贸易组织 2001a)。

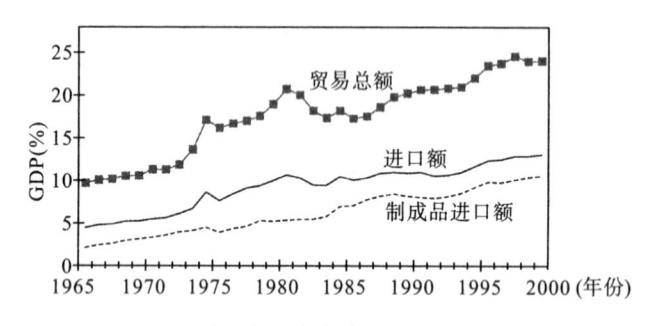

图 2.1　美国贸易在全球贸易中的相应比重

数据来源:世界银行数据,国际经济数据库,澳大利亚国立大学

就政策工具而言,总体情况是低关税、高壁垒,但从广义上说,还没有朝着封闭的方向采取行动。各国涉及对等关税(reciprocal tariff)的讨价还价,已经使美国的平均适用关税税率降至 4.1%,所有的关税税率都受到了约束(世界贸易组织,2001b)。当然也有一些行业长期偏离这一总体趋势,实行了量化限制,主要涉及海事服务、纺织品、服装、鞋类以及一部分农业

部门。此外，自 20 世纪 60 年代后期以来，许多标准化技术制造业由于面临长期结构调整的问题，都得到了不同程度的保护。根据一项估算，受到某种形式的非关税壁垒（NTB）影响的美国进口所占比例，已经从 1966 年的 36％增加到 1986 年的 45％（Laird and Yeats 1990）。近来也有分析表明，美国受非关税壁垒约束的关税细目所占比例已从 20 世纪 80 年代后期的超过 20％下降到 1996 年的 3％（经合组织 1997）。有些领域的开放度越来越大，而与此同时，也有一些领域的封闭趋势日益明显，这就很难从趋势上对美国的保护得出整齐划一的推论结果。例如，美国一直是世界上最积极的反倾销和反补贴措施的拥趸，但是在关贸总协定的乌拉圭回合谈判中，美国所做出的承诺和持续强劲的进口增长都证明了，美国的贸易开放性维持得其实很好。[3]

第一代国际政治经济学的现实主义理论，在经验上是很薄弱的，这体现在霸权稳定理论中，催生了一系列非主流的观点。[4] 有些人会说，应该看到国际机构在维持开放的国际经济秩序方面所起到的积极作用（Krasner 1983；Keohane 1984）。对于其他学者来说，主要问题不是霸权稳定理论忽略了国际机构的作用，而是它错误地设定了国际经济的实力结构。戴维·莱克试图重申他的观点，认为对于美国贸易政策而言，采用国际经济结构和现实主义解读才是最为重要的方法（Lake 1984，1988）。他假设，鉴于"国际体系的无政府性质以及因此需要在竞争的国际环境中确保国家生存"，在决定贸易战略的时候，"民族主义国家通常会优先考虑国际经济结构中，哪些是束缚，哪些是机遇"（Lake 1988：64）。

针对美国经济相对下滑的一系列后果，霸权稳定理论持有一种悲观主义论调，与此形成鲜明对照的是，莱克提议，用体系中心论来解释美国的持续开放。他通过两个维度（相对规模和相对劳动生产率）将世界上的民族国家划分为七个类别，在经济结构上，主要的划分依据是在国际经济中，中型和大型国家的数量。有两个类别的贸易利益与理解二战后美国的贸易战略有关：霸权领袖和机会主义者，他们都拥有高于平均水平的生产率，但前者的规模很大，而后者的规模处于中等水平。在20世纪80年代后期的写作过程中，莱克确定了自1945年以来的三种不同结构：美国霸权（1945－1965），美国－西德双边机会主义（1965－1975）和美国－西德－法国多边机会主义（1975－）。根据劳动生产率的趋势，日本会在20世纪80年代末或20世纪90年代初成为多边机会主义结构的一部分。从1945年起，美国就被视为霸权领袖，对本国的自由贸易和国外的自由贸易享有贸易优先权，并且有能力将后者的目标实现。在20世纪60年代中期，美国的立场改变为一种机会主义，在国内实行战略性的贸易保护，而在国外实行自由贸易，这从历史上看，还是头一遭。莱克坚称，由于其他机会主义国家已准备好进行报复，所以彻底放弃贸易开放并不符合美国的利益。

莱克的研究方法在逻辑上与美国的持续开放相吻合，但是一旦强调对战略性的贸易保护动机，就显示出在政策内容的预测能力上，也强不到哪里去。在莱克决定不再把所有的贸易保护都归咎于战略性贸易逻辑的同时，他的确断言，这些动机"可以解释历史上曾广泛出现过的那些保护模式"（Lake 1993：475）。假定各国实施战略性贸易保护，以使产业结构向资本密集型产业转移，这反过来又会产生大量的技术附带收益，并带来经济进步的良性循环。莱克承认，这仅仅是他的直觉，他没办法去"衡量或证明这些基本的关联"（Lake 1993：475）。更重要的是，他也没有留下有决定意义的实证，来揭示美国贸易保护在具体行业所采用的模式。表 2.1 和表 2.2 提供了 20 世纪 90 年代初美国行业保护的分布数据，以说明美国政府寻求保护的产业类型。

表 2.1　美国的行业保护（1993 年）

国际标准产业分类	最惠国关税平均税率（生产加权）	核心非关税壁垒使用频率[a]
农业	不适用	3.6
采矿、采石	不适用	2.3
制造业	4.9	24.7
食品、酒类和烟草	7.4	12.1
纺织品和服饰	11.5	69.9
木材和木制品	4.1	0.6
纸张和纸制品	2.1	1.3
化学品和石油制品	5.2	5.8
非金属类矿产品	4.9	5.3
基础金属工业	4.2	57.1
金属制品	3.7	13.8
其他制造业	5.9	1.1

数据来源：经合组织（1996：42，50）。
注释：a. 受非关税壁垒影响的关税税目的百分比。

表 2.2 美国的专项保护（1990 年）

类型	关税或等同于关税世界价格的百分比	每小时工资相对于制造业平均值
被高关税保护的行业		
球轴承	11.0	1.2
苯类化学品	9.0	1.6
金枪鱼罐头	12.5	0.4
陶瓷制品	11.0	0.9
瓷砖	19.0	0.9
服饰珠宝	9.0	0.6
冷冻浓缩橙汁[a]	30.0	0.7
玻璃器皿	11.0	1.1
行李箱	16.5	0.6
聚乙烯树脂	12.0	1.4
橡胶鞋	20.0	0.6
软木木材	6.5	1.0
女式鞋（运动除外）	10.0	0.6
女式手袋	13.5	0.6
受进口配额保护的行业		
乳制品[b]	50.0	1.0
花生[c]	50.0	0.6
糖	66.0	1.1
海产品	85.0	1.3
受自愿出口限制的行业		
服饰	48.0	0.6

续表

类型	关税或等同于关税世界价格的百分比	每小时工资相对于制造业平均值
纺织品	23.4	0.7
机械工具[d]	46.6	1.1
合计	35.2	0.7

数据来源：美国经济学家加利·克莱德·赫夫鲍尔（Gary Clyde Hufbauer）和金伯利·安·埃利奥特（Kimberly Ann Elliott）合著的《衡量美国保护的成本》一书，国际经济研究所出版（1994：4—5，8—9）。

注释：a. 1989—1991 年平均值。
　　　b. 1989—1991 年平均值。
　　　c. 1988—1989 年平均值。
　　　d. 1989—1990 年平均值。

数据表明，除了占领国际经济制高点，美国政府批准的保护都有明确的动机。表 2.1 中经合组织的数据表明，在 1993 年实施的最高保护主要针对纺织品、服饰和碱性钢（指在炉衬有碱性物质的炉子中生产的钢，工业生产的绝大多数钢都采用此法——译者注）产品，美国经济中的这些工业部门面临着长期的结构性下滑。赫夫鲍尔和埃利奥特调查的 21 个部门也点明了存在保护模式，波及那些具有政治影响力和/或雇用了大量低薪、低技能工人的产业（见表 2.2）。实际上，这些受到高度保护的产业里，工人们的加权平均工资比美国制造业平均工资相对要低大约 30% 的水平。把对美国贸易保护在部门间扩散的分析结果，用作反对美国存在战略性贸易动机的决定性证据，是站不住脚的。但这确实强调了莱克的"第二代"现实主义理论主要基于对贸易政策的主张和直觉，而没有进行实证调查，所以也搞不清楚到底是什么因素在事实上对一项政策起到了一锤定音的作用。[5]

有待商榷的是，吉尔平、克拉斯纳和莱克的著作中虽然出现了"存在反例"，但那并不能完全否定现实主义论者对美国贸易政策的研究方法。针对国际环境给美国决策者的选择设定造成的广泛限制，一些合理的论点还是可以提出来的。从 20 世纪 40 年代末到 20 世纪 60 年代，在美国，相对的经济优势与多边主义贸易政策盛行之间存在着相关性，这表明，优势地位可以容纳这些政策策略。不过，一个更普遍的问题是，政策具有不确定性，这突显出现实主义和其他体系中心论的研究方法只是在理论上具有可行性。

以美国为例，足以获得霸权的实力需要多少？美国什么时候成为霸主？它已经失去霸主地位了吗？（Russett 1985；Strange 1987；Nau 1990；Nye 1990）莱克的研究方法显示，当涉及贸易政策行为的变化时，这些（主观武断的）分水岭在解释因果关系的过程中，实在有点勉为其难。通过一系列措施，到 1930 年的《斯穆特－霍利关税法》出台时，美国已处于霸权地位，当时的结构参数大致相当于 20 世纪 50 年代基于关贸总协定的自由化时期的水平（Frieden 1986）。莱克的研究方法能够同样好地解释 20 世纪 30 年代和 20 世纪 50 年代美国的政策行为，实际上要以高水平的政策不确定性为前提，并且把国际结构与政策结果之间做一个弱关联。正如一名怀疑论者指出的那样，"很难让人同意这样的说法，即世界贸易的未来要取决于美国所占份额是 14％，还是 17％！"（Odell 1990：159）

为什么一个有主导性的国际地位，会在某一个方向上塑造国家的贸易利益，而不是在另一个方向上？这让体系中心论始终处于一个无法突破的困境。举个例子，为什么享有霸权的强国就必

· 第二章　解读美国贸易政策：国家—社会理论的研究方法 ·

须要奉行开放的贸易政策呢？具有主导性的强权信赖非自由化的商业政策，至少从表面上看，跟大家都热衷于"自由霸权"（冷战后美国长期奉行的政策，绝不放弃"世界之首"的地位——译者注）是一样的，关于这一点，第二次世界大战之前的苏联，在东欧和德国的所作所为就已经有所证明了。强大的结构性力量很可能导致具有主导权的国家寻求进入较弱国家的通道，但是实力本身似乎并不能决定由此产生的经济秩序的内容（Hirschman 1945；Ruggie 1982；Nau 1990）。不仅如此，国际贸易理论已经认定，一个霸权国家宁愿把"最优关税"（使一国能够实现最大社会福利水平的关税——译者注）作为刺激因素来更好地利用其在市场中的实力地位，也不愿意保持开放（Conybeare 1984）。一些现实主义者反驳说，如果真能阻止经济挑战者的发展，那么一个理性的霸权国家可能会放弃"最优关税"，反过来推动贸易自由化（Lake 1988；Gowa 1989a）。不管怎么讲，霸权选择的余地和政策不确定性的范围，都是很大的。

　　通常情况下，国家不可能只有一个目标，这一事实意味着，上述不确定性有着更为深远的策源地，而目标的效用函数（经济学术语，用来度量与一组商品和服务有关的满意度、开心等无法量化的概念——译者注）越复杂，不确定性就越大。对于一种有完整说明力的理论来说，在国家被给定多个目标的情况下，它需要对那些可能影响权衡取舍的现实因素进行分析，尤其是在不同的国家目标之间发生相互冲突的情况下，更是如此，这包括国家对不同决策标准的权重——换个词说，就是在一些特定的情形下，国家感兴趣的是相对收益，而不是绝对收益。至少，现实主义论者会争辩说，国家对安全和财富追求是同步并举的。高娃（Gowa 1989b）建立了一个模型，该模型揭示了这两个潜在的对立目标之间的紧张关系，成为国家贸易政策偏好变化的主要根源。她认为，在美苏两极的安全背景下，理性的霸权国家可能会放弃对盟国的最优关税，因为自由贸易具有安全上的外部性（也就是说，自由贸易反而会因为盟友间保持"安全关系"而受益——译者注）。如此一来，霸权国家在安全目标和经济诱因素出现冲突的情况下，会出于安全考虑，即使盟友热衷于获取经济上的相对收益，也会迫不得已，去促进盟友之间的自由贸易。然而，对于某些现实主义论者而言，盟国在经济上的相对收益仍然是霸权国家实施合作行为的主要障碍（Grieco 1990）。我们再进一步，从根本上讲，美苏两极与贸易政策之间似乎并没有体系性的关联，这一点只要做个对比就会很清楚：一边是战后的西方盟国间的自由贸易关系，另一边是二战期间德国领导的威权联盟间的贸易关系，以及冷战期间苏联集团之中的相互贸易关系。更准确一点讲，"两极体系与自由贸易之间的关系，看上去要从属于主要盟友的国内政治和经济配置"（Simmons 1994：6）。

尽管针对实力政治和获取相对收益的动机，现实主义理论的论述已经很具体了，但是在对战后美国经济霸权的解释中，实力运用和收益分配的问题，仍然让人有隔靴搔痒之感，这有点出人意料（Snidal 1985）。美国这个霸主到底是"仁慈的"还是"严苛的"？如果是"仁慈的"，那么在金德尔伯格（Kindleberger 1973）的研究中暗示过，面对国际经济关系的集体行动困境，领导者会主动背负一系列的重担；如果是"严苛的"，那么就会迫使较弱的国家做出更多的贡献以维持战后的自由经济秩序。吉尔平、克拉斯纳和莱克从不同的侧重点对上述两种表象的关键要素进行了说明。从很多角度上看，美国在贸易自由化方面都处于领先地位，这个盟主会积极利用"措施"来改变其他国家的政策偏好，但是与较弱的那些国家相比，并没有占多少便宜。有些研究方法侧重国际经济结构，并将之视为扭转政策行为的外部强援，但是这也造成了一种特别的困境，即美国是"严苛的"霸权，却没有在经济上获得相对收益，反而被其他的国家占去先机。莱克得出的结论是，美国必然是"严苛的"，因为在他的理论中，并非所有国家都从自由贸易中受益。霸权国必然要改变他国的政策，以实现自己的目标。但是，鉴别实力运用的方法以及霸权如何改变他国的行为——换个词就是"政策"——仅仅是一个二阶问题（哲学术语，一般来讲，一阶问题涉及概念和标准，二阶问题涉及内在逻辑和发展——译者注）。政策可以采取的形式太多了，比如"消极制裁（威胁），积极制裁（奖励），市场激励措施的重构，意识形态领导力，或者对成功的简单模仿"（Lake 1993：469）。看来，政策的自由裁量权的确很大，对实际政策成果难以预测也就不足为奇了。

正如贝思·西蒙斯教授（Simmons 1994：6）所观察到的那样，针对国外经济政策的体系埋论是"基于一种假设，即面对体系之中的国家，最强的诱因确实来自外部，可以从体系中的变量因素得出结论"。但是，结构理论中的高度不确定性削弱了这样一种逻辑，即国家的偏好，尤其是对那些占主导地位的经济大国而言，将受到外部环境的严格限制。西蒙斯通过分析两次世界大战期间对外经济政策的国内来源，强化了这一点。在这段时期，查尔斯·金德尔伯格催生了国际政治经济学的现代结构理论（Kindleberger 1973）。西蒙斯提到：

> 在大萧条时期，金德尔伯格本人对美国不愿开放市场、维持稳定的货币以及维持反周期的资本流动并不感到困惑。他理解美国政策制定者面临的国内政治诱因（尽管如此，他对此仍感到遗憾）。他的论点很常规：如果体系中缺失了占主导地位的经济力量，也没有其他国家的偏好的一些信息，体系理论中的霸权稳定理论，在逻辑上就缺乏说服力。（Simmons 1994：6）

作为替代性的理论，博弈论提供了一种"国家作为主要行为体"的研究方法，但是它过于简单化了，并不能解决结构分析中的不确定性问题。博弈论从外部视角去定义偏好的顺序，而且，"只要我们对博弈的性质做出正确的假设，那么毫无疑问，博弈论的逻辑就是完全成立的，而这反过来又产生了一种依赖，即对国家偏好的识别一定要正确无误"（Simmons 1994：6）。在博弈中的各种要素里，最重要的是收益结构，它不仅阐明了玩家为什么对游戏感兴趣，而且还告诉我们，玩家在玩的到底是什么。但正如道格拉斯·尼尔森所指出的那样，收益结构非常重要：

> 有一个多少让人感到惊讶的事情需要提醒，在博弈论的大多数应用场景中，针对像贸易政策这样的特定战略形势，收益（通常是隐含的）被假定为"给定值"……如果我们运用博弈论，从

·第二章 解读美国贸易政策：国家—社会理论的研究方法·

政治经济学角度对贸易政策做出完全有说服力的解释，那么我们需要对一些事情进行更为具体的了解，这包括：参与博弈的政治空间的结构，该空间中结果的性质，从政治成果到经济成果再到公用事业，路线图是什么样的。(Nelson 1991：133)

既然博弈论无法告诉我们收益是从哪里产生的，那么，也就无法告知我们正确识别国家偏好有多重要。更仔细地分析后会发现，博弈论的研究方法针对贸易政策存在的那些局限，更加显而易见。正如一项调查所表明的那样，有时"特定问题（例如贸易）之间的关系非常混乱，这类问题也同样涉及博弈结构（例如囚徒困境）、制度形式（例如体系）和结果（例如合作和分配结果）等"(Caporaso 1993：456)。

第二节 贸易政策体制是一种"国内结构"

关于美国贸易政策的形成机制，最常见的观点是自下而上的，把关注点放在社会利益集团的政治活动上。这种研究方法遵循了美国政治学中强大的多元主义传统，在本质上将政治视为一种需求侧现象，是具备优势地位的社会集团将经济利益转化为政治结果的过程。沙特施奈德（Schattschneider 1935）曾经对施压团体的活动与《斯穆特－霍利关税法》（Smoot-Hawley Tariff Act）做过描述，至今仍是这一研究学派的经典案例。越来越多的当代学者将美国的政策成果追溯到国际市场条件对美国经济要素的影响，主要涉及部门、产业和公司之间不断变化的合纵连横

(Gourevitch 1986；Friedan 1988；Milner 1988)[6]。一些经济学家采用公共选择政治学派的理论，发展出了内生性保护模型，这在社会中心论的历史文献中更有代表性。贸易干预（通常是进口关税或配额）在概念上是一种公共物品或者集体物品，由社会中的经济团体提出要求，然后由政治家们提供出来，在此过程中，最主要的诉求就是要将政治支持达至最大化。在出现"免费搭便车"问题的情况下，哪些团体会组织起来要求政治干预，取决于利益的聚合程度和集体行为的成本高低（Olson 1965)[7]。

这种研究方法的精髓在于，它要做出一种简单而强有力的洞察：贸易干预的原因在于，社会中那些在政治上具有影响力的集团，能够在经济上更有斩获。然而，从理论和实践的角度看，仅仅关注利益集团的需求是会出问题的。同义反复式的推理笼罩着政治学文献，这有很大的风险，因为一个利益集团的影响力大小，仅仅取决于其努力后是否成果彰显。对社会中心论的研究来讲，如果没有一种独立的方法去衡量利益集团的实力，那么结果就会具有很强的事后诸葛亮色彩（Ikenberry 等，1988：8)。内生性的贸易政策模型看上去具有更强的理论连贯性，只不过代价也是有的：在理论上的抽象性与实际观察到的一些贸易政策之间，存在着严重的脱节。道格拉斯·尼尔森（Nelson 1988）在对这些文献的研究中，将这种脱节的产生归因于对政治本性的基本假定：因为是以理论的便利性作为基础，所以几乎不必去改变标准的微观经济手段。尽管内生性的贸易政策文献很正式也很严谨，但"理论概念和实践对象之间的关联性太弱，以至于人们对其研究成果兴味索然"（Douglas R. Nelson 1988：830)。

· 第二章　解读美国贸易政策：国家一社会理论的研究方法 ·

恰恰是政策过程的供给侧被忽视，社会中心论的研究方法在对美国贸易政策提出理论观点的时候，理论性和实践性的根基不太牢固。这就导致一个结果出现，即国家不是在政策形成过程中扮演积极的、变革的角色，而是被或多或少地概念化为一个被动的、利益集团的需求寄存器，被主导性的社会集团或联盟所挟持。在确定国家贸易偏好的过程中，国家行为者和国家机构施加的重要影响没有独立性，也不存在因果关联。国家被视为国际和国内的政治经济接合部，其独特的结构性地位要归入所谓的社会还原理论。可以肯定的是，美国贸易政策的经验记录证实，社会压力对政策行动产生了激励和约束作用。但是，诸如此类的压力，还不足以证明国家成了一个黑箱（根据黑箱理论，在对特定系统开展研究时，人们把系统作为一个看不透的黑箱，研究中不涉及系统内部的结构和相互关系，仅从其输入输出的特点了解该系统的规律——译者注）。美国贸易政策的重大调整以及美日贸易关系中那些更具体的插曲，无不凸显出，不能只把关注点放在各种社会利益的诉求上，而是要有所超越。

社会中心论对美国 20 世纪下半叶持续实行的关税自由化做出过解释，不过其观点存在一些特殊问题。当时，美国行政部门在制度性权力和宗旨方面发生了根本性的转变，为达成这一政策成果（关税自由化——译者注）创造了条件，但是，这一研究方法对此做了模糊处理。美国宪法授予国会对国际贸易监管的权力。借助 1934 年《对等贸易协定法》，罗斯福政府从国会寻求并获得了角色授权，迄今为止，这在美国贸易政策中堪称独一无二。大萧条期间这种体制性的讨价还价，使得行政部门可以实施一种新的国际主义贸易政策,以相互对等减少贸易壁垒为核心。第二次世界大战后,美国(特别是国务院)在关贸总协定(GATT)的建立过程中起到了主导作用,使该协定成为一种新的多边贸易规则体系。罗斯福总统的继任者们能力出色,巩固了行政部门在美国贸易政策中的核心作用,将相对自由的多边贸易政策与更广泛的外交政策利益联系起来,包括建立联盟,发动反对共产主义的冷战,等等。

在《斯穆特-霍利关税法》颁布并广泛施行的四年之后,国家行为者和机构改革的关键作用开始发挥出来,这是一个历史性的政策调整(Haggard 1988;Douglas R. Nelson 1989;Goldstein 1993;Destler 1995)。哈格德(Haggard 1988:96,99)提出了一个更有说服力的观点,即尽管社会压力助推了1934年通过《对等贸易协定法》,但是:

> 对制度创新本身的解读需要注意国家行为者的主动性、兴趣和动机……工业和农业的联盟希望从新的贸易政策中受益,假如没有这些联盟,政府可能并不会采取行动。但是,行政部门的举措和兴趣,对于确定贸易政策议程,甚至在形成支配型的派系方面,是至关重要的因素。

大萧条时期的经济危机是一把双刃剑,既创造了有利于体制创新的环境,同时也削弱了国家决策机构内部保护主义派系的地位(Goldstein 1993;Destler 1995)。尽管美国国会内部在贸易政策上仍然存在分歧,并将继续对总统发布的削减关税的行政命令

·第二章 解读美国贸易政策：国家—社会理论的研究方法·

设定限制范围和时效，但行政部门根据其政策偏好和新获得的授权，把一些集团利益动员起来，在一定程度上对一些持反对态度的政治和经济利益起到了抵消作用（Bauer等人1963）。国家行为者的能力如此强大，把不同来源的社会压力进行混剪，不遗余力地建立各种联盟，以支持其特定政策并扮演政策权威的终极来源，这让社会中心论的研究方法在提出一些观点的时候，不得不小心翼翼。

制度变量的重要性要想展示出来，就需要有效配置集团利益，并且还要激发集团行为。美国康奈尔大学政府管理系教授罗伊（Lowi 1964）得出的一个更具概括性的推论，就直接来自《斯穆特－霍利关税法》和《对等贸易协定法》（及其立法继任者）的政治对比[8]，他认为一项既定政策的制度性定义，会对围绕这一政策的政治习俗造成强烈影响。在《对等贸易协定法》之前，贸易在政治上被定义为"分销问题"。通过泛化的政治交换，一种"对等且不干涉"的普遍规范能够确保在实质上容纳几乎所有集团利益的保护请求。1934年后，关税减免权定期移交给总统，通过弱化保护——这种一般权利——帮助改变了贸易政策的政治定义。贸易的制度性定义更多地转变为"监管问题"，以相互冲突的行为模式为特征。与这种新的规范化运动相一致，反保护主义的利益集团异军突起，使得奉行保护主义的利益集团不再是以前那样的"一言堂"（Destler and Odell 1987）。就是这样，制度性的结构变化不仅可以使一些社会集团进入政策领域，还可以影响这些集团定义其目标的方式。

在白宫行政团队里，决策流程——涉及一些正在施行的或者偶发性的保护政策——往往更多是由技术官僚负责的,其角色定位也改变了集团行为的诱因。从制度上讲,与总统的职位相比,国会由于其不同选区的差别情况,议员们更关注贸易政策的国内取向和群体取向(Mayhew 1974；Robert E. Baldwin 1985)。在已经施行的保护新规之下,预期的获益者发现自己不得不游说行政当局,通过集体行动的逻辑来减少刺激措施,以寻求某种接近公共利益的东西。简而言之,尽管国会仍然对选民的保护压力做出反应,但与《对等贸易协定法》之前的那段时期相比,在1934年后的体制安排下,国会的反应力被系统性地减弱了。因此,戴斯勒(Destler 1995)认为1934年后的时代有一个基础性特征,那就是"为国会而保护"。

在美国对日本市场准入政策的演变过程中,出现了一些很独特的案例,凸显国家中心论中的变量有能力疏导社会压力,不至于对某些政策成果造成负面影响。鉴于强烈的社会压力要求对日本采取更加保护主义的政策,里根政府于20世纪80年代中期发起了更具进攻性的市场开放战略,以便做好应对准备。到1985年上半年,美国制造业的重要部门,包括传统上更支持自由贸易的国际导向型公司,都在积极游说推动针对日本商品征收进口附加税。有点"打脸"的是,发起这一政策授权立法程序的那一小撮国会议员,居然是过去一贯反对直接的限制性行动。尽管面临这些压力,里根政府官员把1974年《贸易法》中的第301条款翻了出来,对进口附加税的要求因势利导,转用于市场准入政策,成功地化被动为主动(请参阅第四章和第五章)。社会性的贸易活动可以提供一种施压的先兆,以推动"做某件事"的政策流

第二章 解读美国贸易政策：国家－社会理论的研究方法

程，但是显而易见，这仍不足以解释后来实际发生的政策结果。

留下国家印记的第二个例子来自老布什政府，他要求采取一种具有进攻性的、以结果为导向的对日政策抵制社会压力。上任后没多久，老布什政府就收到了其高层私营部门咨询机构的明确建议，推动这一政策快速实施。国会还以1988年《综合贸易和竞争力法》的形式向这个方向发出了强烈信号，其中包括以日本为焦点的超级第301条款。老布什政府抵制了这些压力，取而代之的是采用规范性较低的、以过程为导向的美日《结构性障碍问题协议》。要想解释1989年至1992年《结构性障碍问题协议》如何成为美国政府对日市场准入政策的关键创新，仅仅关注社会压力是远远不够的（请参阅第七章）。如果一种观点不能把制度变量的作用和国家行为者的偏好容纳进来，那么政策出炉的一些关键环节就难以被探知到。

相比之下，国家－社会理论的研究方法认识到，国家拥有独特的结构性地位，决定了其所具有的政治能量和因果关系重要性。而制度，连接了国家和社会；国家行为体存在选择设定和积极性的问题。这两个要素发生任何变化，都会成为国家政策偏好发生变化的重要根源。在这一准则之下，国家不再只是一个自治行为体，而是被概念化为一种理性的可变因素。重要的是，这与将国家概念化为一个一元的、理性的行为体的研究方法相比，区别还是很大的，那一研究方法所致力的方向是，不要把国家的目标和价值与社会的目标和价值混为一谈（Krasner 1978，1984；Evans 等人，1985）。正如罗伊（Lowi 1988：891）所指出的那样，以国家作为主要行为体的研究模型还有些悬而未决的问题，

037

因为"每个国家都有自己的特征,加在一起就不胜枚举了,而这些特征中,又有太多可被视为真正的'连续体'(指彼此之间稍有不同但首尾差异巨大的一系列事物——译者注),每个国家都被置于一个连续体的不同点上"。在这里,"国家"是被定义为实实在在的机构和行为体,并不涉及自治性方面的问题。首先,这是一套构建国家与社会关系的有代表性的机构,是国内外政治活动的焦点所在。其次,这些机构由(有限)理性的国家行为体充任和领导,其角色和偏好具有其内在的因果关联。

"国家"的这种关联概念把关注的重点聚焦于政策体制,就是那些具有长期效力的制度、法律和规范,可以在一项政策实施的领域之内,调解国家和社会关系。这里,值得再强调一次,国家－社会理论的研究方法,与社会中心论的研究方法存在着明显的不同。"政策体制"被概念化为国内政策结构的具体特征,而不是简单地被视为利益集团抗争的产物。这样分析后就可以明白行为体要想达到理性的状态,就要了解游戏规则的制度和规范,因为所有的社会行为都依托于预先存在的规则。所以,国内结构包含了行为体和规则(发起行动所具备的资源),而不是行为体本身,也不是行为体所做的安排,就如同本体论(一种探究世界本原的哲学理论,其基本元素是概念、类和子类以及关系——译者注)所描述的那种关于结构的位置性本体(Dessler 1989; Grafstein 1992)。

把研究分析的重心放在体制问题上,强调的是个体和集团如何在建立了制度和行为规范的环境中做出选择。它体现了国家－社会理论的研究方法在国内贸易偏好形成过程中的基础。体制——既塑造行为体的战略（就像纯粹的理性选择所分析的那样），也塑造行为体的目标——能够使政治上的互动形成体系，而且也会在这一过程中留下自己的烙印（Thelen and Steinmo 1992：9）。下一章围绕1934年形成的体制，对美国贸易政策变化的主要根源加以鉴别。由 1934 年《对等贸易协定法》建立的博弈规则，从根本上重构了美国行政部门、国会和社会集团之间的贸易关联。1980 年至 1985 年，这种体制发生的一次危机，成为关键性的条件变量，促使美国对日本实行以结果为导向的市场准入政策。

第三节　游说联盟、理念和面向政策的学习

这种政策体制提供了一个很好的观察视点，有助于辨别美国贸易政策变化的那些广泛的决定要素。重点关注游说联盟，对这种以体制为中心的分析方法而言，是一种有益的补充，可以把国家－社会理论的研究方法纳入人类能动性和政治选择的领域。在体制建构起国内贸易政治的情况下，行为体会不断寻求控制或修订游戏规则，索要制度上的授权和资源分配，并试图说服决策核心去了解其思想和策略的优点。那么，追溯这些国内游说联盟之间的政治竞赛，就可以更详细地分析美国对日市场准入政策所发生的那些变化。

美国贸易政策的变化被理解为政治－经济环境的一个产物，同时也是政策圈子里的参与者们诸多选择的结果（Heclo 1974）。游说联盟包括国家行为体和非国家行为体。国家行为体在游说联

盟中的重要角色（对照一下社会中心论的多元主义，差异会更为明显），连同法律和制度对国家行为体的授权，在某种程度上说，都是政策过程的关键资源。同时，针对政策的制定过程，美国贸易政策界还存在各种各样的非国家行为体（从社会利益集团到政策专家和新闻工作者）。他们提出的一种观点，比之国家中心论的研究方法，或者结构紧密的铁三角模型（此处指国会议员、政府政务官和公司法人代表三者之间的互动关系——译者注）所暗示的那样，要更为开放，也更为灵活多变（Heclo 1978；Kingdon 1984；Hall 1993）。

游说联盟的定义是来自各种公共和私营机构的参与者组成的集团，他们"共享一套基本理念——带有某种理由或者别的什么感觉的政策目标，并试图操纵规则、预算和政府机构的人员，目的是随着时间的推移，将这些目标成功实现"（Jenkins-Smith and Sabatier 1993：5）。作为集团的形成和协调行动的黏合剂，共享理念的概念性提升是该研究方法的主要特征。它借鉴了一系列公共政策文献，这些文献审视政策本身的方式，与理念体系所采用的方法相同：换言之，作为一整套价值优先项，共享理念是对重要因果关系的看法，对问题严重性的看法，以及对实现这些价值优先权的政策工具的效力的看法（Pressman and Wildavsky 1973；Majone 1980）。研究分析的基本单元要瞄准两个或多个游说联盟，他们就政策问题陷入论战之中，并且，最终决定了国家政策偏好的内容：从一大堆不太重要的信息中鉴别出重要信息，确定原因和经过之间的关联关系，以及提议采用某种政策作为应对之举。[9]

将游说联盟纳入国家－社会理论的研究方法，打开了一条新

· 第二章 解读美国贸易政策：国家—社会理论的研究方法 ·

思路，有助于对美国贸易政策创新的内容和时机做出更细颗粒度的解释。在政治研究中，理念（相对于利益）的因果意义仍然是一个激烈争论的课题。这种分析的基本前提是，不应夸大差异性，因为理念和利益通常是交织在一起的。这种观点在理性选择理论和建构主义传统中都得到了杰出学者的支持（Fiorina 1995：114；Smith 1995：137）。利益的特点是必须有代表性，与其他参与者的利益保持一致，同时，它可能是模棱两可的、不清晰的，或者在内部是相互矛盾的。而理念则是很有趣的，尤其是在偏好的形成阶段，一个原因是从结构上不太容易区分哪些利益是坚定的，另一个原因是理念有助于让那些"客观的"利益看起来更为充实饱满。理性主义的、基于利益的行为体的行为模型，还要确定构成理念体系的一组参数：目标，手段，感知到的因果关系和绩效指标（Sabatier 1987：663）。也有一个很能说明问题的案例，有助于分析那些围绕共享理念而形成的集团是如何操作的。通过整合自身利益和组织利益，理念的体系模型拥有更大的包容性，同时还允许行为体在设定其目标的过程中采用各不相同的方式。举个例子，比如通过社交化的活动进行传播并产生结果。这种包容性有助于将国家行为体和非国家行为体聚集到游说联盟中来，毕竟这样的团体数量是有限的（Sabatier 1993：28）。

可以肯定的是，理念很少作为政策变化的主要驱动力。一些非认知要素，比如国际政治经济条件下的"现实世界"、宏观经济周期或者政治体系中广泛的执政联盟，将决定一个游说联盟是否有能力碾压其他联盟，进而在政策界呼风唤雨，最终决定一项政策的方方面面。理念体系可能会决定游说联盟往哪个方向努力,他们会试图改变政府的政策,但其能力将严重依赖于一些资源的分配,例如资金、支持者数量、专业知识和法律授权等(Sabatier 1993：29)。同样,并不是每一位活跃于政策圈的人士都属于一个游说联盟,或者共享一个主要的理念体系。"政策经纪人"可能会扮演潜在的重要角色,他们希望找到一些合理的折中方法,以使政策领域的冲突程度保持在一定的范围之内。[10]

但是,理念不只是伴生的副现象。如果对理念有所忽视,那么会低估人类的能动性和选择能力,以致对政策变化动态的了解就难以形成一个完整的图景。探索政治和理念之间的契合度,可以更全面地了解政策创新的边界在哪里,比如为什么某些理念胜过其他的,以及为什么有些理念在当时真的流行起来。余兆伟(Yee 1996：97)的论述很中肯,他认为,作为理解主体间性(相对于主体性而言的一种哲学概念,主张打消传统的主客体观念,强调人人皆主体——译者注)的基础,理念对行为的"影响是存在准因果关系的","是通过使这些行为呈现某种状态来实现的,比如言之有理或者捕风捉影,可以接受或者难以接受,有想象空间或者令人匪夷所思,久负盛名或者劣迹斑斑,而绝不是对行为直接地或者必然地做出决定"。在国家－社会理论的研究方法中存在两个重要的疑问:社会现象如何演变成政策问题？随着时间的流逝,对问题的特定理解如何产生,进而引导政策制定？

上面提及的这种跨期的思考维度,暗示了面向政策的学习具有显著作用——思想或行为意图发生相对长期的改变是由经验引起的,并且与政策目标的实现(或修订)存在关联(Heclo 1974：306)。有关面向政策的学习及其在政策制定过程中发挥作用的问

第二章 解读美国贸易政策：国家—社会理论的研究方法

题，各种社会科学的研究视角已经为我们提供了相当丰富的文献资料。[11]这里提到的面向政策的学习的概念，并不是为了表明一项政策有多么成功，也没有暗示一项政策的内容和目的有多么值得赞许。正如约瑟夫·奈（Nye 1987：379）所说的，消极学习可能就发生在新的信息被误导或者被错误使用的地方。

尽管学习只是个体性的行为，但是很明显的是，群体内部的态度分布和立场会随着时间的推移而发生变化。以游说联盟为样本的研究方法认为，在大多数情况下，学习会起到重要作用。游说联盟的核心理念不会随着时间的推移而变化，而且，如果有信息认为游说联盟的基本理念可能站不住脚或者无法实现，那么这些信息就会遭到抵制。[12]所以，游说联盟主要使用政策分析来支持和阐述他们的理念（或攻击对手的观点）。在术语上，游说联盟的核心理念通常称为认知学习（一种心理学的理论概念，认为人是学习的主体，人们对外界信息的感知、注意、理解是有选择性的——译者注）。当遇到来自外部的突发事件，或者对手发起的某些行动，游说联盟有可能被迫要重新审视自己的核心理念，但这样做是很痛苦的，（自我防御、同侪团体和集体施压）往往会让这种反思行为受到一定的限制。

尽管如此，学习也会导致理念体系在次要的方面发生一些变化，例如，探寻更良性的机制以实现理念体系内部的核心价值。尽管面向政策的学习的可接受度越高，越会显现出跨联盟的味道，但是，这样的战术性学习最有可能发生在游说联盟的内部。关注面向政策的学习，点明了美国贸易政策进程存在一个易变维度，其中某些理念体系会随着时间的推移而得到强化，把一个联

043

盟的参与者绑定在一起,而另一个竞争联盟的理念体系则支离破碎,彼此之间的联结关系出现松动。本书认为,随着时间的流逝,就美国的日本问题形成的独特理念,以某种方式,在美国的贸易政策上留下了深刻印记,而这种情况,不能简单地归因于变化中的外部环境,或者一个联盟在资源方面更胜一筹。从结果上看,美国贸易政策界的日本异质论观念得到了极大的强化,与其他先进的工业经济体相比,日本在两个方面存在明显不同:一个是国际贸易的开放性,另一个是对传统的、以过程为导向的贸易磋商的反应度。

在美国的贸易政策界,有两个广泛的游说联盟被认为对日本政策提出了挑战,它们分别是自由贸易—良好关系联盟(自由贸易派)和强硬路线—日本异质论联盟(强硬派)。自由贸易派的态度反映了美国外交政策的国际主义和美国作为全球超级大国的优势地位。他们对美国外交政策利益有比较宽泛的定义,这意味着深远的政治经济参与和权力投射,并从美国的跨国公司和金融影响力中汲取了力量。在第二次世界大战之后的数年中,以美国为首的联盟和机构建设出现了爆发式增长,从而建立起一系列支撑这种连续性的结构体(Gardner 1980;Pollard 1985;Ikenberry 1993)。冷战中两极体制的你争我夺出现以后,对苏联的遏制为美国外交政策提供了定序信条,而美国外交的经济手段也与之结合。更自由的贸易——绝对不是单方面的自由贸易——成为美国外交政策精英们所认同的共同理念体系的一个基本要素。这个自由贸易联盟的能力是有目共睹的,他们可以在美国行政部门中塞进自己人,以充实主要的政策机构,并发号施令,这甚至成了一

第二章 解读美国贸易政策：国家—社会理论的研究方法

个标志，以检验战后美国的外交政策是否具有连续性。

自20世纪40年代下半期至20世纪60年代，通过关贸总协定，美国核心贸易战略一直是以过程为导向的多边主义，这使自由贸易派的政策优势得以稳如泰山。截至20世纪60年代末，关贸总协定的周期性贸易谈判已经使关税大幅降低。到20世纪70年代，美国经济主导地位出现了相对下降，国际收支也进入赤字时代，而与滞胀相关的国内经济问题更是雪上加霜，这些情况都削弱了支持自由贸易的政治基础。但是，美国高层决策者的核心关切仍然只有两个：维持强大的冷战联盟和支持开放的国际贸易体系。到了20世纪80年代，对该政策框架的批评之声显得有些尖锐了。日本问题开始变成美国外交政策辩论的焦点议题，而那种长期占据支配地位的理念体系，早已与自由贸易联盟丝丝入扣，免不了遭到根本性的挑战。

强硬派对日本问题的理解，基于美国的一种更为长期的政策传统，其特征是对国际主义和自由贸易理念持怀疑态度，并致力于在公平贸易的名义下捍卫部门利益。正如戈德斯坦（Goldstein 1993：176）所指出的那样，在美国，"公平贸易的理念比起自由贸易的理念来说，历史要久远得多，而且根深蒂固"。尽管20世纪30年代的经验很难成为论据，以知性的方式证明贸易保护是合理的，但它并没有移除美国政治体系的施压，以减少对进口竞争的限制。第二次世界大战前，在经济和军事领域存在的冲突，为美日关系打上了世纪烙印，二战后新建立起来的体制结构，将日本束缚到以美国为中心的国际联盟网络里，但美日间的冲突历史并未烟消云散。强硬派在制度上成为美国国会中最强有力的派别代表，对他们所认为的那些外交政策精英表示普遍的反感，因为他们觉得这些人总是愿意为了良好的国际关系而出卖美国的商业利益。一股在 20 世纪 70 年代侵蚀了自由贸易派政治优势的力量，要求在美国贸易政策中体现出更强的公平性和更大的对等性（Cline 1983b）。

日本采用的所谓境内机制和做法越来越多地暴露出来，加之双边贸易不平衡日益加剧，美国市场上的日本进口商品越来越有竞争力，致使美国对 20 世纪 70 年代日本在双边市场准入问题上的政策更加关注。认为日本在经济上遵循不同规则的观点虽然并不新鲜，但到 20 世纪 80 年代获得了更广泛的认知。随着时间的流逝，强硬派成功地将注意力集中在了日本问题上，成为具有高度凸显性的政治和经济问题。在美国贸易政策体制发生危机之后，强硬理念对美国改变对日市场准入政策的范围起到了助推作用。下一章将探讨这种体制危机的根源，而这种危机又为强硬派的势头最终压过自由贸易派，铺平了道路。

第三章

美国贸易政策经历了一场体制危机

20世纪80年代上半期之所以被特别注意到，是因为一次危机的发生，在很多制度、法律和规范上体现了出来——从1934年起，这些制度、法律和规范就为美国的贸易政策明确了方向，而恰巧在那一年，也发生了一次体制危机。算起来，贸易自由化延续至20世纪80年代上半期，已经有50个年头，现在有可能被激增的贸易赤字和急剧上升的保护主义来个釜底抽薪；而美国国会又要粉墨登场，扮演更为激进的政策角色了。二战后，美国曾在贸易关系中做出过正式承诺，要施行以过程为导向的多边主义，如今的调门也降低了不少。显然，美国针对日本的市场准入政策发生了变化。如果我们要对这种变化做出解释，就需要对美国贸易政策体制经历的本次危机先有一个了解，因为，它的波及面比1934年的那一次更广。

1934年的政策体制所遭受的合法性危机，有国际和国内的双重根源，就像是一套组合拳。更有意思的是，到20世纪80年代上半期，对战后美国经济主导地位的侵蚀，也是来自两个方面，一个是美国制造业的国际化，另一个是全球经济中过剩资本出现了新来源，尤以日本为甚。但是体制危机也反映了国内因素，特别是里根政府的宏观经济政策。到1985年9月，国会信誓旦旦地发出威胁，要颁布无法被总统否决的限制性贸易立法，并进一步削减行政部门的政策酌处权，这就迫使里根政府引用1974年《贸易法》第301条款，采取更具进攻性的双边市场准入政策。无论是竞争性挑战的程度，还是双边贸易失衡的规模，都经历了一个长期的过程，最终，美国的政策发生转向，日本被锁定为首要目标。

第一节 作为一种条件变量的国内体制危机

以体制为中心的分析方法，在两个方面突出了制度背景的重要性：一方面是调和行为体的目标的表达方式，另一方面是确定哪一方的偏好最后能变成国家偏好。由于制度的变化是一个日积月累的过程，而且规则和规范持续的时间一般都很长，所以，体制往往表现出一种黏稠性，比创造它们的一系列相关利益、生命周期来得更长久。政策选择之所以是长期的，不仅仅是因为其制度化会影响未来的一系列相关利益，也因为行为体自身逐渐重视这些政策规则和规范（Goldstein 1993：9）。体制虽然最终会改变，但它"使选择能动性无法回避，从而成为一种历史必然，成为复杂结构的一部分去界定选择的状态，而不是将要被选择的某种东西"（Caporaso and Levine 1992：156）。

第三章 美国贸易政策经历了一场体制危机

在很大程度上,政策体制的这种持久性或黏稠性,取决于对其合法性的感知。正如斯科夫罗内克(Skowronek 1995：92)在聚焦政治制度的研究过程中指出的那样：

制度性行为有其与众不同的判断标准,它既是官方的职责,也是合法的授权。任职者在被要求对其行为负责或对其决定做出解释的情况下,他们没有追索权,只能对其工作描述做出补救。因此,制度不仅对利己主义的个体行为做出限制或者导引,更要规范行为,形成动机,并且主张合法性。

要对行为体的利益和行为体的行为进行界定,就要在一种存在合法的、权威性规范的环境中,经受千锤百炼。当然,在任何政治系统中,都有可能存在合法行动的来源的争夺。实际上,在任何给定的时段里,许多不同的合法行为的规则和规范,都会同时在政治系统中生效运转。这不仅为制度性政治提供了有序模式,也提供了冲突模式。从这一角度来看,制度性政治是最重要的,"因为在这个舞台上,合法秩序的不同规则彼此汇流、激荡并折回"(Skowronek 1995：95)。在这种语境下,对体制合法性的认知就显得格外重要了,这与历史偶然性的课题很相似。

历史制度主义政治学派对于在国家中心论和社会中心论之间建立分析桥梁,尤为感兴趣,他们观察了制度上的安排,发现两者之间的关联已经构建起来了(Thelen and Steinmo 1992：10)。他们寻求一种方法,将常规历史模式的理解,和对政治偶然性的解读,整合在一起。比如,独立存在的进程或矛盾冲突处于紧要关头，或者，更早出现的那些成果是如何改变后续发展参数的，这些都是需要格外重视的情况。通过对制度、偶发性变量和政治能动性的作用予以充分强调，历史制度主义避免了以结构性决定论为代表的抽象主义演绎理论。历史主义和制度主义双重论证的空间，也来自多重均衡和路径依赖这些经济学概念。正如埃文斯（Evans 1995：7）所指出的：

这些新的理论方法认为，即使从原则上讲，在不了解个体性突发事件先后顺序的情况下，再优越的理论模型，也无法提供确定性的答案。必须要有路径依赖的成分，即历史。

使用历史归纳法，许多学者探索了经济危机的作用，将其视为一种根源性的因素，造成了体制合法性的丧失和长期政策的重新定位（Olson 1982；Gourevitch 1986；Douglas R. Nelson 1990；Haggard and Kaufman 1992；Williamson and Haggard 1994）。在危机期间，利益变得不那么固定，现存的联盟可能破裂，此前那些因积极主动而备受打压的行为体，也终于时来运转。危机打破了正常的渐进式决策模式，为政策改革打开了大门。这种经济危机假说在戈德斯坦（Goldstein 1993：13）关于美国贸易政策的研究中占有一席之地，他认为："几乎所有美国贸易政策的重大变化，都是经济困难时代的开场白。"最值得注意的是，大萧条时期的经济危机催生了1934年《对等贸易协定法》，为从根本上重构美国的贸易政策体制铺平了道路。该法案通过为行政机关、国会和社会团体之间的制度关系重新定序，改变了美国的贸易政策

第三章 美国贸易政策经历了一场体制危机

程序。特别是,行政主导取代了国会至上,成为美国贸易政策体制的核心规范。这种体制转变提供了一套基本原理,有利于在美国的领导下,建立更自由的国际贸易体系。

与1934年以前的体制对照,这次制度性变革的重要作用就凸显出来了。根据美国宪法,美国开国元勋建立了机构分立、权力分享的系统(Neustadt 1960:33)。宪法中的权力分立及其制衡机制造成了制度性的冲突,并在各自制定公共政策时,争相采取合法的行动。与议会制政府相比,美国体制最显著的特征是行政机构的弱势地位。除了确保法律被忠实执行之外,美国总统只能行使很少的权力。总统虽然可以否决国会通过的法案,但是手中正式的权力少得可怜,难以确保自己渴望的立法措施得以实施(Wilson and DiIulio 1995)。根据《宪法》,国会拥有"规范对外贸易"的权力,是专有性的。尽管行政首脑拥有独立授权去跟外国进行协议谈判,但行政首脑没有直接的权力去制定贸易政策。正如戴斯勒(Destler 1995:14)所指出的:"宪法没有授予总统任何针对贸易的权力。因此,在任何政府政策领域中,立法部门具有首要地位,这是很清楚明白的事:除非而且直到国会做出其他决定,否则,国会将始终在贸易方面保持至高无上的地位。"不仅如此,正如科恩(Cohen 1996:106)等人所述,从一个可比较的视角出发,谈到贸易政策时,"其他立法机构对行政部门的影响和权威,没有美国国会那么大"。

1934年之前,国会在体制上的主导地位也基本上没有受到过挑战。这种结果,导致关税的制定过程是以国内为导向的,而且对特殊的经济利益反应很灵敏。有一段很短的时期,共和党对增加财政收入的需求占了上风（1789年至1816年），在那之后，与关税有关的政治活动主要围绕公司和行业层面，从公司回报到行业保护，各领域都有涉及，尤其是在美国内战之后，许多新行业在北方地区如雨后春笋般地发展起来，而在传统上享有低关税的南方地区受到了北方联邦的军事打击（Douglas R. Nelson 1989：87）。1930年的《斯穆特－霍利关税法》将应课税进口品的从价税率（以进口商品的价格为标准计征的关税，其税率表现为货物价格的百分比——译者注）提高到60%左右，这标志着在政策体制中，狭隘的商业利益占据了优势，而对等（reciprocal）且不干涉的主导规范意味着，商业利益一旦被伤害，他们拥有的唯一有效手段就是对自己追加保护。《斯穆特－霍利关税法》之后，美国迎来了贸易伙伴的报复浪潮，世界贸易急剧下降，从而使大萧条时期的经济危机进一步恶化（Kindleberger 1973）。

1934年之前政策体制的这场危机让美国国务卿科德尔·赫尔（Cordell Hull）迎来了高光时刻，他的支持者们摩拳擦掌，要跟着他发动一场制度性革命。赫尔对自由贸易的倡导体现了经济动机和政治动机的结合。他抨击了美国无须进口就可以出口的假设，但更重要的是，他把保护主义、民族主义和国际冲突关联了起来（Hull 1948）。在国际贸易体系内，伴随着大萧条而走向双边主义和特惠贸易方案的举措，助长了行政部门进行可靠的、灵活谈判的能力。在赫尔领导下，国务院批评了美国政策的不连贯性，它利用历史先例来证明，通过1934年《对等贸易协定法》实行政策集中化，是具有合理性的（Haggard 1988：100）。确实，正如戈德斯坦（Goldstein 1993：143）所言：

· 第三章 美国贸易政策经历了一场体制危机·

赫尔之所以在贸易自由化方面取得成功，仅仅是因为他的理念与新的制度结构琴瑟相调。回顾往昔，他对自由主义的承诺具有重要意义，但是他给予行政团队的支持，对于贸易改革计划的历史而言，可能更为关键。

《斯穆特－霍利关税法》（Smoot-Hawley Tariff Act of 1930）是美国国会颁布施行的最后一部关税领域的一般法。根据1934年《对等贸易协定法》，总统被授权在指定的三年期限内展开谈判，对关税进行削减，上限是50%。此后在1937年，1940年，1943年和1945年，总统与其他国家进行谈判并实施对等关税减免，这一授权相应地得到了几次更新。战后，美国行政当局通过关贸总协定，带头实现了多边贸易谈判目标（Dam 1970）。关贸总协定为美国贸易战略建立了框架，实行以过程为导向的多边主义，旨在通过多个回合的贸易谈判来促进贸易壁垒的对等减少。[1]到20世纪60年代末，关贸总协定的谈判已完成了六个回合。特别重要的是第一轮和最后一轮，分别是1947年的日内瓦回合和1963年7月的肯尼迪回合。在第一轮谈判期间，美国对所有应课税进口商品平均降低了20%的关税，这主要是因为其他国家严重依赖数量限制（Curzon 1965：70）。在最后一轮谈判期间，主要的参与方把非农业进口商品的关税降低了约35%，约占工业国家应课税进口商品的80%（Pastor 1980：118-119）。

在1934年政策体制中，有一个核心条款就是行政优先原则。大萧条和战争的危机阶段，为加强和确保这一原则做出了贡献。其实还有许多因素同样也起到了积极作用，这里列举了三个。第一，正如我们将进一步探讨的那样，美国在全球经济中的主导地位对行政当局是有利的，他们可以就减少贸易壁垒设定议程。第二，贸易政策与两件事情交织在一起：一是冷战期间的国家安全政策，一是以美国为首的反共联盟系统。战后不久，杜鲁门政府的主要决策者（例如马歇尔、艾奇逊和乔治·凯南等人）将国际经济政策工具视为国家安全政策的基本工具（Gaddis 1982；Pollard 1985；Kunz 1997）。[2] 第三，1934年体制由于贸易的下降而得以稳固，这成为共和党与民主党之间冲突的主要根源。在这方面，至关重要的是共和党逐渐转向支持更自由的贸易政策（Bauer 等人 1963：466）。政府里和商业界有很多精英，他们对国际经济自由主义的支持有所增加，这是行政优先原则获得跨党派支持的一个重要因素。20世纪50年代和20世纪60年代，这个精英联盟追求更自由的贸易，恰逢其时，全球经济正处于一个繁荣的时期，对联盟而言，反过来又增强了自身的实力。

1934年体制的特点是决策过程的集权化和"绝缘"状态。国会担当着平衡和调节者的角色，尤其重要的是采用了一些策略方法，管理贸易保护主义的压力，并将其从国会转移到行政部门。

首先，基于关贸总协定的多边贸易回合系统，对有关出口领域的政治活动提供了关键机制，通过让出口商参与海外新市场的开放，来转移贸易利益的平衡，并在此过程中推迟了保护主义的主张。尽管如此，国会仍继续制定指导方针，规定应改变多少关税级别，通过什么程序以及什么情况下可以算作例外。其次，国会确立了获得行政保护的条款，如果因为进口的原因而遭受严重利益损失，这种情况下该如何求助，并打击所谓的不公平的外国做法。在美国贸易法中保留了程序保障措施（例如关税减让危险点条款和豁免条款）之后，国会仍然做出了一些努力，以确保一些工业部门能够获得缓解，因为它们在行政机构实施的贸易自由化项目中处于劣势。[3] 再次，国会要求决策者在政策制定过程中主动确保国会和选区的关注不被忽视，甚至是在寻求贸易扩张的情况下，亦应如此。为了在1962年为肯尼迪总统提供新的谈判授权，国会提议在总统行政办公室内设立特别贸易代表。后来机构重组为美国贸易代表办公室（USTR），贸易代表作为该部门的首脑，担任内阁职务，该机构将充当美国贸易政策管理的重点单位，使国会可以更系统地将责任转移到行政部门。

很显然，1934年的体制确实转变为行政优先了，但这并不等同于自由贸易就可以大行其道，别忘了，还有一些在政治上很敏感的行业，如果对他们的保护主义诉求不闻不问，那绝对是会产生严重后果的。权衡利弊之下，国会也给行政官员留有了一些回旋的余地，来寻找具体形式的保护，以最大限度地降低报复发生的概率，同时要确保，尽量不把一些情非得已的压力转移到非政治化的行政程序中，因为在极大程度上，这种情况一旦发生，将不利于给予救济（Mucciaroni 1995：105）。然而，到20世纪70年代，越来越多的迹象表明，政策体制更加碎片化和政治化，主要的经济利益组织——特别是像美国劳工联合会－产业工会联合会（AFL-CIO）这样组织性很强的劳工团体——放弃了对自由贸易的支持。像其他大多数工业化经济体一样，高通胀和高失业率导致了一系列结构性经济问题，美国决策者也深陷其中。随着美国出现持续的国际收支问题，贸易问题在政治上也变得更加突出。此外，由于关税减免进程取得了成功，人们开始盯上了贸易领域的非关税壁垒，这不仅是因为关税率下降使得非关税壁垒更加明显，也是因为非关税壁垒日益成为贸易保护主义者施压的发泄口。

在1974年《贸易法》（Trade Act of 1974）中，国会授权尼克松政府开始新一轮的谈判，即东京回合，尤其着重于减少非关税壁垒。但是为了保持更好的监督，国会当时做出规定，任何协议都必须在众议院和参议院中以多数票通过才行，这就是所谓的"快速通道"程序。1974年《贸易法》还放宽了条件，以对反倾销和反补贴税机制下获得的救济进行约束。此外，国会设立了一套诉讼程序，允许国内利益团体据此向行政机关提出申诉案，要求政府针对外国不公平的进口限制采取反制行动。以1962年《贸易扩展法》（Trade Expansion Act of 1962）的一些较早期条款为基础，新的301条款授权总统，如果有国家对美国的出口保有"不合情理的"、"不切实际的"或者"带有歧视性"的限制，就可以对该国实施报复。此举可谓正当其时，301条款将塑造一套法律工具，用以调整美国的贸易政策，使其远离多边主义，并进而转向进攻性的双边主义。

1979年，在关贸总协定东京回合谈判中，卡特政府签署的一系列协议最后在国会获得了压倒性批准，这不啻一大胜利。东京回合将工业制成品的关税率平均降低了三分之一，并在政府采购、补贴和反补贴税等领域对非关税壁垒实施了新守则（Winham 1986）。尽管国会准备再次放宽标准，在1979年《贸易协定法》中，那些已经实行的保护措施得到了正式允许，但点到

第三章 美国贸易政策经历了一场体制危机

为止,行政优先的核心规范在很大程度上还是得到了维护。国会的主要目标是通过放松援助管理,来限制官僚机构获取更多权力,而不是推翻行政部门的首要地位。正是这种总统权威和领导才能,巧妙地扭转了局势,才使自由贸易得以扩张,从而巩固了1934年体制。它使国会免受指责,并继续转移压力,使其在贸易政策进程中承担了一种更具有支配性的角色。得益于更大的选区,有能力控制任命、制定议程和界定一个议题的性质,战后的总统们能够利用他们的地位,来支持总体上还算自由的多边贸易战略。正如戴斯勒(Destler 1995:32)所述:

> 从程度上看,这些总统们的个人承诺是不尽相同的:持平而论,杰拉尔德·R.福特比理查德·M.尼克松做得更多,林登·约翰逊和吉米·卡特比约翰·肯尼迪更专注于自由贸易。但是事实证明,所有人都希望在向自由贸易倾斜的过程中扮演关键角色,这一点尤其体现在他们做出的决定以及对关键贸易职位的任命中。

在20世纪80年代,1934年体制在合法性上所面临的挑战可以说是前所未有的,其行政优先的核心规范和以过程为导向的多边主义,在大约40年的时间里,始终占据着美国贸易战略的核心位置,并经受住诸多考验。同时,它也见证了,现代时期的一位美国总统,最公开地声称自己支持自由贸易,但事后竟然主持了一场贸易政策的战略撤退——至少支持者是这么认为的(Niskanen 1988:137)。里根政府1981年7月发表的《美国贸易政策声明》，将美国的工作目标确定为促进"以相互接受的贸易关系为基础的自由贸易"，同时承诺，"强烈反对政府机构对贸易做出扭曲的干预措施"（美国国会，参议院金融委员会，1981年）。随着时间的推移，里根政府的高级官员们会承认这一点，那就是，自从赫伯特·胡佛（Herbert Hoover）总统签署《斯穆特—霍利关税法》[4] 以来，里根总统采取的保护主义措施，比他的所有前任都多。到 1985 年下半年，国会终于忍不住行动起来，要求在美国贸易政策中扮演更核心的角色，威胁动用"［总统］否决无效"来进行保护主义立法，并着手草拟第一份综合性的贸易法案。这是过去 50 多年来，立法机构从来没干过的事。里根总统被迫于 1985 年 9 月 23 日宣布实施一项新的自由与公平的贸易战略，其核心是美国政府根据 301 条款主动采取双边行动，以打击外国不公平的贸易行为。

正如哈格德（Haggard 1988：119）所观察到的那样："如果制度在解释政策结果方面很重要，那么当政策制定环境发生根本变化时，政治科学家们应该花更多的精力，来揭开那些历史性的关键时刻或者说'转折点'。"对于美国贸易政策而言，20 世纪 80 年代中期就是这样的转折点。体制危机是一个条件变量，为以结果为导向的对日贸易政策铺平了道路。它阐明了路径依赖的作用，沿着这条路径，在某个时间点上采取行动，让一项政策沿着特定的轨道，为将来的行动创造机会，同时也产生约束。随着国会要求在美国贸易政策中扮演更核心的角色，行政部门也欣然接受了更加结构化和富有进攻性的双边市场准入政策，展望未来，一连串长期的后果将接踵而至。不过，虽然制度因素很重要，但它们绝不是这些后果的唯一成因。体制危机的根本原因在于，有一些国际和国内的要素处于政策体制之外，它们发生了交互作用。

第二节　美国经济的相对衰退和来自日本的挑战

20世纪80年代美国贸易政策体制面临压力，这可以部分归因于美国在世界经济中相对地位的变化，尤其是跟日本放在一起对照。世界经济相互依存度日益提高，美国经济实力相对下降，这为美国提供了一个重要的（但也是被容许的）、系统性的理由，可以转而采用更具进攻性的双边市场开放政策。有两个要素重构了美国的机构和行为体所面对的国际环境：(1) 战后美国制造业处于主导地位是一种人为设计的结果，经年累月到了现在，自然是风雨剥蚀；(2) 国际经济中出现了新的剩余资本来源，比如日本。在这种情况下，美国越来越依赖国际贸易和金融流动，那么日本恰好就成了美国经济霸权的主要挑战者。在实体经济中，日本的崛起首先给美国的基础制造业带来了压力，随后又在高科技领域表现出来。到20世纪80年代，日本的金融资源使其超过美国，成为世界上最大的债权国。

第二次世界大战结束时，美国崛起，其经济基础变得异常雄厚，不管是昔日的敌国还是盟友，它们的工业能力要么被摧毁，要么已经老旧过时。战争期间，美国的实际产出大约翻了一番，到1945年，美国生产值占世界工业产值的大约一半（Gardner, 1980：178）。有些战后才出现的新技术的产品，美国通常情况下都是唯一的来源。看一看战后初期的贸易格局，差不多每一个方面都在证明美国的经济主导地位。二战刚刚结束的那个阶段，美国支撑着三分之一以上的世界贸易额，而其经济仍然能够在很大程度上做到自给自足。直到 1952 年，美国在十大工业经济体中的制成品出口份额为 35%，而 1938 年和 1928 年的这一比例都只有 21%。当时，除金属外，每个主要工业类别的出口记录都是顺差——例如机械、车辆、化学药品、纺织品和其他制成品（Robert E. Baldwin 1984：8）。战后一位在美国经济领域从事外交活动的高级人士后来曾经写道，第二次世界大战后，美国的地位"完全是不正常的，不可能持续太久"（Volcker 1992：xv）。

欧洲和日本的经济发展在快车道上持续了二十年，这意味着到 20 世纪 70 年代初，战后美国经济的主导地位已大为降低。如果按照购买力平价算法，美国在世界产出中所占的份额从 20 世纪 40 年代后期的大约三分之一，下降到 1970 年的 22% 上下（Maddison 1995a）。美国在十个主要工业化国家的总制造业产值中，所占份额从 1950 年的 62%，下降到 1970 年的 44%（Branson 1980：191）。美国的中低技术制造业经历了相对优势的侵蚀，首先是相对于欧洲和日本竞争对手而言，其次是相对于新兴的亚洲和拉丁美洲工业化经济体而言。在 20 世纪 50 年代，与美国相比，日本和欧洲的生产率非常低。不过后来，这些国家的平均人工产出已经接近了美国的水平，尽管步子不算大，但是非常稳定。表 3.1 显示了其他工业化国家在战后追赶美国的制造业生产率的增长差异，以及 20 世纪 70 年代总体生产率的下降。

表3.1 主要工业化国家的制造业生产率
（平均年增长率百分比）

时间	美国	日本	联邦德国	法国	英国
1950—1973	2.62	9.48	6.31	5.63	3.25
1973—1979	1.37	5.39	4.22	4.9	0.83

数据来源：马丁·内尔·贝利（Martin Neil Baily）和玛格丽特·M. 布莱尔（Margaret M. Blair）合著的《生产力与美国管理》一书（1988：180）。

美国在世界制成品出口中所占的份额从1953年的29%，下降到1971年的13%（Branson，1980：196）。在总结了美国制造业的地位变化后，布兰森（Branson 1980：183）指出：

> 在战后最初的一些年份里，因为制造业相对走强，美国的贸易格局是被扭曲的，但是这段时间实际上很短。20世纪50年代和20世纪60年代，欧洲和日本经济开始复苏，而且20世纪60年代和20世纪70年代有一些发展中国家的批量制造能力出现增长，这就不可避免地降低了美国在世界产出和世界出口中的份额……截至20世纪70年代，世界贸易格局已经恢复并反映着潜在的比较优势，美国再次成为消费品的进口国。

长期的结构调整问题主要集中在少部分大型和中型的低技术产业，尤其是汽车、钢铁、纺织和服装业。自20世纪50年代中期以来，纺织和服装工业一直都被列入专项保护，而自20世纪60年代后期后，钢铁行业也被长期列了进来。到20世纪70年代，这些行业的日子更不好过了，内需变得疲软，比较优势出现下降，生产率增长日益乏力。特别是 1973 年以后，工业化国家的生产率增长普遍放缓，正所谓雪上加霜。

表 3.2—3.5 显示了在各种情况下，到 20 世纪 70 年代和 20 世纪 80 年代，在美国这些行业的产出增长不振，雇工人数的绝对值出现下降，进口产品的渗透率明显上升。1979 年，汽车产量和雇工人数比 1973 年的峰值水平分别低 12.8% 和 5.5%。钢铁产量在 1973 年至 1979 年之间下降了 8.3%，而雇工人数比 1974 年的峰值下降了 6%。纺织品产量在 1979 年达到新的高峰，但雇工人数比 1973 年减少了 13.1%。服装产量在 1973 年至 1979 年之间增长了 15.5%，但雇工人数减少了 6.3%。

表 3.2 美国汽车行业——筛选统计

年份	产出 (1973=100)	雇用 (千人)	进口渗透率 (百分比)
1970	67.8	245	14.7
1971	88.8	283	13.1
1972	91.3	284	14.6
1973	100.0	309	15.2
1974	75.8	262	15.8
1975	69.5	235	18.2
1976	87.9	274	14.9
1977	95.3	290	18.3
1978	94.9	304	17.8
1979	87.2	292	22.7
1980	66.0	221	28.2
1981	64.7	223	28.8

续表

年份	产出 （1973=100）	雇用 （千人）	进口渗透率 （百分比）
1982	52.5	194	29.3
1983	70.1	217	27.6
1984	80.4	248	24.9
1985	83.9	250	25.2

数据来源：世界银行和联合国数据，国际经济数据库，澳大利亚国立大学；罗伯特·W. 克兰德尔（Robert W. Crandall）等，《汽车业管控》（1986），布鲁金斯学会；以及梅尔文·A. 福斯（Melvyn A. Fuss）和莱昂纳多·维夫曼（Leonard Waverman）合著的《汽车制造的成本与生产率》（1992），剑桥大学出版社。

表3.3 美国钢铁行业——筛选统计

年份	产出 （1973=100）	雇用 （千人）	进口渗透率 （百分比）
1970	84.8	862	13.8
1971	77.9	798	17.9
1972	86.2	800	16.6
1973	100.0	860	12.4
1974	96.6	881	13.4
1975	77.2	783	13.5
1976	84.1	778	14.1
1977	83.4	785	17.8
1978	91.7	808	18.1
1979	91.7	828	15.2
1980	75.2	749	16.3
1981	80.0	724	18.9
1982	49.7	558	21.8
1983	57.9	480	20.8
1984	64.1	505	26.6

续表

年份	产出 （1973＝100）	雇用 （千人）	进口渗透率 （百分比）
1985	62.1	449	25.9

数据来源：世界银行和联合国数据，国际经济数据库，澳大利亚国立大学；H. 彼得·格雷（H. Peter Gray）、托马斯·普格尔（Thomas Pugel）和英格·沃尔特（Ingo Walter）合著的《国际贸易、就业和结构调整》（1986），国际劳工局；以及经合组织（1995）。

表3.4 美国纺织行业——筛选统计

年份	产出 （1973＝100）	雇用 （千人）	进口渗透率 （百分比）
1970	77.9	1113	4.9
1971	81.1	1094	5.5
1972	92.6	1145	5.5
1973	100.0	1178	5.4
1974	92.6	1107	5.2
1975	85.3	996	4.6
1976	93.7	1042	5.0
1977	93.7	1067	4.8
1978	95.8	1062	5.8
1979	101.1	1024	5.6
1980	96.8	986	6.0
1981	94.7	951	6.5
1982	87.4	897	6.4
1983	98.9	905	6.5
1984	96.8	895	8.5
1985	95.8	839	9.8

数据来源：世界银行和联合国数据，国际经济数据库，澳大利亚国立大学。

表 3.5 美国服装行业——筛选统计

年份	产出 （1973＝100）	雇用 （千人）	进口渗透率 （百分比）
1970	86.6	1164	5.6
1971	88.7	1142	5.9
1972	93.8	1187	6.5
1973	100.0	1213	7.1
1974	99.0	1155	7.8
1975	91.8	1065	8.6
1976	107.2	1117	10.9
1977	115.5	1155	10.8
1978	115.5	1146	14.3
1979	115.5	1137	14.8
1980	108.2	1150	15.0
1981	103.1	1097	16.0
1982	91.8	1019	16.3
1983	99.0	1036	18.2
1984	107.2	978	23.3
1985	104.1	887	25.6

数据来源：世界银行和联合国数据，国际经济数据库，澳大利亚国立大学。

在某些情况下，这些行业尽管已经获得了很高的保护，但20世纪80年代初期，在美国与贸易相关的调整问题中，这些行业仍然占据了突出位置。他们的困境被描绘成美国去工业化的代名词，把一切都归咎于外贸。以钢铁和汽车为例，这类行业的工资水平要高于美国制造业的平均值，这导致的结果就是，为了维持那些高薪的制造业岗位，只能减少雇工人数，把工厂迁到海外，让低薪的美国工人在服务性部门就业（Bluestone and Harrison 1982）。

日本则是另一番景象，这个国家已经从二战的灾难中走出来，经济复苏，而且速度惊人，这既证明了美国的外交政策英明正确，又解释了美国制造业所面临的巨大调整压力究竟来自何方。出口导向型的日本制造业增长迅猛，也是战后出现普遍增长的一种体现。在 1953 年至 1971 年之间，日本的制造业产出年均增长 14%，甚至快于国民生产总值的 8.8%（Denison and Chung 1976：73）。出口增长为日本的生产率增长和投资提供了重要刺激。在 20 世纪 50 年代和 20 世纪 60 年代，日本的出口量平均增长了 16.5%，几乎是西欧的两倍，美国的三倍（Eichengreen and Kenen，1994：24）。日本在战后开始快速增长后不到十年，一位重量级学者就指出，"一直以来，美国的制造业还是很有竞争力的，从来没有哪个国家敢对其施加这么大的压力，挑战美国人的容忍度"（Hunsberger 1964：vii）。

在 20 世纪 60 年代和 20 世纪 70 年代，日本成功地调整了产出、就业、投资和出口的部门构成，从纺织、木材和食品等低技术领域转向汽车、计算机和电信设备等中高科技领域。表 3.6 列出了特定商品在一段时间内的出口份额，以说明日本商品出口构成的变化。从 20 世纪 50 年代开始，日本制造业的能力获得了大幅增长，布局也处于悄然变化之中，这一方面为寻找美国经济动荡的根源提供了证据，另一方面也使日本成为美国保护政策的一个特殊锁定目标。艾森豪威尔政府于 1957 年首先设计了对日本棉纺织品的自愿出口限制（VERS），请注意，这些限制是被美国要求的自愿行为。紧随其后的是，肯尼迪政府签署了《短期棉纺织品协定》和《长期棉纺织品协定》，再到后来的尼克松政府，又签订的第一项《多种纤维协定》（MFA，也称《国际纺织品贸易协定》，在关贸总协定的主持下，由 42 个纺织品贸易国达成——译者注）（Destler 等 1979；Friman 1990）。从 1969 年开始，美国针对从日本进口的钢铁进行自愿出口限制谈判，并在 20 世纪 70 年代制定了特殊保护政策，以抵抗日本的消费产品。1969 年至 1974 年，从日本进口钢铁的限制仍然保留。1976 年，福特政府针对日本进口特种钢展开谈判并达成有序市场安排（OMA），而碳钢的进口又受到了 1978 年卡特政府的价格启动机制的限制（Crandall 1981；Sato and Hodin 1982）。卡特政府的官员还于 1977 年就日本进口彩电展开过价格启动机制谈判。

表 3.6 在日本商品出口中一些选品的市场占比（%）

品类	1957 年	1970 年	1980 年
纺织品	34.8	9.7	3.9
铁制品和钢制品	7.6	15.7	12.5
电气机械	2.1	14.5	16.4
机动车	1.1	8.5	21.4

数据来源：世界银行和联合国数据，国际经济数据库，澳大利亚国立大学；《日本时报》（1960）。

到 20 世纪 70 年代，日本已是全球经济大国，世界第二大市场经济体，成为美国工业和技术霸权的主要挑战者。尽管与 20 世纪 50 年代和 20 世纪 60 年代的速度相比有所下降，但与其他工业化国家相比，20 世纪 70 年代的日本经济增长还是继续保持遥遥领先的状态。面对两次石油危机，内需疲软以及外部环境不利，日本在全球产出和贸易中所占份额持续上升。快速的资本积累仍然是日本经济扩张的主要动力，其投资资本存量与国内生产总值的比率在20世纪70年代超过了美国（Maddison，1995b）。截至20世纪70年代末，美国拥有的广泛技术优势受到了日本一系列出口导向型工业部门的挑战。乔根森等人（Dale W. Jorgenson等1987）得出的结论是，到1979年，日本存在生产率代差的行业已经从原来的28个里消失了9个，其中包括汽车、运输和交通、电机和精密仪器。

图3.1和图3.2说明了为什么日本的技术进步在1980至1985年成为美国贸易政策的一个特殊问题。图3.1显示，到20世纪70年代，随着高科技产品盈余的增加，美国制造业的总体贸易状况大致保持平衡，抵消了日益增长的低技术产品贸易逆差。图3.2显示了美国和日本之间的双边制造业贸易差额，其中美国在所有三个类别中都出现了逆差，但是，贸易逆差增加最显著的类别是从20世纪70年代中期开始的中等技术产品，以及从20世纪80年代初开始的高科技产品。

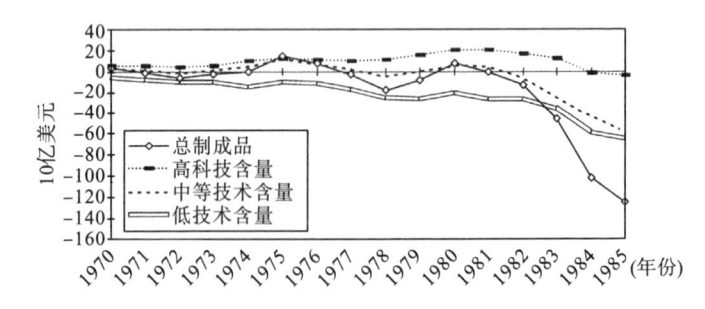

图 3.1　美国制造业的贸易收支

数据来源：国际货币基金组织发布的《国际金融统计数据》，国际经济数据库，澳大利亚国立大学。

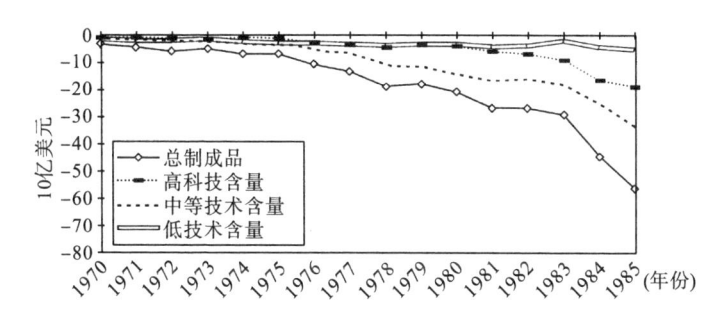

·第三章 美国贸易政策经历了一场体制危机·

图 3.2 美国－日本制造业的贸易收支差额

数据来源：国际货币基金组织发布的《国际金融统计数据》，国际经济数据库，澳大利亚国立大学。

随着美国制造业的国际化，贸易对美国的国内和国际政治变得越来越重要。美国在中低技术产业中的比较优势受到侵蚀，随着1973年后需求和生产率增速放缓，制定限制性更强的新贸易措施的呼声不断增强，调整问题变得更加尖锐起来。原本美国公司在一系列高科技产品方面享有优势，现在因为日本制造业的出口能力迅速提高，难以避免地受到挑战。更多的美国商业群体开始寻求直接的贸易反制措施，以抵抗日本人的进口，在此情形之下，对于行政部门的出口政治而言，日本市场准入谈判毫无悬念地成为一个更重要的部分。

与实体经济的调整压力同时出现的，是20世纪80年代金融霸权的丧失，这导致相互之间的依存度出现提升，同时美国在国际经济中的地位出现相对下降。伴随着私营资本流动的巨量扩张，剩余资本的替代来源增加了不少。在日本，出现了大量的超额储蓄，而与之相比，美国的储蓄率很低，而且还呈现不断下降的趋势，这一状况非常关键，资本开始出现创纪录的流动，美日金融关系的大换位，就这么自然而然地发生了。在20世纪80年代的短短几年内，日本成为世界上最大的债权国，而美国则成为世界上最大的净债务国。在此过程中，日本成为美国的主要投资国，这为双边投资关系中的不对称带来了新的摩擦源。

作为世界上最强大的经济体，美国对战后国际货币关系的重建和管理负有主要责任。美元成为布雷顿森林货币体系的核心是基于三个重要事实，即美国的经济实力，美国作为全球流动性提供者的角色，以及美国政府承诺以每盎司35美元的价格将美元转换为黄金。布雷顿森林体系实行固定汇率制，这极大地限制了国际资本流动。由于大量的资本流动可能会对汇率造成压力，因此政府倾向于调整内部宏观经济政策，以使经常账户失衡保持较低水平，从而保持货币价值。在布雷顿森林体系下，为避免根本性失衡的情况发生，钉住汇率可以做出适当调整，但这只是迫不得已。在20世纪50年代和20世纪60年代，大多数工业国家的外汇管制仍然严格，资本流动受到了限制。但是战后国际经济得以重建，新市场和交易技术取得进展，这让原本很有效果的管制措施，开始变得不那么管用了。在高流动性的国际金融市场出现增长的情况下，交易规模大大超过官方的国际储备，这使得按部就班地调整钉住汇率变得越来越困难。

20世纪60年代后期，在布雷顿森林体系之中，潜在的紧张局势更加明显。这反映在许多要素上，包括美国的扩张性宏观经济政策，相对于官方储备的私营资本市场的急剧增加，以及该体系中的一些主要参与者之间政策目标不一致（Solomon 1977）。尽管在20世纪70年代初曾试图维持这一体系，但尼克松政府担心

第三章 美国贸易政策经历了一场体制危机

发生投机性的大量资本流动，同时也顾虑对美元的高估值，因此，在1971年8月美国不再将美元与黄金紧密挂钩，并最终在1973年彻底放弃了固定汇率制（Gowa 1983）。然而，直到20世纪70年代，净资本转移仍然不大，结果导致国内投资与国民储蓄之间产生了密切关联（Feldstein and Horioka，1980）。

这种相关性在20世纪80年代初开始破裂（Frankel 1991；Feldstein and Bacchetta 1991）。国内的政策决定，与国民储蓄和投资模式的长期变化相结合，共同推动了金融一体化和资本的大量流动。20世纪70年代后期，工业化国家的金融改革步伐加快了，国际资本市场从日本和联邦德国等高储蓄国家获得了大量资金。尽管所有的主要工业化国家在20世纪70年代中期之后都出现了国民储蓄率下降，但工业化国家之间，涉及国民收入占比的问题时，差别就明显了。在世界上两个最大的经济体中，美国的储蓄率始终是工业化国家中最低的，而日本一直是最高的，没有比这种状况更能说明问题了。

日本的高储蓄率导致了一些直接后果，比如资本流动达到了创纪录的程度，再比如在20世纪80年代，日本超越美国成为世界上最大的债权国。从1960年到20世纪70年代初期的快速增长阶段，日本的高储蓄率被同样高的投资率所吸收，储蓄与投资之间的平衡得以维持。但是在20世纪70年代，特别是在第一次石油危机之后，日本的年经济增长率从大约10％下降到该数字的一半。由于储蓄率几乎没怎么下降，这导致日本开始积累起大量的储蓄盈余（Horioka 1990）。于是，日本金融市场实行了放松管制的政策，有助于把这些多余的储蓄提供给国际资本市场。过去，日本对外汇和私营资本流动的限制一直是很严格的，直到20世纪70年代后期才有所松动。在20世纪70年代行将结束的时候，这些政策受到了来自日本国内的金融部门以及美国政府谈判人员的压力。日本的金融改革是随着1980年《外汇和外贸管制法》的全面修订而逐步进行的。这项改革改变了早期的政策——除非获得特别授权，否则所有国际性的（外汇）交易都将被禁止，而获得授权后的（外汇）交易将不受控制，除非是被政府盯上了(Komiya and Suda 1991)。

如图3.3所示，20世纪80年代初，美日这两个全球最大经济体，其储蓄和投资方向完全是背道而驰的。这些变化，已在经常账户收支中反映出来。20世纪80年代，美国出现了向国外大量借款的历史性转变，因为美国预算赤字的扩大造成了对储蓄的过量需求，通过更高的利率吸引了外国储蓄。净资本流入彻底扭转了九十年来的格局。第一次世界大战期间，美国已从相对于世界其他地方的净债务国转变为净债权国。到1982年，美国的净投资头寸达到创纪录的3500亿美元，境外净资产是日本的十倍以上。可惜时过境迁，出现巨大的外部失衡才不过几年的光景，美国就耗光了一个世纪以来积累的境外净资产，而且改变了世界上两个最大经济体的相对金融地位，简直太有戏剧性了（见图3.4）。

日本的高储蓄率，加之金融市场自由化，为其购买外国资产提供了动力。最突出的特点是跨境证券投资出现流量激增。要知道，在1970年至1982年期间，每年还有平均10亿美元的证券投资流入日本，但是到了1983年至1988年期间，每年从日本流出

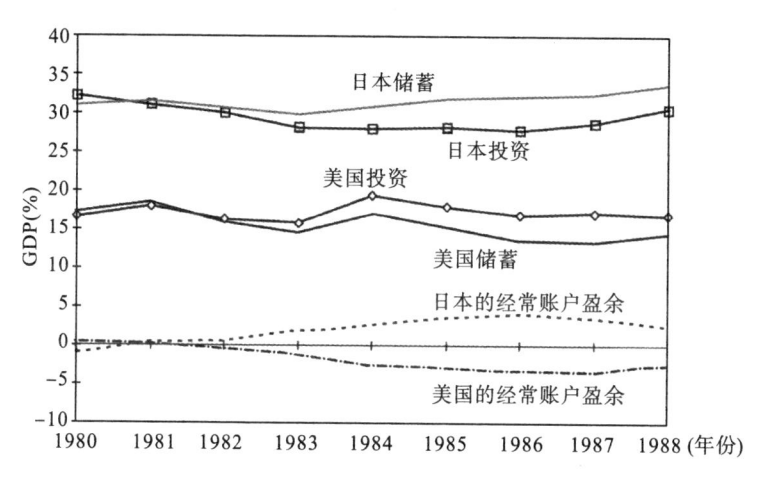

图 3.3 美国和日本的总储蓄和投资比率对照

数据来源：伯格斯坦和诺兰（1993：37）。

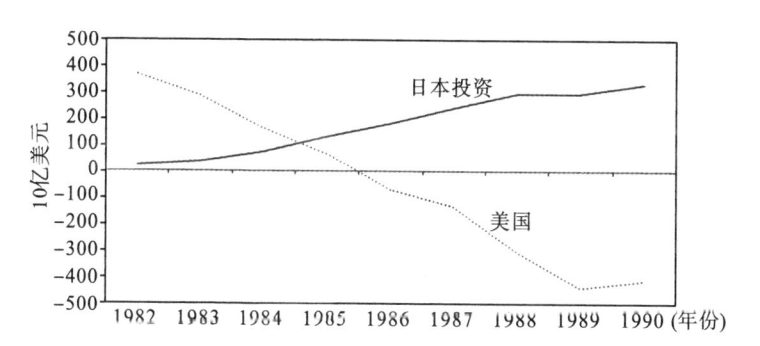

图 3.4 美国和日本的国际投资头寸
（10 亿美元，以历史成本为基础）

数据来源：日本银行各期的《每月国际收支报告》；美国商务部发布的各期《当前商业概览》。

注释：美国商务部数据的修订包含当前重置成本的概念，而不是传统的历史成本计量。这种方法缩小了美国作为净债务国的程度，但并没有改变总体趋势。

的资金平均高达520亿美元。同期,从1970年至1982年,每年平均流入美国的证券投资资本是1亿美元,到了1983年至1988年这段时间,增加到了年均400亿美元(国际货币基金组织 1991：16)。再看一下日本在美国的净资产状况,从1980年的20亿美元,增加到了1988年的1290亿美元。到20世纪80年代末,日本持有的外国净资产中,美国资产占了差不多一半,日本早已成为美国联邦债券的最大外国持有者,也是美国企业和房地产的第二大投资者(Jackson 1990)。金融的相互依存,为双边经济摩擦增加了新的维度。日本公司开始收购美国公司,其程度之高让人瞠目结舌,这导致在美国的外国投资开始受到关注。日本持有美国联邦证券不断增加,也引发了美国人的恐惧,美国人担心日本投资者一旦撤回资金,可能会引发美国的金融海啸(Bergsten 1987)。

20世纪80年代后半期,因为日本增加了在美国的境外直接投资,所以日本一下子跃升为人们关注的焦点(Yamamura 1989)。图3.5显示,美日两国各自在对方国家的境外直接投资的增长曲线。1985年后,日元的大幅升值推动了日本对外直接投资的增长,这是一个主要因素,不过,政治的焦点却集中在另一方面,那就是,当提及外国企业对日本经济渗透率的时候,日本在某种程度上更像是一个始终保持距离的局外人,当然这也跟日资企业在美国的行为方式有莫大的关系。这些位于美国的日资企业之所以会受到一些指责,是因为它们破坏了美国人的工作岗位,加剧了美国的贸易赤字,侵蚀了美国的技术基础,并有可能损害美国的国家安全。尤其突出的是,在美国国内市场上的日本企业更喜欢进口,而不是把美国国内市场视为采购的源头。这些日本公司也有一个被单独诟病之处，就是它们在美国的政治进程中施加了不适当的影响力（Choate 1990）。日本在 20 世纪 80 年代崛起为金融超级大国，这促使美国人对独特的日本投资问题产生了看法，从而加剧了贸易关系中的紧张局势。[5]

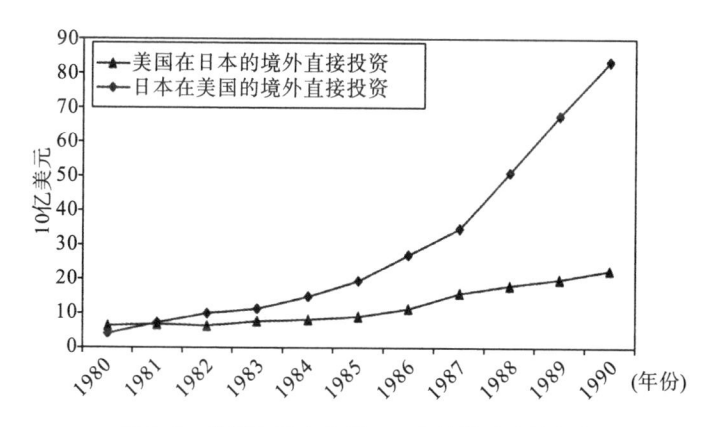

图 3.5 美国和日本之间，双向的境外直接投资

数据来源：美国商务部发布的各期《当前商业概览》。

第三节 里根经济学和体制危机的国内根源

到目前为止，我们已经了解到，美国和日本在国际经济中的地位出现了相对变化，这带来了诸多压力，从这个角度上，我们对美国的贸易体制危机进行了初步分析。不过，体系性的变化对政策环境发生影响，在方式上还有些雾里看花之感。实际情况是，无论是在性质上，在强度上，还是在时程上，美国贸易体制危机都受到了国内政策发展形势的强大影响。20 世纪 80 年代一个主要的经验教训就是，美国的贸易政策能够对宏观经济要素产生巨大的塑形作用，而且结果可能是人们意料之外的，这是一个程度问题。在里根政府第一任期内，美国实行了财政预算政策，而同一时期的美国贸易状况也出现了急剧恶化，我们不能说，贸易体制危机与上述情况毫无关联。里根经济学的影响表明，一种平衡的宏观经济政策组合，使1934年体制的稳定和合法性得到巩固，至少是在背地里做了一些添砖加瓦的工作。

虽然进口竞争有所加剧，但在20世纪80年代初期，外部发展在美国的经济表现方面所发挥的作用，相对而言仍然不大。进口和出口所占份额都不到国内生产总值的10%，贸易基本平衡，国际资本流动仅占美国净投资的很小一部分。但是到1985年，美国的经常账户赤字已经超过了1200亿美元（约占国内生产总值的3%），并且一跃成为世界上最大的净债务国。在1979年至1985年第一季度的这段时间内，美元对贸易伙伴的货币实际升值了40%，甚至对最有竞争力的贸易商品行业造成了伤害。

20世纪80年代初，美国贸易收支的急剧恶化，反映了美国财政扩张和货币紧缩的宏观经济政策组合，不过同时期的其他工业化国家，实行的却是相反的政策组合。从1979年10月开始，美联储收紧了货币政策，旨在将两位数的通货膨胀从美国经济中挤出去。联邦基金利率从1979年10月的12%上升到1980年3月的18%，而最优惠利率在1980年最后一个季度达到峰值21.5%。货币紧缩导致实际利差急剧上升。在美元升值的同时，美国经济在1981年第二季度陷入严重衰退。失业率在1982年达到10.5%，这是因为，与1979年的峰值相比，美国的制造业生产率和雇工人数分别下降了8.3%和10.7%（白宫经济顾问委员会1986）。

第三章 美国贸易政策经历了一场体制危机

面对不断恶化的经济，刚刚当选的里根政府制定了新的预算计划，其主要特征就是在三年多的时间内，实施降低所得税率的重大行动，并大幅增加国防领域的实际开支。1981年8月，里根总统签署了一项法律，将个人所得税率全面削减25％，并将在三年多的时间内逐步削减，与此同时，营业税也大幅降低(Niskanen 1988)。从预算上看，赤字从1981年占国民生产总值的2.1％，上升到1982年的4.6％和1983年的5.2％，这都是在没有减少用于国内项目支出的情况下发生的。而预算赤字的绝大部分，是由大幅减少的税收造成的，因为税收占国民生产总值的比重，从1981年的20.8％降低到1983年的18.6％。尽管如此，里根政府还是在第一任期将联邦实际开支进一步增加了3.7％。这样做的结果是，随着1982年和1983年的财政刺激措施的实施，美国经济从衰退中强劲复苏，从而助推了利差和汇率的进一步上升。

如图3.6所示，1983年，经济正在复苏，而美元升值的滞后影响开始产生强烈的效果，这个时候，经常账户大幅度陷入赤字。里根政府宏观经济政策对外部收支的影响，迫使其他国家转而开始进行财政整顿。随着美国增加其结构性预算赤字，日本采取了实质性步骤来减少赤字，这就加重了实际利差，并且进一步刺激了资本从日本流入美国。

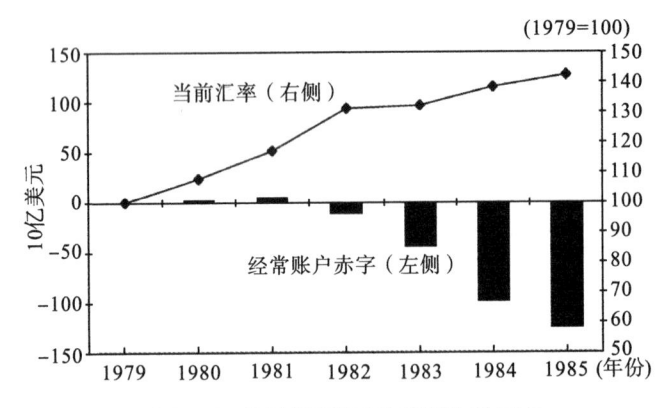

图 3.6 美国经常账户和实际有效汇率

数据来源：国际货币基金组织发布的《国际金融统计数据》，国际经济数据库，澳大利亚国立大学。

图 3.7 显示了美国出口量的暴跌和进口量的扶摇直上。鉴于这段时期美国贸易条件的改善，实际净出口的下降要多于名义经常账户的下降。出口价格平均而言是温和上涨的，而进口价格对

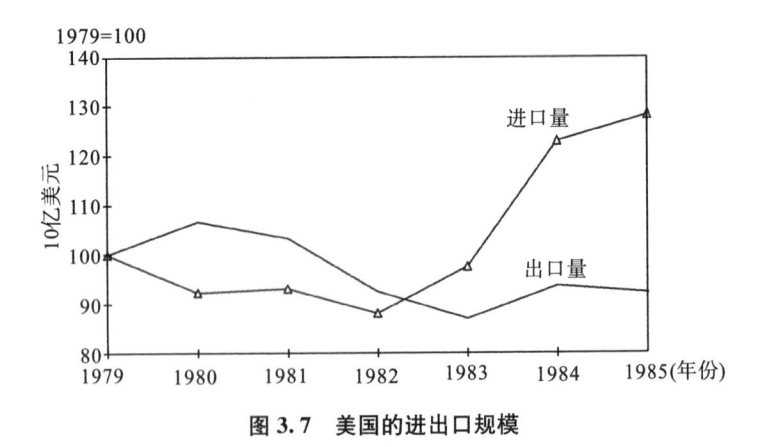

图 3.7 美国的进出口规模

数据来源：国际货币基金组织发布的《国际金融统计数据》，国际经济数据库，澳大利亚国立大学。

第三章 美国贸易政策经历了一场体制危机

非石油进口的抑制作用降低了，因为油价发生了下跌，美元出现了上涨。美国制造业贸易逆差的急剧恶化，引发了人们对美国的担忧，因为外国政府（特别是日本政府）实施了产业目标政策，大家觉得自己用不了多久就会成为受害者。但是正如劳伦斯（Lawrence 1984：50）当时指出的那样，制造业赤字和汇率坚挺反映出：

> 一种需求，即把外国商品运到美国，以满足国内消费的增长。从这个意义上讲，制成品贸易逆差的增长是对经济结构变化的反映。但这种变化并不是由美国或外国的工业政策或者卓越才干引起的，而是反映了美国政府的预算决定。

那么，白宫经济顾问们该如何预判里根总统的宏观经济政策及其在国际上造成的潜在影响呢？威廉·尼斯卡宁（William Niskanen 1988：231）在1981年4月至1985年3月期间是白宫经济顾问委员会的成员之一，他指出："与里根最初的计划相对照，主要的意外经济后果是进口的迅速增长和贸易逆差。"实际上，他认为：

> 最初的计划几乎没有确认经济政策的国际范围，只有一段文字描述了如何通过拟议的政策去改善国际经济环境，但并没有提及我们与其他国家的经济关系需要遵循的指导原则。这里隐含了一个假设，就是说，我们并不会把国际条件作为考虑的重要因素。

许多分析师已经探讨了美国宏观经济发展与贸易政策反应之间的关系，特别是汇率高估对进口保护的影响。伯格斯滕和约翰·威廉姆森（Bergsten and Williamson 1983：102）推断说："美元的高估已被证明是美国贸易政策的一个准确的'先导指标'，或许称得上战后最准确的指标。"从20世纪80年代初开始，他们确定了三个时期，用来描述战后美国最严重的贸易保护主义压力，分别是20世纪70年代初、1976年7月和1981年2月。紧随其后的，就是美元高估时期（Bergsten and Williamson 1983：111）。伯格斯滕（Bergsten 1982a）认为，在美国和日本之间的双边经济关系中，汇率失调对贸易政策的影响更为明显。20世纪80年代上半期，美国保护主义的主导要素存在一些替代性的、微观经济领域的研究假设，多恩布什和弗兰克尔（Dornbusch and Frankel 1987）对于摒弃这些研究假设的想法持谨慎态度，但他们的推论却是，汇率高估是最重要的宏观经济因素。

20世纪80年代前期，宏观经济因素与美国贸易保护主义陡然上升之间存在相关性，这表明，里根经济学的作用很大，是对美国贸易政策体制的一次国内冲击。表3.7显示，美国在20世纪80年代初是如何转而出现巨额联邦预算赤字的，而且还伴随着大量的净资本流入，以及由此而来的经常账户赤字明显增加。这张表还凸显了在此期间出现的"双赤字"，与1950年至1980年出现的内部和外部相对平衡，形成鲜明对比。这意味着，作为美国贸易政策体制的一个潜规则，正统的预算政策具有历史重要性。

表 3.7 里根经济学的"双赤字"(%)

周期或年	私人国内储蓄净值(1)	国家和本地盈余(2)	联邦赤字(3)	国内储蓄净值(1)+(2)−(3)=(4)	私人国内投资净值(5)	国内储蓄短缺净值(5)−(4)=净资本流入(6)
1950s	7.5	−0.2	−0.1	7.4	7.5	−0.1
1960s	8.1	0.0	0.3	7.8	7.1	−0.7
1970s	8.1	0.8	1.7	7.2	6.9	−0.3
1980	6.4	1.0	2.2	5.2	4.9	−0.3
1981	6.6	1.1	2.1	5.6	5.5	−0.1
1982	5.5	1.1	4.6	2.0	2.0	0.0
1983	5.7	1.4	5.2	1.9	3.1	1.2
1984	6.8	1.7	4.5	4.0	6.6	2.6
1985	5.7	1.6	4.9	2.4	5.1	2.7
1986	5.3	1.3	4.8	1.8	5.1	3.3
1987	4.1	1.2	3.5	1.8	5.1	3.3

数据来源：劳伦斯的《美国人的生存标准：威胁与挑战》（Lawrence 1988：51），布鲁金斯学会授权重印。

理查森（Richardson 1991：8）在文章中曾指出，20世纪80年代实行的美国贸易政策，到头来竟然变成宏观经济学所能依托的一种基础，看上去难堪大用，却又是不得已而为之。那些宏观经济政策不能做或者不愿做的事，美国的贸易政策都要责无旁贷地试着去做。可以说，里根经济学带来了强大冲击，凸显出那些在理论上独立的政策发展，也会在其他政策领域产生重大的溢出效应，并且会带来长期后果。贸易体制危机见证了国内宏观经济决策与长期结构性力量之间所发生的冲突，改变着美国贸易政策的制度性动力，并使某些集团和某些理念占据上风。与历史制度主义的观点相吻合，贸易体制危机所凸显出的是：

有必要进一步放宽政治观察的视野，去了解不同领域的政治和政策发展，它们会相互冲突，碰撞出火花，并催生出一些新的成果，对于个体性的参与者而言，这些成果是无法提前做好预测准备的，更不能轻而易举地被控制。这些冲突为政治人物创造了大量机会，可以推动新的政治理念和不同的政治观点，从而一个一个地演化为重要的转折点。

行政部门与国会之间在贸易方面的激烈冲突，就会在1985年制造出一个这样的转折点，在此过程中，一些对美国贸易问题的解释，相对而言，会更有说服力。

第四节　进攻性的双边主义崛起了

美国贸易政策体制危机有几个主要的遗留问题，包括贸易和经常账户赤字飙涨，保护水平陡然增高，国会有意在贸易政策中重新发挥"倒逼"行政部门的作用，多边主义被更狭隘的市场开放政策所取代，等等。由于国会与行政部门之间在贸易问题上的龃龉达到五十年来未曾出现过的水平，里根政府于1985年9月被迫采取一种更具对抗性的双边方式来处理出口政治。具体而言，就是态度发生明显改变，从对301条款的相对漠视，转而高调起

· 第三章　美国贸易政策经历了一场体制危机 ·

来，而且很激进，要操之在手，主动利用。1985年之前，在美国贸易法的武器库里，301条款并不是一个主要组成部分，它更像是一套针对美国企业市场准入的登记备案机制。在对这项规定进行了最全面的研究后发现，里根第一个任期内利用301条款实施过21项调查，其中"只有两项得到了部分解决并令美国感到满意"（Bayard and Elliott 1994：15）。1985年以后，301条款摇身一变，成为美国贸易政策的一种主要工具，一种遭到其他国家谴责的谈判手段，相对于多边贸易体系的规范而言，301条款被认为是完全背道而驰的。

在里根政府初期，针对经济衰退和美元升值，美国工业界提出一系列要求，希望获得进口救济（政府设置一些壁垒以保护本国相关工业——译者注），这在当时的情况下，持续成为政治领域最敏感的贸易问题。国会声称，他们甚至会层层加码，强制推行更多的限制性措施。既然国会都这么表态了，行政部门的官员们自然就觉得，实施新的进口保护不算是没凭没据。就这样，在里根总统就任仅仅几个月后，美国政府就撕掉所有自由贸易的标签，利用自愿出口限制来收紧日本每年向美国的汽车出口（Winham and Kabashima，1982）。随后，在1981年12月，美国更新了限制性更强的《国际纺织品贸易协定》。到1982年10月，在美国钢铁生产商提交了多个反倾销和反补贴税申诉案后，商务部长马尔科姆·鲍德里奇（Malcolm Baldrige）宣布多项自愿出口限制，以减缩欧共体（正式成立于1958年，自1993年开始逐渐向欧盟过渡，2009年12月废止——译者注）对美国的碳钢出口。[6]

里根政府最初并没有通过施压的方式，以要求日本在具体的市场准入方面做出让步，他们只不过提出了一个警告，说是需要采取一些实际行动来支持现行的国际贸易体系。第97届美国国会（1981年2月）应该是看不下去了，议员们针对日本出口，以对等主义（reciprocity）的立法形式，拿起了主要的政治武器。1981年12月，参议院金融委员会（该委员会拥有贸易管辖权）通过一项决议，其体现的理念是，要求日本和美国之间保持等量的或者说是对等的（reciprocal）市场准入。这种新的严格对等主义（strict reciprocity）在当时被看作"进攻性的，而不是像以前那样处处被动：针对目前还处于非对等状态的（nonreciprocating）国家，将强制施行新的贸易壁垒作为一种威胁性手段，而不仅仅是对这些国家正在扩展的新自由化运动加以限制——那样做太云淡风轻了"（Cline 1983a：16）。[7]

第97届国会果然言出必行，一口气提出了30多个对等主义法案（Cline 1983b：121），其中，约翰·丹佛斯（John Danforth）参议员提出的一项对等法案（reciprocity bill，S. 2094）成了立法活动的重心，因为，他可是参议院金融委员会贸易小组委员会的主席。该法案试图确立的一项原则就是，美国进入国外市场的机会应该"大体上等同于"美国提供给外国进入美国市场的机会。该法案力图对1974年《贸易法》中的301条款进行修订，以便"受害方"、国会或者总统提出申诉案时，能够找到证据，以证明"大体上相等的市场准入"的确是缺乏的。但是，在严重的经济衰退中，国会对出口政治的兴趣有所减弱，而丹佛斯的对等法案未能在1982年得到参议院的通过。这时候，国会众议院扛起了大旗，众议员们走到前台，着力拟订更为严格的国内立法，以进

·第三章 美国贸易政策经历了一场体制危机·

行贸易限制。这一次,他们锁定的目标是日本汽车制造商。[8]1982年11月,美国经济陷入低谷,尽管里根政府避免了对汽车工业施加更大的限制,但是正在升高的进口渗透,让其他的基础制造产业大有山雨欲来之感,纷纷向政府寻求进口救济。虽然1983年和1984年美国经济出现强劲复苏,但里根政府还是默许了对钢铁、纺织和制衣业的进一步保护(Pearson 1989)。

把美国的市场准入作为条件来对日本施压,在里根政府上任伊始就成了焦点,此后,只要日本政府设定的限制措施被美国验明正身,就会被锁定为靶标,这样的做法被大量保留下来。例如,在1983年,谈判的重点涉及牛肉和柑橘类产品,还有政府采购惯例——主要来自日本电报电话公司(NTT,日本占据垄断地位的国有企业)——所有案例的现存协议都面临到期续约的问题。双方讨论的一个新领域是高科技产品贸易,两国政府都希望减少双边贸易冲突,特别是在半导体行业。里根政府的美国贸易代表威廉·布洛克(William Brock)回忆说,尽管措辞严厉,但"我认为我们对日本其实并没有那么强硬。私下里的沟通很重要,但还是要更多地公开做一些姿态出来"。

有在的那些障碍是非政府性的,被隐藏得很好,多数情况下,从表面上看不出来。我们的第一步,就是把那些更令人震惊的案例挑选出来,然后记录在案。通常情况下,我们取得的进展都相当不错……

每个人都清楚,要让双方的政治人物感到满意的话,有些事情是需要搞定的。虽然谈判过程总是争来争去,但归根结底,程

085

序上并没有那么难。我们还没做的事情,恰恰是要去解决这些问题,并且我们开始意识到这一点。[9]

到1984年,美国对日本急剧上升的贸易赤字,导致双边的贸易摩擦进一步升级。美国外部状况出现了更大范围的恶化,双边贸易失衡使里根经济学转向更有进攻性的对日政策,这一进程被大大加快了(见图3.8)。"通过在美国贸易政治中制造某种日本的有罪推定,产生了一个间接的但是重要的影响",这反过来又使"美国官员骑虎难下,他们既要保证日本人在美国的信誉不受损害,又要容纳日本人的论点和利益,这可不是一件容易的事"(Destler and Sato 1982:272—273)。

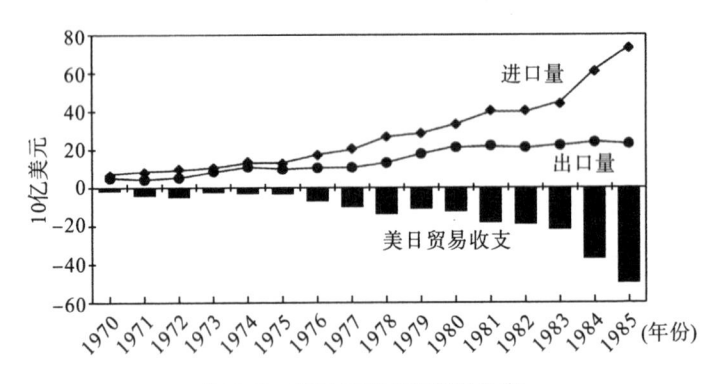

图3.8 美日间的商品贸易失衡

数据来源:世界银行数据,国际经济数据库,澳大利亚国立大学。

里根政府的经济顾问们对美国的外部失衡做出了一个常规解释,那就是,过量的国家投资超过了国民储蓄,他们警告说,不应该从双边失衡中得出贸易政策结论(白宫经济顾问委员会

1983)。但是对于美国贸易政策界的大部分人来说，双边失衡的更直观原因，就是不公平的贸易壁垒——美国商业利益的抱怨使这种不平衡进一步凸显出来。尼斯卡宁（Niskanen 1988：150）曾经是里根政府的白宫经济顾问委员会成员，他对美国政府的两个分支机构都提出过批评：

> 美国国会向来不认可贸易赤字是在美国境内造成的。贸易赤字，或者更准确地说，更广义的经常账户赤字，是美国人的储蓄和在美国境内的投资之间存在的差额。要想减少贸易赤字的话，只有三个办法效果明显，分别是：增加美国的储蓄，减少政府的赤字，或者减少美国境内的私人投资。而行政部门，以前对上述理论存在误读和曲解。1984年初秋，我向内阁的部长们演示了美国的国际和国内收支之间存在的关联关系。尽管我的演讲仅涉及陈述某些会计恒等式的含义，但是真正能够理解这种关系的人士可谓寥寥无几。只不过是因为内阁会议有一些常规的礼节罢了，否则那些实用主义者和贸易强硬派肯定会对我品头论足：这些人一定觉得，在经济学领域我或许有点本事，但是对现实世界的了解，我完全是个门外汉。我也跟一些国会议员进行了私底下的探讨，效果都不理想。他们有这种反应还存在另一种解释，那就是，他们或许对我前面说的这种"关联关系"心知肚明，只不过，因为他们对一些贸易措施深信不疑，而对贸易赤字的关切刚好基于一些政治上的理由，让他们因利乘便，这一点格外重要。

在1982年11月举行的关贸总协定部长级会议上，未能就新的多边贸易倡议通过一项提案,这加剧了美国政策体制的压力,开始在市场开放方面裹足不前。随着里根政府被夺去了出口政治的传统机制,美国人的挫败感越来越强,开始质疑多边市场开放方式是否真的有效。结果出现了一种对自由贸易协定(FTA)更趋之若鹜的心态。美国于1983年和1986年分别与以色列和加拿大就自由贸易协定展开谈判。就这样,因为在推进多边合作方面遭遇挫折,双边机制就成了一种主要的发泄渠道,得以排解人们对外国贸易壁垒的怒潮。在缺乏多边谈判提供总动力的情形之下,双边市场准入谈判的结果,就会成为一张"试纸",可以检验出美国政府的贸易战略,到底是成功还是失败。就这样,20世纪80年代前期的多边体系陷入瘫痪,推动了美国官员寻求其他方式,把出口政治的游戏接着玩下去。

1984年《贸易和关税法》是自1979年以来的第一项主要贸易立法,其可圈可点之处在于,对新一轮的多边贸易谈判没有给予快速通道授权。1984年《贸易和关税法》有几个主要特征,包括授权行政部门与以色列就自由贸易协定展开谈判,对普惠制施以展期,对1974年《贸易法》301条款提出修正案,准许行政部门针对外国贸易壁垒直接立案调查,责令行政部门针对外国贸易壁垒及其对美国出口的影响提出年度报告,等等(Schwab 1994:62)。《国家贸易评估年度报告》要求针对外国贸易壁垒进行制度化的研究分析,这突显了国会对行政部门的工作成效失去了耐心。美国贸易代表的前法律总顾问朱蒂丝·贝罗(Judith H. Bello)表示:

存在一个基本理念,即迫使政府每年对那些限制美国商品、

第三章 美国贸易政策经历了一场体制危机

服务和知识产权的外国贸易壁垒进行登记造册,对此,政府发现自己如果想反对的话,那是不可能的——如果让国会里的每个人都看到他们担忧的起因,那就更不可能了。而且,一旦行政部门系统性地建立起这一花名册,就相当于给自己上个了紧箍咒,迫使主管部门每年提出报告,说明自己对这些障碍中的每一个到底都做了什么。因为您已经给国会提供了"问题电话簿",然后他们就可以把每一位贸易代表放在火炉上"烤"了……这其中,唯一的变化就是真正做到了给美国贸易代表施压,逼着他们采取更有攻击性的贸易政策,而且,这一切只不过是开了个头而已。[10]

1985年初,国会对里根政府贸易政策的信心降至新低。苏珊·施瓦布(Susan Schwab),后来曾担任参议员约翰·丹佛斯的贸易顾问,她概述了在第99届国会(1985年6月)会期开始时的心情:

美国的贸易赤字正上升到历史新高,几乎没有任何非立法途径来消除国会中日益严重的挫败感。尽管此时国际贸易体系中的"不公平"并不比当时的任何时期都更普遍,但美国政客对此的容忍度似乎直线下降。人们对美元高企及其对美国进出口敏感型行业的影响充满了抱怨,他们快要被愤怒的波涛吞噬了。有些信息的声量的确很大,来自那些通常情况下处于自由贸易运动最前沿的部门,也来自一些政客们越来越不感到意外的行业。尽管美国贸易赤字的规模是一个重要因素,但其构成的成分则更令人担忧。

有些行业从未在本国市场经历过外国竞争,或者没有面临过国际市场份额的侵蚀,现在他们把自己遇到的贸易问题带给政治家们,不过,这些政治家们此前对贸易问题的关注并不多。

美国政府于1985年预告了一个对日谈判新框架——《市场导向多领域谈判方案》,由里根总统和中曾根首相于1月初商定。该方案明显带有美国财政部的印记,他们最近刚刚结束了与日本的金融市场自由化和日元国际化谈判,即所谓的日元与美元的对话(Frankel 1984)。其目标很明确,就是要把少数几个领域中的障碍全部扫清。但是,在《市场导向多领域谈判方案》取得实质性进展之前,国会对日本的情绪突然恶化了。导火索是里根总统在3月初做出的一个决定,他不再要求东京将汽车领域的自愿出口限制再延长1年(如果需要延长的话,那就是第五次延长了),而颇为"打脸"的是,日本竟然紧接着宣布,将继续保留出口限制,但数字上限提高了近25%。于是,整个3月和4月,美国国会来了个上下齐动员,提出一大批议案,纷纷要求美国政府对日本的不公平贸易做法实施报复。1985年,日本对美国的双边贸易顺差已经突破了500亿美元,果不其然,美国国会两院都通过了威胁报复的决议。参议院以92票赞成、0票反对的投票结果通过了决议,驳回了先前与日本进行的所有针对美国市场的准入谈判,认为它们"基本上没有取得成功",并断言"双边贸易失衡"正在"使美国每年损失数十万个工作岗位"(Destler 1986:179)。[11] 1985年3月,当总统宣布任命美国贸易代表威廉·布洛克担任劳工部长的时候,国会对里根政府贸易政策的信心进一步遭受挫折。布鲁克的继任者是克莱顿·尤特(Clayton Yeutter),在

· 第三章　美国贸易政策经历了一场体制危机 ·

6月份参议院金融委员会举行会议之前的审议听证会上，他面临了密集的"炮火"攻击，要求他执行更强硬的贸易政策。

在1986年的国会选举中，民主党寻求一些战略，来重新夺回参议院控制权，恰逢其时，贸易，在现代时期，首次成为国会的一个党派倾向性议题。1985年7月，伊利诺伊州民主党众议员丹尼尔·罗斯滕科夫斯基（Daniel Rostenkowski）和密苏里州民主党众议员理查德·格普哈特（Richard Gephardt）以及得克萨斯州民主党参议员劳埃德·本特森（Lloyd Bentsen）提出了一项法案（HR 3035），针对像日本这样的国家征收25%的进口附加税，理由是对这些国家以牙还牙，因为美国已经被征收了大量的贸易附加税。[12]尤为重要的是，罗斯滕科夫斯基是众议院筹款委员会的主席，本特森是参议院金融委员会的高阶民主党人——这两个人和这两个机构职位，过去可都是贸易自由化措施的代名词。本特森在《纽约时报》的一篇文章中承认过，"我知道我一生都是自由贸易者"，但美国现在必须"按其现状"接受其贸易伙伴，并"建立基于结果的贸易政策"（Dryden 1995：309－310）。毫不奇怪，现在是共和党人控制着参议院，他们当然毫不示弱，希望证明自己在贸易上同样是强硬的。7月，俄勒冈州共和党参议员鲍勃·帕克伍德（Bob Packwood）也提出了一项法案（S. 1404），要求对日本的不正当贸易行为进行报复。就这样，1985年通过了《日本不公平贸易法》，这是参议院3月份通过的决议的有约束力版本。[13]

此后不久，里根总统在8月份拒绝国际贸易委员会（ITC）的一项建议，该建议提出，美国应该针对鞋类制造商实施进口救济。总统的决定引发了国会的抗议浪潮,议员们对政府处理贸易的方式感到强烈不满。到 1985 年 9 月,国会的保护主义情绪犹如疾风骤雨般袭来,在国会日历上排满了 100 多种贸易限制议案,其中有许多是专门针对日本的(Ahearn 1986;Destler 1986:75)。最终,政府实在是迫不得已,必须采取行动了,谁都挡不住国会里贸易激进主义的滔天巨浪。

1985 年 9 月,里根政府将 301 条款作为美国市场对外开放的谈判工具,这标志着美国贸易政策来到了一个分水岭。1985 年 9 月 23 日,里根总统在白宫发表讲话,概述了他的政府打算主动发起一系列 301 调查——要对日本的卷烟进口壁垒、巴西的信息产业政策以及韩国对保险服务商的限制,彻底来个大起底。他还授权加快行动,以解决针对日本(皮革配额)和欧洲共同体(水果罐头)的两个现存的 301 案件,并宣布了一项贸易政策打击计划,以找到下一步的建议目标。里根总统直言不讳地提出了实施公平贸易的论据,宣称他绝不会"袖手旁观,眼睁睁地看着美国工人失业,因为其他国家并没有按规矩来玩"(Dryden 1995:311)。

里根总统有关公平贸易的讲话,是在财政部长贝克(James Baker)宣布《广场协议》(Plaza Accord)的一天后发布的,世界五大工业国(美国、日本、联邦德国、法国和英国)同意采取一致行动以压低美元。贝克是 1985 年 2 月被任命为美国财政部长的,他同时还担任了新成立的经济政策委员会(EPC)主席,开始在美国对外经济政策的重新定位过程中发挥重要作用。正是贝克领导的这个经济政策委员会,在美国历史上做了一件破天荒的事:针对外国贸易壁垒,美国政府做出决定,要主动提起 301 条诉讼，而不是被动等待私营部门的申诉状。国务卿乔治·舒尔茨（George Shultz）则对美国盟友的反应持谨慎态度，因为这些"伙伴"认为美国的行动带有明显的对抗性。但贝克、尤特和商务部长鲍德里奇的意见占了上风，他们认为必须要给国会一个明确的说法了（Dryden 1995：310）。罗伯特·佐利克（Robert Zoellick）是贝克在财政部的铁杆战友，据他回忆："对这些（301条款）贸易行为的含义，里根政府里有很多人持不同看法。有些人认为它们具有防御性，有些人则认为从任何形式上看都不好，而有些人则真正地卷入其中。"[14]

里根政府1985年9月主动做出的那些调查立案，避免了国会针对贸易政策行政优先原则发起全面反制，说不好他们真会按计划这么干的。就目前状况而言，国会已经走上了新的综合贸易立法之路，力图把行政部门的双手跟一种更强制性的工作方法绑在一起，以便更好地对付其他国家（尤其是日本）的贸易壁垒。从这个意义上讲，1985年9月的措施太少了，也太迟了。301条款的采用是一个重要的转折点，它带来了一个新的政策环境，从此以后，对日本贸易政策的抨击变得多了起来。正如戴斯勒（Destler 1995：127）所观察到的：

301条款是被过于激进的手段助推的"出口政治"，它是巨大的贸易失衡和对外国的不公平做法产生挫败感的产物，是看得见摸得着的。它最重要的单一目标就是日本。从政策和政治的层面来看，政府确实扮演了重要角色，把痛苦分摊给了很多国家，但是美国国会最恼记哪个国家，是明摆着的。

可是，日本并不是被单独挑出来的，因为美国国会没有通过这样的实际立法，行政部门也没有采取实际行动。然而，日本仍然难以避免地成为一个焦点，反映了美国对新市场准入的最强烈需求。接着，美国贸易代表克莱顿·尤特观察到了一种实际情况，即美国贸易政策界已经"把日本局势视为最困难的挑战"了。每个人都意识到，由于整体贸易逆差，美国在全球范围内遇到了一个重大问题，但其中最大的问题是日本人造成的赤字。[15] 美国前贸易官员格扎·费克特库蒂（Geza Feketekuty）回忆说，第二届里根政府初期与日本进行的谈判是以过程为导向的，就像是一部"政治管弦乐"，后来实在演不下去了。

到那时为止，实际上一切都在按部就班地进行，目的就是要看看有哪些问题我们可以解决，以便在贸易保护主义者对日本进口的所有这些商品抱怨不止时，让他们闭上乌鸦嘴。这一过程充满政治性，但也有好处，我们试着对一些压力进行管控。我们与日本政府进行了足够多的回合后，提出了一个有助于拆掉雷管的解决方案……从某种程度上看，这个政治进程似乎令人满意，因为它解决了政治问题。但是 1985 年以后，这种情况就不再能让人接受了。[16]

既然 1985 年根据《市场导向多领域谈判方案》展开了四个领域的谈判，到 1986 年初，势必要设定一些新的目标。当时美国高科技产业不想坐以待毙，他们摇旗呐喊奔走动员，以推动落实一些新的贸易反制措施，不仅如此，美日双边贸易逆差大幅增加，甚至超过了 500 亿美元，来自政治面的压力变得相当严峻。在此情况之下，美国决定采用一种新的进攻性双边主义，日本，自然成了活靶子。在接下来的章节里，我们会进一步探讨美国贸易政策界两个联盟之间的政治斗争，看看他们针对具体的美国对日政策有哪些创新之举，又都是怎么各显神通的。

第四章

强硬派与自由贸易派针锋相对

针对日本问题,美国政府里的权威人士参加了一次集体培训,这种经历简直是前无古人,后无来者。

——莫林·史密斯,美国商务部日本办公室前主任[1]

美国的对日双边贸易政策变得更具进攻性,是由于政策体制遭受到一系列外部冲击所致,不过,这些外部冲击也同时带来了更多困扰,让我们很难彻底弄清楚政策创新的实质内容及其时机节奏。如果能考虑到另外的两个因素,这样的分析也许会更为完整一些:一个是人的能动性和选择在政策制定过程中到底发挥了什么样的作用;另一个是政策制定过程中会有很多团体来进行游说,他们在诠释政策难题并提出自己的政策建议过程中,使用了哪些方式方法。

战后,美国长期施行以过程为导向的多边贸易战略,这凸显出自由贸易-良好关系联盟(自由贸易派)在体制上所拥有的实

·第四章　强硬派与自由贸易派针锋相对·

力地位，也体现了他们的政策偏好。20世纪80年代的贸易体制危机，将使这个联盟变得支离破碎，并与刚刚崭露头角的强硬派——日本异质论联盟——针锋相对。这个强硬联盟中有美国贸易官员和国会议员，也有一些行业团体，还包括一部分面向制造业的政策分析师。20世纪70年代末和20世纪80年代初，对日强硬的核心理念开花结果了，其观点认为，日本在进口领域存在结构性壁垒，与其他发达经济体相比，存在明显的不同。然而在此期间，强硬派的发展并非顺风顺水，一些经济学家和以自由贸易为导向的政府官员结成了联盟，给强硬派制造了不小的麻烦，而那些来自国家安全机构的政策制定者们，甚至完全站到了强硬派的对立面。尽管如此，体制危机出现后，强硬派在政治和政策相关领域的身价还是水涨船高起来。第二届里根政府已经计划好，要采用更加结构化和更具进攻性的手段来对付日本。而基于《市场导向多领域谈判方案》的系列磋商，只能算是他们解决日本市场准入问题的一个过渡手段而已。

第一节　NTT和高科技目标：焦点在于边境保护

假如我们必须主观武断一点，就可以把20世纪70年代的后期作为一个最有说服力的出发点，追踪一个强硬联盟，看看他们是怎么就变成了美国贸易政策界的一匹黑马。在卡特政府的整个任期内（1977年1月至1981年1月），美日双边贸易关系中，最突出的领域就是日本产品对美国市场的渗透率，可以看到，在美国钢铁和汽车等大型工业领域，竞争已经变得白热化。美国为了打开国际市场，把主要精力集中在关贸总协定东京回合多边谈判上，在该谈判中，包括日本在内的主要贸易国受到了更严格的非关税壁垒审查。当时，日本仍存在正式的贸易壁垒，特别是在皮革、木制品和一系列农产品的进口领域，日本设置的是进口量限制，当时在市场准入方面，这样的做法肯定会成为众矢之的。

1977年，卡特政府的政策制定者把目光投向了日本，原因是日本的全球和双边外部失衡出现了急剧增加（见表4.1）。他们认为，日本的三种表现（内需滞后、外部盈余上升和进口限制），跟日本在国际经济体系中的责任提升显然是不合拍的。美国对日本贸易逆差的上升支持一种观点，即美国对工业制成品的市场准入是相对开放的，但日本一边享受这种好处，一边却在日本市场限制具有相对竞争力的美国农产品进入，简直是两头占便宜。1978年1月，日本签署了《施特劳斯－牛场信彦协议》（Strauss-Ushiba Agreement），他们同意实施一揽子宏观经济刺激措施，并改善牛肉和柑橘类产品的市场准入，美国政府后来称赞说，这是双边经济关系的一个里程碑（Destler and Mitsuyu 1982；Sato and Curran 1982）。

表4.1 美日两国间的对外失衡（以10亿美元为单位）

年份	全球经常账户 美国	全球经常账户 日本	美国商品贸易对日失衡
1970	2.6	2.0	−1.6
1971	−1.0	5.8	−3.7
1972	−5.3	6.6	−4.7

续表

年份	全球经常账户 美国	全球经常账户 日本	美国商品贸易对日失衡
1973	7.6	−0.1	−1.9
1974	1.7	−4.7	−2.7
1975	17.9	−0.7	−2.8
1976	3.8	3.7	−6.8
1977	−15.1	10.9	−9.7
1978	−15.8	16.5	−13.6
1979	−0.1	−8.7	−10.6
1980	2.2	−10.8	−12.2

数据来源：国际货币基金组织发布的《国际金融统计数据》，国际经济数据库，澳大利亚国立大学。

在1977年8月，一些新的机制即将孕育成型，这可以让美国和日本官员之间的对话更加持续不断，也更加制度化。贸易便利化委员会（TFC）的设立就是其中之一，该机构于1977年9月正式挂牌，把美国商务部和日本通产省（MITI）的官员们都吸纳进来，旨在处理美国工业界对日本市场壁垒的投诉。当一些美国公司的特定产品遇到市场准入问题时，该委员会能提供一些新的出路。不仅如此，对于美国商务部的一些职业官员而言，这个委员会也能为他们提供针对日本问题的用武之地，一展才华。他们认为，"在消除贸易壁垒方面，美国浪费了自己的政治筹码，却对整体贸易流量收效甚微，更为关键的是，这种事情居然频繁发生"（Curran 1982：198）。

为了扭转这种局面，1978年的谈判甫一开始，就把日本电报电话公司（NTT）的政府采购惯例锁定为目标。这是很重要的做法，因为美国可以借此机会，对日本的边境保护政策和采购惯例进行更严厉的审查。其中，日本产业组织和高科技政策受到了前所未有的关注，被美国贸易代表办公室、商务部和国会议员们紧盯不放。不过，正式谈判的开始，却并不是因为贸易便利化委员会收到了一些针对 NTT 的投诉，而是当时的关贸总协定东京回合谈判，各对话国希望为政府采购制定守则，以对公开招标程序进行规范。到 1978 年中，关贸总协定的每个主要缔约方都提出将一定数量的政府采购置于该守则的约束之下。日本的初始出价只有 35 亿美元，大大低于美国的 160 亿美元或欧共体的 105 亿美元。

于是，美国官员要求日本提高报价。并且特别提到，日本的报价不仅要涵盖中央政府各部的采购，而且还要根据守则，把日本国有公司的采购也囊括进去。这样的话，NTT 马上就成了审查对象，而且是最大的一个，因为其年度采购额高达 30 亿美元。因此，1978 年吸引美国关注 NTT 的问题，恰恰是其庞大的采购规模，而并不是任何特定的高科技目标或产业政策（Curran 1982：192）。根据美国商务部前官员莫林·史密斯的说法，"事情的真相是，美国政府中没有人完全理解 NTT 的全部含义。只是有这么一个打算，觉得他们既然购买了那么多的电信设备，就理所应当被纳入有关政府采购的关贸总协定守则"。[2]

当时，NTT 是一家准政府机构，对日本国内通信服务和设备采购具有法定的垄断权。尽管名义上是在日本邮政省的监督之下，但 NTT 在操作上是独立自主的，尤其是采购决策。从历史上看，该公司从四家日本供应商采购大部分商品，这四家供应商俨然是一个"小家族",包括富士通、日立、日本电气和日冲,采购也涉及这四家公司的大约 200 家子公司,以及一些分支机构。采购惯例实行所谓的单一来源制,就是将产品开发与"小家族"的产品采购紧密联系在一起,但并不包括外国的和其他的日本公司。大多数欧洲政府拥有的电话系统都遵循类似的封闭式采购惯例,而美国电话电报公司(AT&T)依靠其子公司西部电子,实现大约三分之二的设备供应。要知道,美国电话电报公司当时是美国的准垄断企业,也是世界上最大的电话公司。因此,尽管柯伦(Curran 1982:187)指出,NTT 把外国公司——包括那些在日本设立子公司的外资公司——排除在供应商网络之外的惯例做法与众不同,但这种密切的买家−供应商关系链其实并不值得大惊小怪。

  NTT 提出抗议,认为既然有其他的电信运营商也遵循类似的采购惯例,那美国政府就不应该指责说,日本和美国的电信市场缺失了行业对等性(sectoral reciprocity)。但是,NTT 有一个弱点来自美日双边贸易的统计数据和各自市场的结构性差异,恰恰带有政治性。1977 年,美国对日本的商品贸易逆差再创新高,美国从日本进口的网络电话(此处指有线网络程控电话——译者注)和电报设备达到 3500 万美元,远远超过美国对日本出口的 450 万美元(美国国会,众议院筹款委员会 1979:33)。而且,人们认为日本电信公司因为美国实施监管新规而狂赚了一把。到 20 世纪 70 年代中期,美国法院做出的一系列判决,最终打破了美国电话电报公司的垄断地位,使之无法继续在骨干线服务和互连设备领域一家独大。这样一来,包括 NTT 的"小家族"在内,许多日本公司蜂拥进入美国市场，把设备提供给那些接入美国电话电报公司中央网络的终端用户。同时，让日本公司和其他外国公司获益匪浅的还有两点，一个是贝尔实验室的专利被实施了"强制许可"，另一个是西部电子公司因为受到（子公司身份的）限制而无法大张旗鼓地展开国际竞争。

有人争辩说，即使日本供应商在美国政府的电信采购中被否决，他们在美国的私营部门市场上仍然会拥有众多机会；而反观日本市场，美国供应商根本就没有类似的渠道（美国审计署1979）。日裔美国学者丹尼尔·冲本观察到，美国和日本的产业结构在当时差异明显，虽然这"完全是一种巧合，但影响可谓巨大而深远"（Okimoto 1986：57）。

AT&T 的内部结构和贝尔技术的国际化普及，使得新进入者的壁垒很低，这不仅仅是针对美国公司而言，对日本和外国的后来者也是如此。而正因为 NTT 的内部结构跟西部电子相比有很大落差，就是说，在 NTT 的实验室与日本的私营企业之间，根本不存在"西部电子公司内部"那种互通有无的紧密关系，所以日本的私营部门"阴差阳错"地获得了机遇，实现在工业化领域的加速追赶。可以说，作为一个后来者，日本赶上了美国的开放结构和严格的反垄断措施，碰巧赚了个盆满钵满。

不过，那些致力于日本贸易问题的美国官员，都不相信这是偶然现象，恰恰相反，他们觉得 NTT 的这种组织结构和采购惯例暴露了日本的产业目标，让他们仿佛一下子明白了许多——原来日本政府跟日本公司相互配合，打出的是一套组合拳，以限制外国企业进入高速增长的高科技领域，同时为日本公司提供一个安全的国内市场，并且以此为依托，采取进攻性策略，推动出口。不久，美国政府把关注点从 NTT 的总体采购量问题，转移到高科技元件领域，并且特别审查了该公司的诸项标准和审批流程。批评主要集中在一个问题上，就是 NTT 并不看重更通用的性能规格，而是倚赖设备的精细化设计规格，而这些设计规格只有该公司的"小家族"成员企业才能掌握。随着 NTT 研发计划的规模及其在电信和计算机相关技术中的地位越来越被重视，另一个争论的领域也无法回避了，那就是对新技术的等效访问权问题。

莫林·史密斯介绍了美国谈判官员的一些经验教训，主要是在跟 NTT 打交道的过程中学到的：

> 我们开始去了解 NTT 的全部含义。这是一个极好的路线图和学习经历，能够深入了解日本产业政策的核心地带，涉及面很广，赤裸裸地不加掩饰，而且很血腥。例如，当您开始说："您为什么不购买美国产的半导体呢，不是都能用于制造电信设备吗？"好吧，答案很简单，因为事实上 NTT 家族里有制造所有半导体的公司……富士通、日立等公司都参加了联合研究，因此他们都预先知道 NTT 在电信设备中需要的规格……与 NTT 的对话经历简直令人难以置信，这开始使我们对日本的真实情况有了非常非常深入的了解。[3]

美日谈判在业务层面上产生了实际经验，而美国贸易政策进程中还有更高层次的政治要务需要处理，两者之间的相互影响，导致强硬派的每一次出现，总是有着相同的主题。来自美国贸易代表办公室、美日贸易便利化委员会和国家电信局的职员们，对美国产业进入日本电信市场的重要性所做的分析，开始经过层层过滤传递给卡特政府的更高级决策者（Curran 1982：207）。这个信息与对美国贸易代表罗伯特·施特劳斯（Robert Strauss）的一些要求存在交集，而希望在关贸总协定的政府采购协议中，针对高技术产业内容要有一个实质性的体现，以确保国会在1979年批准东京回合谈判。在与NTT的谈判中，施特劳斯要让国内选民感到满意，因为他们的要求清晰可见，尤其是在1978年4月美国众议院设立美日贸易特别工作组以后。值得一提的是，该特别工作组的成员来自握有实权的众议院筹款委员会。当年11月，特别工作组对东京进行了访问，想拿NTT的问题重点做做文章。访问期间，国会议员们在NTT的一系列会议上，遭到坚决抵制，日本人反对任何形式的公开招标采购行动。最终，国会特别工作组于1979年1月发表了一份措辞严厉的报告，其中的总结是这样的：

看来日本人正在利用其受到保护的国内市场来改善其电信技术，同时尽可能多地向美国的开放市场出口。由于电信是朝阳行业之一，这种单方面的、不公平的贸易竞争，极其恶劣。

1979年初，针对NTT的谈判陷入僵局，美国要求日本电信

·第四章 强硬派与自由贸易派针锋相对·

运营商的采购必须全部遵循关贸总协定的采购守则,日本一方则表示坚决反对。由于 NTT 具有很大的自主权,所以日本政府很难在谈判中展现出足够的灵活性。但是,由于卡特总统和大平正芳首相将要在 1979 年 5 月举行首脑会晤,NTT 的争端如果再不解决,就会威胁到会晤的正常举行了,所以,美国和日本的谈判人员达成了一项临时性协议,其中约定,两国政府都同意在电信领域实现互相对等(mutual reciprocity)的目标,同时,设定了达成最终协议的截止日期,即 1980 年 12 月 31 日。不过,在 1980 年的年中,日本又讨价还价,提出一个新方案,把采购分为三类:第一类是根据关贸总协定的采购守则实施竞争性招标程序;第二类是针对一般电信设备的谈判出价;第三类包括仍处于试验或开发阶段的设备,将根据联合研发计划进行处理。尽管美国并不满意这种根据类别分开处理的方案,但最后还是接受了基本框架。关于 NTT 采购问题的最终协议于 1980 年 12 月公之于世,最初的计划是按三年实施。但是,这只是有关进入日本电信市场的一系列艰难谈判中的第一个。考虑到这是一种有可能在许多其他情况下重复上演的剧本,在接下来的几年里,美国政府始终保持批评的调门儿,指责日本在履行 NTT 协议的过程中,注重的只是字面意思,而不是精神内涵(美国贸易代表办公室 1982)。后来,针对美国产的精密电信设备的销售量,美国贸易官员做了适度评估,他们的印象是,第一份 NTT 协议表明,纯粹以过程为导向的对日谈判,存在很大的局限性。[4]

针对 NTT 采购问题展开的谈判,距离卡特政府任期结束还剩两年,美国人明显对日本经济崛起的长期源泉更加感兴趣了。

105

不过，对美国竞争力的下降，卡特政府也日益忧心忡忡。在美国市场上，日本钢铁和汽车等产品的进口渗透率持续引发了贸易问题，这在政治上可是头等大事。到20世纪70年代后期，越来越多的证据表明，在高科技产品领域，日本的竞争使美国在本土市场、日本市场和第三国市场上丢了不少份额。传统上，工业界属于美国自由贸易联盟的一部分，现在也开始向华盛顿喊冤叫屈，他们指责日本竞争对手享有结构性优势。根据过往建立在NTT问题上的经验，他们开始针对日本的计算机、机器人、机床和半导体行业进行投诉，这在美国贸易政策界引起了广泛关注，从历史上看，应该是第一次。[5] 尤其是美国的半导体产业，他们异常活跃，试图把日本的产业角色进行目标锁定，甚至要改编出一套剧本，充分渲染其给美国产业界带来的高科技挑战。

尽管在对付NTT的这个案例上，美国的政府官员和国会议员们站到了第一线，实施周密设计，引导公众舆论，但是，半导体产业所发起的大规模投诉运动表明，在强硬派游说联盟里，非官方参与者也能发挥重要作用。上述NTT和半导体这两个案例，结果完全相同：都把美国政府的注意力，从正式的贸易壁垒，转移到日本的边境保护制度，以及日本偏袒本国高科技公司的一些操作惯例上。当然，美日两国政府对半导体工业的发展都发挥了积极作用，只不过彼此各有不同目标罢了。[6] 继1947年在贝尔电话实验室发明晶体管之后，美国军方通过研发资金和采购，在20世纪50年代为美国高性能晶体管技术的发展和传播打下了基础。1959年集成电路取得发展之后，美国的集成电路市场被军用计算机应用所控制，军方合同所开出的高价，促进了集成电路技术在商业领域的快速应用。直到 20 世纪 60 年代中期以后,商用计算机才成为美国半导体的主要市场。在 20 世纪 70 年代,与国防相关的半导体行业几乎没得到什么支持,到了 20 世纪 70 年代末的时候,商业应用中体现的技术标准,就已经远远超过国防系统了。

至于日本的政府实验室,则是在 20 世纪 50 年代半导体研发的早期阶段处于比较活跃的状态,当时日本通产省利用其对外汇交易的特权,当起了看门人,以改善日本公司获得外国技术的条件。与美国相比,日本没有庞大的军用市场,因此,日本生产商专注于把现有技术快速应用到商业场景中,特别是消费类电子产品。20 世纪 60 年代,日本公司的出口战略,奉行以晶体管收音机、录音机和电视机等产品为中心,事实证明是成功的。对此,美国制造商由于处在技术前沿,他们的反应是转而采用更先进的硅晶体管,应用到工业和计算机场景之中。20 世纪 60 年代中期,日本通产省推出了一项产业政策,以建立世界一流的计算机产业,追赶美国。此后,为了与这一更广泛的目标保持一致,日本政府对半导体产业进一步给予支持。通产省的产业政策包括彻底禁止进口先进集成电路,为扩大产能而提供补贴贷款和税收抵免,同时增加半导体相关的研发补助。然而,随着技术的风口出现转向,人们不再大量使用芯片了,取而代之的是大规模集成电路(LSI),而美国在这一领域占据了主导地位,因此,美日两国间的技术差距,并没有消失。

直到 20 世纪 70 年代中期,美国生产商才终于能够依靠新技术来提升竞争力,在与日本和欧洲竞争对手的对垒中,收获了耀眼的业绩,当时,那些对手还在制造上一代产品。在美国的压力下，日本政府在20世纪70年代中期放开了正式的贸易和投资壁垒，与此同时，增加了对半导体研发的补贴。NTT和通产省分别在1975年和1976年启动了超大规模集成电路（VLSI）研究项目，旨在提高计算机工业中使用的大容量芯片的技术，特别是内存（DRAMs）的批量生产技术。这些计划取得了成功，因为到20世纪70年代末，日本公司在许多半导体技术领域与美国的差距已经缩小了，在某些领域，甚至进入了第一梯队。

美国和日本为各自的半导体产业选择了不同发展道路，导致两国在产业结构上出现明显差异，从而给未来的双边争端埋下了重要伏笔。在美国，20世纪50年代的时候，大型多元化电子公司在半导体器件的开发方面投入了大量资金，但是在集成电路领域却步伐缓慢。受益于当时的军事合同和相对较低的资本要求，许多小型风险投资公司在美国市场上建立起强大的立足点，并在20世纪60年代和20世纪70年代推动了半导体技术的发展。这些专门从事半导体生产的所谓"商业"制造商，变成了美国半导体产业政治经济学的主要推动者。与这个群体并存的是"自用"制造商（"captive" producer），例如IBM和坚持到20世纪80年代的AT&T，这两家公司的全部半导体产品几乎完全自用，没有到市场上去销售。[7]

在日本，大部分半导体是由大型的、垂直整合的电子系统公司生产的，这些公司是通信设备、计算机和消费电子产品领域的主要制造商，其半导体设备的生产始于晶体管发明后不久（Okimoto等人，1984）。在20世纪60年代，日本最大的五家计算机生产商（富士通、日立、日本电气、东芝和日冲）同时也是

·第四章　强硬派与自由贸易派针锋相对·

日本最大的半导体制造商,在通产省制定的计算机产业政策扶持名单中高居榜首。美国商业公司定义美日半导体贸易关系的能力,无疑助长了该行业在20世纪80年代的摩擦升级,他们认为这是一场大卫与哥利亚的战斗(根据《圣经》记载,最终基督徒大卫杀死了异教徒哥利亚——译者注),一方是纯市场化的美国公司,另一方是受到日本政府支持的大型企业集团。

1977年8月,一群美国商业半导体制造商成立了半导体产业协会(SIA),总部位于加州,这在很大程度上是因为日本已经崛起为该行业的一支全球力量。当时,美国半导体制造商仍然占据着西方半导体市场的大约三分之二的份额,净收益达到了美国制造业的平均水平,而美国市场上的日本产品进口量则不到5%(美国商务部1979年)。鉴于美国工业的状况相对而言还算健康,作为卡特政府的最高贸易官员,美国贸易代表罗伯特·施特劳斯对半导体产业协会的成立,给予了初步回应,不过很明显,这个回应有点不冷不热(Flamm,1996:138)。没过多久,这家行业机构就把他们的申诉案提交到国会山,并于1978年8月说服了参议院的一个委员会,要求在美国国际贸易委员会主持下,发起一项针对美国半导体行业竞争地位的调查行动。巧合的是,在1979年,最先进的半导体存储元件在量产之后即出现短缺,到了当年的年底,日本制造商居然占领了美国40%的16K内存市场,这不啻直接给美国半导体产业界提供攻击弹药,以证明他们的担忧并非空穴来风(Flamm 1996:139)。半导体产业协会在向行政部门官员和国会的陈述中,提出了这样的论据,即日本政府已经把商业和工业战略做好了协调,相对而言,美国的工业在结构上处于劣势。[8] 到 1980 年，美国半导体制造商成功推动了一次听证会的召开，收获了更多的同情。在这次听证会上，他们表达了强烈不满，认为行政部门在贸易政策上缺乏主动性。[9]

在 20 世纪 70 年代末，半导体产业协会的投诉涉及两个方面，而日本市场开放度不够的问题，只是其中之一，另一个方面更为紧迫，就是在美国市场的日本进口渗透率提升很快。让他们感到担忧的主要是美日两国的公司之间存在金融资源的不平衡。半导体产业协会（1980：38）声称：

> 与日本相比，美国半导体制造商在获取资金方面处于结构性劣势，而更为严重的地方还在于，日本制造商要生产什么种类的产品，会以其在美国和其他国家的侵略性出口为目标。这样的话，半导体行业在 20 世纪 80 年代会完全陷入一种竞争困境，想想都让人害怕，除非出台一项公共政策，否则无法阻止这种情况的发生。

作为其公共政策战略的一部分，半导体产业协会找到了罗伯特·施特劳斯之前的副特别贸易代表艾伦·沃尔夫（Alan Wolff），邀请他担任贸易政策的主要顾问。[10] 在其系列活动中，半导体产业协会于 1980 年 6 月主办了一次重要会议，主题是"针对高科技产业的外国工业挑战，美国的应对之策"，在这次会议上，半导体行业的高管和几位美国高级政府官员齐聚一堂。对于美国贸易政策界的某些部门来说，这有助于生动地反映日本技术进步的程度和速度。但有一点很重要，就是对于美国商

第四章 强硬派与自由贸易派针锋相对

业半导体产业的游说活动,不要过分夸大其第一阶段所产生的影响。在 20 世纪 70 年代末,该产业仍然是美国最健康的产业之一。

但是,美日双边贸易失衡日益加剧,针对 NTT 的谈判不尽如人意,现在又响起了半导体产业协会的刺耳警报声,美国贸易政策界必须对日本进行更为严格的审查了。他们保持最高的敏锐度,认真听取了产业界对于外国不公平做法和缺乏行业对等性(sectoral reciprocity)的抱怨。只不过,在美国决策机构的内部聚集起来的强硬派,大多数都是卡特政府里层级相对较低的人士。而且,虽然人们对日本的产业目标和紧密的买家－供应商关系产生了普遍不满,但是还没有急不可耐地要求赶紧出台具体的贸易政策补救措施,或者加速行动起来做点什么。例如,在 1980 年针对半导体行业的广泛听证会之后,众议院筹款委员会特别工作组就日本贸易问题得出结论:日本的行为没有提供"任何清晰的证据,证明存在传统类型的不公平贸易做法"。不仅如此,他们认为在听证会上"可能提出了很多问题,也都得到了答案"(美国国会,众议院筹款委员会 1980:40)。

美国政府的高级官员、商务部副部长罗伯特・赫兹斯坦(Robert Hertzstein)在 1980 年 6 月出席了一次高科技会议,该会议由半导体产业协会主办,他在发表讲话时强调,对日本的结构优势存在一些概括性的观点,涉及了新的政策领域,有赖于通过一个官方程序对日本的不公平做法做出正式裁定。赫兹斯坦认为:

我认为政府需要提出问题，然后采取具体行动。我觉得我们应该开始探索的是，到底有哪些因素在影响全球市场的竞争。是资本吗？是技术使用权吗？是市场准入吗？是拥有很多工程师吗？是创新和灵活性吗？是语言吗？我们接下去要问清楚的是，在多大程度上，这些要素对游戏里的不同玩家都是平等的；在多大程度上，获得特定资源的机会将受到一些问题的影响，比如公司的老板是谁，或者公司的总部位于哪里，甚或是其制造设备是什么。当我们了解到这一点后，我们将知道什么是公平的，什么是不公平的。从某种程度上看，我们可以确定，有些问题只是涉及机会均等的问题，就是每家公司能不能把这些机会最大程度地利用好。至于其他问题，我们会发现，可能有那么一点不公平。

在双边关系中，给市场准入问题制造麻烦的往往是关税和配额，仅就这一点而言，日本稳步实施经济自由化的做法还是值得认可的。1979年10月，美国审计署发布了一份官方报告，阐述了当时的美日贸易关系，内容包罗万象。报告得出一个结论：美国要保护的，是其薄弱产业；而日本要鼓励的，是其优势产业。这是不是有点针尖对麦芒的味道。该报告对七个行业进行了案例研究，再次指责日本存在的非关税壁垒，其中就包括复杂的分销系统，以及硬性规定的设计和安全标准。与此同时，报告还批评了美国经济的结构性趋势，以及美国工业的国内市场导向（美国审计署1979）。1980年9月，美国众议院筹款委员会特别工作组发布了针对日本贸易的第二份报告，采用的语调明显温和了许多，他们描述日本的时候，用到了这样的措辞，"除了某些农业和高科技产品以外,对其他许多产品而言,(日本)是一个适度开放的市场"。1980年11月,美国众议院通过一项决议(H. Con. Res. 376),呼吁日本"要以更大的责任感,解决贸易逆差问题"。但是这一次,NTT逃过一劫,美国的政策重点转而放到了正式的定量限制上,涉及牛肉、柑橘、木材、烟草和皮革制品等领域。

相对而言,在美国广泛的政治环境中,处理日本贸易壁垒问题的优先级并不高。就美国的贸易流量和当前就业的规模来看,牛肉和柑橘的市场准入争端,以及NTT的采购问题,虽然都很棘手,但是与另一些美日纠纷相比,"能见度"很低,现在火烧眉毛的是日本对美国的钢材和汽车出口争端(Destler and Sato 1981:351)。不过,美国的行政高层有一种传统观念,那就是决不允许对日贸易争端摧毁两国的整体关系。

从富兰克林·罗斯福总统开始,自由贸易一良好关系的理念就一直主导着美国政府的机构立场和政策思想,到了卡特政府当政的时期,仍然在发挥着作用。终于,在1980年的美国总统大选期间,日本市场准入的一系列问题(以及在总体上与贸易有关的议题)都被视而不见了,共和党人罗纳德·里根的政治纲领表明,在处理经济事务的过程中,他会做出重大调整,采取更加以市场为导向的方式。本来还有一些人对新一届美国政府抱有期待,觉得新团队会对日本的竞争性挑战做出更加积极的回应,现在看来,他们可能要大失所望了。

1981年1月,日美经济关系联合会(号称是一个"智者组织")发布的一份报告,为美国贸易政策界感到困惑的日本问题——仍处于早期阶段——撩起了面纱的一角。该组织由卡特总统和大平正芳首相于1979年5月发起设立，其成员包括商业和学术界的高级私营部门人士，以及两国的一些前高官。其主要工作职责就是向首脑们提出建议，为今后双边经济关系的健康发展保驾护航。该组织在报告中对美日贸易问题做出了坦率的评估，而且中立客观、不偏不倚，广受各方赞誉。众议院筹款委员会国际贸易小组委员会的主要成员非常重视这份报告，他们敦促即将就任的里根政府，把该报告作为"对日方针的基石，以便在未来四年内，减少争端，强化双边关系"（美国日本经济研究所 1981：45）。该组织得出了一些结论（1981年），重点摘录如下：

■要更好地了解贸易和经常账户失衡的原因。美国对双边贸易失衡问题虽然关注了很长时间，但范围过小，造成的不利后果是严重的（V）。

■就关税和配额而言，与美国的制成品市场相比，日本市场同样也是开放的（X）。

■在政府采购惯例、外国投资规则、服务业准入及其标准、检查和测试的操作规程等方面，日本的市场不像美国那样开放，在市场准入自由化方面还有很多工作要做，否则，也会使日本自身的国家利益受损（X）。

■在日本，外国企业面临的特定困难涉及行政程序、传统的商业习俗和道德规范等无形因素，同时，还存在一些文化和社交方面的障碍，对外国影响是一种抵制（X）。

■衡量任何国家的市场有多开放是不可能的。但是……本联合会认为，对于外国进口、资本和影响，日本尚未达到像美国那样的开放程度。另一方面，日本正在普遍履行其国际义务，在一些领域，只要有国际公约或者国际贸易守则，就务必提供平等的国民待遇，从这个意义上讲，日本正在按照规则行事（55）。

■ Japan Inc."展现的是一个非常虚假的形象，是对日本经济的误读。不仅对美日经济关系毫无益处，而且制造了一种假象，让人们觉得日本可以对进出口随意操纵。一方面，企业不会逆来顺受地听命于政府，另一方面，政府也不是商业傀儡"（61）。

■至于政府引导对外贸的影响如何，目前还有待厘清。近年来，几乎没有证据可以支持这样的说法，即日本政府的施压措施限制了外国进口。情况恰恰相反，日本政府的更普遍做法是努力限制出口，在这方面，日本对美国的汽车出口就是一个例子。既然如此，该行业与政府保持距离，也是显而易见的（62）。

但是，我们也不能对该报告的影响力做出过高估计，尤其是人们可能认为该报告是一份辩护书，给针对日本市场准入的系列观点进行脱罪。就事论事地讲，这份报告也反映出一个情况，就是当下人们对美国贸易政治的理解，尚未受到日本异质论的深刻影响（该论调坚称，日本的经济运行方式，表面上看跟西方经济体差不多，但在本质上"完全不同"）。当时，自由贸易派有一种正统的政策观点，认为不应该对贸易流动施加干预，因为那样做太打击人，日本的市场准入问题应该本着循序渐进的原则加以解决，同时尽量不要政治化，而要遵循多边贸易规则和规范。在很大程度上，我们不得不说，这份报告对上述政策观点起到了强化作用。

第二节 一边"剥洋葱",一边争论产业政策

正如第三章所述,即将上任的里根政府所面临的最紧迫贸易问题,就是针对日本的进口,美国汽车行业要求政府实施进口救济,帮助企业渡过难关。虽然美国贸易代表办公室在1981年7月发表了关于贸易政策的声明,但是日本无动于衷(美国参议院金融委员会1981年)。为了让即将出台的双边市场准入政策不至于雷声大雨点小,新政府承诺,要找到一些新方法来处理政府干预问题,毕竟,这种情况在东京回合谈判的非关税壁垒守则里,从来没有涉及过。不久以后,一种更契合的方法被商务部发掘出来,试图将贸易便利化委员会提升为副部长级,并扩大其职权范围,把工业政策之类的主题也囊括进去。1981年,美日两国针对非常多的市场准入问题进行了磋商。同年11月,美国贸易代表办公室向日本政府提交了一份清单,把他们渴望获得减少的关税和非关税壁垒事项,逐一列明。

在这份清单上,最突出的项目包括:(1)削减计算机和计算机部件的关税;(2)扩大农业自由化,这个要求提出来的时间可不短了,美国要求日本加快开放牛肉和柑橘的进口限制,并为此制定一个时间表。几个月前,为了避免半导体方面的紧张局势,日本加快了拟议中的关税削减,以使日本的关税与美国的关税保持一致。与此同时,NTT也努力迈出了第一步,开始实施1980年12月的协议,对此,美国官员给予的回应是积极的,或者至少是中性的,因为在那个时候,要让这份协议发挥作用的话,原

本还是需要再给一点时间的。国会也没闲着,在参议员约翰·丹佛斯的领导下,一种更具对抗性的方法被派上了用场,要求日本实施更严格的对等(reciprocity)贸易。

1982年,商务部官员和美国贸易代表寻求与日本同行展开更正式的对话,讨论公共和私营部门的惯例问题,声称这些惯例阻碍了美国的对日出口。在1982年4月举行的美日贸易便利化委员会的一次论坛上,负责国际贸易的商务部副部长莱昂内尔·奥尔默(Lionel H. Olmer)提出了一项长期计划,以评估美日工业组织和商业惯例的差异,以及导致美国出口受阻的三大原因,分别是政府引导、萧条行业的同业联盟和产业导向措施(美国日本经济研究所1983:49)。[11] 1982年11月,美国贸易代表办公室公布了日本贸易壁垒清单——迄今为止最为全面的一份,这进一步表明,美国政府已经撒下一张大网,远远超出了传统的关税和非关税壁垒范畴。这份长达85页的报告,对一系列市场准入壁垒的产生根源提出了批评,包括日本制定的产业目标,存在受管控的和非官方的同业联盟,还有政府资助的合作研发计划,以及政府引导和反托拉斯税收豁免,等等。这份报告还试图针对日本的结构性障碍进行讨论,把矛头指向了经连会(keiretsu,一种日本特有的、相互之间小额参股的企业联盟——译者注),认为类似的企业组织方式限制了市场准入。美国副贸易代表大卫·麦克唐纳(David Macdonald)在发布报告时警告说:"现在美国在自由贸易问题上达成的政治共识已经严重受损。我们要重建它,所以日本人要用他们自己公开宣布的办法,迅速采取行动,就像农业自由化问题一样,这一点至关重要(美国贸易代表办公室1982:2)。"

上文提到的日本异质论，与政府干预有关，也涉及贸易方面，一些结构性的边境保护壁垒的规模问题，从趋势上讲，在美国的半官方机构里，这一观点已经生根发芽，开始茁壮成长起来。这些机构的日常责任就是为贸易政策铺路搭桥。1982 年 6 月，美国贸易代表威廉·布洛克到国会作证。当时他就指出，关于日本问题，美国的官方思想存在一个不断演化的过程。他说：

> （日本的）贸易保护主义，堪称五光十色。我们从关税问题开始，并最终搞定了它。然后，我们发现还有（原文如此）非关税壁垒的问题。其中有一些被我们处理掉了，但是颇费周折。
>
> 现在，又冒出来一种新的贸易保护主义形式，叫"产业政策"。基于产业政策，政府可以向选定的公司给予专利倾斜，也可以让资本体系为一些公司提供授信，而另外一些公司则被排除在外。在各种各样的审批流程中，产业政策如影随形，进行资源和人才的配置，提供机会获取政府的高额合同，这就构成了一种效果明显的"后门补贴"。所有这些，都是贸易保护的做法，会带来极大的冲击性影响。

日本新任首相铃木善幸计划在 1982 年 5 月开始实行一揽子自由化方案，并将其提交给上文提到的同一个论坛，以征求各方意见，对此，美国商务部副部长奥尔默做了评论，认为这个方案对广泛存在的结构性壁垒已经做出了"甄别并确认"。"对所有这些问题寻求解决方案的时候，不要再把注意力集中到那些比较小的技术问题上面了。在描述那些隐秘的商业惯例时，也要认识到它们对进口造成的影响"(美国众议院外交事务委员会 1982：746)。美国副贸易代表大卫·麦克唐纳在众议院的听证会上表示：

> 尽管所有国家都存在非关税壁垒，但日本市场的独特之处在于，它们在一定程度上阻止了来自世界各地的进口，而不仅仅是美国（49）……我们，甚至日本的政治领导层，都没有从根本上对市场准入问题一探究竟——在官僚层面，这些准入问题常常会被描述为一种约定俗成（51）……但是那些每天都在处理贸易问题的人发现，市场准入问题主要是一种结构性失衡，只有一部分结果是其他因素造成的，比如日元和美元的兑换率（52）……跟欧洲相比，日本的非关税壁垒在类型上存在差异。这是一种精神态度，在整个政府和工商业界司空见惯，而在公共零售领域，则相对要少一些。在有国内货源的地方采购外国产品，或者，在有国内竞争产品的领域允许进口外国产品，我并不想说，这是没有爱国心的行为，但是，的确有某种接近那样的感觉的东西存在（82）……这就像在剥洋葱。在被剥除的几十个（障碍）后面，不知道还会不会有更辣眼的等着我们（85）。

传统的、以过程为导向的对日市场准入谈判受到了强硬派的批判，而剥洋葱的隐喻，将成为一个永恒的主题。这里有一个典型案例，就是美国公司试图在日本售卖铝制垒球棒，看看他们的经历吧，真的很能说明问题。根据日本《消费品安全法》的规定，贯穿整个 20 世纪 70 年代，所有金属球棒都要清楚标示出这是"特定产品",并且,还要附带"s-mark"的标签,以证明该产品的安全性。日本垒球联盟还为联赛中使用的金属棒设立了一系列标准,要求附带"JSBB-mark"标签。有美国制造商打算在日本出售球棒,于是,在1980年他们提出申请,但是被日本垒球联盟认证拒绝了。1981年下半年,这件事在美国引起了政府的关注,开始进行审查。在上文已经提到的那个自由化方案(1982年5月)中,铃木善幸首相提出,日本政府对外国参与制定产品标准和测试程序的原则表示认可,特别是允许美国的金属球棒供应商进入日本垒球联盟的标准体系。但是说起来容易,真正做起来可就难了,美国的球棒仍然卖不出去,因为日本垒球联盟还有一个指标,就是要求制造商把橡胶或者塑料塞子插入所有的球棒底座,同时球棒必须采用一种特定的铝合金,而美国球棒,都不达标。美国提出反证,指称这是设计标准,而不是性能标准,使用这样的标准"违反了关贸总协定关于'标准'的守则"。结果呢,石沉大海,不了了之了。后来,美国政府再次提出投诉,日本政府也出面干预,日本垒球联盟才勉强同意,一旦美国球棒符合了日本通产省的要求,就可以发放"s-mark"产品安全标签。

接着,轮到通产省了。一个更常规的问题被暴露出来,因为根据现有的通产省规程,每一根进口球棒都必须完成单独测试,以证明其符合标准,然后才能获得产品认可标签。但是,只有日本制造商才能使用那套经过简化的批量测试系统,而该系统可以自行认证,前提是政府要对制造商的工厂及其质量控制系统进行检查和注册。然后,通产省把日本的相关法律翻译了一下,意思就是法律禁止对外国工厂进行检查。1982年8月,美国官员抱怨说，批量检查系统具有歧视性，并且违反了关贸总协定有关"标准"的守则，日本在东京回合上可是签过字的。看起来，虽然日本已经签字画押，而且还修订了作为普通法的《日本工业标准》，但在日本官僚机构里，那些层级较低的官员们，执行的详细海关规程还是原来那一套，一切照旧。针对这些情况，美日双方启动进一步的双边磋商，同时，美国政府发出明确信号，可能会把这个案子提交到关贸总协定的争端解决机制，因此，日本政府不得不同意调整详细的海关规程，以符合关贸总协定的"标准"守则。1984年，通产省公布了一批标准和应用程序，适用于进口金属球棒，同时，还启动美国工厂的审批注册。不过没想到的是，日本垒球联盟直到最后还在纠结，他们要求在联赛中进行三年的实测才能获得商标。谢天谢地，最后的阻挠尝试以失败告终，美国生产商终于搞定了"s-mark"标签。[12]

针对日本的市场准入问题，在美国贸易官员之中，"剥洋葱"的经验已经人尽皆知。虽然抱怨连连，谈判遇阻，但是假如不通过这些令人沮丧的层层关卡，就不可能发现日本官僚机构底层存在的诸多问题。这些问题反映出，针对外国产品的准入决策，往往是缓慢的、武断的和不透明的。这与一种解读相吻合，即日本人在文化和心态上，是抵制进口产品的。但是对于刚刚兴起的对日强硬派而言，这个问题已经远远超出了传统范畴，不再简单地归结为监管权的滥用、低级官僚的顽固以及在文化上对进口产品的抵制（诸如垒球棒之类）。他们认为，日本政府已经通过高度协调的战略，掌握了产业目标定位的艺术，想取代美国工业在国际经济中的领导地位。他们断言，这反过来会威胁到美国的高薪工作岗位、技术优势以及潜在的国家安全。在他们看来，日本政府主导的产业政策，研究领域的同业联盟，政府引导，反垄断税务豁免，以及诸如此类的手段，都是日本重商主义传统的延续，只是不同于传统的关税和配额而已。

在美国商务部的执行机构，强硬派最为活跃，他们绝望地发现，当下美国对日贸易赤字猛增，高科技产业的竞争力下滑得厉害，而里根政府居然还在秉持着自由贸易哲学，真是幼稚透顶。普雷斯托维茨（Prestowitz）曾在里根政府任职，是商务部长的日本事务顾问（1988年），他对那段时期的描述，堪称强硬派观点的典型案例，同时，他也对20世纪80年代上半期强硬派在政策领域遇到的一系列挫败，多有提及。他明确指出了国会在美日贸易谈判过程中的参与程度，实际上，国会已经变成了强硬联盟的一个关键组成部分。

国会是美国和日本之间进行谈判的核心机构。如果不是为了对国会有所交代，根本不可能进行任何谈判。战后所有美国政府都不愿为美国的商业优势而努力，也不愿执行美国贸易法……国家安全问题被认为比价值几美元的贸易更为重要。因此，如果行政部门拒绝提供大量协助，那些受到进口或不公平贸易伤害的人会转而求助于国会。但是，因为国会无法直接进行谈判，所以通常只能以其唯一的方式回应其选民的抱怨：提出法案，威胁要阻碍外国商品进入美国市场。

本届政府通常的回应方式为，一边给这些措施贴上"保护主义"标签，一边抓紧时间启动谈判，这并不是为了解决问题，而

第四章 强硬派与自由贸易派针锋相对

是为了表现出已经在走程序,这样的话,国会就能有一个可以说"不"的理由,因为没有人真的想以粗野方式对待美国的贸易伙伴……借用这个套路,历届政府都希望向国会表明他们的确在做"某件事",并向日本表明,他们没有违反政治现实,更没有破坏自由贸易原则。这个游戏很复杂,玩的过程中要区别对待几种不同情况:有的时候,国会的威胁是玩真的;有的时候,只是为了吓唬不太情愿的政府,逼他们采取行动;也有的时候,政府巴不得受到这样的惊吓,以便把国会采取行动的"危险"当成一种谈判工具。

贸易逆差和20世纪80年代初的衰退,以及美国制造业存在的结构性问题,都为强硬派提供了肥沃的政治土壤,这些人分布在政府、国会和美国经济中对贸易最敏感的地方。在他们的理念发展过程中,很重要的一点就是持续不断地进行分析,以挑战正统经济学对美日贸易所做的解释,而这些解释,都以比较优势的原理作为基础。围绕产业政策在日本经济腾飞过程中发挥的作用,许多面向制造业的政策分析人士提供了一个替代性的解释框架。这项工作旨在凸显出日本具有的一种能力,可以利用产业政策形成比较优势,而与之相比,美国的商业政策被认为是一种被动应付,完全不能与时俱进。在美国的政策环境中,辩论通常围绕日本的产业政策展开,重点研判是不是应该对其"不公平"做法施以惩罚,或者因其取得成功而加以效仿。热衷于惩罚的,是那些游说团体,以及那些针对日本进口问题寻求政府纾困的公司,比如,国际贸易劳工工业联盟和美国贸易政策委员会这样的组织。而倾向于模仿借鉴的，是许多学术分析人士，包括加州大学伯克利分校的约翰·齐斯曼（John Zysman）、斯蒂芬·科恩（Stephen S. Cohen）和查默斯·约翰逊（Chalmers Johnson），哈佛大学的傅高义（Ezra Vogel），麻省理工学院的莱斯特·瑟罗（Lester Thurow）和布鲁斯·司各特（Bruce Scott），以及哈佛商学院的罗伯特·赖克（Robert Reich）。[13]

第三节　自由贸易派：对强硬派严加管控

在第一届里根政府任职期间，强硬派人士竭尽所能，要使美国政府调整方向，放弃传统的、以过程为导向的对日市场准入谈判。不过，事与愿违，他们遇到的阻力太强大了。根据前商务部副部长莱昂内尔·奥尔默的说法：

在里根政府的国家安全机构和经济决策机构里，高层人士在意识形态上都是纯自由贸易政策的坚定支持者——我能想到的一些人包括大卫·斯托克曼（David Stockman）、乔治·舒尔茨（George Shultz）和唐纳德·里甘（Donald Regan），他们分别是管理和预算办公室主任、国务卿和财政部长。在这种情况下，他们很明显倾向于认定，那些抱怨缺乏市场准入的公司，在本质上，是一群诉苦者，来寻求一种政府施舍或者政府援助，可是，他们本可以靠自己的能力实现目标。[14]

在贸易体制危机之前，自由贸易－良好关系联盟已经成功地控制住局面，阻止了以结果为导向的市场准入政策出现燎原之势。该联盟认为，尽管围绕日本市场准入的壁垒，人们感到很沮丧，但是为美国的经济利益或政治利益考虑，从根本上说，谈判绝不能偏离过程导向。作为该联盟的顶梁柱，那些知识背景雄厚的自由贸易支持者，更倾向于把美日贸易问题看作一种自怨自艾现象，并且/或者，相对于美国所面临的国内经济挑战而言，其重要性要低得多。还有一个群体，主要集中在美国国家安全机构，吸纳的都是战后奉行国际主义的外交政策精英，他们的关注点在于，不要跟日本出现贸易紧张局势，因为那有可能损害美国的全球军事安全目标，难以遏制苏联。对自由贸易－良好关系联盟而言，对日本施压以确保美国的产品销售，既有悖于国际贸易体系的市场规则，也与美国的外交政策利益相抵触。有一种观点认为，日本的经济制度和政策存在相当大的差异，对日本采取非正统的市场准入政策是完全正当合理的事。这种观点，要么在认知基础上广受质疑，要么被认为无关痛痒，因为，美国正面临着一些更重要的政策挑战。

　　受正统经济学的影响，自由贸易派有一种主流观点，认为日本问题并不是一个政治问题，也不是美国搞出来的一个宏观经济问题，更不是日本的贸易壁垒导致的。他们认为，自由贸易无论在什么时候都是最棒的贸易政策，不管其他国家做什么，它都是一种独立的存在。这种推定假说，对于该群体而言，是一种强有力的指导思想。因此，有很多主张都倾向于遵循这一自由贸易范式。首先，正如日本的任何贸易壁垒主要损害的是日本经济一样，美国如果对日本采取任何限制性的行动，必将反噬自己。其次，美国跟日本的双边贸易赤字，对美国经济繁荣的影响，如果有的话，可以说微乎其微，毕竟经济繁荣主要还是依赖 GDP 增长和生产率问题，应该从国内寻找根源。再次，日本在减少贸易壁垒方面采取的任何行动，对贸易失衡的影响都可以忽略不计，因为基础性的宏观经济变量并没有发生变化，比如国民储蓄、投资和汇率。因此，美国的经济赌注并不能确保以下几点：（1）面对来自日本的激烈竞争，为美国工业提供保护；（2）狭隘地定义对等政策（reciprocity policies），把阻止日本进入美国市场作为对日本贸易壁垒的报复；（3）美国政府采取其他一些干预行动，扰乱日本市场，让企业更愿意支持美国产业。在 20 世纪 80 年代初期还存在一些观点认为，对日贸易存在某种与生俱来的差异，采用新型的政策干预措施以改变贸易流量，也说得过去。对于这样的观点，自由贸易派嗤之以鼻。

里根第一届政府时期，对日强硬派遭到的强烈反对，主要来自财政部、白宫经济顾问委员会和美国行政管理与预算局等机构。国务院当时是在国务卿乔治·舒尔茨的领导之下，他是一位经济学家，这一背景自然令国务院对自由贸易的政策承诺坚定不移。当时也产生了一些政策争议，但白宫经济顾问委员会表现得尤其自信，专家们试图对日本制成品贸易顺差的根本成因做出解释，反对把双边贸易不平衡的问题当成重点，而且，对于日本的边境保护障碍威胁了美国利益的说法，他们也认为值得商榷。1983 年发表的《总统经济报告》，对美日贸易问题给予了极大的关注，并且为双边贸易模式的基本经济逻辑画了重点。

·第四章 强硬派与自由贸易派针锋相对·

在制成品贸易领域，日本的顺差非常大，而美国的则小得可怜，不仅如此，日本对美国的双边贸易顺差也相当大。这些事实常常归因于日本采取的贸易限制，给美国企业造成了严重伤害。然而，从长远来看，贸易限制并不会提升日本的贸易收支……其导致的结果是，由于其他进口的增长，或者出口的下降，被抵消掉了。针对日本的制成品贸易顺差和对美贸易顺差这两方面的问题，主要的解释是，日本缺乏自然资源，跟初级生产国（尤其是石油输出国组织）开展的初级产品贸易（特别是石油）造成了巨大逆差。日本其他领域的贸易顺差，正好跟这些逆差两相抵消。

威廉·尼斯卡宁是白宫经济顾问委员会成员，他反映了传统的自由贸易派观点（1983：74），包括如何看待日本的异质性，以及日本产业政策的影响。

有些建议很危险，他们认为如果一个国家没有类似于美国的经济政策、经济历史、制度甚至语言，那么跟这样的国家进行贸易，就不符合我们的利益。从某种意义上说，国家间存在的那些差异，本身就是贸易壁垒。它们也是一种基础性的比较优势。我们应该非常谨慎，不要因为我们对日本产业政策的后果缺乏了解，导致我们采用一种更严格的对等标准。我们不能因为这些国家没有监管或者反垄断政策，或者没有跟我们类似的其他一些经济政策，就对这些国家进行贸易限制。我看不出有什么理由，要把美国反垄断领域的法律法规"出口"到其他国家，而且我自己很清楚，我也不愿意"进口"任何其他国家的法律法规……

我同时在想，如果不需要考虑国家安全因素，那我们就应该准备好与补贴长期共存，从某种意义上讲，这些补贴是另一个政府所实施的永久政策的一部分。总体而言，如果在一段持续的时间之内，其他的政府选择对国际贸易中的某些特定商品或服务给予补贴，那么，我们也会从这种补贴里分一杯羹。

有一些论点认为，美国的贸易战略应该采取更多的干预主义。对此，不仅行政部门内部的自由贸易派群起攻之，就连智库圈子里的那些学院派经济学家和政策分析师们，也开始口诛笔伐。这些支持自由贸易的智库，横跨几个政治领域，既有传统上属于自由派的布鲁金斯学会，也有偏保守的传统基金会，还有一些研究范围相对更窄的机构，比如国际经济研究所。这些智库都是私人资助的组织，里面有一些人士，通过著书立说和定期在国会听证会上露面，试图把华盛顿的公共政策注意力，更多地转向美国的国内政策。他们很少关注行业对等（sectoral reciprocity）和日本的产业政策。弗雷德·伯格斯滕是国际经济研究所的创始人和首任所长，也曾在卡特政府的财政部任职。他特别积极地提到了一个案例：美元兑日元汇率被严重高估。他认为，这是一个核心因素，引发了美日贸易失衡及其连带的政治紧张局势。伯格斯滕的批评主要针对里根政府的宏观经济政策，以及由此产生的美国利率和美元汇率攀升问题（Bergsten 1981，1982a，1982b）。查尔斯·舒尔茨（Charles Shultze）是卡特总统的前白官经济顾问委员会主席，菲利普·特雷兹（Philip Trezise）则是前国务院官员，他们都是布鲁金斯学会的政策分析师，针对日本产业政策

第四章 强硬派与自由贸易派针锋相对

的规模和重要性,各自提出了不同看法(Shultze 1983a,1983b;Trezise 1983)。

还有一些专门研究日本经济问题的学院派专家,比如耶鲁大学教授休·帕特里克(Hugh Patrick)和密歇根大学教授加里·萨克森豪斯(Gary Saxonhouse),针对日本的贸易壁垒,以及政府干预的规模,他们不认同那些把问题简单化的主张(美国众议院外交事务委员会 1982)。被萨克森豪斯特别质疑的一种观点认为,日本市场上的进口制成品很少,本身就证明了那里存在独特的限制性壁垒。他指出,正统国际贸易理论中的赫克歇尔－俄林模型,就能很好地解释日本的贸易模式(Saxonhouse 1982,1983a)。就其本身而论,日本独特的贸易结构,确实反映了日本经济所具备的其他特征也是与众不同的,比如高技能的劳动力,贫乏的自然资源,以及跟主要贸易伙伴的距离很远。1982 年 6 月,国际经济研究所举办了一次会议,萨克森豪斯在会议上发表的一篇论文,后来被广泛引用。他给出的论断如下(Saxonhouse 1983a:285):

目前绝大多数研究都跑偏了,重点都是为外国产品竞争敲开日本国内市场的大门。根据国际经济体系的传统指标,日本市场的外国产品准入情况应该被认为是不错的。的确,当日本经济的独特禀赋被适当考虑进去以后,不单单外国产品准入的情况良好,外国产品在日本市场的表现也是不错的。依据这些标准,日本市场的国外渗透,跟其他主要工业化经济体的经验相比,所差无几。

关于产业政策，萨克森豪斯（Saxonhouse 1983b）引用证据表明，到20世纪80年代初，日本的直接产业补贴可以忽略不计，而以国际标准来衡量的话，专项的税收优惠也不大。日本独一无二的制度，以及其他形式的干预手段（例如，直接影响银行的贷款组合，政府和企业制定联合研发计划），跟美国的政策对照的话，从功能上看，可以说是半斤八两。尽管我们很难说，萨克森豪斯的独立分析对美国的政策进程产生了特别的影响，但是，对那些以自由贸易为导向的参与者而言，该分析结果的确提供了一个能量焦点，以促使美国政府避免出台更大举措，干预美日之间的贸易流动。[15]

第一届里根政府期间，对日强硬派遭受的挑战还有第二个主要来源，就是政治安全领域的政策机构。他们跟那些纯粹基于经济理由而主张自由贸易的人结成了同盟。里根总统当选的时候曾做出承诺，要增加军事开支，使美国的国防和外交政策姿态变得更加果断。1982年11月，中曾根康弘在执政的日本自民党选举中，成功当选党首，接任日本首相，这开启了一个新纪元，美日两国针对全球问题开始进行高层交流。中曾根首相早前曾明确表示，他支持美国的政策目标，这为他与里根总统之间形成颇为惹议的私交关系打下了基础。中曾根最著名的支持声明是在1983年1月发表的，当时他第一次以首相身份访问华盛顿，他宣称，对美国的太平洋政策而言，日本是一艘"永不沉没的航空母舰"（Nacht 1983）。到了1983年，在威廉斯堡峰会上，"日本已经被西方安全联盟不动声色地纳入其中了"（Frost 1987：123）。为了建立更平等的美日安全关系，两国政府于1983年达成协议，允

第四章 强硬派与自由贸易派针锋相对

许日本向美国出口军事技术，并促进军民两用技术的转让（Frost 1987：131）。在1983年9月的下田（Shimoda）会议上，国务卿乔治·舒尔茨发表了主旨演讲，他说现在已经到了考虑把美日关系提升为国际伙伴关系的时候，而不应该再局限于双边范畴。1983年11月，里根总统在日本国会发表演说，该主题的声量被进一步放大（美国国务院1984年）。

在贸易体制危机之前，美日之间既有贸易问题，也有安全问题，实质上，这两者之间的关系，是已经确立的冷战格局的延续。这两类问题很少会在政策的具体操作层面纠缠不清。政治军事官员和贸易官员都倾向于一种认知，即任何具体的问题都应该分开来处理。但是，在很重要的程度上，这种分开处理的做法，只是强调了冷战中的一个层次体系，在外交政策上存在高和低这样的优先级差别，而且，这段时间里，自由贸易－良好关系联盟在政府机构中仍处于主导地位。显而易见的是，在美国政策流程里，只有很少类型的贸易活动能够取得必需的跨部门共识。理查德·霍尔布鲁克曾在卡特政府担任助理国务卿，负责东亚及太平洋地区事务（Richard Holbrooke 1991：2—47）。他描述了冷战模式：

如果一次贸易谈判看上去马上就要谈崩了，两国领导人常常会介入进来，以达成一项交易，因为理由很正当，就是日美关系中产生任何危机，唯一的受益者就会是苏联。这种强有力的冷战观点，在政治性的或者官僚主义的辩论中，每次都能披荆斩棘，只不过，很多人都会感到厌烦，觉得这样做太过分了，毫无依据。

商务部的官员和美国贸易代表都发现，尽管他们希望对日本实施更有攻击性的政策，但是在第一届里根政府期间，他们发现自己的能力受到限制，难以施展，不利于美国的商业利益。迈克尔·史密斯（Michael Smith）是一位高级的职业贸易官员，曾任美国贸易代表办公室副代表，也是贸易政策审议小组（总统的私人顾问团——译者注）的主席，他差不多从头到尾经历了那段时期。他清楚指明，当时针对日本产生了明显分歧，并且，对政策存在着惯例式的审查。他说：

> 这个小镇（华盛顿特区）分裂了，一边是菊花爱好者俱乐部（Chrysanthemum Club），另一边是黑船协会（Black Ships Society）……
>
> 卫道士简直多如牛毛。国务院成了日本人开的。我们过去常常把国务院称为"驻23街的日本大使馆"。他们总是给我们挖坑。我对美国国家安全委员会（NSC）的指责，可不像我对美国国务院的指责这样严重。国务院刚刚得了所谓"急性庇护炎"的重病……
>
> 国防部有很多问题，因为他们将日本视为永不沉没的航空母舰。有一天在内阁会议上，国防部长卡普·温伯格（Cap Weinberger）说，对飞行员而言，拥有夜间着陆权比拯救美国半导体产业更为重要。看来在这个议题上，存在盲区。[16]

商务部副部长奥尔默的观点与此类似，他指出了政策制定者们的影响：

· 第四章　强硬派与自由贸易派针锋相对 ·

笃信的是，一旦考虑到那些"安全理由"，日本对美国的意义就更为重大而深远了，他们要让日本参与到最深层次的持续关系中，为21世纪做准备。相比之下，这个国家通过制造产品然后出口来创造工作机会，类似的问题，要先放一放……

这个观点的真正意思是：我知道某些美国公司可能存在问题，但我真的认为，我们需要小心谨慎地把这些事情搞清楚。要煎鸡蛋的话，看看在不打破鸡蛋的情况下，还有没有别的办法。[17]

普雷斯托维茨（1988：269－70）在里根政府任职期间，近距离接触了一些关键的外交政策参与者，针对这些人的动机，他做了解读，听起来更加尖刻。他提出的理由是，国务院在看待贸易问题时，认为"主要错在美国一方，特别是那些懒惰的美国商人"；国务院跟日本合起伙来"控制那些疯子"，他们都在美国政府里（也就是说，商务部里有，美国贸易代表办公室里有，国会里也有），并且，国务院"有时候还充当向日本提供机密信息的渠道"；位于东京的美国大使馆，比国务院"对日方立场给予的支持更大"；国家安全委员会"是美国国务院针对这些问题，部署在白宫的前哨部队"；至于国防部，它的主要关注点在于"维持和谐的军事关系"，"通常情况下不重视商业"。

在第一届里根政府期间，对日强硬派和自由贸易派的相对处境如何，只要看一看高技术竞争的那些领域，以及对日本产业目标所做的那些指控，就无比清晰了。前文提到，1982年成立了一个高科技工作组（HTWG），旨在减轻半导体贸易的紧张局势。针对高科技工作组的目标，多个部门进行了讨论，没想到在这个过程中，商务部和美国贸易代表办公室中的强硬派和实用主义者，跟自由贸易派唇枪舌剑，火药味很浓。

有两个方面的问题引发了美国人的担忧：一个是，在美国市场上，日本展开了倾销行动；另一个是，在日本市场，美国的销售量持续低迷。尽管如此，1983年的讨论仍然在很大程度上仅具探索意味。于是，国会发出了威胁，私营部门也针对不公平贸易提交了请愿书，在这种情况下，美国政府不得不要求日本，举行第二轮双边谈判，这一回，重点完全放在半导体的市场准入上。但是，商务部的谈判代表备受打击，"因为绝大多数的美国政府机构援引了自由贸易原则，若再以具体的结果为目标展开谈判，岂不是缘木求鱼"（Prestowitz 1988：52）。

美日两国的谈判代表本来是对日本的产业目标展开辩论，没想到，美国的机床产业竟然成了引雷杆。1982年5月，霍代尔工业公司（Houdaille Industries，一家位于佛罗里达州的机床制造商）提交了一份请愿书，其证据表明，日本已经为该国制造的机床提供了补贴，所以他们建议美国政府，如果有企业因为购买日本产的机床而享受美国的投资税收减免政策，是很不合理的，应该予以否决。查阅1971年《收入法》第103条可以发现相关的规定，如果总统确认，外国政府通过国际卡特尔公差（"公差"是工业制造领域的常用概念，用于规范产品的几何参数——译者注）给美国大宗贸易加重负担，则可以将该国产品从美国的投资税收减免中加以排除。霍代尔工业公司提交的这份请愿书长达1000页，普雷斯托维茨后来将其描述为"迄今为止，对日本产业政策和贸易惯例所做过的最全面的活体解剖"（Prestowitz 1988：

223)。这份申请书把矛头指向了20世纪50年代和20世纪60年代的那段历史时期,当时对贸易和投资实施了限制,后来到了20世纪70年代,在日本出现一个机床制造商卡特尔组织,该组织反对贸易自由化。这一申诉案最具争议的地方还在于,它涉及日本政府,特别是通产省。请愿书指出,在一定程度上,日本政府积极影响了该国机床制造业的发展,并给予了补贴,从而使日本的该项产业变得越来越卡特尔化,把出口美国市场作为目标(Dryden 1995:292)。在国会的支持下,美国贸易代表和商务部为霍代尔工业公司抗击日本的案例做了背书,而财政部、白宫经济顾问委员会和国务院,则强力反对任何形式的惩罚性贸易反制措施。

霍代尔工业公司的申诉案折腾了差不多一年的时间,美国国会为此举行的听证会一场接一场,涉及案情的官方和非官方报告多得都要读不过来了。但是,这样做产生了一种意料不到的后果,就是日本的产业政策在华盛顿遭到了彻底审查,从规模上看,堪称史无前例。[18]理查德·柯帕肯(Richard Copaken)是这家公司聘请的律师,他使用了一些非常规手段,这包括,对日本机床行业的高管偷偷录像,收集他们"沆瀣一气"的证据;对一个特殊的自行车竞赛基金进行曝光,揭露通产省通过自行车和摩托车赛事的收益,来补贴机床行业。正如前《商业周刊》记者德莱顿(Dryden 1995:292)所指出的那样,"美国电视和报纸记者对柯帕肯的调查报告产生了浓厚的兴趣,使得霍代尔工业公司的申诉案,很快就受到了公众的热烈追捧"。强硬派人士把霍代尔工业公司的申诉案视为一次至关重要的测试,准备好针对日本的产业政策，做出官方回应，其影响将更为深远。1983年1月，普雷斯托维茨给商务部副部长奥尔默写了一份备忘录，其中提到："要对（霍代尔工业公司的）请愿书采取一些积极行动，这是让锅不断地搅动起来的一种很棒的方式……不仅会给日本人带来不确定性，让他们不能只考虑机床，也得琢磨琢磨机器人技术，以及其他一些被我们盯上的行业（Dryden 1995：292—3）"。里根政府内部对此案有一些批评意见，认为美国机床制造商陷入困境的主要原因不是日本，而是企业自身的管理不善，还有1981年2月出现的经济衰退；而对霍代尔工业公司的有利决定，会为美国产业界打开大门，让他们提出的进口救济请求像潮水一般涌来，到时候可就不好办了。他们还辩称，美国执行的长期政策，反对使用税收措施来影响贸易流动，而该案件，可能会对这项长期政策造成破坏。

该案久拖不决，有关的辩论一直持续到1983年，因为自己的主张受到了更严格的审查，霍代尔工业公司变得有些心灰意懒了，原本他们还盼着政府能采取反制措施（remedy），对投资税收减免不予考虑。在1983年1月的一次内阁会议上，美国贸易代表布鲁克使这个案子风向大变，开始查找日本有哪些不公平的做法。但是据报道，他提交了一个协商过的解决方案，要求按照自愿出口限制的方式来执行（Prestowitz 1988：225）。即使是像普雷斯托维茨这样的强硬派人士，也不得不承认一点，"霍代尔工业公司的请愿书可能不是一个完美的案例……（但是）这样的事情也许根本不存在……（因为）产业政策的性质就是这样，找到那些正在冒烟的枪，确实不是一件容易的事"

第四章　强硬派与自由贸易派针锋相对

(Dryden 1995：293)。在跨部门的会议上，本来要讨论对日本的调查，或者建议对日本采取行动，但是无法形成一致意见，最后，会议陷入僵局。在这种情况下，里根总统于1983年4月22日拒绝了霍代尔工业公司的请愿书，重申了他的自由贸易理念，并对中曾根首相表达敬意，赞扬他为提升日本的安全防御作用所做出的努力。尽管里根总统并没有对霍代尔工业公司的请愿书采取正式行动，但是他找到了一个替代方案，针对产业政策举办专项的系列座谈会，以便搞清楚，日本的产业政策是否在美国的贸易领域产生了不利影响。莫林·史密斯表达了商务部内部的强硬派观点，他说："通过霍代尔工业公司案，我们学到了很多，这些信息涉及日本的产业政策和目标定位……多亏发生了这样的'火灾短路'事件，否则，后来的整个历史就会完全变成另一个模样。"[19]

随之而来的产业政策对话，发生在美国贸易代表办公室和日本通产省之间。这次对话，把日本的产业政策问题推向了一个新的情节背景，令强硬派手足无措，无法推动美国政府做出积极回应。美国前贸易官员威廉·皮茨（William Piez）对那次对话做了回顾，他记得当时是一种非正式的场景，结果也是不明确的：

我们会跟日本人坐下来聊几个小时，谈谈他们的产业政策和我们的产业政策。这些谈话之所以有趣而有助益，部分原因是，他们并没有具体的谈判结果。大家的想法只是为了更好地对事情加以了解，也不必对事后签署的一些文件产生过多的担心……

对话的目的实际上是想搞清楚，日本的产业政策究竟会不会扭曲贸易，同时，在产业政策制定过程中，如果没有政府干预，那么产业的竞争力是不是一定会更强？……我猜，那些对话大致会得出这样的结论："也许会吧，但这一点很难证明。"而且，他们双方确实是对等的（reciprocal），因为日本人会追过来问我们类似这样的问题：美国国防部是不是正在对半导体制造业给予补贴？

因此，尽管在形式上存在明显差异，而且日本人也很坦率地讲，他们的产业政策就是要让日本出口商变得更有竞争力，但是我们可以想象一下，世界的民主体系正变得安全，作为一个副产品，世界也在变得更有竞争性。[20]

到1983年，美国经济不断走强，使得两国针对产业政策的争吵开始降低声调，并最终移至美日关系的幕后进行。我们回想一下从前的那个年份，市场准入问题曾经广受瞩目：我们对牛肉和柑橘的贸易自由化提出了新要求；基于NTT的双边协议，我们对日本市场上的电信进口持续不振问题提出了新批评。那些做法表明，尽管当年美国的一些半官方机构对日本的看法日趋严厉，但当时的主流意见仍然是，不要动不动就拿政策当武器。那一年的下半年，也就是说，上面提到的那些新要求刚提出没多久，就被坚定维护美日良好关系的人士临时审查了一次，这说明，美国发出了一个信号，在即将举行的日本国会选举中，对中曾根首相给予支持，同时这也是一种姿态，希望在里根总统1983年11月访问日本之前，能够缓和双边关系。访问期间，有关经济问题的唯一一份实质性声明，涉及日本的资本市场自由化。访

· 第四章　强硬派与自由贸易派针锋相对 ·

问回来后没过多久，当时担任副总统的老布什就被分派了新任务：监督跨部门的对日政策协调工作，因为，白宫希望将双边贸易摩擦问题，置于广泛的外交政策背景之下（美国日本经济研究所 1984：12）。

里根总统访日归来后，在很短的时间里，两国官员恢复了有关 NTT 采购以及牛肉和柑橘自由化的谈判，因为现有的协议马上就要到期了。美国政府对 NTT 的第一份协议并不满意，因为高科技设备在日本的销售情况仍然很差（美国审计署 1983）。在 1980 年 12 月协议签署后的这段时间内，NTT 购买外国电信设备的数量，一直都没有达到总购买量的 2%（美国国际贸易委员会 1983：6）。美国贸易代表布鲁克对此抱怨连连，作为回应，NTT 于 1983 年 3 月采取了一系列新举措：承诺接受英语投标（以前只接受日语的）；允许其纽约办事处直接接受投标（以前只在东京可以）；扩大申请范围更复杂的设备的投标期。新的三年协议直到 1984 年 1 月下旬才达成，因为在此之前，美国坚持要求把该协议的更新，与调整日本卫星开发和购买政策的问题，绑在一起讨论。新协议为外国公司提供了更多机会，可以参与 NTT 的研发计划，以开发复杂的电信产品，并使协议的执行评估更有章可循。

1984 年初，日本邮政省提出了一个立法草案，给刚刚签署的第二份 NTT 协议蒙上了阴影。该草案旨在对日本电信服务放宽管制，但步子迈得不大，其中包括一些对 NTT 进行私有化的方案。基于在电信领域的对等准入（reciprocal access）原则，谈判周期被拉长了，尤其是考虑到 1984 年 AT&T 被分拆以后，美国出现了放松管制的势头。这些谈判所涉及的领域更为广泛，但焦点只有一个，那就是日本对计算机通信系统市场实施的管制，换一个众人皆知的名词更好理解一点——电信增值业务（相对于传统电信语音业务而言的附加通信业务，使原有网路的经济收益大幅提升——译者注）。到 1984 年下半年，NTT 已经完成了私有化，在此情况下，美国关注的重点已经变为，该公司的采购是不是还会受到美日政府间协议的约束。另外，美国在 1984 年还提出了其他一些投诉，都涉及市场准入，其中包括：关于卷烟价格和进口分销的日本法规问题，一组共 13 种农业配额的法律地位问题，法律职业资格的准入问题，以及一系列产品的关税问题（纸张和林产品、农业机械、酒精饮料和葡萄酒）。美国还希望就牛肉和柑橘贸易达成新的协议，在谈判中，日本拒绝了美国要求全面开放的要求。但是，在 1984 年 4 月，日本又同意，在四年之内，增加牛肉、橙子、橙子汁和柚子汁的进口配额（美国日本经济研究所 1984，1986）。

第四节　体制危机和《市场导向多领域谈判方案》以及新政策开端

第一届里根政府把高科技和服务贸易专门挑出来，给予更多的关注，但是在方法上严重跑偏，总是盯着日本的官方贸易限制。针对已经达成的协议，比如 NTT 采购协议、牛肉和柑橘贸易自由化协议，以及双边航空服务协议，这一届政府希望跟日本重新谈判。但是，最后达成的新协议仅仅约定，在 1983 年内确

· 第四章　强硬派与自由贸易派针锋相对 ·

定高科技工作组议程，启动日元－美元对话。20 世纪 80 年代上半期，日本提出了一揽子贸易自由化方案包，对此，美国贸易政策界的许多自由贸易人士希望，至少这些方案能平息美利坚公司的一些不满。正如分析师弗罗斯特（Frost 1987：13－14）指出的那样，最初构思时：

> 打包方案看上去设计得非常聪明，如果一个人迷恋于套装和附有操作指南的设备，那就正中下怀。可是，什么东西都不能没完没了地给，这样的一揽子计划到了第七个的时候，美国人的耐心被彻底消磨光了。每一次日本政府宣布说，他们要采用一个新的进口自由化措施，那差不多就意味着一个铁定的事实，就是日本人在上一套方案中所承诺的那些让步，可以翻篇了。

1985 年 9 月，里根总统在迫不得已之下，首次对日本举起了 301 大棒。而这一时期，有关贸易的体制危机日益凸显出来。这一回，轮到强硬派粉墨登场演主角了，转折点就是，里根政府解除了对强硬派的制度束缚。这一变化导致的结果是，美国政府对日本的市场准入问题采取了更加结构化和更具进攻性的方法，要求任何正式的协议的签署，都必须遵循美国的《贸易法》。对这一点的大力强调，在历史上还从来没有出现过。在《市场导向多领域谈判方案》（MOSS）正式生效之后，美日两国针对具体领域达成的市场准入协议，在数量上出现了增长，从定量分析的角度看，贸易体制的长期重要性已经显现出来。图 4.1 表明，在 1985 年之后，双边协议数量出现了明显跃升。尽管在 20 世纪 80 年代

141

上半期仅收获六项市场准入协议，但在接下来的10年里，美日两国签署了43项协议。

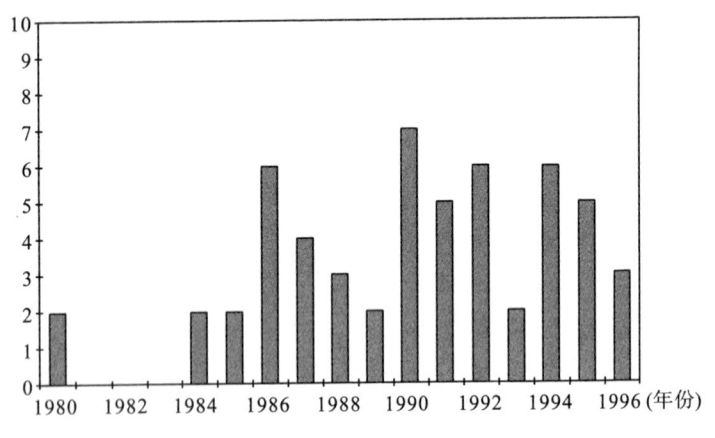

图4.1 美日两国间有关双边市场准入的协议数量

数据来源：美国贸易代表办公室各份协议文本。

自由贸易派认为，必须系统性地解决"剥洋葱"问题，经过深思熟虑，他们最后搞出来这个《市场导向多领域谈判方案》，试图借此把强硬派提出的以结果为导向的战略扼杀在萌芽状态。里根政府内部试图重新评估日本的市场准入问题，而且评估的范围不应设限。1985年1月，里根总统和中曾根首相举行的那次首脑会晤，恰好为重新评估提供了机会。普雷斯托维茨（1988：296）后来对此做过描述，他记得"辩论的焦点，到底应该以过程为导向，还是以结果为导向，这是两派力量最新一个回合的较量"。美国贸易代表和商务部官员在峰会前曾提出一个建议，认为里根总统应该要求中曾根首相为进口设定一个目标，这引发了重大的市场推测。一个由自由贸易派组成的跨部门联盟，包括政

第四章 强硬派与自由贸易派针锋相对

治-军事单位，反对这种违反市场原则的做法，并最终赢得了对《市场导向多领域谈判方案》框架的背书，该框架更能体现以过程为导向（Prestowitz 1988：296；Mikanagi 1996：44）。根据这一理念，他们要求拓宽谈判的范围，不再限定具体的产品，而是批量精选一些产业，对阻止美国制造商享有同等的市场准入权力的各种障碍，一并加以解决。在美日峰会结束之后，根据《市场导向多领域谈判方案》启动了第一轮谈判，共有四个领域入选，分别是电信、医疗设备和制药、精密电子产品、林产品。这些被锁定的目标有两个共同特征：首先，美国供应商在其他国际市场上似乎很有竞争力，但是在日本的销售却遇到了麻烦；其次，从过去的谈判中发现，国内监管惯例也是一种类似的市场准入障碍。

里根与中曾根之间的关系，象征着广泛的外交政策取向，他们分别安排国务卿乔治·舒尔茨和日本外相安倍晋太郎（Shintaro Abe）来负责监督1985年初开始的《市场导向多领域谈判方案》对话。不过，具体领导这次会谈的人是国务院负责经济事务的副国务卿艾伦·华莱士（W. Allen Wallis），他把工作职责在其他几个机构中进行了分配：美国贸易代表担任电子领域的首席谈判代表，商务部负责电信部门，财政部负责医疗设备和药品领域，农业部负责森林产品领域。在1985年1月下旬举行的第一次《市场导向多领域谈判方案》会谈中，华莱士对美国希望达成的目标做了解释，他说，对于各种各样的"法律、法规、制度和习俗，只要它们阻碍外国供应商自由进入，都要设法解决"（美国日本经济研究所 1986：69）。

针对日本的设备标准和认证程序，美方官员要求调整得更自由宽松一些，跟美国的相关标准和程序保持一致，在这种情况下，电信业立刻凸显出来，变成了要谈及的关键部门。日本电信法的改革定于1985年4月1日生效，对于《市场导向多领域谈判方案》而言，这等于提供了一个事实上的最后期限。到4月下旬，日本同意采取一系列措施，以提高电信法规的透明度，在诸如语音质量和信号强度等方面放宽设备标准，并接受外国对电信网络设备进行认证的测试结果。包括以无线电通信为焦点的第二轮电信谈判在内，在1985年北半球的整个春季和夏季（因本书作者为南半球的澳大利亚人——译者注），其他领域也渐次取得进展。比如电子行业的谈判重点是，美国提议，要对计算机软件和半导体设计的知识产权进行保护。这个提议是从1984年的会谈中延续过来的，附带的要求是，应该允许外国参与日本的研发计划和标准制定小组。美方也为医疗设备和药品谈判设定了目标，要求日本接受外国测试数据以方便外国产品注册，同时，简化产品的清关和销售程序。1985年7月，日本政府宣布了一项行动计划，对许多与《市场导向多领域谈判方案》相关的问题做出处理，但是，对政治上比较敏感的林产品部门，阻力很大，日本不同意大幅降低关税（Mikanagi 1996：115—24）。

美国国会对《市场导向多领域谈判方案》做出了强烈抵制。1985年9月，里根政府在回应中指出，白宫将通过《市场导向多领域谈判方案》系列谈判，在日本市场准入问题上取得实实在在的进展。里根总统的谈判工具可不止是新的301大棒，他还对国务卿舒尔茨做出指示，"针对日本具体领域的市场准入，当下的

第四章 强硬派与自由贸易派针锋相对

谈判要有一个时间限度,在到期的时候,就要对具体承诺进行评估,然后定期复查"(白宫 1985 年)。日本官员也许曾经设想得挺好,针对美国人提出的市场准入要求,1985 年 12 月才是《市场导向多领域谈判方案》的截止日期,可以喘口气,放松一下。但是,里根总统的声明让他们的希望彻底破灭了。白宫指出,由于国会山上出现了排队等候的保护主义贸易法案(其中很多是以日本为目标),美国"要主动出击,在很多外国市场实现更公平合理的准入,特别是在日本和主要的发展中国家"。里根政府透露,在《市场导向多领域谈判方案》会谈中,一旦日本对四个初始领域做出承诺,"就会再增加一些新的领域,从而有望扩大美国的出口"。

1986 年 1 月 10 日,美国和日本官员宣布,在《市场导向多领域谈判方案》涉及的所有四个领域都达成了协议。[21] 在谈判过程中,官僚机构的责任实现了更广泛的分配,对传统的自由贸易机构(国务院和财政部,还有白宫本身)而言,这种做法可以确保,在最后达成一系列双边协议的时候,让"成功"清楚可辨。恢复生机的国会成为里根政府背后一支更大的机构力量,迫使政府在 1985 年 9 月做出政策反应,在此背景之下,强硬派和贸易实用主义者在美国政策进程中的权威得到了提升。但是,与此同时,《市场导向多领域谈判方案》侵蚀了负责对日政策的行政分支机构,它们曾是第一届里根政府的明显特征。迈克尔·史密斯回忆说,《市场导向多领域谈判方案》有一个意想不到的好处,可以确保政府中的其他部门"看到这些困难并且投身其中"。

接下来，他们看到了，并且感到深恶痛绝。这就好了。《市场导向多领域谈判方案》真的产生了超乎想象的效果。比如，调走了那些超级难对付的家伙——像（商务部官员）克莱德·普雷斯托维茨和莱昂内尔·奥尔默这样的人——同时，贸易"球赛"还能继续踢。（谈判的过程中——译者注）国务院负责一个领域，农业部负责另一个领域——（这就是）联合领导以及类似的东西。但是最后，国务院不得不承认，洋葱层剥落的越多，暴露出来的问题就越多。终于，每个人都知道日本的确是个问题了。甚至那些（自由贸易的）辩护者也掉转船头，认为（日本）的确有问题。[22]

《市场导向多领域谈判方案》的处理效果，令美国正式调整了方向，把关注点从边境保护壁垒转移到了日本的国内法规和惯例上。这种针对日本问题的转向，经历了一个逐渐发展演化的过程，不得不说，它也可以被视为政策回应的一部分。另外，它也显示出，从此以后，美国签订任何正式的协议，都不能完全脱离贸易法。对《市场导向多领域谈判方案》的那些早期倡议者来说，情况的发展导致了一个事与愿违的结果，《市场导向多领域谈判方案》成了政策过渡的一部分，在1985年后，美国开始采取多领域的、以结果为导向的对日政策。其中，1986年的《美日半导体协议》堪称典型。

第五章

《半导体协议》：强硬派迎来高光时刻

  毫无疑问，1986年9月的半导体贸易协议，堪称20世纪80年代最具争议的美国贸易政策行动，同时，它也是一个最重要的开端之作，从此之后，美国开始对日本施行以结果为导向的市场准入政策。特别值得一提的是，所有这一切，其实都来自一个隐秘的数字，是不是有点戏剧性？没错，本来针对日本半导体市场的准入问题，美日谈判遵循的仍然是传统的那一套，以过程为导向，但是在谈判期间，要给外国在日本市场的占有率设定一个量化目标，于是就冒出了20%这个数字。1987年3月，里根总统认为日本涉嫌违反半导体协议，决定对日本施以压力，进行贸易制裁——此类制裁从第二次世界大战以来还是首次实施——这表明美国政府的政策已今非昔比，现在他们要确保的是，所有跟日本达成的行业协议，都必须要有一个具体的结果。

  美国半导体产业闻风而动，竞相争取美国政府的支持，以实现其对日本的贸易政策目标，这就为我们提供了一扇观察的窗口，可以把美国贸易政策权威从自由派转向强硬派的整个过程尽收眼底。有一点是确定的，美方在要求设定明确的量化目标之前，并没有就对日政策进行过任何系统性的重新评估。但是随着时间的流逝，强硬派对协议已经有了先见之明，他们知道以过程为导向的对日市场准入谈判，几乎得不到什么真正的收益。这种看法在美国政策界遭到的反对声浪，已经越来越低了。

第一节　日本对内存市场的主导和高科技工作组的设立

20世纪80年代初，日本电子公司跃居全球第一梯队，在好几个方面都处于领先地位，其中包括：半导体加工技术、成本竞争力、产品质量，以及创新力。而美国在半导体行业的主导地位，已经发生了最戏剧化的蚀变，最明显的市场体现就是内存的存储芯片。在20世纪70年代后期，日本公司占领了美国16KB内存市场大约40%的份额。而在64KB内存芯片的商业开发上，这一回风水轮流转，日本公司对许多美国商业公司实现了超越。到1980年世界半导体大会在旧金山举办的时候，NTT和日本电气已经可以为他们的首批256KB内存原型做现场展示了（Prestowitz 1988：39）。1981年，日本生产商在美国64KB内存市场上所占的份额飙升至70%左右（经合组织1985：35）。他们之所以越来越具备竞争优势，一个可能的关键点在于，他们采用了一批新的基准来确保质量控制，从而拥有了比美国竞争对手更高的半导体良品率（Okimoto等1984）。图5.1显示出，在1982

年，日本的内存生产已经遥遥领先，并且日本市场上的商业销售量已经超过了美国。当时在美国半导体市场总量中，内存的占比还不及20%，但是在快速增长的电信设备和计算机市场，内存才是重中之重。不仅如此，内存也是半导体行业的主要技术驱动源，学习收益是很明显的，在其他类型的半导体和未来几代的存储芯片的生产上，可以举一反三。在这方面，有过去的实际案例做参照，比如，应用设计新规的内存出现以后，仅用了6个月的时间，就出现了静态随机存取存储设备（SRAMs）和可擦可编程只读存储设备（EPROMs），仅仅两年的时间，微处理器就出现了，在设计规范上，它们是完全相同的（Dohlman 1993）。

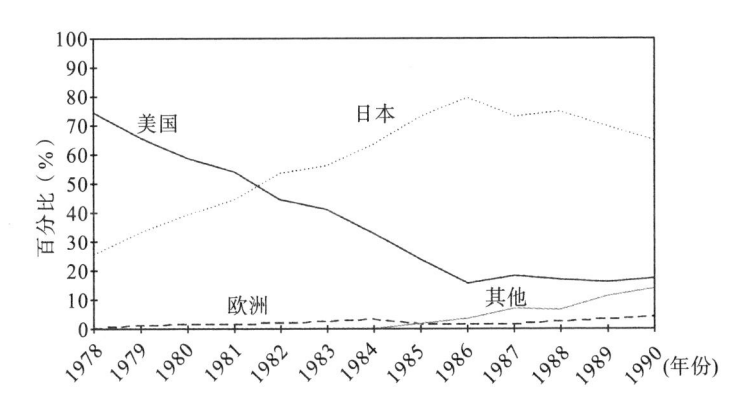

图 5.1 国际商业内存市场的份额

数据来源：彼得·A. 道尔曼（Peter A. Dohlman）的博士学位论文《美日半导体贸易安排：政治经济学、博弈论和福利分析》（1993：5），杜克大学。

美国半导体产业协会（SIA）在卡特政府执政期间，为了应对日本的挑战，于1981年制定了三管齐下的公共政策愿望清单，这是他们首次涉足华盛顿的贸易政治。该清单中，有两个方面的建议是以国内为导向的,他们希望政府出台一些激励措施:首先,要引导资本筹集;其次,在研发和工科教育领域,要加大投资。清单中还提到第三个愿景,就是(在日本市场)提升外国的市场准入。美国半导体产业协会首次要求日本政府制定平权行动计划,以抵消过去的保护政策给外国公司造成的冲击(Flamm 1996:147)。里根政府刚刚当选,美国半导体产业协会就把这个提案摆上了总统的办公桌。对这些市场准入投诉,里根政府做出的最初反应是,跟日本人谈判,互相减免半导体关税。1981年5月,两国都同意加速推进各方在东京回合谈判(关贸总协定主持下的第七轮多边贸易谈判,于1979年7月结束——译者注)上所做的承诺,并约定,在1982年之前将半导体关税降低到4.2%(美国日本经济研究所1982:55)。对于美国半导体产业协会的国内优先事项,尽管里根政府要想主动出手的话,随时都可以,但是,里根政府里面很少有人从半导体产业利益的角度来看待这个提案,没有在贸易政策上采取协调一致的行动。当时美国半导体产业在全球销售额中仍占50%以上的比重,美国经济衰退的列车却并没有慢下来的迹象,而其他对贸易敏感的行业,则明显处于水深火热之中。日本进入美国内存市场后,虽然给美国带来了压力,但是,其进口渗透率并不高,仅占美国半导体总销售额的10%左右。

1982年初,由于需求减弱,加之日本对半导体的新一轮定价很有杀伤力,一些美国生产商抱怨之声迭起。美国商务部里的强硬派觉得,机会终于来了,他们对日本通产省里的同行发出警告,声称美国政府很有可能在不得已的情况下,开始对芯片价格

第五章 《半导体协议》：强硬派迎来高光时刻

实施监控。此后不久，日本削减了对美国的芯片出口，结果芯片价格应声上涨（Prestowitz 1988：49）。根据肯尼思·弗拉姆（Kenneth Flamm，1996：149）的说法，在日本半导体行业内部，"这些出口的减少已经得到公开承认，是由通产省指导和推动的"。这一事件引发的结果是，美日两国政府启动了正式的半导体对话，从历史上看，颇具开创性。1982年4月，美日两国设立了一个高科技工作组，以设法解决半导体、电信设备和计算机等领域的双边贸易问题。美国政府在向国内的商业半导体产业吹捧这个高科技工作组的时候，宣称其重点目标是日本的半导体市场准入，可以用它来替代对日本的倾销调查（Flamm 1996：153）。普雷斯托维茨当时被任命为美日高科技工作组的联席主席（美方），后来，他曾经对一些限制条件进行了概括，直白一点讲，美国政府在跨部门政策讨论过程中，设置了一种强硬的谈判立场：

> 政府里的头面人物都没有参与进来。在绝大多数内阁官员的眼里，这种谈判，跟军备控制和"星球大战"计划根本没法比，尽管我们当中有些人对这种看法不以为然。情况就这样了，我们没获得任何授权，自然也就没办法实现任何特定目标。结果，我们不得不在美国谈判小组各机构都达成共识的情况下才能开展工作，这些机构包括了美国贸易代表、经济顾问委员会、国家安全委员会、管理和预算办公室，同时还有国务院、劳工部、财政部、商务部和国防部。

这些机构达成的共识是，尽管对改善市场准入提出要求一点都不过分,但是,对特定的市场份额或者销售量提出要求,违反了自由贸易原则,因此是不可接受的……所以,在与日本人展开对话之前,我们限缩了自己的要求,仅仅提出,要有一个更开放的市场(其含义为何,我们并没有做出界定),同时,需要建立一套统计半导体出货量的信息收集系统。此外,还有一个共识,受到国务院和国家安全委员会的强烈影响,那就是,即使日本不能做出令人满意的回应,我们也不会建议采取任何报复措施,哪怕是出于(谈判策略的)战术考虑,也不行。理由是,他们担心两国之间的整体关系可能受到损害。

1982年11月,高科技工作组公布了第一份原则性协议,为高科技产业的自由贸易和投资提供了普遍支持,呼吁在市场准入方面享有平等的国民待遇,并建立一个特别工作小组,负责收集半导体行业数据。[1] 在高科技工作组的原始文件中,本来就存在一些含糊其词的地方,对此,国务院和日本外务省条约局的做法是,尽量让措辞保持缓和的语气,但是,白宫经济顾问委员会、美国行政管理和预算局以及美国司法部的官员们则态度坚决,对半导体市场可能出现任何政府主导的卡特尔化现象,都会严肃对待(O'Shea 1995:21)。

1983年,美国对日本施压,要求举行第二轮半导体谈判。据说美国谈判人员得到的一项任务就是,"在不向对方提出请求的情况下,获取可以测算的销售额"(Prestowitz 1988:53)。1983年11月,第二个高科技工作组协议公布出来,对几个方面的问题做了约定:(1)为取消两国之间的半导体关税,制定一份时间

· 第五章 《半导体协议》：强硬派迎来高光时刻 ·

表；（2）寻求增加投资机会；（3）设立操作规程，改进知识产权保护；（4）每两年一次的政府间会议实现制度化，以便对半导体问题进行效果评估。同时，通产省首次代表日本政府做出承诺，"鼓励日本半导体用户，为美国供应商扩大机会，以便与日本公司发展长期的合作关系"。一份机密的"主席笔记"列出了朝此方向走的一些具体步骤。弗拉姆得出以下结论：

通产省做出了口头承诺，为日本公司提供政府引导，以使他们扩大采购美国供应商的芯片，对于协议的这些组成部分，美方谈判人员将其视为上述口头承诺的一种委婉表达，实际上，这份机密（主席）笔记的语言表述似乎支持这种见解。

1982 年的整个 3 月，美国在全球的产业地位继续受到侵蚀，此情此景之下，美国半导体协会只能步步紧逼，对日本的产业目标加大攻势。该协会的法律顾问起草了 301 条款请愿书，指责日本存在不公平的贸易壁垒，但是很奇怪，这家贸易协会并没有提出正式的立案申请，就停止了诉讼程序。截至 1982 年底，美国半导体协会拟订的诉讼计划，都是把矛头指向日本的结构性壁垒，以及生产和定价的惯例，他们认为，日本产业界的共谋行为是串通一气和协调一致的，而日本政府也难脱干系，提供了政府支持和引导。1983 年初，美国半导体产业协会发布了一份重磅报告，题为《针对世界半导体竞争，政府设定目标的效果：日本产业战略的实例记录及其给美国带来的成本》，"描述日本政府花费了不止十年之功，努力协调，推动日本生产商在关键产品线中，占据全球主导地位"(美国半导体协会 1983：v)。

该报告断言,日本政府以三种方式,系统地瞄准了半导体产业：(1)日本政府通过各种形式的直接和间接方式,向日本芯片生产商提供补贴,从而助力大量资本对该行业进行投资,并且敢于实行激进的出口定价；(2)通产省通过主持设立一些卡特尔研究机构,积极推进产业结构的卡特尔化,鼓励企业进行产品专业化,并对产业结构实施监控,以确保企业朝着与国家目标一致的方向前进；(3)正式实行自由化之后,政府推动并纵容了购买日本货的做法,以阻止外国公司的进口渗透。据称,所有这些都导致了一种产业结构,其中"供应和需求这两个方面,都由日本半导体生产商中的一家龙头企业加以控制,它既有动机,也有能力坚持不断地购买日本货"(美国半导体产业协会 1983：74)。根据该协会的说法,尽管日本的自由化已经正式施行,汇率也不错(相对于很高的边境保护时代而言),美国公司也不断地努力扩大销售,但是,这种结构使得美国在日本商用半导体市场中的份额从未超过12%,而且长期如此。这种表现与美国公司在欧洲的成功形成了鲜明对比。在欧洲的半导体商用市场,美国公司占据的份额高达56%。该协会特别指出了一点,已经有一些实际的案例可以证明,美国的新型半导体产品在一开始的时候还形势喜人,对日出口强劲增长,可是一旦市场引入类似的日本产品,就只能眼睁睁地看着销售额不断下滑了。该报告建议美国政府：(1)建立一个监控系统,针对日本公司的出口动力源和可能采取的掠夺性行动,提供早期预警；(2)坚持在日本享有完全等同的商业机会,这其中包括,要求日本政府制定平权行动计划,对过去的歧

·第五章 《半导体协议》：强硬派迎来高光时刻·

视行为做出弥补（美国半导体产业协会1983：6）。

日本电子工业协会不认同美国半导体协会的分析，认为日本政府的政策符合关贸总协定的法律规范，与美国的产业政策是异曲同工的。它声称，鉴于1983年日本在美国商用市场的进口渗透率约占13％，而美国在日本占有大约10％，两相对比，差不多是旗鼓相当，所以，在市场准入方面，并不存在明显的差距。日本产业界也提到了产品质量和服务的差异性问题，认为这是日本产品更受欢迎的一些关键要素。[2] 此后，由于在半导体的市场需求方面出现了小幅增长，所以双边紧张局势在1984年有所缓和。当然，的确也有迹象表明，美日高科技工作组的谈判，已经帮助美国工业实现了日本市场占有率的提升，销售额从大约10％增加到将近12％。只不过，两国的这个"停战协议"还很脆弱，到1985年就被摧毁了，因为这一年，也是美日双边贸易紧张局势非常严重的年份，整个半导体行业遇到了最大的一次史诗级重挫。

第二节 拯救危机中的战略性产业

上一节提到，在1985年，半导体需求和价格出现了急剧下降，加之那些垂直整合的大型日本芯片生产商，不顾全球产能过剩，仍然维持积极的投资计划，推波助澜，一路狂飙，直到1986年9月半导体协议签订的那一刻，攀上顶峰。在1983年和1984年，世界半导体销售值分别增长了27％和46％，到了1985年的时候，突然下降17％。需求紧缩在北美市场尤为严重，当地的销售额甚至下降了30%,而同期的日本市场则下降了10%。虽然造成该行业震荡的最直接原因是计算机销量出现急剧下降,但日本制造商普遍采用的不公平做法,让陷入困境的美国产业界,只能从政治上寻找突破口(Irwin 1996:35)。在此过程中,美国商用半导体产业终于如愿以偿,得到了美国政府的高度关注,实际上,他们从1977年开始,就一直在多方奔走游说。

这一回,内存市场再次成为半导体危机的最前线。全球商用内存的销售额从1984年创纪录的36亿美元,下降到了1985年的14亿美元(Dohlman 1993:D5)。作为商业化生产量最高的产品,64KB内存的平均价格从1984年的三四美元,下降到1985年6月的30美分这一低点,从而引燃了美国产业界对日本公司的怒火,指控他们以低于成本价倾销,且定价策略具有掠夺性。据报道,在商用市场中,下一代内存和更先进产品的价格降幅,大于正常的经验曲线(见图5.2)。在256KB内存的商业开发和制造方面,日本公司的表现超过了美国,因为这个时候,美国公司正在其他产品上艰难打拼,不过那些产品还没有产生可观的回报——从商业角度看,还达不到可以大规模量产的状态。在某些类型的半导体芯片(例如微处理器和只读存储器)市场中,虽然英特尔、摩托罗拉、惠普和AT&T仍占据主导地位,但在各个细分市场上,损失惨重,处于这种困境之下,这些公司只能减少研发投入,同时,持续投资能力也受到严重削弱。到1985年北半球的春季,美国半导体公司裁员了数千人,留下来的雇员则缩短了工作时间,这导致生产能力被挤压,新的投资计划不得不撤回。

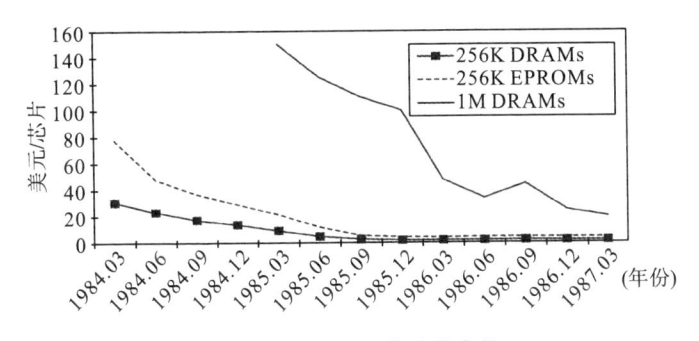

·第五章 《半导体协议》：强硬派迎来高光时刻·

图5.2 各类半导体均价变化

数据来源：劳拉·泰森（Laura Tyson）的《谁在敲打谁？》（1992：115，122）。

对于美国半导体行业及其在美国政府中的盟友们而言，在日本市场的渗透率下降问题，恰恰证实了他们的怀疑一点都没错，高科技工作组的系列谈判绝不应该采取渐进主义的低调策略。由于对日本电子集团用户的销售出现下滑，美国商业公司在日本的市场份额从大约12%的水平也出现了相应下降，再次低于10%。而日本公司则把进口下降的责任推到了美国公司身上，认为至少有一部分原因在于，美国公司在维持快速交货和客户服务方面存在能力不足的问题，显然没抓住1984年行业需求暴增的大好时机。[3]但是，对日强硬派可不这么看，他们认为，美国确实需要向日本政府施压，让他们相信：要想达成协议，就必须有明确的结果，否则，一定会发起报复行动。正如一位分析家所指出的那样，有了美日高科技工作组的经历，"美国半导体制造商及其代表坚定地表示，再也不会勉强接受基于信任而不是制裁的协议，否则的话，太云山雾罩了"（O'Shea 1995：23）。最直接参与高科技工作组谈判的商务部官员对此做了一些总结，他说，"（与日本公司建立的）这种新的'长期关系'，持续的时间甚至连一年都不到"，因为当日本的总体需求下降了11％的时候，美国对日本的销售额一次性下降了30％之多（Prestowitz 1988：54）。艾伦·沃尔夫是美国半导体协会的贸易顾问，他后来也对美日高科技工作组的流程做了类似的描述。他说："与其说这是一个学习的过程，还不如说是在浪费时间，……很令人沮丧。我们确实应该打开市场：就是那种零影响的东西。"[4]

到1985年2月，美国半导体协会的法律顾问们找到贸易官员打探虚实，想了解美国政府对301条款下的一项不公平贸易案作何反应。结果，美国贸易代表威廉·布罗克（William Brock）在3月份去职之前（实际去职日期是4月29日——译者注），给了他们极大鼓舞。美国半导体协会指控日本拒绝市场准入的案件，大部分以美国公司为焦点，这些公司在欧洲占有半导体市场的50％以上，但是在日本市场，从来都没有持续超过10％。据报道，艾伦·沃尔夫曾经就上述推理论证问题，跟威廉·布罗克进行过深入交流，获得了比尔·布鲁克对美国半导体协会的支持，认为日本应该采取"平权行动"。沃尔夫说：

我们当时找到比尔·布鲁克，对他说："我们在日本市场不能卖东西，可是我们只有间接证据。"……布鲁克说："看一下20世纪50年代的南方大学，那里也没有少数族裔的学生。你会用个别的少数族裔申请人被拒绝的例子，来证明少数群体在进入南方大学系统方面存在问题吗？其实你大可不必这么干。跟这事儿的情况差不多，我们可以拿出来证明的东西，完全够用。"[5]

· 第五章 《半导体协议》：强硬派迎来高光时刻·

美国半导体协会还着手发起动员，组成一个有影响力的议员团，既包括共和党人，也有民主党人，希望他们通过国会立法，支持采取贸易行动。没过多久，半导体国会支持团体（SCSG）正式成立，由参众两院的 20 名国会议员组成，代表权重还是很大的，覆盖了半导体制造业所在的几个主要州，比如得克萨斯州和加利福尼亚州。在这个团体里，有一些资深议员领导着贸易立法，还有一些议员是自由贸易的拥趸，而其他几位，也都是出了名的强硬派人士，或者以发起强硬贸易立法著称。由于贸易赤字不断增加，国会山上对日本的批评之声日益升高，而且，越来越刻薄，"半导体国会支持团体很受欢迎，许多立法者都想加入进来。但是，半导体国会支持团体做出决定，必须保持精干与高效——参与这个小团体的积极分子都要服从领导，态度坚定"（O'Shea 1995：24）。

在政治上有了支持基础，确实令人振奋，不过，要想有效利用起来，还要先做好两个方面的工作：其一，必须搞定美国的主要芯片用户，他们还有一些潜在的反对意见；其二，要解决贸易联盟的内部分歧，针对任何贸易政策行动，有一些争论也是正常的。针对美国电子协会（AEA）这个最大的半导体用户群体，美国半导体产业协会（SIA）双管齐下：一方面，把呼吁（在美国实施）贸易限制的调门降低；另一方面，强烈要求（在日本的）市场准入。如果有某一家公司或某一个行业团体，曾经反对过美国半导体协会的一些倡议，那么，美国半导体产业协会就尽量做一些新的尝试去说服，至少，不破坏美国半导体产业协会的这个案子就行。在美国半导体产业协会内部，反对实施进口限制的，是像 IBM 这样的大型头部生产商，以及一些在日本生产半导体的公司，比如德州仪器。这些公司担心涉及 301 调查的案件可能产生不利影响，尤其对将来可能实施的对日报复忐忑不安。

1985 年北半球的夏季，美国半导体产业协会在一项贸易反制案上获得了必要的支持。有两个主要因素看上去起了决定性作用：第一个因素事关日本芯片定价。美国产业界对此积怨已久，到了 1985 年 6 月，攀至新高。导火索是一份备忘录。这份备忘录是日立美国分公司发给其美国经销商们看的，主要是针对其领先的 256KB 可擦写可编程只读存储器设备（EPROMs）。不知道怎么回事，总之是被美国商务部副部长莱昂内尔·奥尔默得到手并公之于众。在这份备忘录里，日立敦促经销商们，要继续以比对手——包括英特尔、AMD 和富士通——低 10％的价格展开竞争，建立市场份额，同时保证 25％的利润率。要知道，在美国的政治环境里，日本的形象早就不怎么正面了，这份备忘录成了压死骆驼的最后一根稻草，在美国引发了潮水般的公众抨击（O'Shea 1995）。再说说第二个因素。美国的商业公司提出一种观点，认为半导体行业的疲软，最终会对美国芯片用户产生意想不到的影响，不能太依赖日本的供应商，因为这些日本供应商同时也是下游市场（如计算机系统）的主要竞争对手。此时此刻，这一观点越来越被听众接受了。在低迷的半导体市场，日本大型电子公司有能力持续进行高额投资，本来，美国公司撤出内存生产已经引发了人们的担忧，现在，更是人心惶惶了。回想 1981 年 2 月，当时处于行业放缓期，投资率非常高，并且，尽管 1985 年也陷入萧条，美日两国制造商都缩减了投资计划，但是，在全球市场萧条的情况下，人们对日本所具备的"新能力"普遍感到恐惧，挑动了美国芯片业者、用户和贸易官员的神经（见表5.1）。据报道，1985年5月，商务部官员警告他们的通产省同行，除非日本公司削减产能并提高芯片售价，否则将爆发重大的双边争端，但是，东京方面并没有做出令人期待的反应（Flamm 1996：163）。

表5.1 北美和日本的半导体产业资本支出

年份	北美		日本	
	10亿美元	销售占比	10亿美元	销售占比
1980	1.37	6.0	0.63	17.0
1981	1.35	16.6	0.83	16.4
1982	1.21	15.4	0.92	17.1
1983	1.45	15.0	1.70	22.3
1984	3.05	21.6	3.58	31.0
1985	2.07	18.4	3.23	31.5

数据来源：彼得·A.道尔曼（Peter A. Dohlman）的博士学位论文《美日半导体贸易安排：政治经济学、博弈论和福利分析》（1993：D2），杜克大学。

1985年6月14日，美国半导体产业协会向美国贸易代表提交了启动301调查的请愿书。它断言，日本政府积极建立一种反竞争的、歧视性的市场结构，对美国供应商的市场准入设置障碍，致使其在日本的市场地位无法匹配其国际竞争地位。作为1984年《贸易和关税法》的一部分，301条款修正案扩大了法条上对于"不合理的外国壁垒"的界定，将其具体化为"拒绝公平和公正的市场机会"的任何政策或惯例，这使美国更容易发起针对不公平贸易的行动——同时这也反映出，美国会以更强硬的态度，要求行业对等。同样，非常多的间接证据显示，美国公司在欧洲市场能够占据超过50％的份额，但在日本市场，美国公司的销售占比，很少高于10％。[6] 结构性障碍和购买日本货的态度，被认为是一种寡头垄断结构所造成的结果，在这种结构之下，日本半导体的那些主要生产商，同时也成了最大的消费者。请愿书特别指出，日本政府在采取自由化对策时，与关贸总协定关于贸易壁垒透明度的第十一条相抵触，同时，也违反了1983年高科技工作组协议的约定。该协会建议，除非美国在日本的销售迅速改善，否则里根政府应根据关贸总协定采取行动，反制日本的不公平贸易行为。此外，请愿书还要求建立一个可以触发反倾销调查的监督框架，并要求司法部调查日本公司的反垄断违规行为，因为该行为导致了掠夺性的定价。为了获取最大的支持，美国半导体产业协会发言人表示，"协会的所作所为并不是为了寻求保护，而是为了进入其他的市场，这与我们一直以来的信念完全一致"[7]。

上述请愿书最终被美国贸易代表办公室接受，1985年7月11日，新上任的美国贸易代表克莱顿·尤特正式宣布，对日本启动301调查。对于强硬派和实用主义者而言，这是贸易政策进程中取得的一大胜利。他们一直反对里根政府里那种自由贸易的书卷气。美国半导体产业协会在国会里的主要支持者们开始齐心协力，拿请愿书里的那些亮点，轮番给行政团队洗脑。为了做到双保险，该协会还说服了180名众议员和参议员，排着队给政府写信——这些信件都是由美国半导体产业协会的法律团队起草的（Yoffie 1988：87）。不过，跨部门流程中那种常见的七嘴八舌，

·第五章 《半导体协议》：强硬派迎来高光时刻·

终于又一次出现了。总统经济顾问委员会、美国行政管理与预算局以及司法部的经济学家们发现，美国半导体产业协会的证据并不那么令人信服，难以证明日本存在壁垒。总统的国家安全顾问，以及其他一些希望维护与日本良好关系的人士，也都倾向于反对这份请愿书。但重要的是，如果美国对外国半导体形成依赖，会有潜在危险，在这个问题上的分歧切中要害，最终，国防部的国防科学委员会对该行业案例表示支持，中情局也投了赞成票（Prestowitz 1988：56）。克莱顿·尤特将是新一任的美国贸易代表，作为决策的关键人物，他将如何处理这个问题？这还存在着某些不确定性。不久之后，威廉·布罗克改任劳工部长，在他离任美国贸易代表之前，鼓励美国半导体产业协会提起诉讼，但是据报道，尤特是一位训练有素的经济学家，他的立场应该不太可能被产业界所左右，尽管该产业已经处于抓狂状态，在行动上变得咄咄逼人（Dryden 1995：313—14）。

结果出人意料，尤特和他的同事们变成了坚定的倡导者，认为在经济和国家安全这两个方面，半导体产业都具有战略性的重要意义。在301调查的请愿书提交后不久，另一项涉及不公平贸易的请愿书也被提交上来，这对美国官员们来说，就像一出行业大戏，隆重开场了。6月24日，美国芯片制造商美光科技（Micron），向商务部提出了反倾销诉讼，被告正是日本的7家64KB内存生产商。[8] 当时，美光科技还没有加入美国半导体产业协会成为会员，而且，上文已经提到，协会的战略是聚焦日本的市场准入问题，这个有关倾销的话题，可能会带偏了战略方向。几家负责贸易问题的政府机构，被迫回应了这两项不公平贸易请

163

愿书，但是在机构内部，这些半导体行业难题，在一定程度上，现在变成了一个关注度很高的新主题。后来，美国贸易代表办公室的副代表迈克尔·史密斯回忆说：

> 当（美光科技的）倾销案提起诉讼时，我们（尤特和史密斯）正在加拿大开会。我们装作若无其事地离开后，便回到美国，研究了这一倾销案。我们很快意识到，我们的案子比倾销案要大。我们有了一个进入日本市场的案例，我们也有了一个在第三市场倾销的案例，而且，我们还有了一个在美国市场倾销的案例……
>
> 显然，我们的技术和质量都不比日本人的更好，也可能会更差。但是，我们从中央情报局、国防情报局（DIA）和国防部那里获得了一些简报，里面提到，这是一个很大很大的问题。他们承受不起失去半导体产能的后果。因此，总而言之，我们决定去进行重大谈判……
>
> 我们觉得，无论正确与否——也许我们反应过度——在某种程度上，我们感到美国皇冠上的宝石正处于危险之中……有声望的人士曾经告诉过我们，半导体决定了未来。如果你失去了这种能力，那就意味着你要依赖别人。现在，美国作为自由世界的领导者，能这么做吗？我们的判断是，绝对不能。[9]

总统的国家安全顾问和美国贸易代表演了一出"双簧"，前者先做出一个姿态，意在安抚一个主要盟友（当然就是日本），然后，美国贸易代表尤特基于国家安全的考虑，强烈支持半导体产业行业的这项诉讼案（Irwin 1996：38）。实际上，他后来认

第五章 《半导体协议》：强硬派迎来高光时刻

为，1986 年的半导体交易：

可能是我任职期间最重要的单项谈判。当时还不为公众所知，或者即使为人所知，也并没有被大家完全理解，我们当时差一点就失去了美国的整个半导体产业。那样的话就真完了，几乎出局了，只剩下几家独立的公司在运营，像 IBM 和其他一些半导体公司，仅仅是自产自销而已。由于日本的竞争，这个行业陷入了严重困境，而我认为，显然是因为日本公司在美国市场上进行了掠夺性的倾销。我被说服了，日本公司确实下定决心，要把美国半导体公司都干掉，尽管我推测，日本人一定会反唇相讥的。

一位行业专家说过的话，我永远都不会忘记："在半导体问题上，不要再浪费时间了；已经没了。您必须全力以赴拯救计算机行业，因为，这会是下一个。"好吧，最后我决定，我还不能这么快就下定论，说半导体行业彻底没救了。我深切感受到，出现了一个重大的国家安全问题，危在旦夕，局势不堪设想。这是我永远无法公开谈论的事情，因为大量（信息）涉及机密。如果美国依赖日本作为其半导体来源的话，在国防工业和别的地方，不知道我们有多么容易受到攻击。[10]

广泛的战略性论证进行了多次，以证明对半导体行业实施保护存在合理性。尽管如此，美国半导体产业协会的一些主张，也还是相当有价值的，他们认为，日本存在一些非自由化的政府的和行业的惯例。令美国贸易官员痛下决心采取行动的，可能还存在着一种特殊的幕后因素。正如弗拉姆（Flamm 1996：164）

所述：

从日本的各种消息源，慢慢收集了一些报告。这些报告都提到一个鲜为人知的"九人理事会"。这个理事会由销售代表组成，他们都来自日本独立的半导体生产商，在一个社交场合定期开会，以制定价格，商定市场份额，并且针对个别客户分配销售资源。至少，日本政府的某些部门对这些活动并非一无所知。有报道说，通产省代表已经观察了或者参加了一些会议。美国政府和工业界对"九人理事会"一致密切关注，但是直到1985年，美国高级官员才对它有充分的了解，而且，对其"真实存在"感到如获至宝。

由于该小组从未被公开调查过，所以实际上，有多大程度能够成功地影响那些互不关联的半导体制造商，干扰他们在日本市场上的竞争，可能永远也不会为人所知。这份报告是在幕后散发的，没有公开过，但影响很大。美国半导体协会决定提交301调查的正式贸易诉讼，就是基于这份报告的内容已经查证属实。美国政府收到诉讼案后，对"九人理事会"的既有认知，强化了他们支持301调查的决心。只能推测，也许是日本政府感觉在这些问题上有些理亏，所以谈判意愿明显增强。最终，双方签署了协议。

第三节　倾销诉讼增强了美国的谈判筹码

1985年8月，美日两国启动了半导体双边磋商，但是，在接下来的几个月里，笼罩着美国半导体产业的危机气氛反而变得更加浓厚了。针对美光科技的倾销案，美国国际贸易委员会（ITC）

第五章 《半导体协议》：强硬派迎来高光时刻

于8月8日宣布了初步裁定：从日本进口的64KB内存，正在伤害美国国内生产商。大约在同一时间，据披露，司法部在臭名昭著的"日立备忘录"之后，承受了来自国会的巨大压力，开始对EPROMS领域可能存在的掠夺性定价问题，启动反垄断调查。9月初，美光科技对日本内存生产商提起了反垄断私人诉讼，当月下旬，三家美国商业制造企业——英特尔、AMD和国家半导体——对八家日本EPROMS生产商提起了反倾销指控。到10月，英特尔、莫斯泰克（Mostek）和国家半导体已经宣布了一些计划，准备关闭工厂并逐步撤出存储设备制造业（Flamm 1996：167）。

此后，日本削减了64KB内存产量，于是价格从1985年6月的低点开始回升到正常水平。但是在这个过程中，256KB内存的生产和消费却加速了，需要指出的是，256KB内存是下一代内存，日本制造商占主导地位。由于担心美国工业界和官方谈判都没有准备好应对这一挑战，美国商务部官员决定出手，在争端中增加筹码，以一种新的方式武装美国政府。从形式上看，就是官方自创的一件反倾销案。10月份，商务部官员们声称，他们找到了"无可辩驳的、详尽的证据"并且进行了汇总，能够证明日本在美国倾销了256KB内存（O'Shea 1995：27）。当时负责国际贸易的商务部副部长迈克尔·法伦（J. Michael Farren）坚持认为，政府主动跑到了前台：

真的是因为产业界的行动还不够快。由于半导体行业存在迭代周期，所以总是有一年的滞后期，根本来不及通过启动反倾销

167

案调查，对日本的倾销措施造成冲击。这就是为什么商务部长马尔科姆·鲍德里奇决定要把"授权"拿出来用一用了，而类似情况，在以前只出现过一次……说服鲍德里奇在半导体反倾销案问题上走到前台的原因之一是，克莱德·普雷斯托维茨对日本做出了最新估计：日本在半导体制造领域的投资表明，到1986年，日本的批量生产能力将获得提升，从而用产品淹没全球市场。[11]

美国政府的反倾销诉讼之所以出其不意，不能简单化地归结为法律规定的那种自动发起立案的调查授权，以前很少激活使用，鲜为人知的另一个原因是，这种调查授权的设计初衷，就是既要管得了当前的256KB内存，还要未雨绸缪，对未来市场上出现的更高容量产品也能适用。对里根总统而言，要批准这种有争议的行动，就不能用常规套路出牌，必须在高层达成共识，才能正式给日本打上那个"不公平"标签。恰在此时，贸易体制危机发挥了重要的调节作用，助推了行政部门向强硬派的转向。1985年9月，里根总统为平息国会在贸易上采取的立法行动，自动发起了一系列301诉讼案，不仅如此，他还设立了一支打击别动队，以识别和防止不公平的贸易惯例。

商务部长马尔科姆·鲍德里奇是著名的强硬派，被安排在打击别动队负责人的位置上——从以前的惯例上看，这是一种异常现象，因为任何跨部门的贸易政策小组，通常都是由美国贸易代表办公室的官员来担任主席。1985年10月下旬，打击别动队召开了第一次会议，提出了反倾销动议。根据鲍德里奇设定的框架，这项重大议题出现了升级，演变成了是否有任何机构反对执

· 第五章 《半导体协议》：强硬派迎来高光时刻 ·

行美国的（反）倾销法规。尽管来自白宫经济顾问委员会、行政管理与预算局、司法部、财政部和国务院的官员对此表示担忧，但里根总统还是给打击别动队赋予了合法身份，至少平息了大家的不同意见（Prestowitz 1988：60）。由于没有在双边谈判中取得日方重大让步，该机构试探性地批准了提起诉讼的建议。日本官员做了一些努力，试图避免被美国政府正式裁定为不公平的一方，致使上述决定被搁置到 11 月，但是，打击别动队的提案最终还是转交给了里根总统。1985 年 12 月 6 日，里根总统签署行政命令，继续进行倾销案调查。截至当年年底，美日两国终于开启了官方对话，但是，对话笼罩在阴影之下，多达三项半导体倾销诉讼和 301 调查仍在进行。

为了抵御美国的贸易巨浪，1985 年底和 1986 年初，日本通产省的谈判代表提出了一揽子和解方案，包括建立一套最低限价体系，规范日本对美国的出口，同时承诺，帮助美国提升对日本大型电子公司的销售，目标是 25%，但是并没有明确的保证措施（O'Shea 1995：28）。美方拒绝了这一提议。美国贸易官员想确保的是，除了应对美国芯片市场上的低价格以外，每一份协议都应该涵盖日本对第三市场的出口。这样做，可以避免美国成为芯片的"高价孤岛"，从而迫使美国的半导体用户企业——尤其是计算机产业——设置离岸公司。美国商务部宣布，在 12 月份的美光科技 64KB 内存倾销案中，认定四家日本生产商的初步倾销幅度为 8.9% 至 94%。而且，尽管到 1986 年初，半导体市场出现了一些复苏迹象，但是针对倾销案的调查进展缓慢，任何不利的裁定也都是以后的事，所以，暂时没有出台纾困措施。1986 年 3

月，针对 EPROM 诉讼案和政府主动发起的 256KB 内存案，美国商务部宣布了初步的倾销调查结果。结果表明，日本产的 EPROM 利润率在 21.7％至 188％之间，在美国进口 256KB 内存时，利润率在 19.8％至 108％之间。次月，日本四家 64KB 内存生产商的最终倾销利润率被认定为 11.9％至 35.3％。至于其他两个倾销案，6 月底是公布最终裁定的截止日期。另外还有一个 301 调查案，截止日期是 7 月 1 日。所有这些，都让日本谈判人员压力山大，他们的策略是能拖就拖，尽量避开美国的贸易反制措施带来的全部冲击。[12]

1986 年头几个月，谈判陷入了僵局，因为需要有一个可以控制第三国市场芯片价格的系统，另外，美国半导体协会提出要求，希望能有一个明确的市场准入承诺。对于后者，美国半导体协会的意思是，起码要达到 30％的市场份额，与它在美国以外的国际市场上的份额大致相当，日本也应该包含在内（美国半导体协会 1985：14）。最初，美国谈判代表很谨慎，对日本谈判代表施加压力，要求对方做出实质性的市场准入承诺，尽管他们决定不明确要求一个具体数字。但是到 3 月份的时候，有报道披露，美国官员打算提出这个"在日本市场美国占 30％份额"的想法。此后不久，五家日本主要半导体公司提出一项计划，准备在 1990 年之前，以美国公司 20％的半导体产量作为目标，向美国公司实施采购。这一计划当时被广泛报道出来。[13]重要的是，在法定期限之前解决争端的时间不多了，所以，谈判避开了美国跨部门程序的审查。美国官员的双重目标是，既要对半导体产业进行安抚，也要避免同里根政府的自由贸易机构公开对抗。有一位来自国务院的官员，

·第五章 《半导体协议》：强硬派迎来高光时刻·

参加了美国贸易副代表迈克尔·史密斯领导的小型谈判团队，但是有报道说，他在市场准入谈判过程中被边缘化了，这样做是为了避免他在国务院的上司对谈判进行干预（Dryden 1995：319）。

第四节 暧昧的交易、20%的目标以及报复的动力

5月份的时候，美国贸易代表尤特跟日本通产相渡边美智雄（Watanabe Michio）举行了一次会晤。随后，协议的概要出现在了媒体上（Flamm 1996：172）。在接下来的几个月里，进一步解决了以上的一些细节问题，双方商定，在第三国市场中设立一套监控芯片价格的系统，当然，这项工作还有些难度。7月底，在重新安排好最后期限的情况下，双方达成了交易。1986年9月2日，半导体协议正式签署，该协议规定，作为对美国中止反倾销和301调查的回报，日本政府同意对日本的出口价格实施监控（美国和第三国市场的出口价格也被包含其中），并且，也同意推动外国进入日本半导体市场，实现"逐步的、稳定的"增长。在贸易政策干预方面，该协议最重要的内容是出口定价制度。但还有一个最有争议的特征，那就是，与主要协议文本同时交换了一封秘密附函。该协议援引了20%这个具体数字，作为五年内美国公司进入日本半导体市场的目标。后来透露出的信息显示，该补充内容存在含糊之处，如下：

> 日本政府认识到美国半导体行业的期望，即在五年内，外资

附属公司在日本的半导体销售额,将增长到至少略高于20%的日本市场占有率。日本政府认为这可以实现,并欢迎实现。达到这种期望取决于竞争因素、外资附属公司的销售努力,以及日本半导体用户的购买努力和两国政府的努力。[14]

20%这个数字,确切来源在哪里?如何解释?这都是存在争议的问题。后来,美国产业界根据市场准入的线性增长,发现难以达到20%这个数字目标的时候,寻求强制履行,但是,通产省的官员否认了附函的存在。作为美国前贸易官员,克莱德·普雷斯托维茨在其1993年出版的专著《时运变迁Ⅱ》（*Trading Places*：*How We Are Giving Our Future to Japan and How to Redaim It*)[①] 中公开确认了这一点。对此,日本政府坚持认为,那仅仅是表达行业期望的一项声明而已,并没有附带任何官方承诺。有迹象表明,双方官员都希望使用该附函,这样可以防止该协议的反对者进行国际和国内的详细审查。与此同时,美国政府官员把它当成了日本政府的承诺来对待。至于20%的数字本身,显然,美国产业界的目标是获得一项非常具体的承诺,这也是其对日本平权行动计划的长期诉求的一部分。许多分析家指出,美国政府只是遵照美国半导体协会的要求行事（Prestowitz 1988; Irwin 1996)。美国贸易代表克莱顿·尤特后来证实,美国政府已经达到要求明确数量的地步,但是,要表现得跟产业界施压撇清关系。他认为:

---

① 中信出版集团出版。——译者注

· 第五章 《半导体协议》：强硬派迎来高光时刻 ·

那个时候，行业的需求确实不算什么。我们很清楚行业的建议，但是，20％的数字本质上是美国贸易代表发挥出来的数字。

当我们就协议进行谈判时，美国在日本的市场份额是8％或者差不多那个水平，而我记得，我们在世界其他地方的市场份额超过了40％。我在谈判中一直对日本人说的是，这里有一个问题："如果我们在日本拥有一个自由开放的半导体市场，我不知道我们的市场份额是多少，但那肯定不会是8％。也许也不会是40％，但是会在8％到40％之间。这就是20％这个数字的来历……"

因此，我说："好吧，至少要达到20％，如果您要争辩说，在自由和开放的市场条件下，外国公司在日本市场达到20％的份额不合法，那么请提出论据。"但是他们不愿意提出论据。因此，我说，我认为我们绝不会扭曲市场。我们要让市场条件的映射得到改善。[15]

尤特的副手（即迈克尔·史密斯——译者注）同样也不认为20％的这个数字只是简单转达了美国半导体产业协会的要求。虽然迈克尔·史密斯承认，从美国的角度来看，达成任何最终协议都必须把明确的市场份额包含进去，但他坚持认为，日本政府提出了20％的这个数字以达成和解。史密斯回忆说：

我们知道他们的市场是封闭的，而且这个案子之所以能推动我们往前走，是因为产业界把这个案子抛给了美国政府，并且说："我们将不得不进入深水区。如果我们没有更大的市场份额，就不能有更多的出口。"因此，这从一开始就是一个市场份额问题，人们忽视了这一点。这之所以是一个市场份额问题，是因为美国生产者能够留在美国的唯一方法就是，他们是不是可以出口更多，而您是不是必须要增加其在海外的市场份额……现在人们说这是不公平的。您应该调整价格，让市场决定。但是对于半导体，我们不知道是否可以做到这一点。我们是否敢冒这个险……

在市场准入方面，这是一次事故；原来的数字可是30%。由于种种原因，它被推翻了，他们说他们大体上能保证超过20%的份额……这与市场规模无关，等等。我们都意识到，提出一个太大的数字不太现实。日方谈判代表黑田诚（Makoto Kuroda）和我就这个数字聊了好几个小时，对数字从来没有任何疑问。唯一的问题是，这个数字将来意味着什么。但是，我不是在跟你开玩笑，它是在最后一刻出现的——就像距离路的尽头只有90码①那样近。诚然，它使我们摆脱了非常困难的局面，因为我们没有任何其他机制。这是日本人的想法。现在，美国半导体协会说，这是他们的想法——简直胡说八道。[16]

史密斯断言日本官员是这一进程的主要参与者，至少为了达成这一数字，他们可以调节其国内顾客量。支持这一断言的相关证据，可以在弗拉姆针对1986年9月的半导体协议所做的分析中找到。有一点不容忽视，1986年3月曾举行过一次美国和日本半导体制造商行业峰会。弗拉姆准确查明，会上有个人发表了演

---

① 1码=0.9144米。——编者注

第五章 《半导体协议》：强硬派迎来高光时刻

讲，那个人是日本通产省机械与信息产业局的副局长，名叫田桥裕二（Yuji Tanahashi）。根据弗拉姆（Flamm 1996：170）的记录，这个演讲"据信是外国半导体20％市场目标的原始出处，后来被纳入1986年协议的附函之中"。

据报道，田桥在讲话中说："预计1990年，五家日本大型制造商使用的美国制造的半导体总量将占19.5％至20％。"这在日本媒体中被解释为一项日方的提议……这一点描述得很精准，关于到1990年达到一个20％市场份额目标的报道，开始在日本半导体行业中广为流传。

黑田诚是通产省前副大臣，在1986年半导体谈判中，曾跟迈克尔·史密斯过招，他不认为这个市场份额的数字是日本人提出的想法，或者，也不存在把官方保证当作协议一部分的情况。他回忆说：

在芯片协议中，我们从未进行过这样的协商，"30％太高了，为什么不是20％？"那不是日本的想法。我们可能会说30％是不可能的，甚至20％都有可能需要5年的时间才能达到，但是没人能承诺这一点……

（美国）产业界认为，30％的份额就应该是他们的，除非日本采取一些特殊手段来保护日本产业。因此，在整个讨论中，30％市场份额的这种概念一直存在。对此，我们说："准入本身就是机会，我们不能承诺结果。买家不是我们，而是私营部门。"

但是，与此同时，我们说，如果质量良好且规格符合他们的期望，我们将鼓励日本公司购买。因为当时面对日益严重的贸易失衡，日本政府（特别是通产省）一直在敦促日本消费者进口。中曾根首相曾发表著名的电视讲话，要求日本国民购买至少100美元的进口商品，以减轻我们日益严重的贸易失衡。这是当时很流行的一种观点。因此，说出这样的话很自然，比如"好吧，我们将致力于鼓励和促进进口，但是我们不能对结果做出任何承诺"。

但是克莱顿·尤特对我的这种观点表示，如果没有一些数字，美国半导体协会可能不会满意。因此，他发出了非常强烈的呼吁：没有具体数额就无法达成协议。所以，这是一个折中方案，"您说这是美国长期以来的愿景——30%太高；20%？——行"，我们接受了；如果这是美国产业界的期望，我们准备承认它。我们甚至表态了，如果真可以实现这个目标，我们欢迎。

我所描述的那种气氛应该可以理解这种说法，即我们正在努力促进进口……而且我怀疑那些将部分芯片销售（到美国市场）的日本制造商，当时他们应该考虑到一种情况，就是如果想卖东西到美国市场，就不得不接受一些东西。[17]

1986年半导体贸易协议虽然签署了，但是这并不意味着半导体争端就此打住。事实上，协议对日本政府要求采取的具体行动含糊不清，这导致进一步发生冲突是板上钉钉的事，因为半导体贸易"不再是简单地暗中操纵"问题，而是"积极管控"的问题（Tyson 1992：107）。美国政府对20%市场份额预期的解释，也

第五章 《半导体协议》：强硬派迎来高光时刻

很容易发生持续冲突。但是，至少在第二届里根政府期间，由于该协议规定了反倾销条款，全球内存市场实现了高效的卡特尔化，其后果导致市场准入问题被周期性掩盖。这引起了美国半导体用户对该协议的新的反对，而且欧共体也向关贸总协定提出了申诉。

在 1986 年 9 月，美国进口的内存价格出现了短期暴涨，美国芯片用户批评商务部说，都怪他们新推出的那套最低限价系统，该系统是为约束日本出口而设计的，以公平市价（Foreign Market value，通常是指出口商本国市场的实际售价——译者注）作为参照标准。早在 10 月初，美国私营制造商就开始游说美国政府，希望对日本实施报复，因为日本涉嫌违反该协定的第三国倾销和市场准入条款。1987 年 1 月下旬，由于日本通产省试图对日本企业的生产和出口进行更为严格的管控，所以，美国贸易官员设定了一个很短的期限，要求日本停止倾销，并增加市场准入。[18] 1987 年 3 月 26 日，由于内阁级的经济政策委员会对日本的回应感到很不满意，他们建议里根总统对价值 3 亿美元的日本出口计算机、机床和彩色电视机征收 100％的关税，这是自第二次世界大战以来，对日本实施的首次重大制裁。

鉴于美国政府的信誉受到威胁，同时国会正考虑通过立法进一步限制行政部门的贸易政策自由裁量权，那些曾经对半导体协议持反对立场的政府机构，也被迫加入了支持者的行列，要求迅速采取强制措施。[19] 协议签署不到六个月后，制裁就发生了，这显示出，美国政府决心很大，要利用美国的市场准入，作为与日本进行双边谈判的筹码。支持报复的大合唱呼应了强硬派的观点，他们一致认为，日本过去在贸易谈判中把美国当傻子玩，而以过程为导向的协议，并没有提供看得见摸得着的结果。一位政府官员认为，在这个案例中，制裁决定是完全合理的，"这是日本第一次被抓住把柄，因为他们没有遵守一项容易核实的协议"。[20]

在国会山，强硬派将制裁决定描绘为一个迟到的回应，因为日本存在对协议不守信用的黑历史。1987年4月15日，参议院金融委员会主席劳埃德·本特森发布了美国审计署关于半导体协议的报告，声称，假如过去采取更强有力的行动的话，现在就不用实施报复了，"如果我们有这样的政策，日本人和其他人早就应该学会，不能跟我们签贸易协议，除非他们打算遵守这些协议"[21]。克莱顿·尤特后来在反思制裁决定的诸多好处时，坚持认为：

这是日本第一次陷入明确的承诺。在此之前，他们总是把应该承诺的事情搞得语焉不详，以至于什么都没有发生，这是他们第一次发现，自己必须在谈判中交割清楚。[22]

第五节　正确看待第一份半导体协议

1986年美日两国签订了以结果为导向的半导体协议，为促使日方切实履行，美国实施了报复性制裁，在两国的贸易冲突过程中，这是两件具有里程碑意义的大事。从某个层面上讲，它们也是一种象征，标志着日本已经崛起为高科技经济强国，从规模上可与美国等量齐观了；同时也意味着，对于曾经占据支配地位的

第五章 《半导体协议》：强硬派迎来高光时刻

美国工业而言，未来的日子再也不能轻轻松松地躺着赚钱了。1986年，日本半导体市场在全球商业销售中的占比高达47%，而1977年的时候还不足25%，这种数据上的变化，可以窥知日本具有的某种优势。反观北美市场，在同一时期，1986年的销售在全球占比下降到40%，而1977年的份额则超过60%（Dohlman 1993：D1）。在全球市场地位出现这种时空转换的情况之下，半导体协议的签订，恰好赶上美国出现更广泛的贸易政策体制危机，这一点可以说，具有事关全局的重要意义。1985年6月，美国商用半导体行业准备顺应潮流，借力使力，一方面，国会已经恢复生机，正寻求收回贸易政策授权，另一方面，行政部门更热衷于寻求行业对等和公平贸易。在这种情况下，半导体协议是对日强硬派的一项重大突破，在反击自由贸易派和国家安全官员联盟的政治竞赛中，强硬派获得完胜——曾几何时，这个联盟对以结果为导向的贸易诉求百般阻挠，更容不得有半点儿报复和胁迫的手段。

半导体协议提供的保护，使美国半导体产业获得了喘息时间。这个协议所具有的一些特征，跟过去为抵御日本的出口竞争而签署的一大批协议对照起来，可以说相差无几。只不过，它有一个最大的价值，就是在市场准入方面，首开先河——在一份正式的协议里，（至少是拐弯抹角地）确定了外国半导体产品在日本市场的明确份额。对于美国的对日市场准入政策而言，这份协议是一个新的参考点。当然，其重要性慢慢才能感受出来。有了这个协议，并不意味着在市场准入谈判过程中有了一个惯例，每次都可以要求明确的数字目标。正如下一章将要强调的那样，这只是一种方法，在未来几年与日本进行的市场准入谈判中，因为注重结果，所以会频繁使用。简而言之，1986年的半导体协议在谈判之时，并没有成为其他协议的典范。要正确看待半导体协议，需要注意其首开先例的特点，但也要明白，这个协议带有偶然性。

第一个偶然因素是，美国决策者对半导体产业的谈判涉及深度，要大于其他行业。尽管围绕着1985年美国产业受到实际威胁的程度展开了辩论，但人们确实认为，半导体毫无疑问是"未来的关键"，而且，一个由美国人掌握的商业产业，对国家利益而言是至关重要的，这些理念已经深入人心。第二个反常规的特征是，凭借几项反倾销诉讼案的合力，美国在谈判中摇身一变，成了讨价还价的绝对高手，因为在1985年6月，让日本制造商和官员们焦虑的核心问题就是那几个案子。不过，好钢用在刀刃上，美方官员不会动不动就拿惩罚性贸易反制措施来威胁日方，这种工具要用好、用到位，才有利于取得不同凡响的政策成果。第三个因素是，这次半导体谈判，没有让自由贸易派参与到政策程序中来，事后观之，效果相当不错。后来，美国贸易代表办公室的副贸易代表迈克尔·史密斯指出，"这对我们来说难度真挺大的，我们甚至都不敢跟其他机构透露一点风声"（Dryden 1995：319）。

我们从来没有把它带到内阁会议上——这样说吧，在达成协议之前，我们从未将它公之于众……反对者有很多，总检察长、国务卿、国防部长以及所有不喜欢这项协议的人。乔治·舒尔茨

·第五章 《半导体协议》：强硬派迎来高光时刻·

是一位训练有素的经济学家，他很清楚我们做了什么见鬼的事。我们确实搞了点鬼，偷偷操纵了市场。[23]

最终，美日两国达成了半导体交易，但是协议的范围超出了跨部门共识。在 1986 年底，在经济政策委员会举行的一次会议上，美国贸易代表尤特透露了半导体协议里约定的市场准入条款，瞬间遭到自由贸易派的抨击，这些人来自白宫、总统经济顾问委员会和其他一些机构（Dryden 1995：320）。实施报复的行动也安排好了，只是没告诉国务院的高级官员，不让他们评估协议中的那些秘密条款。后来，负责经济事务的副国务卿艾伦·华莱士（W. Allen Wallis）对问题看得很透，他了解报复决定的前因后果，甚至，他跟政府里的同事们对协议的官方译文还进行过争论。华莱士回忆说：

（半导体协议）存在表里不一的问题。（1987 年 3 月）国会大厦有个紧急会议要开，我接到通知要求出席的时候，已经要赶不及了。我不知道会发生什么。那里有很多人，包括几位参议员和内阁部长，结果发现，整个会议基本上都集中在我身上。他们抛给我的话是这样的："日本人同意这一点——外国人应该获得其市场的百分之多少。国务院会不会坚持要求，他们应当履行他们已经同意的事情？"我记得我所说的原话是："如果他们同意了，那很好，国务院当然愿意试着去强制实施。"结果，他们把这些话视为国务院的一种保证。

后来，我查明了真相，日本人坚决拒绝作出任何承诺，或者

181

说，他们甚至都拒绝说那是一种目标。从我的角度来看，美国政府内部显然存在欺骗和权谋，以便让国务院看上去赞成这么做。舒尔茨是后来才听说这件事的，他绝对被惊得目瞪口呆。[24]

最后，还有一个重要意义需要点明，那就是，最直接参与谈判的那些美国官员认为，1986年达成的半导体协议是一种反常现象。这凸显了美国半导体产业在游说方面大获全胜，成功地把他们的特殊案例兜售给了美国贸易代表。尽管美国贸易代表办公室通常会与商务部里的强硬派并肩作战，但是，它也会扮演制度破坏者的角色。因此，美国政策制定过程中，它经常试图制定一个路线图，调和商务部的强硬派和那些自由贸易论者，希望自己的贸易政策既能敏锐地感知到行业需求，又能在政治上可持续，同时，还能做到尽可能地保持美国市场的开放度和广泛的政策一致性（Destler 1995）。这一次，迈克尔·史密斯又给我们提供了他的深度观察，揭示出半导体协议为什么会被看作是一种独一无二的东西，而不是第二届里根政府以结果为导向的总体战略的一部分。

在我看来，半导体协议是一次特殊的、一次性的、永远无法重复的谈判……我从来没有把这看作是美国贸易代表办公室的历史上最值得骄傲的时刻。并不是因为它是一项邪恶的交易，而是因为它违背了美国贸易代表办公室支持的那些原则。多年来，我们一直在挖掘欧洲和欠发达国家的负面证据，比如国内容量、出口实绩补贴以及诸如此类的东西，但是现在，从某种程度上讲，

第五章 《半导体协议》：强硬派迎来高光时刻

我们自己打脸，反倒成了贸易管控思潮的一部分。[25]

就这样，1986年的半导体协议确立了一个新的政策门槛，根据美国的要求，要有明确的结果和快速出台的报复措施才能确保获得这些结果。即便如此，这项协议仍在发挥重要作用，推动着美国对日市场准入政策的发展演变。

第六章

里根、老布什和面向结果的多领域诉求

半导体协议设定了一个20%的市场份额目标,始终是一个前无古人后无来者的案例。但是,在贸易体制危机之后的一系列双边部门谈判中,过程导向与结果导向的政策界线开始变得不那么泾渭分明了。1985年以后,罗纳德·里根和老布什采取了多领域的、以结果为导向的政策,达成的一些协议包含模糊地带,涉及的部门领域有汽车零部件、电信、超级计算机和计算机采购,以及玻璃和纸制品等。到1992年,半导体协议(经过1991年重新谈判)取得的经验,在美国对日政策中沉淀下来,其他方面的经验还包括:(1)要求日本实施自愿的进口扩张手段;(2)为特定的美国企业在日本市场实现扩张而量身定制一些诉讼案;(3)采用渐进式原则达成更细化的市场准入协议;(4)在某些情况下,要设定一些量化指标。

第六章　里根、老布什和面向结果的多领域诉求

第一节　汽车零部件争端：当国产化率遇到自愿进口扩张

如第四章所述，《市场导向多领域谈判方案》签订后，美日双方展开了系列对话。这些对话为后来的美国贸易体制危机扮演了开路先锋的角色。从 1985 年 1 月开始，他们试图处理"剥洋葱"的难题，同时避免采用那种明确以结果为导向的政策。但是到 1985 年底，《市场导向多领域谈判方案》有点变味儿了，里根政府试图在对话中，展示一些更强硬的手段，来推动对日本的市场准入。在 1986 年的磋商过程中，又有一个关键领域增加进来，就是汽车零部件。鉴于《市场导向多领域谈判方案》的初衷是拆除日本的市场壁垒，让那些具有国际竞争力的美国产品扩大销售，所以里根政府决定进行汽车零部件谈判，实质上是一种务实的贸易政治举措，毕竟在规模这么巨大的一个产业，出现严重的行业性对日贸易赤字，绝对应该有个说法。我们回顾一下美国汽车零部件产业近年的发展，可以发现，这个行业遇到的贸易问题，差不多完全与日本在美国汽车市场上的竞争有关。1981 年，受益于日本汽车产业实施的自愿限制出口措施，美国汽车行业出现了迅猛增长。尽管三大美国汽车制造商——通用、福特和克莱斯勒——的赢利能力有所恢复，但在 20 世纪 80 年代中期，美国汽车零部件的生产和就业仍然远远低于 1978 年的峰值水平（经合组织 1992：35—36）。在第一届里根政府任职期间，美国汽车零部件行业和美国汽车工人联合会及其盟友在国会的努力严重受

挫,未能针对国产化率(domestic content)问题实施立法保护,但是,《市场导向多领域谈判方案》出现以后,他们认定,这是一种最适用的政策选择,可以外化调整压力。

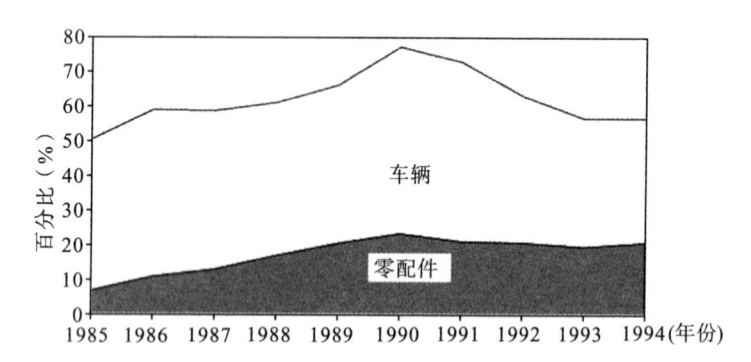

图 6.1 美日两国在汽车行业贸易失衡情况下的市场份额

数据来源:迪克·K.南托(Dick K. Nanto)、威廉·库珀(William Cooper)和格内尔·L.巴斯(Gwenell L. Bass)合著的《日美汽车和零部件贸易争端》(1995),国会研究服务局:95-725E,美国国会图书馆。

在美日贸易产生的逆差中,汽车行业所占的比重很大(而且正在变得更大),里根政府盘算来盘算去,觉得把汽车零部件行业锁定为问题的核心才是当务之急(见图6.1)。1985年3月,美方决定,不续签针对日本汽车进口的自愿出口限制协定,这种情况使行政部门压力大增,不得不主动探寻一种新的产业政策。到1985年,汽车零部件的双边逆差已从1980年的10亿美元,增加到了30亿美元,而与汽车产业国际化相关的因素则表明,逆差的趋势还在增加,零部件在汽车贸易失衡中所占的比例也越来越高(美国国际贸易委员会1987年)。调查发现,背后的因素主要有三个。第一,为追赶日本的竞争优势,美国汽车制造商越来越多地从包括日本在内的海外分支机构采购生产零件。第二,日本

第六章 里根、老布什和面向结果的多领域诉求

公司已成为汽车配件市场的重量级供应商,在1978年至1985年间,为在美国售出的近2000万辆日本车辆提供了强有力的支持。众所周知,零配件市场非常庞大,并且还在不断增长(美国日本经济研究所1986：109)。第三,日本汽车生产商在美国直接投资建厂,这些工厂要增加产量,势必扩大从日本的零件进口,在此情况下,美国汽车零件的行业利益受到了结构变化的影响,从而成为一个显而易见的焦点问题(见图6.2)。

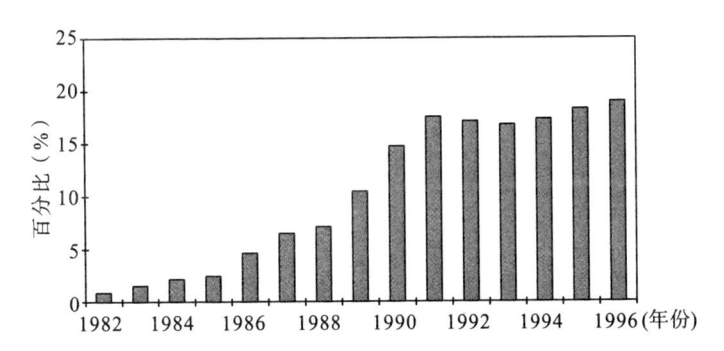

图6.2 在北美的日资汽车制造商(占北美总产量的百分比)

数据来源：梅尔文·A. 福斯(Melvyn A. Fuss)和莱昂纳多·维夫曼(Leonard Waverman)合著的《汽车制造的成本与生产率》(1992：226);苏珊·麦克奈特(Susan MacKnight)的《美日汽车零部件竞争：不能快速解决》,《美国日本经济研究所报告》(JEI Report),1993年4月23日,15A；1998年7月24日,28B。

尽管美国在1986年初将汽车零部件提名为第五个参加《市场导向多领域谈判方案》的候选部门,但是当时里根政府里有些机构忧心忡忡,觉得国产化率的政策虽然实际存在,但毕竟未被法律认可,在双边协商过程中,这种情况有可能台面化。[1] 当时,民主党控制的众议院试图通过一项贸易法案(H. R. 4800),被白宫贴上了"彻头彻尾的保护主义"的标签,尽管如此,国会的愿

望并不是没有机会变为现实，从而迫使行政部门执行一项更趋保护主义的贸易政策（Destler 1995：91）。1986年5月，众议院以295对115的投票结果，通过了H. R. 4800贸易法案，其中还包含了格普哈特的修订条款（Gephardt Amendment），要求日本和其他贸易顺差较高的国家，每年将与美国的双边赤字减少10%。同月，在里根总统直接向中曾根首相交涉后，日本政府勉强同意启动汽车零部件谈判。

美国官员在《市场导向多领域谈判方案》的对话中宣称，他们的目标是"消除对美国公司的障碍，使美国公司在日本、美国和第三市场上成为汽车制造商的全面供应商"（美国贸易代表办公室1986：160）。从操作实践上看，汽车零部件的一系列谈判重点，关注的问题总共可以归结为两个。第一个，是在日本市场上存在的问题。前文已经提到《市场导向多领域谈判方案》的初衷就是要拆除日本市场上对美国公司设置的各种壁垒，那么，在日本所谓的"汽车售后市场"，涉及维修和配件的一些法规和认证标准，自然就被美方锁定为攻击目标。谈判中，美方遵循的政策原则还是以过程为导向的。第二个，是在美国市场存在的问题，这个更严重。美方的谈判重点是迫使日本汽车制造商，特别是位于美国的日资子公司，要向美国的供应商采购原厂配件。但是，日本汽车制造商存在一种垂直的买家－供应商关系，也就是所谓的"经连会"，有证据显示，他们把美国公司排除在零部件供应关系之外，这肯定是不公平的。在日本的私营部门，这种业务操作已经形成了惯例，跟日本人更愿意购买日本货的心态有关，也跟具有排外特点的日本企业结构很相似。是不是看着很眼熟，没

· 第六章 里根、老布什和面向结果的多领域诉求 ·

错,在以前的半导体谈判中,美国产业界早就重点抨击过,这一次,该问题又成了重点关注对象。随之而来的,当然是电闪雷鸣,汽车配件的市场准入问题成为引雷杆,引发了新的双边贸易冲突,察其原因,绝对非经连会莫属,当然,美方声称的"日本结构性障碍"也难脱干系。其实,如果拿垂直整合说事的话,日本汽车制造商在一些重要方面做得还算少的,要知道,美国三大汽车巨头,以前对各自企业内部零件生产设备的依赖很严重,只不过现在正逐步减弱,这是一个事实(经合组织 1992:43)。较低的生产成本、更高的自动化程度、更好的雇佣关系,以及更高的质量控制,可能这些才是日本在汽车工业中获得竞争优势的根本来源。1985 年之后的美元贬值,仅仅部分抵消了日本的这些优势而已,对美国企业来说,不过是杯水车薪(Womack 等 1990;Fuss and Waverman 1992)。

1986 年 7 月间,美国商务部和日本通产省的官员们一直在奔走协调,努力促进日本制造商与一些美国零件供应商加强联系,有一点很明显,这些美国企业的规模更大,也更国际化,他们是能够提供原厂配件的。尽管里根政府的官员们向日本同行发出警告说,美国国会遇到了保护主义者的压力,但是,里根政府还是拒绝了以官方目标的形式向日本提出采购要求,并反对以关闭美国市场相威胁的行业对等法案(sectoral reciprocity bills)。1987 年 8 月,就出台一系列举措以减轻汽车零部件冲突的问题,两国政府达成一致。一个主要的成果是,建立一套数据收集系统,用于监控日本制造商及其美国子公司的美制零件采购情况。日本政府还表示,愿意为日本公司的美国供应商建立联系点,并确保日本交通运输省的常规车辆检查系统不歧视外国零件的安装。关于买卖双方的关系，1987 年《市场导向多领域谈判方案》的评估报告得出结论：鉴于零部件供应商之间的激烈竞争，没有证据表明其母公司汽车制造商将"关联供应商"置于比其他供应商更特殊的地位（Duncan 1995）。该报告透露的是一种积极的调子，但是美国的一些小型零部件供应商（及其在国会的盟友）表示了强烈反对，他们认为，产业结构变化给他们造成的冲击是最大的。强硬派的批评主要集中在一点上，就是日本没有对未来销售做出明确承诺，而且，新的统计监控系统未能区分对日本制造商的所谓"美制零件"，到底是来自所谓的传统（美国独资）零件制造商，还是来自位于美国的日资零件供应商——需要指出的是，这样的日资公司已经越来越多。[2]

前文已经提到里根政府的套路之一是循序渐进，到了老布什政府时期做了升级，开始强调产业与产业之间的联系。定期召开的会议，把日本采购团队、美国零部件企业高管和设计导入项目撮合在一起。这样做的好处是，在制造过程的早期阶段，帮助美国零部件制造商与日本汽车制造商之间建立联系。经过一番努力，终于，日本跨国企业增加了对美国零件和材料的采购，美国对日本的汽车零件出口，也从 1985 年的 2 亿美元增加到 1988 年的 4.5 亿美元。看来形势一片大好，老布什政府也变得更愿意保持低调策略了。只是，强硬派并不满足，因为，汽车零部件的双边赤字已经从 1985 年的 31 亿美元，增加到了 1988 年的 88 亿美元，他们要求采取更强有力的贸易行动。这种未雨绸缪得到了数据上的支持，到 20 世纪 80 年代后期，汽车零部件行业带来的赤字，对美日汽车领域的双边赤字贡献率大约占到三分之一，也占到美日贸易赤字总额的20%。

1988年，美国出台了《综合贸易和竞争力法》（Omnibus Trade and Competitiveness Act of 1988，以下称"1988年《贸易法》"）。在该法的授权之下，几个超级301调查案正好为1989年和1990年的汽车零部件行业投诉，提供了一个现成的目标。国会汽车零部件专责小组、全美汽车工人联合会和汽车零部件协会都发出建议，针对汽车零部件销售向日本发起超级301调查（MacKnight 1993：8）。老布什政府的官员们认为，能够利用行业内部分歧避开这种咄咄逼人的政策要求：那些生产高价值零部件（例如发动机和变速箱）的大制造商，与更依赖美国三大制造商的小公司（专门生产配饰和替代零件）之间，在利益诉求上的差异很大。《市场导向多领域谈判方案》的主动发起，使美国汽车和设备制造商协会所代表的较大型企业成为主要受益者，到20世纪80年代末，他们通过结合政府活动和商业优势，稳步增加了销售额。这些商业优势包括质量的提高、较低的汇率，以及毗邻日资美国公司。至于汽车零部件协会，代表的则是小零件供应商，这个组织的态度要强硬得多，他们发起了一系列游说活动，争取纾困救济，原因就在于，这些零件供应商面临着持续的关停，当时的北美汽车市场，很大程度上已经趋于饱和。西德尼·林恩·威廉姆斯（Sidney Linn Williams）曾在老布什政府担任美国贸易代表办公室的副代表，他认为，行业内部分歧是一个重要因素，为官员们提供了回避的空间，避免在1989年和1990年将一项强硬的超级301战略加之于汽车零部件行业。他回忆说：

汽车零部件行业处于很糟糕的分裂状态——有大人物，也有小人物。这些小人物——做火花塞、雨刮器之类的东西——对日本采取了强硬路线。他们所要奋力争取的是国内市场。他们希望我们去吓唬日本人，这样他们就能够卖他们的火花塞了。其实就是这么回事。然后，说说那些大人物——天合汽车（TRW）、联信（Allied-Signals）、博格华纳（Borg Warner）等等，他们对日本市场很感兴趣，而且产品线也柔性得多。他们跟日本人有接洽合作，而且他们也不想把事情搞砸。所以他们就故意拖拖拉拉的。这样的话，零部件产业的事最后就不了了之了。[3]

作为《市场导向多领域谈判方案》进程的后续措施，美国商务部和日本通产省于 1990 年 6 月宣布了一个市场导向合作计划（MOCP），包括八项要点。该计划以行业对行业的倡议为基础，为日本五大汽车制造商（本田、马自达、三菱、日产和丰田）自愿采购美制零件的计划，提供了发展保障。MOCP 还支持日本制造商在美国的生产中心拥有更大采购自主权，承担更大的设计职责，并且针对日本市场的价格，正式委托专业机构，针对原厂配件和替代零件，进行了一次联合调查。但是到 1991 年，老布什政府对汽车零部件的渐进主义套路已经难以为继。随着美国汽车工业连续第三年出现车辆生产下滑，国会开启了新一轮立法活动，旨在从汽车和汽车零部件工业入手，采取强力措施，减少美日贸易逆差。

1991 年，日本企业的美国工厂和大约 300 个日资汽车零部件关联企业，史无前例地进入了官方视野，其中经连会成了双边

· 第六章　里根、老布什和面向结果的多领域诉求 ·

《结构性障碍问题协议》的核心议题，而汽车零部件行业的问题，则成为美国国会关注的焦点，多个委员会为此举行了聆讯会议。1991年6月，汽车零件咨询委员会成立，该组织准备就对日贸易问题，向美国商务部建言献策。这是首次把一项达成共识的、态度强硬的正式建议书，提交给老布什政府，要求对日本汽车业进行倾销调查，并基于301条款立案起诉。老布什政府拒绝了这项建议，但是商务部官员对增加美国销售量的要求进行了更新，因为他们分析了《市场导向合作计划》的日本市场汽车零配件价格研究报告，列明的一些案例显示，同等类似的零件在日本的成本比在美国高三倍。[4]

　　由于在日本汽车市场的销量很低，美国人的不满情绪，反映到了1991年的双边汽车议程之中。前文提到老布什政府根据《市场导向多领域谈判方案》的磋商经验，希望保持低调，但是以目前的情况来看，这很值得推敲了。日本政府勉强同意，对依法实施的机动车检查和分销系统进行审查，并参与一项联合研究，对外国汽车制造商在日本市场上遇到的问题进行分析。当时，进口车合计约占日本汽车市场的4%，而美国汽车仅占销售量的不到1%。美国汽车业三巨头对此做了解释，认为自己的产品定位不是出口导向，没有根据日本的情况专门开发右驾车型，同时，在市场拓展和建立分销关系上不舍得花钱，而且产品质量也比不上日本的竞品。迈克·法伦（Mike Farren）曾在老布什政府担任汽车业首席谈判代表，他回忆说："直到1990年，美国汽车制造商一直坚决拒绝美国政府参与日本市场的准入谈判，他们只希望美国政府参与讨论日本对美国的进口渗透。"[5] 这再一次与

《市场导向多领域谈判方案》的基本前提相反,毕竟,美国汽车行业提出的诉求,有一些原因最接近真实情况:包括车辆领域产生的巨额逆差(1990 年为 213 亿美元),来自日本跨国车企的强大竞争压力,以及 1991 年三大美国车企的亏损合计达到了创纪录的 75 亿美元(Nanto and Bass 1992)。

到 1991 年 11 月,经济衰退开始了,国会对老布什政府的贸易政策感到失望,加之总统大选年迫在眉睫,这些情况,都将汽车问题推到新一轮双边贸易紧张局势的最前沿。针对日本主要汽车制造商宣布的自愿采购计划,美国官员发起了新的批评。老布什总统取消了此前计划中的日本和其他亚太国家之行,重新做了规划,完全从贸易的使命出发,组成了一个纯粹的商业代表团,把汽车行业的高管也吸纳进来,一起完成访问。在随后的一系列活动中,为了使老布什的访日之旅获得成功,美国官员要求在汽车零部件和汽车领域有一个具体的销售额。压力之下,日本政府只能要求日本的五家主要汽车制造商想想办法,结果,自愿采购汽车零部件的计划扩大了两次,还出台了一些其他措施,协助美国三大车企在日本的销售。[6]

1992 年 1 月,为了对美国有个交代,日本通产省精心策划了一系列宣示,作为《汽车行动计划》的一部分,虽然是好不容易东拼西凑来的,但是他们确实已经尽力了(美国白宫 1992)。日本汽车制造商宣布,它们计划增加美国零件的采购,从 1991 财年的 90 亿美元,提高到 1994 财年的 190 亿美元。在这个总额中,150 亿美元专门做了标记,由位于美国的日资企业负责采购。就像在半导体谈判中一样,美国要求的关键要素是资本来源,而绝对不是产地。美国希望，该行动计划在执行采购的时候，对美资供应商给予特殊考虑。日本生产商还宣布了对美国研发部门的新投资，以表明他们对未来汽车零部件销售的承诺。在《汽车行动计划》中，以自愿进口扩张为组成部分的市场准入，相对而言并没有那么重要，因为美国对日本的出口，预计在 1994 财政年度从 20 亿美元增加到 40 亿美元，这个金额相对于零部件采购而言，并不大。在汽车方面，日本的主要制造商承诺，一方面，帮助美国三家大型汽车制造商增加销售机会（具体由其位于日本的经销商网络负责），另一方面，帮助外国品牌设定一些非正式的销售目标。不过，日本政府拒绝了美国的要求，不会对一个明确的销售额做出承诺，只保证加快解决悬而未决的标准和认证问题。

在对待日本人的承诺方面，老布什政府的官员们实际上在走钢丝，尽管他们寄期望于未来的磋商中会有更正式一点的基准，但是，很难断言这到底是自愿计划，还是官方保证。[7] 即便如此，日本汽车制造商的采购计划和自愿进口扩张还是不可避免地受到了详细审查，这表明，新目标只在名义上是自愿的。正如老布什政府的一位贸易官员后来指出的那样，那些公司的计划"是在总统访问的重要政治背景下发生的，而且有关的承诺也是与官方公报同时宣布的"（Janow 1994：66）。罗伯特·佐利克是负责履行 1992 年 1 月汽车承诺的高级官员，他的说法是这样的，"我们知道，为了实现目标，日本人会尽力而为，这是一种政治现实"。[8]

第二节　摩托罗拉和克雷科技：为结果而战

里根和老布什政府的官员们没有白费功夫，他们代表电信公司摩托罗拉和超级计算机制造商克雷科技（Clay Research）的利益，展开了非常具体的行动，为一些行业里的特定美国公司留出了空间。在这些行业，日本政府有非常大的话语权，这是一个明显的特征。我们已经了解过，对日贸易谈判从以过程为导向，向以结果为导向演化发展的过程中，存在一些灰色地带，而本小节要讨论的蜂窝电话和第三方无线电谈判，就涉及了这样的灰色地带。当现有的监管结构遇到新技术的时候，其局限性就会暴露出来，而技术上因为存在一些限制条件（例如无线电的频谱资源问题），致使政府对有限的市场机会盯得很紧。[9] 超级计算机的案例表明，对于以结果为导向的谈判诉求而言，日本政府有更大的政治余地，可以直接或间接利用采购决策来施加影响。虽然确切的数字目标并没有在谈判中设定，但是，后续的里程碑有很多个，一步一步地实现就好了，对于里根和老布什政府实行的以过程为导向的谈判，这实际上是一种超越，简而言之就是，步步为营，循序渐进，最终达成目标。把全过程按照先后次序展现出来的话，会很有意思，每个领域的谈判模式都差不多：最初，美国发起大量指控，然后双方展开以过程为导向的谈判并签署协议，这时候达成的协议有个总体原则，就是要透明，不要歧视，一切工作以此为核心展开；然后，美国的期望一般都得不到满足，所以继续抱怨，指责日本对市场成果进行了干预；最后，新谈判开始,如果日本不答应,就发出更明显的报复威胁,可以预见的是,日本最后会被迫达成一个约定更为明确的市场准入协议;尾声,美国担心日本不好好执行协议,所以会更加齐心协力地施压,以获取具体成果。

最初的《市场导向多领域谈判方案》,涉及的电信问题比较广泛,与设备的标准、测试和认证有关,还包括在日本提供电信服务的外国准入条款。里根政府官员要求对政策进行重大调整,以使美国公司和日本公司在相互进入对方市场时,能够提供相同的产品和服务。始于1985年6月的无线电系统许可和设备批准谈判是《市场导向多领域谈判方案》的第二个阶段,也是最困难的阶段。1986年1月签订的电信协议达成的广泛共识是,在日本开放外国用户使用蜂窝电话和第三方无线电服务,这一措施旨在使标准制定和频率分配更加透明,并减少牌照许可和外国产权的限制。美国贸易官员对该协议给了很高的评价,但在市场准入方面,最终的看法是,要根据日本邮政省的履行情况再做判断。[10]

日本早在1979年就开始涉足蜂窝电话,但是进入20世纪80年代,NTT(前垄断服务提供商)在鼓励市场增长方面进展缓慢,市场渗透率远远落后于其他工业化国家。随着日本有望成为世界第二大电信市场并实施改革,美国最大的电信设备制造商摩托罗拉预期,日本的蜂窝电话市场价值将在1986年达到4亿美元,并且,在接下来的五年中,还将以每年40%至50%的速度增长(Tyson 1992:68)。根据《市场导向多领域谈判方案》,日本邮政省任命了外国公司(包括摩托罗拉)的代表进入电信审议委员会,该委员会负责制定技术标准。1986年3月,电信审议委员会提出建议，三种蜂窝电话标准中的任何一种（包括摩托罗拉的全面访问通信系统在内），都可以在日本市场向用户提供蜂窝电话服务。[11]这一次，日本邮政省决定将日本市场按照地理区域进行划分，NTT当时已经完成了私有化，可以根据其专有系统，在全国范围内运营蜂窝电话服务，并且可以在每个地区市场授权提供一项附加服务。一些观察家曾经暗示过，对于那些渴望进入日本蜂窝电话市场的外国公司，日本邮政省会一边尽力延宕他们的牌照申请，一边筹组日本国内的企业联盟以备竞争（Prestowitz 1988：299；Vogel 1996：163）。

当时日本的第二电电（DDI，由稻盛和夫创建，后与KDD和IDO合并，2001年4月改名为KDDI，成为进入世界500强的日本电信企业——译者注）计划建设一个基于摩托罗拉TACS标准和蜂窝设备的电信系统。而日本移动通信公司（IDO，丰田的子公司——译者注）是一个具有强大行业和政府关系的企业财团，主要出资方还包括日本高速通信株式会社（Telway Japan Corporation，由国有的日本道路公团运营——译者注），他们的系统基于NTT标准，报价很有竞争力。[12]1987年1月，日本邮政省宣布了新的许可证分配，因为上述两个潜在的参赛者拒绝了最初的部级建议，他们提议成立一家合资企业，以避免与NTT的过度竞争。NTT和IDO被许可在日本东部竞争，那个区域占据了日本市场的60%至70%，而摩托罗拉和DDI的合伙企业被许可与NTT在剩下的地区展开竞争，这个地区以关西和北陆（Hokuriku）为中心（Johnson 1993：44）。里根政府官员发现苗头不对，立即展开交涉，他们质疑：摩托罗拉的服务为什么被排

·第六章 里根、老布什和面向结果的多领域诉求·

除在日本最大且利润最高的细分市场之外？日本邮政省的说法是，无线电容量不足，而且过度竞争造成危险。美方对此嗤之以鼻，坚决反对。结果，摩托罗拉和 DDI 的服务扩展许可，就是说，除东京－名古屋走廊以外的整个日本，都可以提供服务。对于日本邮政省的这个新决定，摩托罗拉还是接受了，虽然有点勉强。但是没想到，日本邮政省竟然为东京－名古屋地区一种新的移动通信服务（便捷无线电电话）分配了额外带宽！结果可想而知，1988 年中期，蜂窝电话之争重新燃起。这家美国电信公司再次向美国政府投诉，指责日本邮政省的上述做法，与之前声称的无线电频率不足完全是自相矛盾（Tyson 1992：69）。

摩托罗拉对 1986 年《市场导向多领域谈判方案》的抱怨，应该算第二次了，这一回，日本邮政省继续在第三方无线电频谱分配和许可证批准方面排斥新进入者。移动无线电中心（MRC）是由日本邮政省隶属的垄断企业，以前是由政府负责运营的，在日本属于唯一的该类服务提供商，这种情况一直持续到 1987 年，摩托罗拉与四国筑地（Shikoku Tsuhan）合作推出了日本共享移动无线电系统。纠纷的商业焦点是东京地区，那里利润丰厚，在最初成功进入日本区域市场后，摩托罗拉－四国筑地的合资公司试图扩大其市场范围。摩托罗拉声称，邮政省限制了频率分配，并利用 MRC 的优势，管理了东京市场的竞争。还有一种抱怨就是，MRC 可以基于对未来客户的商业预测，就能从邮政省获得无线电牌照；然而对于新进入市场的那些外国子公司，则必须在许可批准之前，先拥有一批预签约客户（Tyson 1992：72）。

在这两个案例中，摩托罗拉都指责日本政府运用虚假的技术论点来限制竞争，保护强大的日本公司利益。1989年初，该公司向美国政府提出正式投诉，指控日本邮政省违反了1986年的《市场导向多领域谈判方案》，因为它没有给予美国公司同等的准入权限，难以进入日本的蜂窝电话服务和第三方无线电系统的市场。这项有关不公平贸易的请愿书，充分利用了1988年《贸易法》和一项特殊的对等性条款（第1377节），该条款要求美国贸易代表对电信协议进行年度审核。投诉的症结在于蜂窝电话问题，特别是日本否决了无线电频率（申请），使得摩托罗拉手机用户无法在东京地区实现漫游。摩托罗拉最新发布的一款新型超紧凑手机（MicroTac），由于DDI的摩托罗拉系统与NTT标准不兼容，从而需要对庞大的漫游请求进行合并处理，这在蜂窝电话市场称得上是一种特殊的障碍。1989年4月，布什政府的美国贸易代表卡拉·希尔斯（Carla Hills）宣布，因为日本违反了1986年《市场导向多领域谈判方案》所达成的电信协议，美国将对日本实施报复，除非日本立即采取行动，纠正美国认定的那些歧视性做法。为此，美方将1989年7月10日设定为最后期限，否则将根据301条款的反制惯例，对一系列日本产品加征100％的关税。日本官员否认说，他们对协议没有任何违反，美日双方之所以产生争端，是因为摩托罗拉提出的那些新要求，跟最初的《市场导向多领域谈判方案》一点关系都没有。他们坚持认为，东京—名古屋地区没有其他频率可用于手机，而且，两年之内，摩托罗拉的投诉就会变得无关紧要，因为那时候数字蜂窝技术将取代摩托罗拉的模拟系统。[13]

不过美方并没有认可日方的辩解，继续开展多轮谈判，终于

第六章 里根、老布什和面向结果的多领域诉求

在1989年6月28日,签署了一项新的电信协议。领导日方谈判组的是小泽一郎(Ichiro Ozawa),他在执政的自民党内很有影响力。[14]这份协议包括了日本方面做出的非常具体的承诺,即在东京地区把IDO的五分之一无线电频谱重新分配给摩托罗拉蜂窝系统的用户,并且,如果这还不能满足未来的需求,日本将提供更多的频谱分配。有关第三方无线电的一些条款,反映出面向结果的一些特征,甚至可以说,特征更为明显。除了简化许可程序外,该协议还为日本和外国的服务提供商获得无线电许可的未来次序,规定了具体的量化准则。该协议的美方首席谈判代表是林恩·威廉姆斯,他强调,美国有坚定的信念,要确保摩托罗拉产品在日本市场的商业空间。

在电信领域,我有两次跟小泽一郎狭路相逢。我想传达一个意思给他:"你们这些家伙把事情搞砸了;我们必须解决掉这些事,否则的话,我们只能实施制裁。"我们真可以实施制裁。他们还是明白过来了。所以,我们想要个结果。[15]

1989年的协议指定IDO(而非DDI)作为摩托罗拉在东京—名古屋地区采用TACS标准服务的运营公司,新服务的初始基础设施投资估计将近100亿日元(折合7000万美元,根据当年的汇率计算——译者注)。1990年,摩托罗拉被授予相关的IDO合同,从1991年10月1日起,在东京首次提供新的TACS服务,从而为其提供中继站和交换系统。[16]克林顿政府后来又因抱怨IDO的延迟而重新讨论了蜂窝电话市场的准入问题。但不管怎样,

1989年的协议还是给了这家美国公司在日本市场上一个受监管的立足点，这一点毋庸置疑。与此同时，美国的商业利益公开赞扬这份新的第三方无线电准入协议，认为以结果为导向，取得了百分之百的成功。1990年11月，新的带宽可以使用了，量化准则也得到落实，在此情况下，邮政省在东京分配了新的移动服务许可，在摩托罗拉的JSMR系统（针对日本进行优化的移动无线电系统——译者注）和日本移动无线电中心（MRC）的系统之间展开一对一竞争。到1991年8月，美国官员终于可以宣布，在日本市场第三方无线电服务中，美国公司（即摩托罗拉）已经占据一半以上的份额（美国国会，参议院金融委员会1991：7）。在相对较短的一段时期内，老布什政府已经能够看明白一件事，就是一项电信部门政策之下，市场准入之所以得到实际的改善，是因为它更趋向于市场分占，而不是互有防范的市场竞争。如果对1989年达成的电信协议做个结论的话，差不多可以说是扛鼎之作，对以结果为导向的对日政策是一种强力支撑，实际上，"用更好的规则来进行贸易的管理，或者，用量化的目标来进行有管理的贸易，这两种情况，是一个连续统一体，而电信谈判显然更接近后者"（Tyson 1992：74）。

贯穿第二届里根政府和老布什政府的整个时期，有一些其他案例表明，为了对多领域的、以结果为导向的美国行业政策做出最低程度的抵制，日本政府甚至直接或间接地充当了采购代理人的角色。这里可以举出几个实际案例，比如日本对超级计算机和卫星的采购（美国在1989年针对日本启动了三项超级301诉讼，这是其中的两个），以及1986年的时候，日本公共部门的建筑市场被美国倾力叩开。这些案例都表明，美国人在谈判中提出各种要求的时候，再也不会以过程为导向了（Brainard 1995：338）。[17] 尽管双边协议仍然符合透明度和非歧视性规范，但实实在在的成果（以美国公司的销售额或者销售合同为体现形式）才是市场准入的试金石，决定哪个行业被锁定为目标，从逻辑上看，有一部分是基于日本官方的那些导向，为该行业留出了空间。

针对日本公营部门购买超级计算机的谈判，揭示了两个方面的问题，一个是政府采购确实存在特定的维度，另一个是美国的市场准入政策也有不达目的不罢休的特点，尤其是在高科技领域的霸权地位已经摇摇欲坠的情况之下。处在这一行业里的美国企业利益，当然要继续维持其国际市场的主导权，所以，针对市场准入问题产生的抱怨，核心的核心就是日本政府的目标市场战略。类似于其他的高科技争端，日本也可能对美国政府反唇相讥，质疑美国政府在支持美国超级计算机产业的过程中，同样发挥了重要影响，具体做法就是军事采购和提供研发资金（Tyson 1992：82）。20世纪70年代中期，两家美国公司——克雷科技和CDC——首次将超级计算机投放市场后，公营部门的订单成为其主要收入来源，高达数百万美元的研发成本，被政府的采购费用轻松抵消了。20世纪80年代初，由于日本的产业政策成为备受瞩目的双边问题，具有巨大发展潜力的日本政府采购市场准入问题，首次吸引了美国政府的注意力。1983年，第一台日本制造的超级计算机问世，没过多久，日本政府就开始实施一项激进的并购计划。这挑动了美国政府的神经，对日本产业目标加深了怀疑（Prestowitz 1988：135－136）。作为公认的行业旗手，克雷科技成为美方的关键原告。他们投诉称,克雷科技生产的机器设备,性能优越,在美国和欧洲市场中占有相当大的份额,而且,已经成功打入日本的私营部门市场,但是现在,却受到了日本政府的歧视。

1983年至1986年,克雷科技向日本公营机构售出了3台超级计算机,而安装在日本公营机构里的超级计算机总量是多少呢?22台!美国宣称,日本的目标市场策略,早在NTT采购谈判的时候就初露端倪——由于日本公营机构没有发布公告以公开其采购超级计算机的计划,所以实际上日本人的投标程序是没有开放的,在招标文件中,也没有明确的性能标准;还有一条,从来也没有人公开讲过,日本人有购买日本货的偏见。这样的情况下,日本的市场准入问题,与美国公司感受到的战略威胁,再一次纠缠到了一起。富士通、日立和日冲是三家新的日本超级计算机制造商,他们对美国市场上占据统治地位的美国公司造成了直接竞争。克雷科技关于市场准入的投诉,有一个方面涉及日本一些大型的电子集团,这些集团在对日本公营单位的采购竞标中,竟然开出了高达80%的折扣率。更令这家美国超级计算机制造商疑惑的是,日本政府机构设定的采购预算,低得令人难以置信。把这两个问题联系起来考虑,意味着什么?不过,对于美国市场而言,日本的渗透能力也是需要保持关注的。事实上,正是日本公司对美国市场的攻城略地,成了催化剂,加剧了1985年6月以后两国的部门冲突。

1986年12月,针对日本的超级计算机贸易惯例,美国贸易代表办公室启动了"305调查"(Section 305 investigation),而根

· 第六章　里根、老布什和面向结果的多领域诉求 ·

据《市场导向多领域谈判方案》的电子产品框架，美日两国开始就超级计算机展开市场准入谈判。1987年1月，会谈开始后没过多久，双边摩擦就出现了迅速升级，据说通产省副大臣黑田诚曾经告诉美国谈判代表，让美国不要指望把超级计算机卖给日本政府机构，如果克雷科技想生存下去，也许不得不接受国有化。[18]美国可不听这一套，迅速祭出301诉讼以示威胁，你来我往之后，双方展开激烈交锋，终于，到1987年8月的时候，达成了双边协议。日本政府紧急拨款，用于购买两台美国制造的超级计算机。这项以过程为导向的协议，旨在实现非歧视和透明化，要求日本在超级计算机采购方面遵循关贸总协定中有关政府采购的准则。它包括以下几个方面的规定：（1）提前通知采购决定；（2）更加依托性能上的规格；（3）允许公司有更长的投标准备期；（4）针对投诉的监督和记录程序。当时，美国贸易代表克莱顿·尤特警告说，"到底有没有成果，要看以后的销售情况"，他的意思就是，"日本政府虽然已经发布了许多市场开放的公告，但那没什么实际意义"。[19]

有关日本政府紧急预算的条款是在1987年10月宣布的，计划分两次采购美国人的机器设备。但是，1987年的协议并没有明确公营部门未来会不会进一步采购，所以，美国工业界和政府官员认为，协议一败涂地。到1989年，在日本公营部门安装的51台超级计算机中，有5台是美国制造的，日本政府认为，购买3台（包括1987年10月宣布的2台）就是为了缓解贸易紧张局势而对美国公司的"特殊照顾"（Tyson 1992：78）。克雷科技的代表质疑说，1987年协议的措辞太含糊，美国公司仍然受到一些操作惯例的打击，比如理论上的峰值表现如何评估？还有一些量身定制的技术指标，能让参与竞标的外国卖家丧失资格，或者对外国卖家的投标造成阻碍（美国参议院金融委员会 1990 年）。他们进一步抨击了 1987 年的协议，认为对纠正日本政府超低的采购预算和计算机制造商的大折扣率，一点用都没有。

对于非正式壁垒，克雷科技列举了一些证据，虽然有点间接，但是以前半导体行业就这么干过，最后证明效果也还不错。到 1989 年为止，日本采购市场的销售低迷是与实际安装量对应的，在日本私营部门中已安装机器的份额超过了 21%，在欧洲占 84%，在北美占 81%（美国参议院金融委员会 1990 年）。格兰·福岛重茂（Glen Shigeru Fukushima）曾在美国贸易代表办公室担任日本事务部部长。他指出，老布什政府对以过程为导向的 1987 年超级计算机协议感到失望，最终导致官员们提出了新的市场准入要求。他记得当时的情况是这样的：

我们之中有一些同事是工作层面的人，他们都觉得 1987 年 8 月的超级计算机协议是失败的，因为它是一个面向过程的协议，没有进度或结果的任何指标。当时担任克雷科技董事长的约翰·罗尔瓦根（John Rollwagen）就说过，协议达成以后，他的公司甚至比协议达成前的状况还要糟。

在达成协议之前，克雷科技不会知道某些政府实体什么时候会购买超级计算机。但是，由于 1987 年的采购协议，当日本政府机构打算购买超级计算机的时候，日本政府有义务在政府公报上公布。这意味着克雷科技会知道何时进行购买，因此花费了时

第六章 里根、老布什和面向结果的多领域诉求

间、精力和金钱,来翻译文档并参加信息发布会。但是,最终的采购量仍然是零。……基于这些原因,有关超级计算机问题的超级 301 诉讼案,到 1989 年夏天的时候就正式启动了。[20]

老布什政府受理了这一案件。1989 年 5 月,美国贸易代表卡拉·希尔斯将日本的超级计算机采购列为超级 301 诉讼的三个目标之一。超级计算机的采购直接属于日本政府的权限,这是该案获得美国的行政机构、国会和工业界大力支持的一个重要因素(Mastanduno 1992a)。ETA Systems(一家自动化评估与培训系统公司——译者注)的关闭加剧了美国的担忧,人们有理由推测说,一个重要的美国产业,马上就要失去对日本的技术领先地位了。要知道,这家公司是 CDC 的超级计算机子公司,也是克雷科技在美国的唯一竞争对手。[21]在 1989 年至 1990 年的谈判中,日本政府再次采取一系列行动。不过,那些声援美国产业的人士对这些行动的看法则是,"依靠日本公司和公营机构,为外国供应商腾出了一点空间"(Tyson 1992:80)。1990 年 3 月,一项新的超级计算机采购协定纲要被公布了出来。

该协议的详细程度已于 5 月最终确定,为日美两国未来的采购谈判设定了新标准。[22]在性能标准上,日本政府实体必须基于"超级计算机运行性能的最低可接受基准结果",以"实际最低需求"起草规格。该协议还鼓励以市场价格为基础,进行预算分配和合同竞标,并敦促更强有力地执行日本的《反垄断法》,解决了美国产业界关于大幅折扣的争议。此外,成立了正式的采购审查委员会,商定了涉及面比较广泛的业务流程,听取了有关采购

决定的投诉。不过，老布什政府的谈判人员并没有达成明确的销售目标。对此，一位美国官员呼应了美国贸易代表尤特在1987年的讲话，他指出，"真正的考验将是收银机什么时候能响起来"[23]。老布什政府一位高级贸易官员曾表示，支持这个以过程为导向的正式协议的，恰恰是一个更加以结果为导向的后续程序。

从许多方面来看，我们所做的超级计算机谈判都改了规矩，但这是出于政治上的理解——从未像半导体行业的20%那样明确地表达过——他们会启动超级计算机的采购，他们以前就这么做过。我们把它当作一种评测机制。我们会复查这些理解是不是有问题。在超级计算机（谈判）中，实际上这并不是规则的改变，因为当我们回去与他们交谈的时候，问题就变成这样了："您买了多少？有多少家是我们的公司？"[24]

通产省前官员黑田诚已经发现，在更广泛的政府采购谈判中，超级计算机的案例还是以结果为导向的谈判维度。他回忆说："有一种印象是，在政府采购这一类（的问题）中，由于是政府的购买行为，目标很容易被转化为一种承诺。而且我认为，通产省在某些情况下可能会更倾向于克雷科技。"[25]在1990年达成协议后的头两年，根据记录，日本政府机构批准了11份超级计算机合同，克雷科技赢得了其中的3份。在这些合同案例中，对于日本政府导向的确切范围和解读，始终都是众说纷纭。具有讽刺意味的是，从日本的角度描述的话，这些行动都是有利于克雷科技的，但是支持美国商业利益的分析师则认为，这些都是"精心策划的销售……只能进一步证明克雷科技的判断是正确的,即日本公营部门的采购决策,并不是市场竞争的结果"(Tyson 1992:80)。即使在一定程度上,美国官员将结果设定为一种隐形的评测机制,超级计算机市场准入的纷争还是再一次出现了。1992年7月,克雷科技发起了对1990年协议审查机制的首次评测,抱怨说,日本的采购信息缺失、规格倾斜,导致合同被不公平地授予了NEC。因为美国人的期望没有得到满足,所以人们熟悉的抱怨之声又开始不绝于耳了。克雷科技的董事长约翰·罗尔瓦根(John Rollwagen)当时对此做出回应,他坚持认为:"协议倒是很不错,只不过没有被遵守。"[26]

第三节 半导体协议更新版和必须达到的 20%目标

1987年,美国断言日本违反了1986年半导体协议的市场准入和第三国倾销条款,当年3月,里根政府做出强烈反应,决定对日本价值3亿美元的出口产品实施制裁。整个1987年内,日本芯片生产商被迫遵循通产省的出口和生产综合控制体制,从而使美国的倾销指控得以减弱,但是,全球半导体需求很快出现了复苏,有关半导体的贸易政治局面又开始紧张起来。在美国政府采取报复行动的几周内,内存价格攀升,供货严重不足,使得美国的几家主要计算机制造商抱怨连连。[27]随着全球芯片价格的上涨,里根政府于1987年11月取消了对第三国的最后一次倾销制裁。当时,美国和日本政府都不承认在生产和投资方面对日本实施了产业控制。到了 1988 年，电子行业的蓬勃发展导致半导体价格飞涨，在日本和其他市场上，出现了很大的内存价格差。这一切，在行业历史上还是第一次出现（Flamm 1996：201－216）。由于半导体用户反对美国半导体协会的强硬做法，组织起来共同抵抗半导体协议带来的供给侧冲击，所以，美国的产业政治被更深地打入了一个楔子。

意料之中的事果然还是发生了。因为有 20％这样的期望值，1986 年 9 月以后，美国和日本针对外国市场准入的纷争，一直就没有断过。日本官员和芯片生产商公开拒绝了制裁决定中体现的美国立场，即这一数字相当于政府的一个承诺，而且，所谓渐进和稳定的改善，必须在市场份额上体现出某种类似于线性增长的东西。另外，针对外国企业在日本的市场准入问题，围绕着衡量方法，也产生了不小的争议，当时美国政府偏好的统计数据，始终低于日本通产省核定的数据。[28]美方统计资料显示，在受到关税报复打击的日本电子公司购买量激增之后，到 1987 年下半年，外资份额从协议签署时的 8.6％上升到略高于 9％。但是，日本的进口量仍低于美国的预期值，所以，1987 年 11 月，与倾销有关的关税被解除后，美方仍然就市场准入问题实施了 1.65 亿美元的制裁。

为真正实现 20％这个市场份额目标，里根政府把策略建立在两个基础前提之上。首先，要锁定日本的芯片用户，而不仅仅是主要的电子集团。其次，在许多产品线的早期开发阶段，外国芯片就应该是预置设计。1988 年 1 月，美国政府公布了一项提案，试图利用日本通产省的影响力，获取一些公司特定的进口计划，

·第六章 里根、老布什和面向结果的多领域诉求·

包括预期向国外采购的规模层次。该提案针对的用户群相当广泛，包括汽车和消费电子行业中的中小型公司，它们使用的定制设备可以说品类繁杂、包罗万象。1988年初，美国半导体协会和日本电子工业协会之间旨在促进进口的联合行业倡议也初见端倪。尽管两个产业组织在市场份额目标的问题上相距甚远，但日本电子工业协会于6月份设立了外国半导体用户委员会，该委员会由56家公司组成，约占日本所有半导体采购量的四分之三。到当年年底，这个新拓展出的日本用户群，已经成为通产省官员定期拜访的目标，官员们所扮演的身份，甚至可以用"外国公司销售人员"来形容。[29]

美国政府为了提前安排预置设计工作而进行的施压，反映出这两个经济体之间，在半导体需求和生产方面，存在着结构性的差异。虽然美国的内存生产能力下降了，但是日本生产商并没有轻松转换国外产品，因为实际上的困难还是蛮大的，这是一个重要因素。据估计，美国生产商提供的半导体器件，仅占日本消费电子领域采购量的大约6％，但是消费电子领域占整个日本半导体销售额的三分之一以上（Dohlman 1993：88）。正如前美国贸易代表办公室的副代表林恩·威廉姆斯后来指出的那样，"是预置设计造成的差异，因为半导体不适配的情况非常惊人"。[30]

整个1988年内，日本半导体市场的外国份额一直都达不到11％。里根政府就市场准入问题实施制裁后，白宫经济顾问委员会和美国国务院的自由贸易派，也都表示了支持，但是日本政府不愿坐以待毙，所以多方努力，盼着能在里根总统离任前解除制裁。就其本身而言，美国半导体协会渴望报复措施持续存在，最好还能有所增加,直到出现大规模的销售改善情况,再取消也不晚。但是,美国芯片用户对进一步制裁的反对之声,一直就没有消停过。在1988年的总统大选活动中,时任副总统的老布什支持已有的市场准入制裁,但他决定,不再采取更强有力的行动,去追求为市场份额而设定的目标。与此同时,日本政府也继续表态,要加大努力,推动国外产品在日本市场的销售大幅增长,但是,他们也提请美国公司注意,在产品质量上还存在不足,需要加强对日本市场的投入。针对20%这个秘密数字,虽然已经尽人皆知,但日本官方的立场仍然是半导体协议"不保证任何特定的份额或者是份额的增加,而且很明显,没有人可以在一个实行自由竞争的自由经济体中,就一个市场份额做出承诺"。[31]

1988年《贸易法》的授权,可以视为对老布什政府半导体谈判策略的一个初步测试。美国半导体协会及其在国会的支持者敦促美国贸易代表卡拉·希尔斯,希望将日本在市场准入方面渐进且稳定增加的不守信行为,确定为超级301条款定义的优先实施对象。但是老布什政府拒绝采用强硬立场,因为美国的主要芯片用户反对这样的做法,他们担心,如果吹响超级301的号角,可能只会为日本提供正当的理由,最后逼迫日本人放弃或重新考虑1986年的协议(Mastanduno 1992a:738)。针对上述情况,美国贸易官员继续劝说日本政府和日本的半导体用户,希望能有一些更明确的采购计划宣布出来,同时,他们也支持私营部门提出的一些举措,由顶级的贸易组织来进行协调。在整个1989年内,大量的特别工作组、专题研讨会和贸易使团获得官方背书,不约而同地锁定了日本的各类芯片用户。美国官员劝说通产省从五十多家日本公司那里获得市场准入计划，并且每半年更新一次，然后转发给美国政府。这些市场准入计划，涉及日本公司对哪些外国产品有明确偏好，以及全公司的销售目标是如何设定的（美国半导体协会 1990：18）。1989 年 12 月，日本电子工业协会发布了一项新计划，目的是在半导体协议的最后 18 个月内，使外国产品的销售量获得迅猛增长，特别是那些来自美国小规模芯片供应商的产品。一些日本公司承诺，针对其半导体需求，将发布更详细的商业信息，规划赴美专项采购的时间表，并进一步出台鼓励措施，加强在制造、技术和分销领域的合作。[32]

随着美国半导体协会与美国主要计算机制造商之间的冲突越来越公开化，老布什政府更加不愿意让半导体争端进一步升级。1989 年 6 月，IBM、惠普和天腾（Tandem，后被惠普收购，成为公司旗下的一个品牌事业部——译者注）发起成立了一个新组织，名为计算机系统政策设计项目（CSPP），为了在美日半导体贸易中维护自身利益，专门制造声浪。虽然美国半导体协会抱怨说，可以量化的外国准入从来没有超过日本市场的 13%。尽管如此，该协会在 1990 年把日本列入超级 301 诉讼案名单的努力，仍然没有如愿以偿。布什政府中的贸易实用主义者有更大的兴趣，希望把 20% 设定为外国公司在日本市场的目标份额，也希望看到美国的芯片生产商和用户最终达成和解。1990 年 10 月，美国半导体协会和 CSPP 就推动落实第二项半导体协议，在文本上达成一致，这在很大程度上，对美国政府在半导体争端中采取下一步行动造成了影响。这两个协会组织达成的"交易"，使美国芯片生产商放弃了力度不大的倾销条款，开始与计算机制造商统一立场，支持原始协议里的市场准入条款。他们还发出呼吁，希望达成一项新的五年协议，在该协议中，要明确承认20％的外国企业份额目标，但是，可以把日本遵守规定的最后期限，延长至1992年底。

这一回，老布什政府里的实用主义者，不得不对半导体协议进行重新谈判了，这对一个明显以自由贸易为导向的政府来说，简直是措手不及，他们原本对安排市场份额的做法极不认同。白宫经济顾问委员会的主席迈克尔·博斯金（Michael Boskin）、美国行政管理和预算局局长理查德·达尔曼（Richard Darman）、白宫办公厅主任约翰·苏努努（John Sununu）以及住房与城市发展部部长杰克·坎普（Jack Kemp）等一众高官，都是坚定的自由贸易派，而且名声在外，他们坚决反对干预主义的贸易和产业政策（Fratantuono 1993）。作为美国政府高级贸易官员，美国贸易代表卡拉·希尔斯的公开立场是，该协议"已立案可查"，因此她将"寻求执行这个协议"。[33]但是，与她的前任克莱顿·尤特不同，希尔斯（也是一位反垄断律师）对以结果为导向的市场份额目标几乎没有多少热情。只不过，维持行业支持和谈判信誉的必要性，超过了她自己的保留意见。她后来表示：

> 这个行业，以及他们选出来的代表，都非常热切地认为这个数字很重要。我说："看吧，我觉得有三个原因导致您走错了方向。我不喜欢数字目标，更不要说是跟日本了。第一，这将导致通产省介入更多，因为他们必须进行监控。以我的观点来看，我们希望通产省不要掺和进来，而是让产业界加入。第二，假如有

第六章 里根、老布什和面向结果的多领域诉求

那么一个国家,根本不需要鼓励就已经卡特尔化了,那这个国家就是日本。一旦您说您不得不共享这种百分比式的市场开放,您就使自己占有了一种不合理的经济地位。第三,小瞧我们了。"我提出了这个问题:"当您在欧洲处于正面竞争的时候,能够拥有56%的市场份额,而现在,凭什么会有人愿意勉强接受20%呢?"

但是他们想要这个20%,因此在谈判协议的时候,我们把20%写进去了,但是附带了这样的措辞:这20%不是一个最低值,也不是最高值,更不是被保证的份额,它也没有出现在其他的协议里……不管怎样吧,我退缩了,但是为了政治正确,我还是把20%放进去,并且附上了那份但书(proviso,指法律条文中,于本文之后,说明有例外情况或某种附加条件的文字——译者注)。[34]

对于老布什政府决定将市场份额目标作为新协议的核心,当时有不同的看法,1991年协议的首席谈判官为我们提供了进一步观察。根据林恩·威廉姆斯的说法:

美国政府中有一种让这个协议完蛋的强烈情绪。我猜想有一半人——顾问团队和内阁——都不想要这个协议。卡拉·希尔斯不想要,还有博斯金和坎普,等等,一大批反对者。但是从制度上讲,我们认同这个观点,即政府在鼓励市场力量方面发挥了作用,而这一点在日本尤为重要……而且我不会低估"言而有信"在政府内部的感染力。坦率地讲,我认为对老布什总统而言,这种感染力是最大的。[35]

1991年1月，为达成一项新的半导体协议，美方向日本官员提出了一项方案。该方案基本上反映了前一年美国制造商和用户团体之间达成的那个交易（即前文提到的 SIA 和 CSPP 之间的共识——译者注），对原有协议里的倾销条款做了淡化处理，并明确认可 20％ 这个市场准入目标，但协议落实到最后期限可以延长到 1992 年底。[36]最初，日方的态度是，他们反对签署任何新协议，但是，到了 1991 年 6 月，作为交换条件，日本政府同意达成第二份半导体协议，作为交换条件，美方取消现有制裁，并以一套快速反倾销程序来取代由美国商务部管理的最低限价政策。1991 年的协议再次呼吁，在其五年的使用期限内，逐步而稳定地对市场准入情况做出改善，但没有为 1992 年以后的市场份额设定目标。由于日本非常不愿意把 20％ 这个数字作为一个保证性的份额目标，该协议的措辞做了如下修饰：

> 日本政府认识到，美国半导体产业期望外国在日本的市场份额在 1992 年底增长到 20％ 以上并认为这是可以实现的。日本政府对实现这一期望表示欢迎。两国政府同意，以上声明在外国市场份额问题上，既不构成一种担保，也没有上限和下限。

1992 年 1 月，老布什总统开启了访日之旅，在此期间，美国政府再次施压以确保达成 20％ 这个目标。但是到 1992 年 3 月，美国半导体协会发出预测，指出 1991 年的协议将濒临破产，因为到 1991 年最后一个季度，外国在日本市场的份额仅仅达到 14.4％。1992 年 8 月，卡拉·希尔斯放出风声，"如果再没有实质性改善的话",可能实施新的制裁。[37]不过,直到老布什总统在1992年11月的大选中败北,1993年初克林顿政府上台以后,里根－老布什时代以结果为导向的半导体政策才得以修成正果。跟公众预期截然相反的是,在1991年协议规定的最后期限(1992年最后一个季度)之前,日本市场的外国占比从不足16%,一下子跃升到了20.2%(见图6.3)。与1992年第三季度相比,上升

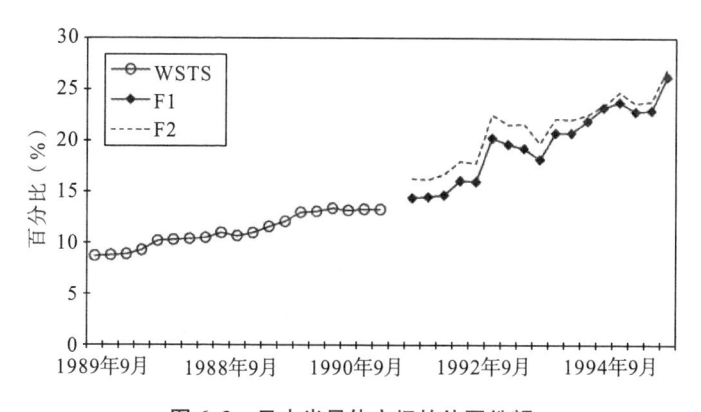

图6.3 日本半导体市场的外国份额

数据来源:美国半导体协会(1990年);《美国日本经济研究所报告》1993年3月26日,11B;《美国贸易内存》多期。
注释:《世界半导体贸易统计》(WSTS)的市场份额数字在1986年半导体协议有效期内达到了美国政府和工业界青睐的那个指标。1991年的协议导致建立了两个正式的市场准入指标。美国政府偏爱的方案1(即图中显示的F1)确定了基于最终装配的外国半导体,并排除了不在商业市场出售的专用生产的产品(例如IBM日本公司)。日本政府青睐的方案2(即图中显示的F2)按品牌标识了外国半导体,其中包括专用生产的产品。

了4.3%,回看一下历史记录可以发现,与市场份额单一周期上涨第二高值相比,这一次是其三倍。经过多年的半导体争端,加之以结果为导向的对日政策的呼声日渐高涨,强硬派和实用主义者终于能够发布宣告了:这是一份辨识度很高的成功协议。

看来，在增加日本市场的外国占比方面，政府行为和商业力量确实都可以发挥重要作用，但是1992年年底以前，要想对这个问题做出准确判断，还有雾里看花之感。有些观察家强调说，市场的力量更起作用，1985年后美元对日元大幅贬值，加之美国制造商在微处理器和其他半导体设备上具有更强的竞争力，对于日本国内进口量的增加，这些都起到了关键性的决定作用。[38]但是，也有很强的证据表明，政府的明显施压起到了不容忽视的作用。林恩·威廉姆斯将政府行为描述为"锦上添花"，他说：

该协议的价值在于，它确实将（日本）政府和日本私营企业的注意力集中在了更多的外部采购上。如果您是一家日本公司的内部人士，并且正在考虑外部采购，那您能够在密尔沃基（Milwaukee，美国工商业大城和中北部地区运输中心——译者注）解决问题，或者在横滨（Yokahama）也行。距离近的话，你可以告诉人们说，在日本做这件事就可以了。这时候，会有另外一种声音说，这里有份协议，然后在星期四的时候，有位通产省的先生走进来，他要问您，购买了多少外国半导体……美国的价格低一些，但问题是废品率，您能忍受这种废品率——咱们考虑一下密尔沃基吧。那样的情况确实发生了，是协议使然。如果市场的强力因素不存在的话，也就不会发生类似的事情，只是说，协议为外国制造起到了代言作用。[39]

弗拉姆曾仔细研究过半导体协议（Flamm 1996：293），他提

第六章　里根、老布什和面向结果的多领域诉求

供了更多的切实证据，表明政府干预和指导起了关键作用。他指出，"日本的 EPROM 生产量急剧下降，而进口到日本市场的 EPROM 出现激增"，这可能是"半导体协议的市场份额目标所带来的结果"。

这种下降的情况与一种看法相吻合，即日本在 EPROM 领域撤退可能是一个蓄意的政治决定。……外国公司在日本半导体市场份额增长的过程中，有些数据可供分析，而分析的结果支持了一种观点，那就是，与《半导体贸易协定》有关的施压，可能在增加国外销售方面发挥了重要作用。外国公司在日本市场所占份额的增长，只有一小部分可以归因于日本对产品的需求构成方面发生了变化，因为有一些产品，外国公司已经占有了更大的市场份额。大部分的增长，明显是由于外国产品对单品领域（individual product niches）有更大的渗透率。此外，外国公司在日本市场所占份额增长的很大一部分，是与专用集成电路（ASIC）和存储芯片有关，而在这个领域，外国公司跟日本公司相比，其实不存在巨大的技术优势。

不管是哪些因素最终助推了半导体协议的达成，该协议所带来的示范效应，都只会使强硬派在美国贸易政策界的权威地位得以加强。一旦市场准入得到明显改善，美国政府内部对该协议存在的矛盾心理和积极反对的因素，就会在很大程度上烟消云散。在美国贸易政策程序的关键阶段，半导体协议获得的地位非同一般。约瑟夫·马西是里根和老布什政府期间负责日本和中国事务

219

的助理美国贸易代表，根据他的说法，至少首席贸易政策机构的一线官员们"对半导体谈判的成功感到非常的高兴，并引以为傲，正是因为使用了日本公司对美国市场的准入工具，才促使日本政府采取行动（从而反过来，改善美国公司对日本市场的准入），这里面存在的因果关系已经被证明是有效的"。[40]迈克尔·阿玛考斯特当时是国务院的职业官员，也曾担任老布什政府的驻日大使。他也强调了这种示范效应，同时他认为，半导体协议触发了关于政策选择的更广泛辩论。

如果您查看有关提高市场份额的图表，随着截止日期的临近，该趋势往往会上升，因此该协议是有一定效果的。因此，一开始我不参与时，我的态度处于"否定"到"不可知论"之间，但是我在东京的经历使我成为该协议的坚定支持者。我认为，如果没有它，我们的市场份额不会增加到接近这个程度。在那个时间框架之内，肯定做不到。我想，半导体协议证明了它的价值。我的失败之处在于，我把它当成了某种原则性的东西，觉得它在其他所有领域都能重复使用。[41]

第四节 里根－老布什时代留下的遗产

到 1992 年的总统大选为止，美国的对日市场准入政策还是以结果为导向的，不过从程度上看，在很多领域谈及美国产品销售量的稳定增长问题时，如果仅仅理解为附上一个含蓄的基准以表明谈判取得成功，那就过于简单化了。对老布什政府内部的自

第六章 里根、老布什和面向结果的多领域诉求

由贸易派来说,明确要求一些可强制执行的量化目标(例如半导体协议),仍然是一种例外情况,而且是某种离经叛道的东西。可是,这些"灰色地带"模式的谈判也清晰地表明了一点,即针对自愿进口扩张(VIE)一类的协议,或者在政治敏感时期的一些政治敏感行业,提出非常明确的面向结果的要求,贸易官员们的保留意见已经越来越少了。在谈判的世界里,战略和战术通常都是飘忽不定、难以捉摸的,以结果为导向的政策,不再像以前那样,取决于市场准入协议的正式文本如何措辞,而是更多地依赖一些组合性配置,包括监督、评测、后续威胁和偶尔的报复行动——所有这些,都是1985年后美国进攻性双边主义的更强硬侧面。我们暂且不提汽车贸易案(主要焦点对准日资美国公司的采购问题),在老布什总统1992年1月访问日本的背景下,美日双方针对其他一些协议进行的谈判,也反映出美国的市场准入政策已经上升到新的高度,不再是以过程为导向的谈判了。

过去十多年来,美国针对采购问题进行的对日谈判,已经累积了大量经验。1992年1月达成的一项协议,就充分体现了这一点。这项协议针对的是日本政府采购计算机硬件和服务。有关总体上的指控,大家已经耳熟能详了,就是美国公司声称,日本的招标程序和采购规格对外国公司存在歧视。美国掌握了一些资料,表明在1990年,日本公营事业部门的大型计算机市场上,外国份额仅为6%,而私营部门的等效份额大约是40%。尽管这项采购协议倡导的是"不歧视、透明、公平和公开竞争"原则,但是,对美国要求的范围和特殊性,仍然做出了强调,由日本的公共部门承担采购代理的角色。日本政府同意了以下要求,包

括：改善竞标开始前的信息获取，减少单一（唯一来源）招标的做法，让外国参与产品规格研究小组的工作，减少价格依赖而以总体最佳价值（性能和价格）定胜负，对出价进行评估，建立竞标抗议机制，更强有力地执行日本《反垄断法》，促进计算机产品由多个商家进行分销，以及定期进行双边磋商以评估进度。虽然没有设定数字化的基准，但是该协议确定了相关信息（包含采购数据，根据外国和本国类别进行了分解），用于评估市场准入的趋势。[42]正如老布什政府的贸易官员梅丽特·杰诺所指出的那样，"与其他采购协议不同，该计算机协议明确指出，其目标是针对具有竞争力的外国计算机产品和服务，扩大日本的采购，并且，含有各种量化的标准，用于评估协议的执行情况"（Janow 1994：62）。

1992年初，针对平板玻璃和纸制品，两国达成了双边市场准入协议。协议中，美方把结构性问题跟更具体的行业需求做了关联。对于美方贸易官员而言，更广泛的结构性问题是重中之重，因为日本制造商与分销商之间的关系实在太紧密了。有一个传闻是说，日本玻璃分销商不愿意运送外国玻璃，因为他们担心跟三大玻璃制造商的关系搞砸，这三家日本玻璃生产商分别是朝日玻璃、日本平板玻璃和中央玻璃。作为1992年1月玻璃协议的一部分，日本公平贸易委员会（JFTC）同意，针对日本玻璃市场的竞争情况，启动一项研究计划，同时，鼓励日本玻璃制造商采用更严格的反垄断合规程序。通产省也介入进来，开始鼓励大型的玻璃用户增加进口。另外，日本建设省也同意，协助外国企业达到日本玻璃材料的建筑标准。在纸制品谈判方面，结果导向性更

第六章 里根、老布什和面向结果的多领域诉求

强,日本做出承诺,"大幅增加向日本出口纸制品的外国公司的市场准入"。在老布什访问期间,通产省精心策动了100多家纸品分销和加工企业,结合JFTC对日本纸制品市场竞争状况所做的那项研究,让他们一起承诺,增加对外国纸产品的采购。[43]该协议于1992年4月签署,列明日本政府将要采取的一些鼓励措施,比如,鼓励日本用户与外国制造商建立长期关系,鼓励非歧视性的采购行为,等等,还有一系列以过程为导向的调整。这项协议也确定了七个定性和定量因素作为执行效果的评估指标,其中就包括进口渗透率的变化程度(Janow 1994:65)。

简而言之,截至1992年,美国的政策经历了长期发展,已经演变成一种多领域的、以结果为导向的方法论。下一章将探讨的是,伴随着强硬派在美国贸易政策界的影响日益扩大,这种政策转变的背后,还有哪些更耐人寻味的故事。

第七章

强硬派高歌猛进

正如前文所述,强硬路线联盟形成于 20 世纪 70 年代末至 20 世纪 80 年代初,他们一开始还很松散,直到贸易体制危机发生后不久,才获得一定的话语权。危机期间,国会以 1988 年《贸易法》的超级 301 条款作为手段,精心打造了一套以结果为导向的对日政策工具,与此同时,国际化的美国公司越来越多地加入强硬派阵营。毫不讳言,美国贸易政策界走上强硬路线存在一个认知过程,中间经历了几个阶段,在此过程中,通过学习发现,日本在经济上遵循着完全不同的规则。后来,修正主义者介入来,他们之间存在一个以理念为基础的网络,使强硬派的经验和信念得以具体化为一种更为严格的范式,挑战了自由贸易的正统观点。20 世纪 80 年代下半期,这些理念找到了一片沃土,有助于将以结果为导向的对日政策,直接纳入到官方的决策议程之中。

· 第七章　强硬派高歌猛进 ·

第一节　国会、日本和超级 301

美国国会始终是强硬观点的主要推动力，意图恢复其在贸易政策中的宪法作用。虽然从 1985 年 9 月开始，里根政府就实行了新的进攻性双边主义，但是仍然没能扰乱国会两党的压倒性趋势——他们正在制定一项综合性的贸易法案。1988 年，巅峰时刻到来了，《综合贸易和竞争力法》正式出台，这是自 1930 年以来由国会而非行政部门起草的第一部主要贸易法案。这项立法涉及两个关键主题：(1) 国会认为，美国的商业利益是从属于国家安全的关注事项，需要更强有力地贯彻执行；(2) 国会要在美国贸易政策中享有平等的伙伴地位，以适应其宪法权威。针对外国的贸易壁垒，国会试图为行政部门增加一些工具，同时，限制总统的自由裁量权，避免总统搁置那些进攻性的执法诉讼。主要的工具包含了 301 条款修正案，以及一系列新的强制性法定触发手段（这也是 301 条款家族的一部分）。在这些主要工具之中，超级 301 条款的主要目标瞄准了日本，要确保获得可衡量的贸易成果。[1]

有些人在贸易上很强硬，或者自己宣称要更强硬，他们为 1988 年的这部《贸易法》设定了一些国会规范（Schwab 1994：111）。实质上，强硬派联盟又分为左右两翼，一翼是保护主义强硬派（protectionist hardliners），另一翼是对等主义强硬派（reciprocity hardliners），他们共同为 1985 年后的贸易法案设定了方向。这两个分支的差别，被认为与相对利益有关，在于他们如何看待潜在的贸易限制性法律（包括一些报复性的诉讼）被履行的问题。保护主义强硬派看上去有一种潜在的保护偏好，动不动就义愤填膺，比如，他们经常认为贸易报复就是一种成功的政策成果。至于对等主义强硬派，尽管从外表上看，可能表现出同样强硬的立场，但是，因为贸易报复会导致美国的保护程度日益增加，所以他们就倾向于将其视为一种政策失败；这一分支的基本兴趣在于，向行政团队施加更多压力，要求他们更有进攻性，把美国国内市场的工具作用利用起来，平衡美国企业的竞争环境。

在制定1988年《贸易法》的过程中，日本问题成了这两个强硬派的重中之重。最先抢跑的是保护主义强硬派，他们在1986年通过了格普哈特修正案，这是美国众议院在1986年5月通过的贸易法案（HR.4800）的一部分，是彻头彻尾的保护主义。《格普哈特修正案》的题目是《关于外国与美国有不合理贸易盈余的强制性谈判和行动》。对于那些与美国存在巨大的双边贸易顺差的国家或地区——当时的日本、西德和中国台湾地区——该修正案强制实行配额制，因为这些国家或地区与美国的双边贸易顺差每年都没有按照10%的比例实现回落。[2]丹尼尔·罗斯滕科斯基（Daniel Rostenkowski）是众议院筹款委员会主席，他反对格普哈特修正案的言论，大体上反映了强硬联盟两派之间的基本差异，也概括了他们对日本问题的共同关注。罗斯滕科斯基警告说，其他国家可能也会有样学样，对美国的出口采取类似措施，而对《格普哈特修正案》的纳入，将保证里根总统的否决权，讲得直白一点就是，国会没法最终拍板说了算。他认为，这样的结果"只会增强日本的观点，即美国国会感兴趣的是发送不能强制履行的信息,而不是实打实地制定一项强硬贸易法案"。这位筹款委员会主席表示,《格普哈特修正案》"过于苛刻,不会有实际效果"。与之相反,他更倾向于采用一种替代方案,以改变"当前无所作为的做法,但是……要用外科手术刀,不要用剁肉的斧子……我们最好能通过一项这样的法案:它很强硬,日本人不敢等闲视之;但它也很公平,总统别无选择,只能签署"(Schwab 1994:111—112)。

1986 年,因为行政部门的反对,加之参议院把关注点放在了税制改革上,所以,主要的贸易立法工作出现了停滞。但是,在这一年稍晚的时候发生了两件大事,为重新划定立法界限提供了契机。第一件事,在 1986 年 11 月的中期选举中,民主党人赢得了参议院控制权,为贸易问题增加了更多的党派政治动力。第二件事,里根政府决定,要参与到国会的贸易审议进程中去,于是发出了一个信号,表示渴望获得新的贸易谈判授权,以便参加最近发起的关贸总协定乌拉圭回合多边谈判。在新一届国会里,众议院于 1987 年 4 月又一次通过了一项重启后的贸易法案(HR.3),但对格普哈特修正案的批准幅度很窄(218—214),这标志着,保护主义强硬派的势头达到了顶峰(Destler 1995:93)。1987 年 2 月,劳埃德·本特森参议员成为参议院金融委员会的新任主席,他和该委员会排名最高的共和党参议员约翰·丹佛斯,共同提出了参议院版的贸易法案(S.490)。本特森参议员决定,推动一项在政治上可行的两党法案——不能带有特普哈特修正案条款的保护主义内涵,这就为日本问题奠定了基础,也就是说,美国今后可以采取更广泛也更持久的对日强硬方针了。参议院金融委员会的法案中，有一项针对格普哈特修正案的替代方案，名为《回应对抗性贸易的谈判》，其目的在于，毫不含糊地瞄准日本。它指示总统，跟那些"长期维持壁垒模式和市场扭曲做法的国家（就像日本一样）"展开谈判，以消除这些国家的壁垒。它还要求总统提出报告，阐明应对壁垒而采取的行动有哪些，或者，"提交证据，以证明美国的出口水平……（现在）与消除这些扭曲市场的做法后，合理预期的水平是相称的"（Schwab 1994：123）。

在参议院金融委员会的法案听证会上，丹佛斯参议员阐明了这一法案抛到日本人头上以后，国会中广泛的强硬派联盟的预感和懊丧：

没有起到任何作用。以日本为例，这显然是每个人在贸易问题上的典型案例……我们磋商，我们慷慨陈词，我们声泪俱下，我们苦苦哀求，然后，什么都没有发生。

……你通过谈判解决了一个障碍，可是你刚把这个事搞定没多久，就会发现又有五个障碍取而代之……为什么我相信报复，强制性报复，几乎是不假思索的报复？为什么？因为我认为日本必须感觉到这是他们自己选的……让他们自己决定吧……但是这一决定必须承担恶劣后果。这个决定必定会自动触发一些让他们倒霉的坏事。

……现在，我认为我们应该重写贸易法，原因并不在于报复带给我们的快感……但是我坚信，必须对那些不想跟美国做生意的人给予惩罚。而且，假如我们没有此类惩罚，那么我很担心，什么也不会发生。

· 第七章 强硬派高歌猛进 ·

参与制定超级 301 法案（基于前文提到的有关对抗性贸易的条款）的那些主要人士，准备精心打造一部法律，以吸引两党的压倒性支持，并为立法者提供"一个真正的替代方案，把格普哈特修正案丢入政治垃圾堆"（Schwab 1994：151）。参议院的原始版本由参议员丹佛斯、里格尔（民主党，密歇根州）、多尔（共和党，堪萨斯州）和伯德（民主党，西弗吉尼亚州）的办公室起草，并获得了另外两个政治团体的支持，分别是保护主义强硬派（克莱斯勒、美国汽车工人联盟和美国劳联－产联）和所谓的"务实的自由贸易派"（参议员帕克伍德办公室和里根政府的一些贸易官员）。一位密切参与该过程的人士认为，超级 301 法案的设计宗旨是"启动一种倒逼机制，把关注点放在贸易障碍上，而不是贸易平衡，同时要有一种办法可以衡量结果，而且对于总统来说，更要有足够的灵活性，以尽量避免迫不得已采取严苛的惩罚行动"（Schwab 1994：152）。1987 年 7 月，在对等主义强硬派的推动下，超级 301 法案以 87 比 7 的压倒性多数，获得参议院通过。

1987 年 8 月，两院议员联席协商委员会召开了一次会议，以便对众议院版本（HR. 3）和参议院版本（S. 1420）进行协调。这种情况反映出一个问题，那就是，贸易在政治上具有新的突出性，以及日益增加的制度复杂性。这次会议代表了美国国会里的 23 个委员会，其中有 14 个来自众议院，9 个来自参议院。共同任命了 199 名议员组成这个协商委员会，来协调两院版本，其中，155 名来自众议院，44 名来自参议院（Destler 1995：94）。但实际情况是这样的，众议员罗斯滕科斯基和参议员本特森是这个委员会的主席，根据传统，他们拥有强大的授权，结果，他们使用了这个授权，把两个版本中几乎所有直接限制贸易的条款都挑出来，然后一一删除。这是一个关键信号，表明国会有意提交给里根总统的法案是一个他能够签署的版本，或者至少难以否决它。这种情况让里根政府里的自由贸易派左右为难，要么，跟国会谈判，形成一个行政团队可以接受的法案；要么，直接否决掉，但是风险在于，要长期跟国会纠缠下去。究竟在多大范围内制定针对国会法案的异议清单，这个问题在里根政府内部引发了论战，贸易实用主义者与公开的自由贸易—良好关系联盟之间，针锋相对，互不相让。根据施瓦布的说法：

> 最重要的因素是各个机构之间的分裂，有些人觉得，做做工作就足可以改变结果，也能最终获得总统的签署，而另一些人断定，不管做多大的努力，都于事无补，这两拨人简直势不两立。磋商过程中，一派是美国贸易代表和商务部，另一派是美国行政管理与预算局、白宫经济顾问委员会和美国国家安全委员会；至于国务院，通常是与反对法案的一方站在一起；美国财政部没有明确表态，或者说，如果不涉及自己部门的问题，他们更倾向于那些贸易类机关。农业部和劳工部总体上支持去找国会进一步谈判，但在辩论中参与不多。

上述贸易法案的核心在于第 301 条款，把参议院版本里的超级 301 纳入其中——获得了两院协商委员会的背书，但代价是牺牲了众议院版本里的格普哈特修正案（Bello and Holmer 1990）。301 条款的成果，也应用到一些以 301 条款为基础的新规定当中，

第七章　强硬派高歌猛进

比如知识产权（特别301）、电信（1337节）和超级301。对于行政团队来说，参议院要求在301条款中设立一种报复机制，"具有强制性，但可备而不用"。对等主义强硬派人士"不想让报复拥有合法的权利，（但是）他们认为有必要向行政团队施加足够的压力，迫使他们采取最有可能取得预期结果的行动，也就是说，把不利的外国惯例全部肃清"（Schwab 1994：187）。

在参议员本特森和丹佛斯登高一呼的情势之下，所有基于超级301展开的谈判，都把日本锁定为焦点，结果一点都不出人意料。参议院的法案版本锁定了那些"始终保持进口壁垒和市场扭曲做法"的国家。随后，将针对这些国家的"主要壁垒……展开301调查……消除这些壁垒会增加美国的出口，这是最重要的潜能"。该版本还要求，以结果作为证据进行年度报告，并与先前关于美国出口增长——假如最初这些贸易障碍不存在的话——所做的预估相对照（Schwab 1994：152）。里根政府中务实的自由贸易派，敦促那些出席协商会议的参议员们，把"关注重点从不良行为体转向不良行为本身，放弃扣帽子的做法"（Schwab 1994：194）。此后，美国贸易代表克莱顿·尤特和丹佛斯参议员办公室排除万难，最终达成了妥协，界定了超级301涉及的贸易自由化优先事项，其中包括需要处理的优先惯例和优先外国（Schwab 1994：196）。但是，在国会立法者的印象中，哪个国家是优先外国，全都心知肚明。

到1988年4月，在财政部长詹姆斯·贝克（James Baker）和美国贸易代表克莱顿·尤特的领导下，里根政府中的务实主义者已经确定无疑，如果贸易法案把政府担忧的两个主要条款都剔除的话，总统真有可能无法最终否决。在那两个条款之中，有一个规定，可以对聘用 100 名或更多工人的公司强行通知关闭工厂；另一个是《布莱恩特修正案》，威胁要限制在美国的外国投资。贝克和尤特最后做出决定，不采用更广泛的否决策略，也不会提出一份更长的投诉清单（包括 301 条款和超级 301 的议题），因为他们有个判断，就是"无论他们做什么，国务院、国防部、美国行政管理与预算局、白宫经济顾问委员会和国家安全委员会仍然会建议总统把法案否决掉"（Schwab 1994：204－205）。针对取消关闭工厂的条款问题，国会里的贸易领导人觉得，在最终立法中，他们无法保证投票结果，这使得国会面临着一次总统否决的风险。4 月 21 日，众议院以 312 对 107 票的投票结果，通过了重新制定的综合贸易法案，这比推翻（总统）否决所需的票数，足足多出了 20 票。参议院还于 4 月 27 日以 63 比 36 的投票结果通过了该法案，但是这没有达到总统否决无效所需的多数票。最终，里根总统行使了否决权，但是因为双方差距不大，所以他敦促国会迅速通过第二次贸易法案，其中只需要删除两个令人不悦的条款即可。事实证明，该来的总会来，8 月 23 日，里根总统签署了 1988 年《综合贸易和竞争力法》，使其最终成为法律。尽管仍然持反对态度，但是里根政府决定，可以跟超级 301 共存，把超级 301 当成一种新的强硬工具，一种施压手段，从日本那里寻求结果。至于如何实施这个法律，就看 1989 年上任的老布什总统接下来会怎么出招了。

·第七章 强硬派高歌猛进·

第二节 美国公司和日本难题

毫不奇怪，国会对日本采取激进主义，得到了众多美国公司和劳工利益团体的支持，他们寻求在竞争压力下，得到政府的纾困救济。由国际化企业和农业利益集团组成的私营部门自由贸易联盟，在20世纪80年代中期贸易体制危机的时候，就支持那些零零散散的自由贸易倡议。当时，美国的贸易风险不断增加，贸易赤字达到了创纪录的水平，从而使一系列的美国制造性产业获得政府的进口救济。那些主要的商业游说团体，例如商业圆桌会议、美国商会和美国制造商协会，承受的压力也比以前更大了，因为他们的会员企业之间，关系盘根错节（Destler 1995：195）。

到1985年，日本对美国产业竞争的挑战规模出现了堪称戏剧性的发展，这并不是因为引人注目的排日风潮（Japan-bashing，盛行于20世纪80年代后半期的一股思潮，美国朝野上下对日本崛起表示强烈忧虑，要求从经济、政治乃至军事上遏制日本——译者注），而是因为自由贸易派的反水，他们过去长期支持实施日本专项进口救济。1985年初，有一种呼声要求对日本实行临时配额制，惠普公司的董事长戴维·帕卡德（David Packard）对此表示了支持，这种情况突显出自由贸易联盟的事业基础并不牢固。到了1985年5月，支持多边贸易政策方针的人大幅减少，关贸总协定也让人们大失所望，而美国贸易代表原本还积极推动新一轮的多边回合谈判呢，但是他慢慢发现，自己虽然忙前忙后，换来的却是美国企业利益方非常冷淡的回应。美国贸易代表办公室下面有一个私营部门咨询委员会,该委员会提出了一些理由,认为新一轮的关贸总协定谈判,"可能会分散注意力,因为当前还有一些更紧迫的国内和国际经济问题需要处理,比如,制定强硬的美国贸易政策,美元的估值,预算赤字问题,以及其他金融和货币问题"。[3]

人们对新的多边贸易倡议之所以支持率大减,最主要的原因在于,"差不多所有的美国外贸货物制造商都有一种感觉,就是心理越来越不平衡,认为外国存在贸易不公平行为,美国一直深受其害"(Destler and Odell 1987:120)。德斯特勒和奥德尔曾对"一般性的反保护活动"出现逐步衰减的问题做过研究(Destler and Odell 1987:121),他们引述了一位"公允而成熟的(自由贸易)联盟成员的话",抱怨"日本的事儿很严重,破坏了反保护联盟。日本人尤其喜欢保护主义"。一时之间,对"不公平贸易"的抱怨之声,大有乌云压城之感。对于保护主义强硬派和对等主义强硬派而言,有了讨伐不公平贸易的保护伞,他们之间的差异性,看起来跟企业贸易政策偏好的新模式产生了遥相呼应的效果。分析家已经注意到,在20世纪80年代,出现了一套更为复杂的美国企业贸易偏好,不同于自由贸易和保护的标准概念(Milner and Yoffie 1989)。米尔纳和约菲(Milner and Yoffie 1989:239-40)发现,越来越多的美国跨国公司"历史上曾经支持单方面开放其国内市场,现在他们公开倡导第三种政策——也是一种战略性的贸易政策,即,如果外国市场被保护了,那么就会要求在本国之内,也设置贸易壁垒"。他们指出,半导体和电信设备等行业——都面临着来自日本的最激烈竞争——偏好也发

第七章 强硬派高歌猛进

生了变化,正从无条件的自由贸易,转向要求战略行动,而不是无条件的保护主义。就像在国会里发生的那样,总的趋势是,要以牺牲战后的自由贸易联盟为代价,加强贸易保护主义者和对等主义强硬派的联盟。

通常情况下,大型行业团体的会员身份形形色色,比如美国商会、商业圆桌会议和美国制造商协会的会员,有鉴于此,针对日本问题,他们更愿意跟保护主义强硬派保持一定的距离,例如克莱斯勒的李·亚科卡(Lee Iacocca,被称为克莱斯勒的"救世主",20世纪80年代挽救了该公司濒临破产的命运——译者注)。可以举个例子来说明一下,美国制造商协会坚决支持美国半导体协会在1985年6月提起的301诉讼,但当时它还继续推动温和的贸易议程,最终,还是没有把日本单独挑出来,作为特别注意的目标。[4] 在国会方面,主要的商业团体积极反对《格普哈特修正案》,但是,他们却以更温和的态度做贸易推动工作并取得了一些成果,然后,还在国会领导层的对等主义强硬派和里根政府的自由贸易派之间进行斡旋。根据施瓦布的说法:

这些团体所采取的立场,通常情况下,既不偏向政府那种坚定的自由贸易,也不偏向国会贸易领袖那种更强硬、更激进的方针,而是位于两者之间的某个位置……实质上,在贸易立法的发展过程中,传统角色已经出现了一种反转:从前都是行政部门起草一项法案,然后召集私营部门到国会山进行游说,但是这个案例完全颠倒过来了,国会率先起草了法案,然后和政府一起,转向工商界寻求协助。(Schwab 1994:168)

在日本贸易问题的主要参与方中，也包含了个别公司的强硬派人士，比如半导体生产商摩托罗拉的首席执行官罗伯特·高尔文（Robert Galvin）和克雷科技的约翰·罗尔瓦根（John Rollwagen）。很显然，他们的活动能力很强，在贸易政策圈，特别是在美国贸易代表办公室和商务部里，都有很大的影响力，可以策动人们支持以结果为导向的行动，包括信誓旦旦的报复威胁。从一定程度上看，他们的影响力也反映出贸易政策权威的支离破碎，与之类似，华盛顿出现了波及面更广的"百家争鸣"，这对那些大型的、有广泛基础的院外游说团体而言，也是一种影响力的侵蚀和破坏（Destler and Odell 1987：122）。

1989年2月对于一些商业游说团体而言是一个很重要的月份，他们长期以来寻求一种以结果为导向的对日政策，现在迎来了一个里程碑。当时，美国贸易代表办公室下面有一个贸易政策与谈判咨询委员会（ACTPN），发布了一份名为《美日贸易问题分析》的报告。鉴于该委员会的法定职权是就贸易政策向总统提供建议，自然吸引了来自美国工业、农业和服务业的各领域重量级代表。很巧的是，该委员会发布的这个报告，正赶上新当选的老布什政府要对超级301进行审议。该报告建议，考虑到"两个经济体的结构不同，贸易政策的解决方案应介于自由贸易和管理贸易之间"（ACTPN 1989：vii）。报告还强调说，"人们越来越感到沮丧，因为人们认为管控双边关系的方法特别零敲碎打，过于明争暗斗，而且，太以过程为导向了"（ACTPN 1989：viii）。相反，该报告呼吁，应该采取一种"以结果为导向的贸易战略"，以"证明美日谈判取得成功的明确证据"，同时，"在日本独特的

·第七章 强硬派高歌猛进·

经济结构之内,能够真正发挥作用"(ACTPN 1989:xv-xvi)。

尽管该报告强调,在双边贸易失衡方面,宏观经济政策起到了一定的作用,但是,该报告也认为,美日贸易逆差是"日本微观经济政策的结果,因为日本的微观经济政策将进口的作用大大降低,基于日本的经济属性,这远远低于对一个工业经济体的正常预期"(ACTPN 1989:x)。这份报告把关注重点放在了几个重要的问题上,"日本存在无形的或非正式的壁垒,日本工业集团的结构(经连会)引发的采购惯例,以及日本人对进口的抵制态度和倾向"(ACTPN,1989:xiv)。报告认为,这样的障碍并没有"通过一套基于规则的系统,将他们自己引导到一种遵纪守法的状态"(ACTPN,1989:xxii)。因此,该报告对美国政府提出如下呼吁:(1)确定哪些行业应该优先处理;(2)明确定义"成功的结果"是什么;(3)谈判那些"成功的结果",要对美国贸易法规(特别是超级301条款)的压力作用加以利用。

对于强硬派而言,ACTPN 发布的报告为他们提供了前所未有的合法性,确认了他们对日本问题的主张和政策要求,应该着眼于结果,而不是程序或规则。毫无疑问,强硬派获得的支持,来自一个激进主义的国会。但同样,行政部门里的强硬派人士也接受了这份报告,商务部的莫林·史密斯甚至把这份报告称为"一个里程碑。那些人可都是主流的、建制派的商业人士"。[5] 美国贸易代表办公室前官员格兰·福岛重茂(Glen Shigeru Fukushima)呼应了一种观点,认为强硬派游说团体已经跨过了一个新门槛,"ACTPN 在 1989 年初发布的那份报告,是我在美国贸易代表办公室工作期间所看到的第一个迹象,表明这种(以

237

结果为导向的对日政策）可能有机会作为一项美国政府的政策，被非常认真地考虑了"。[6]

第三节 修正主义：强硬派学习建立范式

就这样，强硬派人士在 20 世纪 80 年代结束以前，将以结果为导向的对日政策，纳入到官方的决策议程之中。对于他们的能力问题，我们不能简单地从其机构地位或物质利益上来理解。这里面有一个过程的问题，涉及美国贸易政策界内部对日本问题的渐进学习和了解。在这方面，认知因素（共同的理念/想法）并不能独立地决定结果，但是在拟订政策辩论（什么是竞争对象和什么不被视为竞争对象）和限定政策创新的边界方面，扮演了重要角色。

关于日本问题，一套更为法典化的理念日渐流行起来，这为其招来了一个修正主义标签。这种修正主义对日理念，也是前文提到的学习过程的一部分，尤其要指明的一点是，在强硬派游说联盟内部，它是很有价值的。随着时间的推移，认为日本在经济上按不同规则行事的核心修正主义主张，成了主流认知的棱镜，美国贸易政策界可以借助它来审视日本问题。对于强硬派而言，有了修正主义的加持，那些以结果为导向的对日政策核心理念和论点，可以得到巩固和增强，并且能够具体化和合法化，同时，还能够对以自由贸易联盟为特征的传统主义对日观点提出挑战。修正主义具有很强的说服力，差不多渗透了整个政策圈子，尤其是在某些不直接卷入游说角色的领域里更为明显，比如研究人

第七章 强硬派高歌猛进

员、分析师、新闻工作者等等,这些领域提供的一些新资讯,常常涉及日本人如何行事做事的问题。从政治层面看,修正主义的能量也不小,跟更广泛的美国社会(贸易政策精英人士除外)中的隐性强硬派——他们对日本欣欣向荣的经济实力和美国的日渐衰落焦虑不已——可谓意气相投。

1989年8月7日,美国《商业周刊》刊登了一篇名为《重新思考日本》的封面文章,将修正主义标签贴到了直接挑战传统主义者的一系列观念上。传统主义者和自由贸易派的观点认为,从根本上说,日本的政治经济体系类似于——或者至少趋同于——其他的西方资本主义民主国家。而修正主义的论点主要是从一个小群体的著作中提炼出来的,这些人后来被标记为"四人团"——政治学教授查默斯·约翰逊、里根政府前贸易官员克莱德·普雷斯托维茨以及新闻记者詹姆斯·法洛斯和卡雷尔·冯·沃尔夫伦。修正主义范式以四个相互关联的命题为中心:(1)英美的资本主义是以消费者为导向的,与之相比,日本的资本主义代表了一种根本不同的政治经济模式;(2)日本这种模式的成功,对美国的财富和权力构成了威胁;(3)具有很强连续性的这套日本体系,与英美资本主义南辕北辙;(4)美国需要大刀阔斧地改变对日政策,采用某种形式的管理贸易或者以结果为导向的政策。

因为对日本的了解更胜一筹,所以修正主义取代了对日本的传统主义解释。基于此点,公认的修正主义领袖断言,"日本声称与西方资本主义民主国家存在根本上的相似度,那都是基于对日本自身的无知,只能算是一种照本宣科"(Johnson 1990;

107)。尽管修正主义者各自关注的重点有所不同,但核心思想都包含在约翰逊的以下论述之中:

> 与美国相对照,日本经济是不同工业历史的产物,也是在经济事务中对该国所起的不同作用的产物,还是在所有事务上对经济所起到的不同作用的产物,更是一种不同类型的经济学的产物。美国对日本的经济政策应以这些差异为前提。……为了维持我们的经济独立性,我们别无选择,因为日本人一直以对他们自己有利的方式来管控与我们的贸易,我们只能管控与日本的贸易,并实施一项产业政策,以确保美国制成品对美国的消费者具有吸引力。[7]

同样,普雷斯托维茨(1993:75,81,95)坚持了他的观点。他说:

> (修正主义者)认为日本经济是以某些原则为基础的,并且在目标、结构和操作惯例方面,与新古典主义的西方模式大相径庭。按照这种观点,(经济)摩擦不是由美国人的糟糕表现或日本人的欺骗引起的,而是由两个截然不同的系统的冲突引起的,而这两个系统的冲突不太可能通过施行一些通用规则来缓解,因为两国都不会同意……谈判总是能达成协议,但协议永远不会产生预期的结果。……(这就要求)必须协商出一些专门的手段,来克服或抵消结构差异或政策差异所带来的影响。

第七章 强硬派高歌猛进

作为类似于范式的一套理念，修正主义与三个问题密不可分，分别是：认知网络的突出事件，共享的经验，还有感知异常。[8] 它为核心的强硬派主张——日本异质论——提供了包装上的经典范式。这包括：核心理念的典籍化和合法化，对因果关系和解释策略的精益求精，以及对实现核心价值/利益的政策建议的逻辑扩展。用一位美国贸易官员的话来说，修正主义是"把这种学习经历记录下来的教科书……就看待日本的观点和对日本的一种理解而言，它绝对影响深远"[9]。

修正主义思想的出现和传播，不可能有一条单一的路径。如果简单化地专注于"四人团"的崛起，你会发现一个扭曲了的修正主义思想图谱，以及在对日问题上一个更大的强硬－友好二元分析库。确实，正如其他人指出的那样，鉴于围绕日本独特性——日本人论（Nihonjinron）——展开的研究已经有了一定的知识积累，对日本异质论的强调就不那么"特别的修正主义"了（Samuels 1992）。实际上，从美日关系的历史来看，这种强调算不上独具一格，或者别出心裁（Benedict 1972；Johnson 1988）。实际上，在20世纪80年代之前，美国的正统经济学家早就对日本资本主义特殊性进行过讨论（Patrick and Rosovsky 1976）。就约翰·金登所说的思想软化过程而言（Kingdon 1984：134），日本的产业政策早在20世纪80年代初期就受到美国政策过程的强烈抨击。所以，修正主义在20世纪80年代后期的道路，走起来顺风顺水。20世纪80年代中期发生贸易危机后，美国人对日本问题提出了一些附加诉求。尽管如此，修正主义具有独特的观感和典范的味道，给美国贸易政策界的日本问题辩论及其政策选

241

择，留下了清晰的烙印。美国前贸易官员格兰·福岛重茂重点指出了修正主义具有的这种独特元素。

1985年我加入美国贸易代表办公室的时候，那些在贸易谈判上与日本打交道的人——至少在商务部、美国贸易代表办公室以及农业部是这样的——都知道跟日本打交道，在套路上是不同于其他先进工业化贸易伙伴的。

但是，直到查默斯·约翰逊的《通产省与日本奇迹》这本书被拿出来认真对待，克莱德·普雷斯托维茨和卡雷尔·范·沃尔夫伦分别撰写了《时运变迁Ⅱ》和《日本权力之谜》，吉姆·福洛斯在《大西洋月刊》上发表了多篇文章，之后，这些经验才终于以一种系统化和可靠的方式，得到汇集整理，成为思想的结晶。[10]

修正主义向自由贸易－良好关系联盟的对日观念发起的挑战，我们可以根据一项政策问题的理念特征，从三个维度进行剖析：(1) 所涉及的利益；(2) 因果关系；(3) 政策的含义。修正主义者的出发点是美国利益的大小，这被认为是源于美国和日本政治经济制度之间的差异。总体而言，传统主义者将日本问题从狭义和次要角度看待（例如，作为经济问题，就不应被允许破坏更重要的安全目标，或者，作为国内问题在很大程度上的一种反应，比如美国预算赤字或贸易保护主义压力）。相比之下，修正主义者认为，美国利益受到了主要威胁：

第七章 强硬派高歌猛进

日本与世界其他地区之间的经济和工业关系是不平衡的，而且长期如此，其中包括接连发生的产业迁移，以及技术能力转向日本……我们认为，如果今天美国的贸易和工业模式继续下去，结果一定会出现实质性的下降，在西方国家，尤其是在美国，采取独立的经济和政治行动的能力，将大不如前。[11]

没错，在美国外交政策的传统主义观念中，遏制共产主义是第一位，而修正主义者将日本经济体系的成功，视为对上述观念的全面挑战。如果前景是日本在经济上成了霸主，美国的财富、权力和独立性不断下降，那么，美国就不得不采取遏制日本的战略（Fallows 1989a）。约翰逊（Johnson 1990：135）警告说，美国"必须做的是，要么开始与日本竞争，要么重蹈苏联的覆辙"。普雷斯托维茨（Prestowitz 1988：22）也说过类似的话："如今，对美国力量的真正挑战，并不是来自东方集团里的一个险恶成员，而是来自远东地区的友善的那一位。"确实，这位美国前贸易官员的观点似乎更带有宿命论的味道，在《时运变迁Ⅱ》一书里，他认为美国已经输掉了这场美日之战，日本人在经济上取得了完胜。更有甚者，东亚的其他国家也许会由于恐慌而群起效仿日本的模式，威胁到"硅谷等西海岸高科技地区，使那里变成电子锈带"（Johnson 1987a：71）。詹姆斯·法洛斯写道：

自由贸易体系的主要威胁不是来自美国的保护。它来自日本树立的榜样。日本及其追随者——例如中国台湾地区和韩国——已经表明，在自由贸易社会与资本主义发展型国家或地区之间的

243

正面工业竞争中，自由贸易商最终将蒙受损失。

除了抱怨日本的不公平以外，修正主义者还对日本有一个更整体性的看法，即日本是一个重商主义大国，由国家引导的战略试图称霸全球经济。这一次，"四人团"参与了一个更大的分析规划，专注于日本的贸易和产业战略，参与者不乏研究人员、分析师和产业政策游说人士，他们来自哈佛商学院（例如布鲁斯·斯科特和乔治·洛奇）和伯克利大学国际经济问题圆桌会议（例如约翰·齐斯曼、迈克尔·博鲁斯、斯蒂芬·科恩和劳拉·泰森）。有影响力的管理专家彼得·德鲁克（Peter Drucker）于1986年4月在《华尔街日报》上撰文，将日本列为"对抗性贸易"的代名词，以区别于"竞争性贸易"的概念。[12] 德鲁克认为，日本的对抗性贸易在进口国"造成了严重的社会混乱，被视为一种敌对行为，而不是公平竞争。……（它）威胁要驱逐并摧毁本已疲软的工业，从而造成重大经济损失。但最重要的是，它造成了大规模的失业和社会错位"（如前所述，"对抗性贸易"一词进入了最初的参议院对《格普哈特修正案》的替代版本，也就是超级301条款的前身）。修正主义者根据他们的专业知识，简单地放大了美国的去工业化图景，宣称日本制定了经济上的统治战略。那个看似不妙的前景是这样的，"在尽可能多的工业领域，日本都占据国际统治地位，事情远未止步于此，虽然协调混乱，也没有人描绘过，但这是一个强大的战役，要确保日本在这个世界上安全无虞"（Wolferen 1990：48）。

在修正主义的观点之中，对美国高科技的工业化衰退感到恐

第七章 强硬派高歌猛进

慌,才是核心要义。修正主义者和其他强硬派分析师试图编写的一套剧本,有两个情节最为关键,一个是美国在内存容量之争中落得惨败,另一个是在半导体工业中丢盔弃甲(见第五章)。美国在芯片领域败给日本的案例表明,美国半导体产业的命运,与电视机和汽车业的美国制造商们相比,最终将殊途同归,这一点得到了修正主义分析师们的确认(Prestowitz 1988;Fallows 1994)。虽然在半导体行业,根据以结果为导向的谈判策略,最终就市场份额达成了交易,人们也为此欢欣鼓舞,但是,这仅仅强化了修正主义者的一个观点,即这样的政策结果并非只是一种愿望而已,它确确实实是可以达到的。这一回,修正主义者加入了一个更大的合唱团,为美国制造业的衰落和高科技领导力的丧失而哀唱挽歌(Cohen and Zysman 1987;Dornbusch 等人 1987;Dertouzos 等人 1989)。在美国政府不愿意或者没有能力去一门心思对付日本的情况下,修正主义者力图从美国的失败中进行镜像分析,以阐明日本为何能够成功。这是所有修正主义者都想写下来的一个主题,这一点,在克莱德·普雷斯托维茨现身说法的案例上,特别有说服力。他曾是一位内部人士,在与日本打交道的过程中,发现里根政府的"书生气和官僚主义捅了很多娄子",他希望把这些都揭示出来。[13]

在高风险的日本问题之下,可以发现修正主义的因果关系,以及日本通过何种手段重写了国际经济关系的规则。美日两国存在的根本性差异存在于制度、国家的角色和经济学说方面,而且持续了很久,这种情况为修正主义者提供了一些成因机制,一方面,可以借此寻求对一些成果进行解读,另一方面,可以对一些反常的现象有所感知。对日本发展的新资本主义制度进行分析，目的是把传统主义者的关注重点，从私营部门的经济活动和正统的宏观经济政策上移开，以便更好地理解日本在战后取得的快速发展，以及国际经济互动的模式。约翰逊（Johnson 1982）对日本作为资本主义发展型国家的历史政治研究，为20世纪80年代下半叶形成更大的修正主义范式，提供了智慧之锚。理查德·萨缪尔斯对美国国内的日本政治研究情况进行调研后，对约翰逊的著作发出了由衷的赞赏，他说"这本书是一位日本问题专家撰写的，可能是有史以来阅读量最大、影响也最大的一部学术著作"，"对美国从事政治经济学研究的日本问题专家而言，该书引领了一个时代……称得上是一座灯塔，使理论问题和日本问题都得到了阐明"（Samuels 1992：32）。

日本崛起为全球经济强国，被认为是一项成功的产业政策的结果，在该产业政策中，通产省通过引导资源、构建市场和影响企业决策，来追求一种发展型的国家目标。在约翰逊对资本主义的分析比较中，美国是一个参照物，一个"资本主义调控式国家"，针对经济领域存在的竞争，设定一系列的规则，但是，对于哪些产业应该与之共存的问题，往往并不关心（Johnson 1982：19）。英美系统过去被定位为以消费者的福祉为导向，约翰逊和其他修正主义者坚持认为，日本系统则追求以生产者为导向，其经济民族主义的目标是要主导国际经济中的关键产业。结果就是这样"一个系统，在民主资本主义的西方模型中，其目标和表现，可能无法准确地描述出来"。[11]

一旦提起那些摇头晃脑、引经据典的书生们，修正主义者就

第七章 强硬派高歌猛进

会把大部分的攻击矛头指向：

自由贸易学说的影响。这个学说已经变成了一套神学原理，神职人员就是那些经济学家们，他们脑子里的思想已经根深蒂固。很显然，在了解国际经济关系即将发生什么和捍卫自己的信条这两件事情上，他们对后者要更感兴趣得多。

(Johnson 1990：107)

因为传统主义者更强调日本与西方资本主义存在相似性和/或趋同性，而且他们也对正统的经济政策矢志不渝，所以，修正主义者的思维方式对他们提出了挑战。日本的经济优势"不再只是一个不可思议的谜"，而是"对主要的政治学说和经济学说发起的一种挑战，要知道，当前全球对于人类社会组织的思考，都处于这些学说的主导之下"(Johnson，1987b：136)。泰森和齐斯曼强调 (Tyson and Zysman 1989：xiii)："从传统经济学的有利位置来看，日本已经产生了非常严重的政策偏差。"因此，"面对国际贸易和国内发展的动态变化，传统的美国经济和政治构想，存在蚁穴之危，必须对日本取得的惊人成就进行再思考"。也许日本的这套资本主义系统，根本就没有玩西方人的游戏，更不要说"以西方人的方式来击败西方人"了，在这种情况下，修正主义者主张的专业知识，反映了他们的一种能力，可以从一些制度细节发现日本的资本主义体系，其故事虽然听起来可信，但是存在着严重的漏洞 (Wolferen 1989：406)。

就强硬联盟内部的学习而言，许多修正主义理论被认为起到了重要作用：完善、扩展和合法化了那些因果关联，而那些因果关联，已经松散地体现在日本先前给我们留下的诸多形象之中：无所不能、高深莫测的大日本帝国公司（Japan Inc）。日本的这种地位显然是被专家们拔高，形成了一种基于专业理念的网络，部分原因在于，一些日本问题专家声称自己理解日本人的权力基础具有非正式的或者无形的特点，这是一些被传统主义者忽视的领域。很明显，英美资本主义以合法的权力基础为特征，但在日本，制约因素要多得多。反过来，这就导致了明显不同的因果推论。因此，范沃尔夫伦将日本人的系统称为：

结构保护主义，意思就是说，所有非正式的——如果不是官方的——进口贸易壁垒，必须确保外国竞争不会破坏日本的目标。……有几家外国公司被精选出来，获得了协助，它们被当作鲜活的案例，用以体现日本市场的开放性。但是，我们应该观察的是那些分销系统（把持在少数几个控制者手中），是日本竞争者制定的那些法规，是那些新的产品标准，以及其他的一些壁垒，在日本市场限制了强大的外国竞争对手。当提到微妙的控制和一些委婉的表达的时候，东京官僚们的辞藻极富创新性，会让外国人听上去很顺耳。（Van Wolferen，1986—1987）

修正主义者认为，与其总盯着（贸易）不公平，还不如强调，谈判成果仅仅反映了大家对一个国家的经济目标和运作方式，在理解上存在着巨大的差异。一边抵制外国对日本的市场渗透，一边坚持不懈地进军海外市场，日本人的这种做法"从整体来看，是自然而然的过程：尊重政府官僚主义，尊重产业政策，尊重公司在日本所秉持的经营之道，都很自然"（Prestowitz 1988：24）。到20世纪80年代后期，修正主义的创立者将其资本主义发展型国家的概念做了改进，过去他认为这一概念是以历史发展为基础的，但是现在，他认为日本的系统更加具有一种持久的封闭性和共谋性。传统主义者看到的是，在日本经济中的一些领域，国家的角色日渐收缩，但约翰逊（Johnson 1987b：159）强调的反而是，日本经济领域的官僚机构早就发现，他们最有效的权力是通过政府引导，实施量身定制、口头打招呼和临时性的点对点安排。事实上，他甚至认为，正是因为政府引导的缘故，"外国人永远也不会搞清楚在日本的经商规则"（Johnson 1989：23）。[14]

在对自由贸易论者的认知水平发起攻击之前，修正主义者将他们以制度为中心的对日观点，与更抽象的正统经济学框架进行了对照。正是基于此点，约翰逊（Johnson 1987a：77）提出了他的看法，"资本主义经济理论是一种完全抽象的甚至是乌托邦式的思想体系，直到通过具体制度将其转化为行动为止……不受制度变化影响的宏观经济理论，是公共决策发生重大失误的根本来源"。日元兑美元汇率变动未能调节贸易流量，也没有纠正贸易失衡，这为他们对付自由贸易论者，提供了解释的弹药（Van Wolferen 1986—1987：297；Fallows 1989a：43—44）。20世纪80年代中期，一张图表的出现，使美国半导体产业的主张获得了有效支持，该图表向公众展示了美国在日本市场遇到的挫败：尽管日元汇率出现上涨，日本也正式实行了贸易自由化，但是美国的市场份额仍未能升至10%以上（美国半导体协会 1985：12；

Prestowitz 1988：63）。从 1985 年至 1988 年，在美元大幅贬值的条件下，美日贸易失衡仍在持续拉大，这种情况让人明显感觉到很不正常，于是，修正主义者的公信力一飞冲天，不仅强硬派联盟的内部将修正主义奉为上宾，而且在更大范围的美国贸易政策界，也对修正主义好感倍增。

可以发现，这种更广泛的影响结果，出现在了政策专家圈子的核心，不过此时此刻，他们还没有做好准备，去跟主要的游说联盟并肩作战。雷蒙德·埃亨（Raymond Ahearn）是一位长期负责美日贸易关系的分析师，曾在受到高度关注的美国国会研究服务局供职，对于修正主义崛起为一种不同于经济学正统观念的异议者，而且还深具影响力，他提出了自己的看法：

我是在 1978 年《施特劳斯—牛场信彦协议》签订的时候开始工作的，当时我们对日本的主要贸易壁垒一无所知。但是后来，修正主义者的全部评论文章一下都出来了，这对于像我们这样的人来说，在不知道日本实际上是如何运作的情况之下，简直就跟得到了上帝的启示差不多。我们觉得，一直以来我们都是傻瓜，愚昧无知，对经济如何运作缺乏更深入的了解。就像所有新古典经济学家过去所说的那样，经济学不是万能的。天知道我们的方向到底对还是不对？因此，我想，你一定有上当的感觉，然后，你又觉得自己貌似有了某种洞察力，再然后，你会反应过度。我想，这就是人们持续做下去的一部分动力吧。[15]

爱德华·林肯（Edward Lincoln）是一位经济学家，也是一

第七章 强硬派高歌猛进

位研究日本问题的学者，20世纪80年代中期，他从美国日本经济研究所（由日本外务省资助）转到享有盛名的自由思想库布鲁金斯学会继续从事研究工作。他把关注的焦点放在日本的制度方面，针对修正主义的持久影响，强调了以下几点：

> 我同意修正主义者的观点，即许多经济学家一直不愿考虑制度，因为制度很难纳入计量经济学模型中。经济学可以做出有益的贡献，但是经济活动的发生有一个社会的和制度的背景。修正主义者正确地指出，对制度背景的了解应该更多一些。[16]

日本的资本主义独一无二，并且具有强大的连续性——在经济制度以及政府引导的产业和贸易战略方面——这些都为修正主义塑造了一个核心前提。"四人团"对里根政府和老布什政府提出指责说，他们总是天真地认为可以改变日本，让这个国家向一种自由主义的、资本主义的模式转变。詹姆斯·法洛斯断言：

> 在我们的贸易政策中，核心的知识漏洞就是，总盼着日本会出现改变。对于美国而言，除非（日本的根本变化）真的发生，否则采纳一种会导致失败的政策就太傻了——我们所有的市场开放战略都可以归结为这一点。……我们应该把我们的计划建立在一种假设基础上，那就是，日本的内在秩序绝不会改变。(Fallows 1989b: 60-62)

与此类似，范沃尔夫伦（Van Wolferen 1989：17）认为，

251

"除非目前发生一些无法预料的大动荡，否则日本人的制度不太可能与外部世界更加顺畅地相处，因为这会导致官僚机构和企业的伙伴关系破裂，而这种关系塑造了（日本的）体系之魂"。尽管从形式上看，日本有所改变，但根源仍然是对连续性的强调，对（非正式的和无形的）机制的看重，这种态度已经根深蒂固了。那些有趣的融合概念被认为根本不了解日本的运作方式。普雷斯托维茨批评了美国人的如下作为：

> 有一种倾向，就是用美国来解释日本；还有一种倾向，就是假设在日本，如果权力没有获得一种公开的、合法的基础，那么权力就不会存在。倘若我们接受这种谬论的话，在很大程度上，就会过分强调权力的实际丧失，忽视了日本社会所具有的那种微妙的、非法制化的属性。(Prestowitz 1988：115)

修正主义得出一个合乎逻辑的政策结论，那就是，如果日本不打算改变，那么美国就需要采取行动，重新安排双边关系。美国前贸易谈判代表后来曾痛惜不已，他认识到，对日本的错误认知是导致美国失败的主因，这个案例积聚了很强的能量，推动了此后制定政策的过程中开始明确以结果为导向。普雷斯托维茨在其1988年出版的《时运变迁Ⅱ》一书里，特别明确地阐述了修正主义的案例：

> 我们的谈判应该永远都是为了获得结果去的。如果谈判是建立在一种外国文化的程序之上，而且只是希望获得一个没有明确

限定的开放市场，那一定会招致失败和挫折。我们可以协商，对某个法律进行修订。我们也可以展开谈判，以防止某个法律获得通过。我们还可以就市场份额或者特定总额的销售量或者范围区间进行协商。我们甚至可以谈判任何可识别的、明确的东西。但是，我们无法就哲学或者悟性进行谈判，也不应尝试这样做。(Prestowitz 1988：322)

基于规则的多边贸易体系，其实与对日贸易问题关系并不大，至少修正主义者是这么认为的。约翰逊（Johnson 1987a：75）的观点是，关贸总协定的规则"存在致命缺陷，因为这些规则并没有考虑到国家制度上存在的差异"。虽然因为寻求管理贸易而备受指责，但是修正主义者据理力争，认为贸易的管控——通过国家认可的卡特尔和共谋活动来落实——在日本的系统之内已经是普遍存在的事实。美国的任务仅仅是接受日本的运行方式，然后搞清楚他们到底想要什么。因此，约翰逊（Johnson 1990：121）坚持认为，"管理贸易已经是生活中的现实……问题并不是我们渴望有一种管理贸易，而是美国做得很失败，并没有像日本那样，对其贸易进行真正有效的管理"。

第四节　肥沃的土壤和隐性的强硬派

到目前为止，我们已经从美国在对日问题的核心经济表现出发，研究了修正主义范式：高风险的经济较量，日本不同制度和学说的因果溯源，日本政治经济体系的强大连续性，以及美国的贸易政策为什么需要彻底改变。这相当于对强硬联盟的理念体系，施以精雕细琢和合法化改造；此外，还给贸易政策界的其他同行，提供了一点点关于日本问题的分析启示。要知道，有些重大的外部事件是在贸易范畴之外，而这种学习过程，也会与之产生相互作用，进而反馈到有关日本问题的辩论中。20世纪80年代下半期，发生了一次最剧烈的外部变化——美苏关系解冻并使冷战终结——为强硬派思考日本问题，提供了政治空间。

修正主义者之所以对一些职业经济学家嗤之以鼻，是因为他们认为这些人对日本很无知，与此同时，他们还攻击了传统主义者，因为这些人通过冷战的棱镜来思考日本问题。修正主义拉开架势，要对"重新定义冷战时期的日本意识形态"做出回应，以维护西方同盟的利益（Johnson 1990：107）。到20世纪80年代后期，冷战学说指导美日关系的能力减弱了，这意味着，传统主义者只能更直接地依靠经济理由来辩论日本问题了。冷战结束以后，作为美国外交政策目标重新安排的一部分，修正主义在对日政策的辩论赛中强化了自己的主张，他们坚持经济优先的原则，认为美国正在迅速接近竞争性资本主义的新秩序（Islam 1990；Bergsten 1992；Thurow 1992；Garten 1992）。的确，约翰逊据说曾贡献了一句口头禅，"冷战结束了，但赢家是日本"（Thurow 1992；Garten 1992）。

冷战的维度凸显出修正主义与三个问题存在关联：政治潮流、非贸易事件和"肥沃的土壤"——修正主义者可以对这种"沃土"进行精耕细作，以就日本问题拟订辩论框架。"四人团"的声名鹊起，不仅仅对其理念内容是一个明证，而且还反映出，

第七章 强硬派高歌猛进

他们完全顺应了美国精英和大众舆论的流行趋势，就日本的形象而言，无论是动机还是行为，都越来越负面了。针对这个问题，金登（Kingdon 1984：76，81）提出了一个很有说服力的观点，他认为，要想了解理念在政策过程中发挥的作用，关键在于"不要追究理念的来源，而是挖掘出让理念生根发芽和茁壮成长的到底是什么。……关键的东西不是种子来自何处，而是土壤为什么会这么肥沃"。对于美日关系中存在的普遍冲突，大众媒体进行了铺天盖地的报道，自然会使得这样的一套理念得到强化，认为日本对美国利益构成了经济威胁，人们对日本经济实力的预测和对美国衰落的普遍焦虑，为其提供了最有利的政治环境。[17] 修正主义与美国政治体系中隐形的强硬派产生了共鸣，对精英们把持的贸易政策圈是一种超越。这显示出修正主义所具有的双面形象——既是因也是果——特别是在整个 20 世纪 80 年代，美日贸易紧张局势不断加剧的大背景之下，更是如此。

20 世纪 80 年代初期，有两件大事不得不提，一个是结构性的经济变化，另一个是宏观经济受到冲击。要想理解美国日益严峻的日本问题，以及越来越白热化的双边冲突，上面提到的两件大事，就必须作为核心问题来认真对待。不仅如此，把日本视为一个不公平贸易者的看法，早已在美国牢固地扎下根来，而诸如"资本主义发展型国家"这一类的词条在精英话语中占有一席之地，那是后来的事。美国民众对日本的总体态度出现恶化，是从 20 世纪 80 年代初开始的，因为当时的贸易冲击，对美国的就业市场造成了很大的影响。民意测验和对美国舆论的研究证实，贸易问题的确起到了火上浇油的作用，使得公众对日本的态度变得更为负面（Watts 1984）。正如一项谨慎的研究所指出的那样，在许多美国人看来，贸易问题不仅在经济方面让人焦头烂额，而且还上升到了道德的层面，大众媒体对美日经济关系的负面报道，可谓连篇累牍。他们描绘的景象是这样的，"基于机会均等、开放和公平竞争的自由经济体系（就是美国那样的），受到了一套体系的挑战，这套体系在本质上是一个封闭王国，上下串通，沆瀣一气，而且毫无底线（或者缺乏公平公正）"（Okimoto and Raphael 1993：142）。可以肯定的是，对于更广泛的美日关系而言，美国公众的态度是爱恨交织的，甚至经常处于精神分裂的状态，因为日本不仅是竞争对手，同时也是合作伙伴，更何况，美日关系对许多问题而言，是稳定性和连续性的源泉（Johnson 1988；Okimoto and Raphael 1993）。话虽如此，到了1990年，一项备受好评的调查显示，有60%的美国公众将"日本的经济实力"视为对"未来十年美国的切身利益"面临的"重大威胁"；有71%的人相信，日本施行了"与美国的不公平贸易"（Reilly 1991：20，22）。

很多情况下，公众舆论确实有可能使政治行动受到广泛限制，但重要的是，既不要夸大其影响力，也不要将其描绘成一种紧密绑定的或者一致行动的信号。公众的那些想法都处于不稳定的状态，"一部分原因在于，公众群体在数量上是很大的，观点自然不尽相同；还有一部分原因在于，公众舆论在民意调查的过程中，对于问题的提问方式往往不熟悉，容易产生变化，而且很敏感，除非问题相对来说非常简单"（Wilson and DiIulio 1995：128）。与此背景相反，一些观察家甚至得出力令人震惊的调查结

· 第七章 强硬派高歌猛进·

果,其显示,广泛的公众舆论通常对日本的看法更加平衡适度,相对而言,指责性的观点要更少一些,这与20世纪80年代美国大批精英人士对日本保持敌意的情况相比,明显存在落差(Watts 1984：48；Frost 1987：14；Okimoto and Raphael 1993：139)。1985年以后,修正主义者发现,公众舆论对日本的看法虽然不像美国精英群体那样,对日本的态度全面恶化,但其土壤变得比以前更丰饶,也更肥沃了。萨缪尔斯(Samuels 1992：33)指出,在20世纪80年代的美国知识界中,存在着两种不同的"日本盛世"：

第一种是羡慕恭维型的,还多少有点自嗨的味道,"我们遇到了敌人,而这个敌人,就是我们自己"。面对日本的繁荣景象,这些人的核心经验是,如果解决了自己国内的问题——把学习日本的成功秘诀视为最佳途径——美国就能在与日本的竞争中取得胜利。第二种是嫉妒恨型的,忍不住向太平洋对岸竖中指,充满敌意和怨怼,他们觉得：日本(实际上,这里指的是"日本问题")正在取代苏联,成为美国最紧迫的外交政策问题。

从历史上看,美国的精英群体对日本的关注只是有一搭无一搭,除非到了美日关系的困难时期(Glazer 1975；Samuels 1992)。20世纪80年代发生双边冲突后,美日关系面临着第二次世界大战以来最困难的十年。美国的精英群体遭受了贸易危机的巨大刺激,促使他们以更为消极的目光看待日本,一位对此问题保持密切关注的分析人士指出,20世纪80年代中期开始,日本就像是过街老鼠人人喊打，不仅政治人物对其咬牙切齿，就是那些"受人尊敬的学者和各行各业的私营部门人士"，也对日本义愤填膺（Lincoln 1985：22）。1985年7月，美国著名记者西奥多·怀特在《纽约时报杂志》（*New York Times Magazine*）发表了《日本险恶》一文以后，越来越多的美国精英人士，对日本的态度更是每况愈下（Packard 1987－1988：358；Samuels 1992：34）。怀特甚至把20世纪80年代日本面向市场的大跃进，与20世纪30年代的大日本帝国狂热相提并论，把日本的对外经济政策，等同于对美国的反戈一击，报仇雪恨：美国人虽然赢了二战，但是现在时来运转，轮到日本人了。终于，"四人团"被贴上了"日本破坏者"的标签（不仅在日本如此，在美国也一样），这一事实反映出，他们的理念与美国政商界知名人士中盛行的反日情绪，存在着非常高的吻合度。再者，我们要看到的一点，对日本的负面态度与日俱增，是日本崛起和美国衰落相互映照的一面镜子，而讽刺的是，后者在20世纪80年代末期，只能发展自己的"知识类家庭手工业"了（Kennedy 1988）。

雪上加霜的是，在美国精英群体对日本的态度出现恶化的背景下，贸易领域以外的问题，为激起那些隐形的强硬派提供了肥沃的土壤。美国经济和安全利益之间的纽带关系本来就错综复杂，其所处的环境，开始变得更政治化，也更脆弱了。也就是说，在传统上，这两个国家的核心决策者们，都尽力在政策领域将政治和经济分开处理。后来发生的一系列冲突，给人们的脑海中留下了对日本的敌意，其中最引人注目的几件事包括：（1）东芝事件，该公司违反巴黎统筹委员会（COCOM）协议，引发美

· 第七章 强硬派高歌猛进 ·

日争端（1982年前后，东芝公司偷偷卖给苏联四台精密机床及一些辅助设备，极大改善了苏联潜艇的隐蔽性，最终导致美苏潜艇相撞——译者注）；（2）日本开发FSX战斗机的传奇故事（1985年开始，日本不顾美国的极力反对，坚决要自主研发战斗机，最后被强迫放弃——译者注）；（3）美国在波斯湾的军事行动（此处指1991年初的第一次海湾战争——译者注）没有得到日本的足够支援（Trezise 1989－1990；Watanabe and Imperiale 1990；Ortmayer 1992）。正如第三章所述，20世纪80年代后半期，日本掀起了一股境外投资浪潮，反映到政治层面，冲击也是相当大的，因为人们开始担心，日本最终会在美国的流行文化中抢占一席之地（Crichton 1992）。与此同时，修正主义者认为日本在美国政治体系中的影响力大得确实有些离谱了，这令他们与传统主义者的争吵，火药味越来越浓（Choate 1990；Holstein 1990）。看来，冲突的战线不仅扩大了，精英群体的观点也越来越分化对立，不过大家都关心同一个问题，即在苏联集团的军事威胁开始减弱的情况下，日本的"威胁"是不是已经为影响深远的双边对抗夯实了基础。[18]

看到强硬派的影响力和观念取得如此广泛的进展，有些人觉得时机已经成熟，应该对日本采取更加协调一致的、以结果为导向的贸易政策了。从某种程度上看，他们的最终成功将取决于自由贸易派如何应对这一挑战。

第八章

自由贸易派与日本经济的结构性障碍

在体制危机出现后没多久,强硬派在美国贸易政策界声名鹊起,与之相比,自由贸易联盟则变得更为分散,甚至只有防御的份了,而这一切,都是必然发生的结果。冷战的紧张局势出现缓和,使自由贸易－良好关系联盟在就日本问题反驳强硬派观点的时候,更加依赖经济方面的论证了。1985 年以后,美国的职业经济学家在日本问题上陷入困惑,这使人们更加相信,日本的运行方式对传统自由贸易范式的核心价值构成了挑战。在老布什政府里,一些务实的自由贸易论者从美日《结构性障碍问题协议》中,活学活用了一些东西,意在杯葛面向结果的对日政策,并且协助很多自由贸易人士,处理双边贸易紧张的潜在结构性根源。

· 第八章 自由贸易派与日本经济的结构性障碍·

第一节 经济学家与日本问题

在政策制定方面，职业经济学家的影响力到底如何？在美国，这是一个令人好奇的研究课题，还有待探索。即便如此，许多研究指出，经济学家对政策问题的分析，起着重要作用，尤其是在设定问题的讨论框架和影响政策成果方面。在一些指定的联邦政府机构内，经济学家通常是主要组成成员，因此，上述影响的产生，并非无源之水。正如金登（Kingdon 1984：144）指出的那样，"这是一个长期趋势，越来越多的经济学家（以及愿意接受其思想的人）进入到政府里工作"。这一点在行政部门体现得最为明显，其中，财政部、总统的白宫经济顾问委员会（CEA）和行政管理与预算局（OMB），都是对美国政府的政策进行经济学分析的重要来源。经济学家及其有关效率和机会成本的用语，在一些国内领域，被认为影响了政策朝着市场导向型监管方针发展，比如航空、货运和通信（Kingdon 1984；Derthick and Quirk 1985）。

就美国的贸易政策而言，一种更应景的情况出现了。当人们针对贸易政策展开辩论的时候，有些人即使特别提到某种——经济学家们鼓吹过的——自由贸易理念的影响，他们也会小心谨慎地指出，公平与对等是存在已久的核心原则（Goldstein 1993；Destler 1995；Mucciaroni 1995）。因此，在解释美国战后普遍实行的自由主义贸易体制时，国际现实的环境因素起到了最为明显的作用——在这里，有几组相互关联的大事件，需要特别提出来供大家参考：1930年的斯穆特－霍利关税法的出台，与大萧条的经济衰退相关；战后破纪录的强劲经济增长，与当时采用更加开放的政策也相关；而冷战期间的战略基础，与当时推行的自由贸易政策更是脱不了干系。茱蒂丝·戈德斯坦（Judith Goldstein）曾专门指明了理念在美国贸易政策中发挥的作用，但是，她仍然试图将理念关联到具体的政治利益上去。她认为：

美国的商业政策不是一个启蒙故事，也并没有出现一种进步的思想——自主的自由贸易（liberal free trade）——最终大获全胜。20世纪30年代的自由主义政策（liberal policy）之所以在美国获得支持，理由竟然跟1860年代的保护主义（protectionism）完全相同：民选的领导人们把每一项政策都设想成增进其利益的最佳手段。

与经济学家们主张的那些更为抽象的公共福祉不同，合乎法律规定并且以用户为基础，是美国贸易政策进程中一个重要的原则性问题。产生的紧张关系，不仅仅与争夺官僚机构影响力有关，而且也与"竞争的愿景有关，有时候，大量的情感倾注其中，关系到如何去履行一项公众责任"（Wilson 1989：61）。美国的贸易政策具有很强的法律取向，这一点可以在美国贸易代表办公室的制度中看得到，该办公室是根据美国国会1962年通过的《贸易扩展法》建立起来的，当时的原因是，国会觉得行政部门的核心决策者们的进攻性比较差，担心他们在谈判中无法让美国的贸易伙伴做出让步（Destler 1995：19）。尽管如此，基于一些制度性保障，尤其是在一些跨部门的机构职位上具有话语权，比

第八章 自由贸易派与日本经济的结构性障碍

如贸易政策审查小组和贸易政策工作人员委员会等，经济学家们在美国的贸易政策进程中，仍然是活跃的参与者。更宽泛一点讲，经济学家们在政府、学术界和智囊团中，拥有自己的网络，他们一直积极倡导针对美国贸易政策的辩论，并且在辩论中扮演类似于守门员的角色——尽力分辨哪些经济论点是合法的，哪些政策具有创新性。正是基于此点原因，美国经济学家们在日本问题上所感受到的那些困惑，反过来，又促进了美国贸易政策界扩大了针对日本问题的学习。

麻省理工学院经济学教授保罗·克鲁格曼在贸易制度危机之后撰写了文章，概述一些独到的观点。他注意到，在美国的主流职业经济学家中，存在着一种对日本问题的普遍看法。与强硬派的传统看法完全相反，"很少有经济学家"会同意，日本"在封闭国内市场的同时，因为我们开放市场，从而对这种不公平的优势加以利用"（Krugman 1987a：16）。实际上，他声称"美国与日本的贸易紧张，从事实上看，并不应该归咎于日本的贸易和商业惯例"（Krugman 1987a：35）。美国对日本的惯例进行指责，是"对保护主义者的诉求的合理化，而这些诉求，在任何情况下都并不少见。如果通产省这个机构从来没有存在过，那么美国人就会给你发明一个出来"（Krugman 1987a：16）。当时，对经济学家们而言，主要的分析性和政策性问题，并不是经济学课题，而是政治学课题："那些将美日贸易视为互惠互利的人，该如何去保护贸易免遭政治摩擦的威胁呢？"（Krugman 1987a：16）。

几年后，克鲁格曼对日本问题的看法出现了变化。他描述了如下的传统观念：

263

尽管法律上的贸易壁垒相对来说并不多，但是日本市场实际上受到了保护，因为它在竞争方式上与其他很多国家都不一样。即使外国进口商品比日本本土商品更便宜和/或质量更高，那些联合起来的日本企业和高度卡特尔化的分销部门也会串通一气，有效地将许多外国产品拒之门外。同样，由于在日本无法获得本地商业合作，境外直接投资也受到了阻碍。想在日本建立本地子公司更是举步维艰，这又限制了对日本的出口。或多或少，这是一种心照不宣的系统，当一项关键的新技术受到威胁时，特别容易狼狈为奸，同流合污，以确保日本公司有机会在新的市场攻城略地，即使外国公司具有先发优势也可以忽略不计。

克鲁格曼（Krugman 1991：2—3）

但是，克鲁格曼并没有把传统观念抨击为保护主义的产物，而是发现，"从整体上看……传统观念虽然简陋，但或多或少经过了实践检验"（Krugman 1991a：3）。1989 年，美国国家经济研究局（The National Bureau of Economic Research）主办了一场美日学术专家会，克鲁格曼（1991a：8）从中收获颇丰，并因此得出一个结论：

日本确实与众不同……（而且）在某些方面，日本的不同实质上助推了贸易紧张局势（不过就事论事，这跟描述其"不公平"完全是不同的两回事）。在公司与公司之间，日本确实表现出了一种关系型特质，这使得包括外国人在内的外来者，很难闯入其中。

· 第八章　自由贸易派与日本经济的结构性障碍 ·

从表面上看，对日本问题的个体化学习已经不是少数个案了，在整个美国经济学界，对日本问题的学习研究似乎变成了一门显学，至少在自由主义的主流派别里，更为明显。几年之内，一大批美国经济学家，包括在国际经济学界享有盛誉的人物，都支持了这样一种观点，即在国际开放性和无处不在的共谋性内幕关系方面，日本确实与众不同。我们可以开列一个学院派的经济学家名单，包括贝拉·巴拉萨（Bela Balassa）、罗伯特·劳伦斯（Robert Lawrence）、鲁迪格·多恩布希（Rudiger Dornbusch）、保罗·克鲁格曼（Paul Krugman）和艾伦·布莱德（Alan Blinder）。在政策智囊团的世界里，一些著名学者虽然身居自由贸易观点的传统中心——比如布鲁金斯学会（爱德华·林肯）和国际经济研究所（卡尔·弗雷德·伯格斯滕和马库斯·诺兰德），但是他们仍然得出了类似的结论，那就是，日本的开放是不对称的。[1] 美国的职业经济学界有一个派别堪称自由贸易主张的传统堡垒，聚集大批德高望重的经济学家，在日本的相对开放性问题广受诟病之际（并且现在依旧如此），他们竟然给强硬派站台，这自然为其核心表述添加了合法性和可信度。这些经济学界的泰山北斗们一致认为，日本在按照不同的规则行事。反过来，在已经充满敌意的政治环境中，这种情况使得自由贸易联盟就像被釜底抽薪，眼看着就要树倒猢狲散了。

情况跟我们对修正主义兴起进行追溯的过程类似，许多备受推崇的美国经济学家并没有谁站出来标榜自己，说是已经找到了一条捷径，来获得与保罗·克鲁格曼大致相同的学习经验。然而从时间上看，有一个事实让人浮想联翩，那就是在 1985 年以后，有关日本经济开放性及其微观制度特征的经济分析出现了急剧增加。可能大家并不清楚，仅仅在 20 世纪 80 年代中期之前，研究日本对世界经济的影响，还只是在一个相对较小的经济专家圈子里进行，在很大程度上讲，这类分析仅仅是保留课题而已。美国主流经济学家当时的权威性分析，都认为日本应遵循国际贸易规范，进行经济的自由化（Patrick and Rosovsky 1976）。与强硬派公开宣称的观点大相径庭的是，日本问题的经济专家们强调说，基于比较优势的国际贸易正统观点，看不出日本的贸易结构有什么大毛病。正如第四章所述，该分析的标准是由加里·萨克森豪斯教授（1982，1983a）广泛引用的论文设定的。他根据赫克歇尔—俄林（Heckscher-Ohlin）国际贸易的经验模型得出的结论是，日本的贸易结构可以用要素禀赋和与贸易伙伴的距离来很好地解释。实际上，根据萨克森豪斯地抽样调查，他认为日本在开放程度上，跟其他国家相比并不存在明显差别。萨克森豪斯经常对那些得出相反结论的分析给予答复，他在后来的分析工作中，也使用了其他一些贸易模型来替代，但得出的结论基本相同，一言以蔽之，就是日本的贸易结构挺正常（Saxonhouse 1989; Saxonhouse and Stern 1989）。

20 世纪 80 年代上半期，有些深度参与并积极倡导自由贸易的经济分析中心，广泛分享了萨克森豪斯的观点。其主要的信息点包括，强硬派在认识上存在偏差，引发日本贸易问题的根本要素并不是日本的惯例和政策，而是其他的一些东西。保守派和自由主义经济学家所持的对日观点大同小异，他们认为在很大程度上讲，日本问题是一种宏观经济失衡，也是美国在政治上表现激

第八章 自由贸易派与日本经济的结构性障碍

进的一种保护主义现象。我们在第四章已经提到过，1983年2月发布了一份年度经济报告（白宫经济顾问委员会1983：56-58），其中强调了里根总统的白宫经济顾问委员会对日本问题的关注非常之高。在解释日本贸易模式和对美双边贸易顺差的时候，白宫经济顾问委员会可谓苦不堪言，毕竟，日本的自然资源是有限的，道理确实讲不通。在很大程度上，国际经济研究所里有更多的自由主义经济学家，还把里根政府那些保守经济学家们的分析视为金科玉律。1985年的时候，伯格斯滕和克莱恩（Bergsten and Cline 1985）做过一项主题为"美国-日本经济问题"的研究，特别注意到那些支撑贸易失衡的宏观经济因素，他们指出，双边失衡的几乎全部增加值（从1980年的大约120亿美元上涨到1984年的差不多400亿美元），都可以用汇率失调和经济增长率差异来解释。在认可个别性的障碍也能导致冲突的同时，他们提请人们注意日本的自由化之路，认为"对紧张局势迅速升级的解释一定是在其他的地方，尤其是在宏观经济层面"（Bergsten and Cline 1985：5）。关于日本的贸易结构问题，伯格斯滕和克莱恩发现，日本市场上的进口份额虽然低于大多数经合组织国家，但在控制经济规模和自然资源禀赋并且与贸易伙伴保持距离之后，基本上是正常的——他们得到的推论与萨克森豪斯的相比，并无实质差别。

萨克森豪斯、伯恩斯坦和克莱恩的研究是经济学界一连串困惑的最早案例，他们的目标都是希望把一个相同的基本问题搞清楚：日本的进口量是否低于其正常水平？到20世纪80年代末，一项调查报告显示，经济学家们的推论具有"惊人的多样性"

(Takeuchi 1989：144)。[2] 从最低程度上讲，这种多样性表明，在传统的自由贸易联盟中，对日本问题的看法更为碎片化。在主流经济观点中有一个重要派别，他们支持的看法是，一方面，日本经济的外国渗透率（贸易和投资）低到了不正常的程度，在这一点上，日本具有不同之处；另一方面，从微观制度特征上看，可以找到证据来认定，日本存在共谋式的内部关系链。萨克森豪斯、伯格斯滕和克莱恩的这一类传统研究，采用了贸易的经验模型，但得出的结论是，就进口量异常偏低的情况来看，日本确实与统计学的标准不符。这些研究之所以得出不同结果，从一定程度上讲，与基础贸易模型和测量变量的差异有关（Golub 1994：17）。例如，巴拉萨（Balassa）在1986年上半年曾使用了与伯格斯滕和克莱恩类似的回归技术（一种应用了统计学的预测模型技术——译者注），两年后的1988年，巴拉萨和诺兰德（Noland）又共同做了一次研究，两次的变量与伯格斯滕和克莱恩的稍有不同。他们发现，日本的进口量与国内生产总值相比，在工业国家中属于进口不足的国家。巴拉萨（Balassa 1986b）进行的类似研究，主要着眼于工业制成品的进口，得出的结论也是相同的。

针对日本的超低进口量而把日本归为一个异类，在这一类研究中，最有影响力的大概是罗伯特·劳伦斯（Lawrence 1987）了，他早前曾在布鲁金斯学会担任助理，后来成为哈佛大学教授。针对差异化产品，劳伦斯以克鲁格曼－赫尔普曼（Krugman-Helpman）的行业内贸易模型为基础进行了分析，得出的结论是，日本的制成品进口量比典型工业经济的预期水平低40%左右。但是，他没有针对成因问题——官方认可的壁垒、市场结构或者独特的偏好——得出具体结论。劳伦斯的研究受到学术界的批评，但至少有一位知识渊博的观察家认为，劳伦斯的研究证明"这是一个起到一锤定音的经济建树，指控日本的制造业市场对进口保持封闭，而且心照不宣"（Krugman 1987b：549）。强硬派在论证以结果为导向的政策时，直接借鉴了劳伦斯的分析。商界的贸易政策与谈判咨询委员会发布过一份报告（ACTPN 1989），非常重视对巴拉萨和劳伦斯的研究，引用了其中的观点并着重强调了克鲁格曼关于"一锤定音"的说法。此外，布鲁金斯学会的爱德华·林肯（Lincoln 1988，1990）所做的其他一些工作，也强化了日本是一个异类的论点，也是基于日本相对较低的行业内贸易水平。

经济学家对日本的疑惑还表现为，他们都更加一致地关注日本经济的微观制度特征。围绕这种微观制度特征，有些主张看上去越来越合情合理，比如，日本低得不可思议的进口量和怪异的结构性壁垒，都成了平衡国际收支的调节手段。如前所述，汇率/贸易赤字的调整难题是强硬派的核心论据，被用来攻击主流经济学家，并质疑其对日本的非制度主义分析。这对经济学家们来说，是一种莫大的刺激，激发了他们一系列的研究工作，结果发现，尽管美元从 1985 年初的高位开始大幅贬值，但有些因素可能解释了美国贸易赤字的持续存在，以及日本的贸易顺差始终保持高位的原因。[3] 一旦提及外部调整问题，必然涉及日本公司针对汇率变化的定价策略，以及一种推测，即这种战略行为之所以被允许，是因为在日本国内存在一个避险市场。日本公司这种"面向市场的定价行为"，确保了他们有能力改变成本价格的利润率，以稳定他们的需求水平（Marston 1990，1991）。

其他研究则试图将非关税壁垒或内部关系认定为结构性障碍，从而确定经济摩擦的来源。研究工作的重点放在几个要素上，他们声称存在巨大影响：（1）日本经连会（keiretsu）的商业安排及其采购惯例；（2）不完善的竞争市场结构；（3）日本复杂的分销系统。克赖宁（Kreinin 1988）有一项被广泛引用的研究，比较了在澳大利亚运营的日本、美国和欧洲制造子公司的购买行为，得出的结论是，日本公司更倾向于采用封闭式的采购做法，从家乡的供应商那里采购产品。[4] 佩特里（Peter Petri 1991）的发现更有意思，在三种情况发生的时候，日本的进口额就会相对更低：第一种情况，日本政府成为买家；第二种情况，商品出售给其他企业；第三种情况，分销利润很高且被少数寡头垄断。当劳伦斯（Lawrence 1991）把日本经连会的从属关系与佩特里的模型联系起来以后，他发现，垂直的经连会从属关系可能会提升效率（导致进口减少和出口增加），而水平的经连会从属关系却并没有（仅减少进口）。冯国钊教授（Fung 1991）在一项研究中发现，（在其他条件不变的情况下）日本经连会的结构通常会使日本与世界其他地区的贸易顺差得到增长，而美国的情况尤为突出。如果采用跨国架构，诺兰德（Noland 1992）得出的结论是，日本经连会始终与高于预期的净出口和低于预期的进口有关，但是他警告说，这反映出的到底是效率提升后的经连会从属关系，还是日本市场准入的诸多壁垒，尚难确定。[5]

研究者不仅在日本贸易模型和微观制度方面着力很多，而且对日本的相对价格也给予了更大的关注，并得出一个推断，即类似的或相同的产品，存在很大的价格差异，而且这种情况存在的

第八章　自由贸易派与日本经济的结构性障碍

时间可不短了，这些都是合理的论据，证明了非正式贸易壁垒的存在。所谓的"第47街摄影现象"（在纽约曼哈顿这条街道上，日本产相机的价格甚至比日本本土还要低——译者注）也许是价格差异问题上最著名的逸事，尽管随后的证据表明，日本商品的价格，在美国相对于在日本而言，是参差不齐的（Saxonhouse 1993）。至少有一组统计数据引起的争议要少得多——在日本市场上的进口商品，其价格比在出口国的本土市场要昂贵（Golub 1994：21）。有证据显示，在日本市场上的外贸商品，其定价通常明显高于其他工业化国家，这在20世纪80年代末期和20世纪90年代初有关日本结构性障碍的辩论中占据了重要地位（经济计划署1989；美国商务部1989，1991）。美国商务部和日本通产省在双边《结构性障碍问题协议》下的一项联合调查发现，接受调查的产品中，有三分之二的（外国进口）产品，其在日本的平均价格要比在美国贵37%。[6]

20世纪80年代下半年，关于日本开放性的研究如雨后春笋般涌现，事实上，这些研究是在经济学界以贸易理论和贸易政策的新观点为基础的，尽管有点像家庭手工业那么零零散散。传统主义的自由贸易正统观点认为，无论其他国家做什么，自由贸易都是最适当的政策，可以最大限度地提高国民福利。[7] 因此，如果日本试图保护其经济免受外国竞争，那首先就是在极大地伤害日本自己，而对其他国家的影响显然是第二位的。相比之下，所谓的新贸易理论及其以政策为导向的对阵方——战略性贸易政策——则传达出一个截然不同的信息，即日本明显不同而且相对封闭，其所带来的经济风险可能会非常高。新的贸易视角为政府干预和采取激进的贸易政策提供了重要的法理依据,尽管在战略性的贸易模型中,那些严格的假设意味着,大多数主流经济学家,对于宣布自由贸易已经过时的观点,仍保持谨慎。

新贸易理论源起于 20 世纪 70 年代末期,整合了产业组织理论的一些见解及其贸易文献,以及一些假设性的模型,包括不完全竞争、生产外部性或某种混合体。[8] 按照最初的设想,新贸易理论确凿无疑是对实证经济学方法的一次运用,而绝不会是规范经济学方法(实证经济学方法和规范经济学方法是当代西方经济学的两种最基本研究方法——译者注)。其出发点是相信贸易具有非比较优势,而且国家的资源和天然禀赋有着潜在的差异,并不能完全决定国际贸易的专业化模式。在第二次世界大战后,贸易增长最快的部分是在具有相似要素禀赋的工业国家之间产生的,这成了现实世界的困惑之一,对传统上占支配地位的比较优势理论提出了疑问。还有一个问题是,进入国际贸易的许多商品,都是在竞争不完全的行业中生产的。新的贸易观有一个基本见解,即在规模经济和不完全竞争的条件下,国家之间的贸易模式具有不确定性,这意味着,收益递增才是进行贸易的重要动因,并且,有必要为国际市场做一款不完全竞争模型。根据一位新贸易理论家的观点,"新贸易理论的关键特征在于,它提供了一些模型,在这些模型中,收益递增与不完全竞争是天生的一对儿,从而在合理性和说服力方面产生巨大差异"(Krugman 1992:426)。在不确定的贸易模式下,新贸易观看到的是一个不同的世界:

第八章 自由贸易派与日本经济的结构性障碍

> 预期很重要,而且,历史偶然事件和临时性政府政策也都永远关系重大……通过历史偶然事件,各国可以承继一项预设方案中的份额,或者,首先通过一项可以实现的目标政策,来主张有权得到的份额(换句话说,能够达到某种更偏好的可选方案)。
>
> 理查森(Richardson, 1993:91)

根据贸易的实证经济学方法,新的贸易理论对传统主义的自由贸易观而言,是一种离经叛道。它以战略性贸易政策的面目,转身跨入了政策的王国,更容易引发争议。在不完全市场竞争的观点之下,新贸易观为国际贸易政策背后严格的经济理由大开方便之门,这些政策不仅是干预主义的,而且还带有一点点国际对抗的意味。在一些早期文献中,最著名的模型揭示出,政府有能力将寡头垄断性的利润转移给国有企业(Spencer and Brander 1983;Brander and Spencer 1985),并且也有能力把进口保护用于促进出口(Krugman 1984)。这些观点很快就被分析家们收入囊中,强硬派更是活学活用,以自己喜欢的诊断方式对日本问题进行分析,在这些分析家的世界观里,企业的竞争优势(而不是比较优势)、无所不在的外部性以及产业政策的迫切性,都得到了强调,以推动一些高附加值的产业,尤其是制造业。根据新贸易观,外部经济被视为一个合法的国际竞争问题,当然潜在的风险也会很高,同时,还要点明一种可能性,即一个国家可能会以牺牲其他国家为代价来提高其生存水平,特别是当这个国家遭受了外部经济的影响而试图系统地推进其产业的时候。这恰恰是日本的形象,那些参加伯克利国际经济圆桌会议的分析家们,曾经大力推销过他们的观点。关于日本如何运作的"真实故事",被集中在一个保护主义传送带上,而且,日本瞄准产业的优先战略,也以潜在的经济增长和技术变革为基础(Tyson and Zysman 1989;Tyson 1992)。

针对日本问题,从更符合经济学的角度来看,新贸易观的主流交汇点并没有直接集中在日本的贸易和产业政策上,但仍然强调了"政府有能力选择一种非边境保护政策,来创建一种边境保护政策的精神替代品"(Richardson 1993:101)。反过来,这也使得那些抱怨变得合情合理了,因为日本差强人意的竞争政策,在投资上设置诸多壁垒,还采用了受管控的分销系统,甚至,日本实施了纵容性的政策,允许那些弱势企业组建卡特尔以度过衰退危机。结果,借助于这些新贸易文献,很大一部分主流国际经济学家提出了一种新的实用主义。理查森(Richardson 1993:93—94)对这种实用主义做了如下描述:

总的来说,竞争和开放市场是不错的东西。但是,也有例外,并且这些例外可能会让政策干预变得合情合理……新观点没有理由去扼杀自由贸易;如果有的话,反而可能会强化它……然而,有一些东西还是被扼杀掉了,那就是基于意识形态来捍卫自由贸易的能力。[9]

新贸易观注意到,在主流经济学家群体有一个分支堪称生力军,他们享有很高的声誉,而且对于比较优势和无条件自由贸易的孪生观念,他们并不那么如醉如痴,反而更加务实,特别值得

第八章 自由贸易派与日本经济的结构性障碍

一提的是,如果证据的可信度足以证明在不完全竞争的市场中,存在战略性的或者共谋式的行为,他们就愿意支持干预主义和对抗性的政策反应。考虑到日本问题的突出性,在美国政策进程中,这一类的学术著作有时候被务实的自由贸易论者采用,就不足为奇了。威廉·巴雷达(William Barreda)曾在美国贸易代表办公室和美国财政部工作过一段时间,他对这种进展有一种感知,那就是在第一届里根政府时期,不干涉主义达到了高潮。

芝加哥学派的观点和伯克利圆桌会议的观点,过去曾经打得不可开交,但是现在,差不多都快合为一家了,因为人们都看到了市场的不完善之处。克鲁格曼模型是研究不完全竞争和规模经济的理论,他的研究工作已经产生影响。现在已经没有几个人再去主张与日本进行纯自由贸易。从前有两个学派,但是现在,分辨这两个学派的难度加大了。[10]

当然,围绕着学术文献的此消彼长,仅仅重视专家们的自我学习作用,会产生一些局限。尽管如此,基本要点是提请大家注意一个事实,即到20世纪80年代末,美国经济学界的一个重要分支有意承认,日本的运行方式挑战了传统自由贸易范式的核心理念。实际上,强硬派所汲取的某些教训,与迄今为止已经公开承认的自由贸易派所吸取的教训相比,并不存在根本性的差异。例如,普林斯顿大学经济学教授艾伦·布林德在1990年发表的文章中曾做过详细论述,日本的运行方式"应该让经济理论家们无地自容"。

我们对日本经济体系的理性认知奠定了对日政策的基石。如果我们描述的图景失真了,那么我们的政策可想而知会怎样。

对日本经济的研究使我得出了一个初步的结论:日本式的市场资本主义,与西方传统的经济思想相去甚远,应该考虑将其视为一个不同的体系……

谁是对的?这我确定不了。我唯一的看法是,日本人没有以美国人的方式来做生意……日本人似乎在寻求某种程度的经济控制,而标准理论认为这是不妥的……总而言之,从小就对西方经济理论耳濡目染的经济学家们必须下个断论,那就是,日本所做的一切几乎都是错误的……

美国人的资本主义建立在亚当·斯密提出的宏大理论之上。关于日本人的资本主义,目前还没有可以比肩的理论,但是如果我们要制定一项明智的对日经济政策,那确实需要一个。日本人本身似乎不太重视概念化,他们更关心结果。因此,我们或许不得不要自己创制一套那样的理论。[11]

第二节 《结构性障碍问题协议》

在美国贸易政策界,自由贸易派对日本这个国家一直处于困惑之中,直到老布什总统签订了《结构性障碍问题协议》,他们才捋出一些头绪。在第七章,我们强调了布什政府顶着巨大压力,避免对日本采取更大的对抗性方法。借助《结构性障碍问题协议》,政府里那些务实的自由贸易者开始试图解决问题,寻找美日贸易紧张关系的潜在结构性来源,尽量不采用以结果为导向

·第八章 自由贸易派与日本经济的结构性障碍·

的市场准入政策。一位擘画了《结构性障碍问题协议》的主要人士曾经指出，"《结构性障碍问题协议》被视为一种展示方式，既是给我们自己，也是给日本人，更是给美国国会，就是想表明，老布什政府正在认真主动地采取措施，来解决那些根本问题，正是这些问题，导致了301条款下的那种紧张关系"。[12]

老布什政府上台后，"为解决日本问题，很多补救措施被作为建议摆到了桌面上，涵盖了政策声谱的全部音阶"（Janow 1994：55）。政府面临的直接挑战是，超级301条款正式履行，而且强硬派要求将日本宣布为一个不公平的贸易国。1989年1月，在有关新的美国贸易代表卡拉·希尔斯的确认听证会上，她告诉参议院金融委员会，她将"以进攻性的心态履行1988年《贸易法》"，并就实施报复发出"可信的威胁"，以提供"至关重要的措施"。[13]她回忆说，"老布什政府不认为该法律是实现这一目标的方法，但是它已经记录在案，而贸易代表必须执行该法律"。[14]在1989年3月的听证会上，约翰·丹佛斯参议员要确保的是，政府官员要清晰把握国会里的强硬派观点，他说："超级301条款的设计目标不多不少，就是针对日本的……超级301条款在编写的时候，时时刻刻想着的，全是日本。"[15]

在这种背景下，《结构性障碍问题协议》所具有的重要战术意义不言自明，它就是要告诉国会，政府对如何解决日本问题已经胸有成竹。另外，该协议还有一个更宽泛的目标，老布什政府的官员们希望，超级301条款不要适得其反，因为当时在关贸总协定的乌拉圭回合谈判中，为了取得进展，美方代表试图做出一些妥协。正如马斯坦杜诺（Mastanduno 1992b：237－238）所建议的那样：

行政部门的官员们相信，如果没有《结构性障碍问题协议》，国会就有可能直接采取措施，从而危及关贸总协定下的乌拉圭回合多边贸易谈判取得成功——这是政府在贸易政策中的头等大事——并驱使美国的贸易政策往一种有管控的、限制自由的方向转变。

1989年3月，在老布什政府的财政部和美国贸易代表办公室，官员们开始把《结构性障碍问题协议》的一些组成部分拼凑在一起。他们的目的是，设法解决贸易失衡的宏观经济根源，以及日本的那些结构性规章制度、法律和商业惯例，这些都被视为阻碍了国际收支调整的因素。这一次，主导《结构性障碍问题协议》的是美国财政部，因为它是负责宏观经济协作的关键机构，并且在日元与美元的汇率谈判中获得了一些早期经验。不过财政部的官员们一直信心不足，因为他们试图影响日本的财政政策，比如通过七国集团的内部机制，以及对日本大藏省（2000年以前存在的日本中央政府财政机关，主管财政、金融和税收——译者注）进行的面对面施压，结果都没有成功，所以，人们对跨部门的方法产生了更大兴趣（Schoppa 1997：79）。1985年《广场协议》签订之后，在美国财政部官员的想法中，至关重要的问题是，日本对外盈余的调整之所以姗姗来迟，完全是日元持续升值的结果。他们推断说，结构性障碍正在阻碍市场机制发挥作用，对宏观经济进行调整的同时，必须解决一些问题，包括日本的分销系统，经连会的业务关系，以及土地政策。在《结构性障碍问题协议》的制定过程中，美国财政部的重要官员查尔斯·达拉拉

·第八章 自由贸易派与日本经济的结构性障碍·

(Charles Dallara)对这一雄心勃勃的做法进行了反思:

事实是这样的,当您尝试处理任何特定部门中的所谓微观问题时,都会发现遇到类似的结构性障碍——问题从一个行业到了另一个行业,然后居然又到了一个什么行业。显然,它们各不相同,但是在日本的分销系统中,问题并不是任何特定部门所独有的,尝试一个部门一个部门地解决这些问题简直就是一种循环游戏,没完没了,因此在我们看来,解决更大的问题才是更明智的想法。

我们用了这样的比喻,即日本经济中的结构性障碍有点像在沼泽地里存在很多种植物的根。它们太多了,还绑在一起,您别无选择,只能走到那儿,站在泥里,开始从根部下手去切割。如果您只是尝试砍掉沼泽中的一棵棵单独的树木,我认为您不会走得太远。在我们看来,问题有可能出在分配系统上,或者没有执行反竞争法,或者直接投资体系缺乏开放性,再或者是在土地使用的政策方面——所有这些,其实都扮演着重要角色。[16]

《结构性障碍问题协议》凸显在以自由贸易为导向的美国政府机构中,已经有许多人接受了强硬派/修正主义观点的基本原理,即市场在日本并未发挥其本该有的作用。尽管如此,老布什政府中有一些更热心的自由贸易论者,他们对该协议仍持有保留意见。美国贸易代表办公室的副代表林恩·威廉姆斯回忆说:

内阁官员们虽然同意了它,但有些勉强——不过,达尔曼

(Darman)、肯普（Kemp）和博斯金（Boskin）这几位的难度小一点。我认为意识形态上的自由贸易者不喜欢它，是因为他们觉得，这种做法是对另一个国家系统的干预。内阁批准它完全是因为一些务实的理由。我认为他们接受了我们（贸易代表办公室）的观点，认为这可能会有意外之喜，但他们知道，如果真要扭转乾坤，那会需要更长的时间周期。我知道，对老布什来说，真正发挥作用的是，《结构性障碍问题协议》使超级301条款得到了软化。[17]

在政策制定过程中，理念和政治权谋会发生相互作用，而《结构性障碍问题协议》的内容，正好突出了两者的这种互动方式。因此，舒帕（Schoppa 1997：74-75）将《结构性障碍问题协议》视为思想混战的产物——至少在某种程度上如此——"参与混战的是传统的自由主义经济学、冷战的诸多原则和那些新兴的修正主义观点"。尽管强硬派人士热衷于结果，但是在由老布什总统建立起来的这个团队中，大多数人：

看到了这种缓慢前行的修正主义，不仅威胁到美国在全球贸易体制中的领导地位，也威胁到了美国与西方盟国持续的良好关系。对于这些官员而言，《结构性障碍问题协议》代表了一个机会，可以提出一种有建设性的替代方案，以便对贸易加以管控，准确处理那些困扰修正主义者的障碍，但在方法上，还是要以规则为基础。

迈克·法伦（Mike Farren）是美国商务部负责《结构性障碍

第八章　自由贸易派与日本经济的结构性障碍

问题协议》事务的高级官员,针对老布什政府中一些立场更强硬的官员,他对《结构性障碍问题协议》中的一些呼吁进行了总结:

> 当我们对日本进行审查时,大多数参与者都经历过《市场导向多领域谈判方案》的作业流程,也积极参与了301条款的作业流程……而且很显然,如果您要为了满足启动301条款的条件而引述一些特定的惯例做法,然后尝试按行业将其定义为一种社会环境,那么同样的惯例做法会出现在每个行业里。实际上,整个日本都在讨论正在实施的超级301条款。大家的最终看法都一致,那就是,尽管它本来可以取悦美国国会,而且也可以极为精准,但是那样做或许太具挑衅性了。从理智上看,您可以很容易地证明那样做没毛病……
>
> 因此,大家一致同意,我们反过来操作,将以积极的方式向日本提出关于结构性障碍的双边谈判。基本上,目标锁定全部的相同惯例,以及所有的跨部门惯例,特别是前者,您在超级301条款中可能会引用到,但是,要用非对抗的方式进行,尽可能做到不挑衅。[18]

林恩·威廉姆斯承认修正主义的影响,但他同时也强调,《结构性障碍问题协议》有一个前提,就是对于日本进行自我改变的机会到底有多大,在程度上,大家有着不同的看法。威廉姆斯回忆说:"大家的观念是,结构性障碍是存在的,并且也是可以清除掉的。"

那就是我们与修正主义者分歧严重的地方。修正主义者一致认为：结构性障碍是存在的，而且，永远存在；做什么都没用，所以，就部门交易进行谈判，才是我们要做的全部……

我认为，有一件事情已经在老布什政府里落地生根了，就是那种修正主义元素，即日本的体系在许多方面正在以不同的方式发挥着作用。根是早已经扎下了。没有扎下的，是修正主义的阴暗面，就是说，这套体系与我们的变革计划正好相反，而且人们不得不去达成浮士德式的和平（即与魔鬼做交易——译者注）。这一点从来没有人认同过。[19]

1989年5月25日，老布什政府提议进行结构性会谈，同时他宣布，将超级301条款的锁定目标缩小到与日本政府相关的三个障碍上——超级计算机、卫星和林产品。美国贸易代表希尔斯宣布："这些谈判最初将着眼于进口的主要结构性障碍，例如一成不变的分销系统，还有定价机制……我们会在301条款之外进行"。[20] 老布什政府不遗余力地将《结构性障碍问题协议》描绘成一种截然不同的姿态，以有别于超级301条款所表现出的那种对抗性。在众议院筹款委员会开始就贸易问题举行小组会议之前，希尔斯大使表示，需要采取不同的机制来处理一些问题，比如日本的分销体系和有关竞争的法律，因为"严格的时间框架可能无助于开展建设性的谈判"（Naka 1996：52）。即便如此，日本官员还是小心翼翼地处理《结构性障碍问题协议》，为此，他们规定了介入其中的三个条件：（1）这并非一种谈判；（2）这是一次双向对话，讨论的结构性问题不仅针对日本，对美国也要一视同仁；（3）所达成的结果不能解释为贸易协议可以在美国贸易法之

第八章 自由贸易派与日本经济的结构性障碍

下提起诉讼（Naka 1996：25—26）。

1989年7月14日，美国总统老布什和日本首相宇野宗佑（Sosuke Uno，于1989年6月3日至8月10日短暂任职——译者注）宣布，正式启动《结构性障碍问题协议》。双方表示，会谈旨在"查明和解决两国的结构性问题，以期减少国际收支失衡，因为那些问题既不利于贸易，也不利于国际收支调整"。[21] 两国领导人同意设立一个副部长级的跨部门工作组来进行会谈，并在一年内向政府首脑提交最后报告。[22] 美国提出的六个问题，都与日本的经济运行有关：（1）储蓄和投资之间的不平衡；（2）价格机制；（3）分销系统；（4）共谋性的商业惯例；（5）土地改革；（6）经连会的安排。为了使两国的对话看上去是双向对话，日本官员也把美国经济的七个领域提出来讨论：（1）美国的储蓄和投资方式；（2）企业投资活动及供应能力；（3）合伙公司行为；（4）政府监管；（5）研发；（6）促进出口的措施；（7）劳动力的教育培训。正如阿马科斯特（Armacost 1996：49）所述：

> 日本人勉强同意《结构性障碍问题协议》的原因有几个：一、他们不能否认，有必要对贸易失衡做些事情；二、该倡议是老布什总统亲自提出的；三、两国的对话被允许在超级301框架之外进行；四、由于双方都可以表达自己的关切，日本人可以解释说，这一进程是双向的。

为了尽可能更好地展示《结构性障碍问题协议》，美国官员最大限度地利用了日本内部的改革建议。对于来自日本的建议，要把调研工作做扎实，因为这些建议出自前川委员会（由首相中曾根康弘设立，央行副行长前川春雄担任首脑，负责为日本经济的结构性调整提供策略建议，以期减少经常账户盈余，提高人民生活质量——译者注）、行政改革委员会、一些工业领域的联盟组织（例如日本经济团体联合会和日本经济同友会）、学术期刊以及大众媒体（Armacost 1996：50）。正如迈克·法伦稍后观察到的：

> 我们在《结构性障碍问题协议》中决定，要以其人之道还治其人之身，把我们的每一项正式请求都追溯到一个日本人的来源，例如前川委员会。因此，在某一时刻，我们在一个统一整理过的列表中提出了200条建议，并且可以将这些建议中的每一项都做出注释，回溯到日本人的一个委员会、政府机构、学者或者政治领导人。因此很明显，这些建议并不是美国人提出的，而是日本的专家在过去10到15年中向他们自己的政府提出的要求。这对日本媒体来说很有说服力。[23]

但是，《结构性障碍问题协议》涉及了日本的土地政策和分销系统，这些都是政治敏感领域，日本政府的抵制态度非常坚定。舒帕（Schoppa 1997：12）指出，"受到美国提议不利影响的这份利益清单，怎么看都像是一份花名册，让日本政坛那些有钱有势的人无处遁形"。从1989年9月就《结构性障碍协议》召开第一次会议开始，日本官员反驳了美国同行对结构性壁垒的批评，试图将焦点转移到美国预算赤字上，并认为美国的大多数抱

·第八章　自由贸易派与日本经济的结构性障碍·

怨都是误解。[24]到11月就《结构性障碍问题协议》进行的第二轮谈判结束的时候，美国官员因为缺乏进展而感到沮丧。财政部助理部长查尔斯·达拉拉（Charles Dallara）抱怨说，就问题的性质达成共识时，"对日方的灵活性期待过高了，难以就问题的性质达成共识，甚至是那些被普遍认可的日本国内问题，也是各说各话……看得出来，人们普遍都没有意愿去寻求改革之策"。[25]在这一点上，美国官员加大了工作力度，提出了一份更具体的清单，列明日本人都用了哪些障碍和手段，才使问题迟迟得不到解决。

别忘了，老布什政府还面对着一个满脸不高兴的国会，在部署超级301方面，要尽量少给人们留下温和政治改良主义的深刻印象。1989年11月和1990年2月至3月间，国会先后举行了两次听证会，议员们都对《结构性障碍问题协议》持怀疑态度。国会强硬派继续热衷于用更严厉的超级301诉讼，来对日本的结构性障碍做出回应。甚至在11月的听证会之前，由参议院金融委员会国际贸易小组委员会主席、参议员麦克斯·博卡斯领导的国会核心强硬派开始发出威胁，如果《结构性障碍问题协议》失败，将要求"启动301条款以抵制日本的结构性障碍"。[26]这种怀疑论调也波及些修正主义者，例如克莱德·普雷斯托维茨，在国会就美日贸易关系进行听证会之前，他举办了一次常规的小组辩论。普雷斯托维茨于1989年10月11日在联合经济委员会露面，他对《结构性障碍问题协议》提出了批评，认为对于努力减少结构性障碍而言，美国是在浪费时间。普雷索维茨倡导一种旨在"最后一刻达成决定性交易"的方法，他敦促："我们必须实事求是，要承认，有些市场就是不会开放。"[27]

到1990年初，在《结构性障碍问题协议》的六个大类下，美国人列出一个清单，有240个要求，更加具体明确。后来随着临时协议的截止日期临近，该范围缩小到了18个项目。1990年3月，在老布什总统与日本首相海部俊树（Toshiki Kaifu）举行的一次首脑会议上，美国承受了越来越大的压力。在会晤之后，日本首相海部俊树承诺，将为解决悬而未决的争端做出新的努力，并召集一个内阁级别的小组开会讨论，看看怎样才能在《结构性障碍问题协议》上取得一些成果。在4月初发布的中期报告中，日本同意了美国的一系列要求。而老布什政府这一边，并没有什么新的承诺要做出。在随后的几周里，官员们对《结构性障碍问题协议》的方案细节进行了辩论，在此期间，日本政府抵制了美国人的一些要求，他们不同意将日本国民生产总值的特定份额（据报道大约是9%）分配给公共工程支出。[28]

1990年6月28日，美国和日本宣布了《结构性障碍问题协议》的最终报告，其中指出，采取的措施"应有助于促进开放和竞争性市场，减少贸易和经常账户失衡，以及改善生活质量"。日本同意在20世纪90年代大幅增加公共工程支出，尽管日本拒绝为此分配特定的国民生产总值比率。其他承诺包括：缩短建造大型零售店申请的审批程序；为有关土地税改革的立法发布预告；加大执行日本《反垄断法》的力度；另外，还要加强刑事执法。官员们同意进行年度报告，说明各自国家解决《结构性障碍问题协议》所涉及问题的进展情况，同时确认，"这些谈判已经并且将要在美国《贸易法》第301条款之外进行"。[29]

鉴于《结构性障碍问题协议》规定的项目议程各不相同，美

第八章 自由贸易派与日本经济的结构性障碍

国取得的成效也是千差万别。根据舒帕（Schoppa 1997：9）的观点，美国在几个领域"斩获颇丰"，包括日本的储蓄－投资失衡、分销系统和土地政策，但是，在共谋性商业惯例和经连会安排方面，却"收效甚微"。中则夫（Naka）同样发现，日本对储蓄和投资模式的让步程度较高，对分销系统和土地政策的让步属于中等，对排他性商业惯例的让步较小，而在经连会方面的让步就更小了（Naka 1996：222）。美国官员试图在诸如经连会商业安排等问题上进一步发挥影响力，而日本对此做出的让步差不多可以忽略不计，但在1990年协议达成之后，《结构性障碍问题协议》就会失去动能。阿马科斯特（Armacost 1996：56）写道：

> 1990年6月被证明是《结构性障碍问题协议》最风生水起的时期。有些分歧来自异常敏感的问题，在没有引起两国间严重的民族主义反弹的情况下，也都被成功地解决了……不过令人遗憾的是，谈判从那里走上了下坡路。这并不是说，谈判的任何一方试图煞有介事地撤消所作的承诺。只是说，合作的势头逐渐消失了……
>
> 在日本方面，官僚机构本来就对《结构性障碍问题协议》看不顺眼，他们绝对不会做出任何新的承诺。总体而言，随着泡沫经济的破裂，日本的改革原动力在1991年夏然而止。履行一项协议的事情对于媒体来说已经索然无味，公众也逐渐失去了兴趣。

美国贸易代表办公室前官员梅丽特·杰诺（Merit Janow）也强调了同样的情况，在老布什政府的最后几年里，《结构性障碍问题协议》陷入了僵局。她回忆说：

> 第一阶段的研究是极度耗时的，并且在所有阶段，我们都觉得时间不够用——要跟日本的学者、企业、反对派、消费者接触，还要特别积极地对接媒体——即使如此，研究的结果也往往只是具雏形而已。如果一家主流报纸关注了一个问题，并对此进行了系列报道，那么这是非常积极的事情……可是在这个国家，《结构性障碍问题协议》并没有掀起很大的波澜。很难说，由于令人恐怖的时间和资源耗费，日本的商业环境发生了怎样的巨大变化。因此，您开始看到，美国的企业界和国会都对《结构性障碍问题协议》感到味同嚼蜡……到最后，这个过程变得令人痛苦不堪，我对此深信不疑。[30]

到 1992 年，老布什总统遭到批评家们的更广泛抨击，批评家们认为他的政府高高在上，对普通美国人的经济焦虑一无所知。政治环境倾向于一种新的政策，这是企业家们所擅长的，他们希望组建新的执政联盟，并开诚布公地讲出来，政策需要重新定向。这是历史上的第一次，强硬派占据优势地位，他们将在美国政策进程的最顶层，发出自己的声音。

第九章

修正主义者与强硬派领袖的邂逅

> 他(众议院民主党领袖威廉·拉金)变得兴致盎然了,对日本人在贸易谈判中表现出的那种不妥协态度,他了解得非常细致。斯坦顿(正在竞选总统的南方州长)表示,他也可以对同一主题同样热情满满,甚至更细致。
>
> 匿名者(美国政治小说《风起云涌》,1996)

美国对日本实行以结果为导向的市场准入政策,经历了一个相对较长的演变过程,在克林顿政府的第一个任期达到了顶点,只不过,这种政策转变带有一点偶然性。它标志着强硬派在美国贸易政策界的崛起,现在来到了最后阶段。从总统以降,整个克林顿政府都很清楚,其政策与以往的不同之处在于,要求对日本市场设定一种可以定量衡量的结果。这是一个典型的例证,它表明,到20世纪90年代初,美国的贸易政策界对日本问题的学习过程已经非常深入了。在白宫定下基调之后,财政部、白宫经济顾问委员会和国务院成了关键性的机构参与者，要系统阐述和捍卫以结果为导向的对日政策。不过，这些行政机构从传统上来说，都曾试图对强硬派的做法加以调和。这意味着，要想成功实施，绝不会一帆风顺。

第一节 克林顿的拥趸们重任在肩

1992年11月，比尔·克林顿当选总统，此后有相当长的一段时期，美日贸易关系坎坷难行，双边冲突可谓按下葫芦浮起瓢。但有一点是肯定的，对日关系问题并没有成为1992年美国大选的主要议题。克林顿的竞选活动之所以取得成功，是因为他把重点放在一个激进的计划上，力图恢复美国的经济增长和经济竞争力，优先解决一些紧迫的国内问题，比如医疗保健和教育，等等。克林顿团队在认识到美国的经济表现主要取决于国内经济政策的同时，也强烈主张采取更积极的贸易政策，来为美国产品打开世界市场。正如一位高级官员所说，大家坚信，"我们的方向是开放市场，扩大贸易，并确保我们的主要贸易伙伴承担起更大的责任，以支持全球化的贸易体系，为此，需要制定一项积极促进出口的贸易政策"。[1]

作为总统候选人，比尔·克林顿对努力完成关贸总协定的乌拉圭回合谈判表示了支持，并且同意，如果能满足明确的限定条件，《北美自由贸易协定》（NAFTA）可以正式生效。但他也谴责说，"在贸易问题上开空头支票"已经有些年头了。他提议重启超级301条款，尽管该条款存在争议，但是对于打开市场而

第九章 修正主义者与强硬派领袖的邂逅

言，301条款可以作为单边工具。克林顿在大选前发表讲话说，尽管美国已经"就许多贸易协定进行了谈判，特别是与日本，结果都令人失望。我要确保的是，所有贸易协定都不负众望地得以实现"（Lincoln 1999：123）。对此，身为记者的约翰·朱迪斯（John Judis）讲述了他的亲身经历：

> 竞选期间，克林顿开始对贸易战略和美日经济关系方面的知识进行恶补。在竞选中负责美日关系的非官方发言人德里克·希勒敦促克林顿去读一读格兰·福岛重茂的文章，此人是参与过美日贸易谈判的前官员；克林顿还阅读了克莱德·普雷斯托维茨的《时运变迁Ⅱ》，莱斯特·瑟罗的《世纪之争：竞逐全球新霸主》，罗伯特·库特纳的《自由放任政策的终结》和劳拉·泰森的《谁在敲打谁》。这些作者有一个共同主张，即无论是美国的贸易战略，还是美国的对日关系，都需要做一次修正。[2]

对日强硬派和修正主义者有一个共同的思路，他们都呼吁美国采取更加积极的战略性贸易政策。这里有一个前提，随着冷战的结束，国家之间的经济竞争取代了军事竞争，成为当时国际事务的中心。这样的一组想法虽然松散，但是似乎激起了一位总统的热忱，他渴望表现出自己有决心要身体力行，坚决把经济问题置于外交政策的中心地位。经济学家保罗·克鲁格曼曾针对战略性贸易者及其在克林顿政府中的影响做出过批判性分析，他指出：

人们不应该对总统有这样一种印象，总觉得他被兜售了一套连他自己都不理解的理念。……比尔·克林顿并没有被战略性贸易者俘虏：他本人就是一名战略性贸易者。他同时身兼政策倡导者和政客这两种身份。（Krugman 1994：267）

克林顿总统在国际经济问题上的第一个重要讲话，整合了正统观念和新政策方针的呼吁，以此表明他的政策取向。[3] 他说美国"必须竞争，绝不退缩"，这一态度，让所有指称这位新民主党总统会屈服于保护主义的说法不攻自破。同时，克林顿认为，"现在是时候让贸易成为美国安全的优先因素了"。他的政府会避免在贸易辩论中走极端，即"政府应建立隔离墙，以保护公司免受竞争的影响"，或者"政府在面对外国竞争时，不应采取任何行动"。贸易政策"会面对一些分散性辩论，比如多边的还是区域的，双边的还是单边的，这个时候要采取迂回策略。事实上，所有这些努力都有其存在的合理性"。正如前文所述，克林顿对完成关贸总协定的乌拉圭回合谈判和《北美自由贸易协定》给予了早期支持，据此推断，在对日政策方面，他应该会比较明显地表现出更加积极的姿态。

新总统摄领政府，坐观天下，他决心颠覆人们的历史偏见，不再把美日之间的安全关系作为优先考虑，否则会有害于美国的经济利益。罗杰·奥尔特曼（Roger Altman）当时担任财政部副部长，也是克林顿政府对日政策的主要架构师，他亮明态度，表示克林顿政府已经对一些事情有了自己的判断，"从某种意义上说，以前的政府把安全和外交政策问题放在了经济和贸易问题之

·第九章 修正主义者与强硬派领袖的邂逅·

前。也许,他们有很不错的理由,但是我们会把优先级扭转过来"。[4] 要想将克林顿团队与前几任政府区分开来,就要为实现这一目标做到内部协调一致,而且总统要亲自参与改变优先级。当时在政府内部,"自称是'对日鹰派'的官员,可谓比比皆是"(Destler 1996:22)。至于白宫,也已经定下了基调。在1993年3月23日举行的第一次正式白宫记者会上,总统强调了日本对美国和全球的贸易顺差,称"这些顺差的产生只能使人们得出一个结论,即获得真正的、均等的日本市场准入机会,看上去有些遥不可及"(MacKnight 1994,附录:5)。爱德华·林肯(Lincoln 1999:123)曾在第一届克林顿政府期间,担任驻日大使沃尔特·蒙代尔的经济顾问,常驻东京,他的回忆是这样的:

克林顿总统有兴趣花时间做演讲并举行一系列会议来解决问题,这体现了一种变化。可以说,即将就任的新一届政府已经做出选择,把对日本问题的重点,从安全转向经济,并且在排得满满的总统日程表上,给这些问题分配了更高的优先级。

克林顿任命的几位关键人士也在早期声明中强调,他们有意对日本采取强硬态度,并与过往的政策保持距离。在1993年1月举行的参议院确认听证会上,新的美国贸易代表米基·坎特(Mickey Kantor)明确表示,绝不迷恋所谓的"贸易神学",他宣称自己"不会陷入没完没了的争论之中,没兴趣分辨谁是自由贸易者,谁是贸易保护主义者,更不在乎谁是受管控的贸易商,或者是不是以结果为导向,这些都没什么实质意义"(Lavin 1993:

30)。在参议院金融委员会于 3 月 9 日举行的一次会议上，坎特指出，"美日贸易关系需要得到刻不容缓的和认认真真的关注……我们承认美日双方都做出了努力，但是我们仍然发现，自己的贸易赤字令人无法忍受，进入这个关键市场的机会仍然处处受限"。[5] 克林顿总统的商务部长罗恩·布朗（Ron Brown）在对日本进行的早期访问中，提供了一本教材，清晰阐述了强硬派的政策方法，同时对修正主义理念也多有借鉴。他说：

> 克林顿政府认为，我们得了美国强迫症，陷入过程之中而无法自拔，是时候做个了断了。我们要反其道而行之，把重点放在结果上。我们考虑市场是不是开放，并不会看法治、规章和具体安排是不是发生了变化，而是会看那些风靡全球的美国产品，是不是在日本有获得成功的同等机会。通过这种手段，我们就半导体达成的协议取得了成功。……我们现在所做的事情，就是要使自己在贸易问题上摆脱教条主义的束缚。[6]

当提及日本问题的时候，有件事情比贸易代表办公室和商务部里的高层人士持有何种观点更意义重大，那就是，强硬派和自由贸易派之间的分界线，总体上模糊难辨。时任克林顿政府财政部高级官员的蒂莫西·盖特纳（Timothy Geithner）在观察中发现：

> 本届政府的一个特点是，人们的看法更加一致，就是要保持强硬，群策群力。过去，财政部和国务院经常被视为给鹰派背

·第九章 修正主义者与强硬派领袖的邂逅·

书。但是在本届政府中,人们达成了一个更为强烈的共识,即除非能够在解决与日本的贸易问题上取得重大进展,否则随着时间的推移,两国关系将遭受更大的破坏性腐蚀。这就是以前那些可靠的鸽子现在改变了立场,变得相当鹰派的原因。[7]

克林顿政府的许多主要官员,包括国家经济委员会主席罗伯特·鲁宾(Robert Rubin)、国家经济委员会副主任鲍曼·卡特(W. Bowman Cutter)、财政部副部长罗杰·奥尔特曼(Roger Altman)和商务部负责国际贸易的副部长杰弗里·加滕(Jeffrey Garten),都对日本持鹰派态度,因为在先前的业务往来中,他们对日本的印象不佳。例如,鲁宾就曾说过这样的话,"我们在跟日本打交道的过程中学到了不少经验。我确实相信自由贸易,但我相信的是双向的自由贸易,并且从目前看,我们还没有双向自由贸易"。[8] 卡特此前曾管理过一家商业咨询公司,他讲述了自己的亲身经历:

> 为什么一个接一个的公司——有些我跟他们还有些业务往来——无论如何都不会考虑在日本开展业务,或者说,连从战略上把日本定位成一个潜在的主要市场都没有什么兴趣;这并不是因为他们认为自己的产品在价格或其他方面都比日本产品差,而是(因为)他们有一种感觉,就是花费了大量时间在做事,但是日本人的政商关系,一定会把这些事给搞砸。[9]

在克林顿团队正式任职满一年后,《华盛顿邮报》记者克莱·钱德勒（Clay Chandler）对其做过一项调查，他得出的结论是：

> 总统任命了一个团队，去管理美国与其最重要的贸易伙伴之间的关系，但是这个团队的成员里，既没有精通日本语言和文化的学者，也没有熟知美日安全关系复杂性的职业外交官。恰恰相反，他们中的大多数人都是商业领域的专业人士，例如国民经济委员会主席罗伯特·E.鲁宾及其副手W.鲍曼·卡特，这些人就好像进过"硬汉拓展营"，在那里获得了有关日本的一些知识，试图帮助美国公司撬开日本市场的大门，同时在美国市场上，阻挡日本竞争者没完没了的入侵。……他们私下承认，他们所经历的事情，已经让他们对日本的限制性商业惯例感到不胜其扰，对日本人的保证也变得小心谨慎了，他们坚信，对于东京在市场开放方面的进展，有必要加以精确量化。[10]

在行政部门的传统自由贸易机构中，前述对日本的那种轮廓分明的看法，就像一个模子里刻出来的一样。作为财政部长，劳埃德·本特森是财政保守主义和开放贸易的坚定捍卫者。即便如此，这位前参议院金融委员会主席也参与主导了超级301条款和国会战略的设计，以迫使老布什政府采取更严格的对日政策。劳伦斯·萨默斯（Lawrence Summers）曾是一位学院派经济学家，在本特森的财政部担任负责国际事务的副部长，他跟对日强硬派实现了强强联手。1993年6月，萨默斯在《金融时报》上阐明了克林顿政府对日本的一些做法：

·第九章 修正主义者与强硬派领袖的邂逅·

[美日] 关系需要在战略上保持连续性，但是在经济方面则需要脱钩——在促进经济一体化和分享其利益的方式上，日本发生了根本变化。……日本存在一个失衡的问题——长期的外部盈余源于宏观经济力量。而且，它还存在一个渗透率问题——对外国商品、服务和投资的特殊抵制，无法用一些良性要素来解释，比如地理、适度的自然资源禀赋或者是其产品竞争力。

……任何贸易协议的最终测试，都在于协议所带来的后续变化。除了查看监控进度的基准以外，很难找到其他的方法。……在与日本进行贸易谈判的过程中，我们得到了一个教训，就是说，有时候不得不采取一些不常用的手段。[11]

克林顿总统选择劳拉·泰森担任白宫经济顾问委员会主席，这一点尤为引人注目，因为她曾清楚地表示过，某种形式的管理贸易，更适合日本这样的经济体。泰森在1992年出版的著作《谁在敲打谁？——高科技产业的贸易冲突》中，明确表达了她的看法，即美国在竞争力方面出现问题，至少部分归咎于贸易伙伴的操纵性贸易和产业政策，尤其是日本。她同意修正主义的观点，无论美国和欧洲资本主义之间的差异如何，旦跟美国和日本的资本主义差异相比较，根本可以忽略不计。泰森虽然是贸易保护主义的批评者，但在美国的贸易和工业政策中，她主张采取"谨慎的激进主义"。她很满意对日本采取的非正统方法，认为"在日本，常常需要一些类似于管理贸易的东西，才能收获类似于市场结果的东西"（Tyson 1992：263）。她支持像《半导体协议》这样的自愿进口扩张（VIE）计划，"不过有个条件，就是在

297

可选方案之中，基于一种有关地位的约定，一个国家的市场份额被事先预留了出来，以提供给这个国家的供应商们"（Tyson 1992：264）。泰森在参议院举行的就职确认听证会上指出，美国"需要认识到，我们所从事的国际竞争不止是一种市场现象"，因此，"把自由贸易视为最佳政策，既不具有必要性，也并非顺理成章"。[12]

普林斯顿大学的艾伦·布林德（Alan Blinder）也曾服务于白宫经济顾问委员会，深度参与了早期对日政策的制定，就日本的问题而言，他以传统上处于自由贸易联盟核心地位的经济学界专业人士为例，说明了他们是如何准备好抛弃正统观念的：

> 经济学家们关于贸易的说法是：进口能够让你获利，而出口赚的钱，让你有能力再去进口。日本完全歪曲了上述说法。
>
> 日本人是以另外一种方式看待上述问题的。这是一种非常排外的、小圈子式的资本主义。局外人很难渗透，外国人士几乎是天然的局外人。……我们采取的方式是合理的，因为日本人正在管理贸易。从某种意义上说，日本的所有贸易都是被管控的，因此，采取自命清高的态度实际上没有任何意义。[13]

1994年的《总统经济报告》突出强调了一种局面，即自20世纪80年代以来，当里根政府的高级经济学家们对强硬派论点进行排山倒海般的抨击时，有关日本问题的自由贸易观点，已经呈现碎片化的状态。克林顿政府的白宫经济顾问委员会提出了自己的观点：

· 第九章　修正主义者与强硬派领袖的邂逅 ·

日本为美国提供了一个特殊案例。……日本的某些贸易方式表现出与其他主要工业国家的贸易方式有所不同。在日本国内消费的制成品中，进口商品的份额低得不同寻常，行业内贸易所占的份额也极低，境外直接投资所占的份额小到可以忽略不计，外国公司在日本国内的销售额中所占份额极小，而且，公司内部交易所占的比例也异常高，不仅如此，这些公司内部交易是明显被人为控制的，还主要是由日本公司控制，而不是外国公司。……像日本的经济体这样庞大，在技术上充满活力，而且明显与众不同，它的存在，给美国带来的贸易问题绝不可等闲视之。（白宫经济顾问委员会1994：15—20）

在自由贸易－良好关系联盟中，支持对日本采取更具进攻性政策的，除了主流经济学家以外，还大有人在。比如国务院，在冷战结束以后，这个机构在国际经济政策中的作用减弱了，跟强硬派的对立关系也不再像以前那样剑拔弩张。温斯顿·洛德（Winston Lord）在克林顿总统任期内，曾担任负责东亚和太平洋地区事务的助理国务卿，他认为，有必要采取一种进攻性的市场准入政策，以在美国的政治体系之下，维持不断发展的美日关系。

从一开始就很明显，特别是考虑到与国内经济——出口和就业——的联系，总体上讲，经济事务的重要性日益凸显出来，与日本有关联的经济事务，更是如此。……这种关系状况良好，但是有一个方面需要关注和解决，那就是经济——持续的赤字、日本市场的封闭属性、日本的全球顺差。……我们知道，如果我们在这些问题上对日本强硬的话，会遇到一些麻烦，但是我们也没有其他的办法。如果我们任由赤字恶化下去，如果我们不努力打开日本市场，并且让我们的国内观众（包括国会在内）看到我们会这么干的话，随着时间的流逝，双方关系的其他部分就有可能受到波及。我们将失去那些对安全联盟的支持，对我们驻军的支持，等等。[14]

不管以什么标准来衡量，整个克林顿政府在强硬政策的方法上表现出团结一致的特征，这相当难得。日本的捍卫者实际上已经销声匿迹了，旧的自由贸易联盟也早已时过境迁，多年以来，他们总是不遗余力地阻止以结果为导向的市场开放政策。克林顿总统在高层决策中做出了一个重大的体制创新：设立国家经济委员会，使内部整合达到新的高度。克林顿希望国家经济委员会避免像老布什政府那样，在内部展开激烈的经济辩论，他更希望国家经济委员会在国际经济问题上发挥作用，至于国家安全委员会，在传统上，主要发挥作用的领域当然还是安全问题。在其他国内外经济问题上保持影响力的现存机构中，国家经济委员会设立了一个所谓的二把手小组，来主导对日政策的实务工作。确实，正如德斯特勒（Destler 1996：22）指出的那样，"在政府就任后在头 18 个月里，日本问题成了国家经济委员会的头等大事，特别是在二把手们这个层级上"。

实际上，在相当长的时期内，处理日本问题的流程，在二把手们这个层级上说，就是国家经济委员会开会。二把手委员会每

·第九章 修正主义者与强硬派领袖的邂逅·

周的碰头会有两三次,对每一件事情进行讨论,从一些重大问题(日本市场如此封闭的原因和方式)到具体的谈判策略(谁应该与谁见面以及美国的通用消息格式是怎样的)。……这种经验……使主要的参与者在对话的过程中可以步调一致。通常情况下,日本人试图找出二把手们之间的差异,这样他们就可以引发鹬蚌相争的局面,但是他们没有得逞。这也算不上是什么成就吧,不过日本人在对付前几任政府的过程中,这种事还是干得挺漂亮的。[15]

在克林顿政府成立后的最初几个月里,人们普遍猜测,以结果为导向的对日政策在实践中会是个什么样子。玛乔丽·西林(Marjory Searing)曾是商务部的一位官员,在过去几届政府处理对日贸易问题的过程中,她都有过近距离参与。根据她的回忆,当时有这样的共同看法:

尽管有一些成功的协议,但总的来说,在这些年里,我们通过谈判达成的协议通常并不是特别成功,因为他们会假定,如果基于市场的力量让规则发挥作用,那么问题就会自行解决。……对结果的关注,实际上是为了解决这样一个事实,即我们通常认为有些类型的程序步骤能发挥作用,但是到头来,它们并没有,所以,还需要点别的东西。[16]

1993年1月,为了抓住新政府即将详细阐述政策的时机,贸易政策和谈判咨询委员会公布了一份涉及美日贸易关系的报告,相当高调。早在老布什政府成立之初,该委员会(ACTPN,

1993)就曾更为强烈地主张对日本采取以结果为导向的政策,声称"日本市场某些行业的准入问题具有独特性,因此需要采取非常规的解决方案"。该委员会还在报告中建议,"在隐形障碍存在的地方,应该使用临时定量指标(TQI)来衡量实现市场开放的进度,以确认是不是真正实现了市场准入"。这些指标的设定,应该要"反映出全球进口的水平,在一个特定行业,可以据此推断出,商业上的考虑是不是被视为进口水平高低的唯一决定因素"。该委员会在报告中指出,到 2000 年,日本的制成品进口占总消费量的百分比,应该要增加一倍才算正常。梅丽特·杰诺曾担任美国贸易代表办公室的副助理,负责日本和中国事务,她在离职前,有一段时间与新的对日谈判团队做交接,根据回忆,贸易政策与谈判咨询委员会发布的报告如下:

让新团队如获至宝,因为这些建议听起来很切合实际。它得到了美国一些主要公司的支持,本届政府希望在某些领域表现出重商主义,因为它还涉及其他领域的就业问题。我们的贸易伙伴肯定对它厌恶至极,这是一个事实,但是我们才不会在乎呢,另一个事实是它遭到了非常强烈的抵制,以至于让大家觉得,这种做法肯定是打到日本人的命门上了。[17]

一些有可能提供参考模式的协议引起了克林顿政府的特别关注,比如 1992 年老布什政府通过谈判达成的半导体协议和有关汽车的交易。即将离任的美国驻日大使迈克尔·阿玛科斯特(Armacost 1996:177)发现了"一些特别值得关注的事情,来自

·第九章 修正主义者与强硬派领袖的邂逅·

1993年2月他与克林顿政府的官员们的一系列讨论",那就是存在一种广泛推测,尤其是在美国贸易代表办公室和白宫,大家都认为"1986年和1991年的半导体协议,以及1992年1月的汽车零部件谅解备忘录,是实际上仅有的可以称作双边贸易协议的东西,产生了值得载入史册的成果"。涉及这些合约的一些早期声明和行动,并没有缓和日本人对量化目标的担忧。美国贸易代表坎特在1993年3月发表讲话时说,那个时候半导体市场份额已经达到了20%,美国的期望是未来三年,市场份额继续增长,并且"无论日本经济发生什么情况,我们都希望增长"。坎特在评论半导体协议的广泛适用性时说,政府需要"看看它是否会在其他部门取得成果"。他继续声称:"这与贸易政策和谈判咨询委员会发布的报告当然是一致的……定量指标与战略性行业齐头并进。因此,我们当然会仔细研究这个问题,并对它在其他领域的适用性感兴趣。"[18]日本人担心,任何对于数字的明确提及,都可能在最后阶段完全失控。1993年4月上旬,美国贸易代表坎特和商务部部长布朗给日本通产相森喜朗(Yoshiro Mori)写了一封信,很不幸,这封信加剧了日本人的担忧,因为他们把日本汽车制造商宣布的1992年汽车零部件采购计划,称之为日本政府支持的系列承诺。[19]

可以预见的是,国会中的强硬派人士发出了强硬信息,再加上自20世纪80年代中期以来设定的一系列法定截止日期即将到来,克林顿政府终于下定决心,要采用以结果为导向的政策了。众议院多数党领袖理查德·格普哈特和参议院金融委员会主席麦克斯·博卡斯试图推出一些新法案,与老布什政府时期推出的法

303

案几乎相同,以对日本施压。新法案是博卡斯参议员在1993年2月提出的,将超级301条款恢复,并延长五年,允许私营当事方申请美国政府发起对外国的审查,以便确定该国是否遵守了贸易协定(S. 269)。[20]格普哈特众议员引用了2月份公布的报告,即日本对美国的贸易顺差在1992年扩大到436亿美元,他宣称这是"行动的号召——终结过往的政策,向以结果为导向的贸易政策进军"。[21]3月底,《国家贸易评估年度报告》发布,列出了不公平的外贸做法,其中有28页是专门针对日本的。根据1988年《贸易法》第7条规定,4月底是最后期限,将宣布对日本的采购歧视措施实施反制行动,而在此之前,美国官员试图确保日本做出承诺,"对外国商品和服务进行特定分配",以确保执行各类政府采购协议,包括建筑、计算机和超级计算机。[22]

1993年4月16日,克林顿总统与日本首相宫泽喜一(Miyazawa Kiichi)举行了首次峰会,这个时候,政府、国会和工商界之间已经形成了一个鹰派跨界联盟。总统呼吁"要高度重视我们的经济联系,以重新平衡我们之间的关系"。[23]克林顿总统援引了"已经取得成功的"美日《半导体协议》,呼吁"专注于特定领域和特定结构,以期取得成果"。作为回应,宫泽首相重申了日本对量化目标的强烈反对,称解决贸易问题必须"基于自由贸易原则",并且"不能通过管理贸易,或者在单边主义的威胁下实现"。两国领导人同意建立一个新框架,以讨论美日贸易问题,并在7月举行的七国集团东京首脑会议之前,拟定细则。

·第九章　修正主义者与强硬派领袖的邂逅·

第二节 "能拿多少就拿多少"：一种对抗性框架

在克林顿和宫泽喜一的会晤结束之后，由鲍曼·卡特和罗杰·奥尔特曼领导的国家经济委员会二把手小组接着定期开会，制定对日谈判的框架方案。围绕推动市场准入取得成果的问题，大家进一步达成共识，认为要制定一套机制，能够对日本的宏观经济失衡、结构性问题和特定产品壁垒，一并加以解决。5月中旬，内阁批准了双边对话新提案的关键内容，上呈给克林顿总统。该提议包括一个宏观经济目标和一个微观经济目标，针对前者，制定了总量消减日本经常账户盈余的框架；针对后者，计划在五组行业性和结构性问题之下，分别达成可衡量的结果。5月20日，财政部的劳伦斯·萨默斯（此人曾是里根政府的白宫经济顾问委员会成员，此时担任财政部负责国际事务的副部长，1999年7月以后开始担任财政部长——译者注）在位于纽约的日本协会发表讲话，概述了美国对日战略的理论依据，将针对失衡的宏观经济政策和针对进口渗透的微观经济政策，描述为"一把剪刀的两个刀片"。萨默斯批评说，"有些设计方案梦想着把日本改造成我们自己的样子，虽然气魄宏大，但是虚无缥缈"，显然，这是对老布什政府《结构性障碍问题协议》的含沙射影，萨默斯争辩说，现在是时候了，应该集中注意力，"少关注些过程，多关注些结果，而且，结果必须是可衡量的"。[24]

6月初，美国方面的谈判提纲交给了日本官员，克林顿政府在提纲中描述了在未来谈判中希望达成的基本协议内容。在宏观经济方面，该提纲呼吁日本"在三年内将其（全球）经常账户盈余减少至国内生产总值的1.0%至2.0%之间"。在微观经济方面，该提纲要求日本"在三年内将其制成品进口占国内生产总值的比重增加三分之一"。[25] 在结构性和行业性问题上，可以协商讨论"多样化的基准"，以"监测市场准入方面取得的进展"。美国的这一战略还有另一项关键准则，就是通过半年一次的政府首脑会晤，使拟议的框架保持高层关注，这是前所未有的举措。关于定量指标的核心问题，美国贸易代表坎特坚持认为：

有一件事是我们不想做的，就是沿着这条路径继续前进，虽然达成了协议，但是协议并不具体，也无法衡量双方是否恪尽职守。这就是我们所要坚持的事情。某些情况下，这可能并不意味着所谓的"量化指标"；某些情况下，也不是没有可能。[26]

在克林顿总统访问东京参加七国集团首脑会议之前，美日两国的谈判人员进行了讨论，但是陷入僵局，这强化了美国人的倾向，准备实施以结果为导向的政策。双方产生的最深层次的分歧，在于提纲中涉及市场准入谈判的一些基本规则。日本通产省的官员做出任何让步，他们怀疑"多样化的基准"这一类措辞仅仅是针对数字目标的密码而已，也不同意在市场份额和进口量方面做出让步。看来这要留给日本新首相宫泽喜一来打破僵局了。他在1993年7月2日给克林顿总统的一封私人信件中指出，尽管数字目标是不可接受的，但日本可以接受"一套说明性的标准"，不管是定性的还是定量的，都行。但是此后，日本人使用日语描

第九章　修正主义者与强硬派领袖的邂逅

述该标准仅用于衡量进展,而不是"作为对未来的目标或承诺",美国官员对此表示拒绝,在这种情况下,谈判再次陷入僵局。[27]

经过艰难的谈判,克林顿总统和宫泽喜一首相终于在 7 月 10 日宣布了《新经济伙伴关系框架协议》。根据美国的总体目标,它涵盖了一些宏观经济的阶段性安排,并对五个组别的行业性和结构性谈判做了预告说明。日本同意推行一些政策,"以一个中期目标来看,旨在实现经常账户盈余的大幅减少,并促进包括美国在内的全球商品和服务进口的大幅增长"。美国官员一直在寻求更坚定的承诺,并将继续强调他们这一方的理解,即该协议应使日本的对外盈余在四到五年内从占国内生产总值的 3% 以上,下降到不足 2%——这是过往 20 年里的"历史正常值"(Altman 1994:4)。在微观经济层面,经过谈判达成的措辞是这样的:呼吁日本"处理好结构性和行业性问题,以期通过开放市场的……措施,显著增加竞争性外国商品和服务的准入和销售"。美国官员将其解释为,这是一个三到四年的中期目标,将制成品进口占日本国内生产总值的比例提高三分之一(Altman 1994:4)。协议提及的五个组别与美国提议的内容相同。它们分别是:(1)政府采购,特别是医疗设备、电信设备和服务、计算机(包括超级计算机)和卫星;(2)监管改革和竞争力问题,特别是保险和金融服务以及一些结构性问题,例如竞争政策和分销系统等;(3)其他主要行业(最著名的是汽车和零部件);(4)经济协调,包括诸如日本的对外直接投资、知识产权和特殊的供需关系等问题;(5)现存协议的执行问题。[28]

该协议掩饰了双方的关键争议领域,涉及市场准入的基准,这要双方都能接受才行。它呼吁，是否取得了进展，在评估的过程中要求双方的政府使用相关的信息和/或数据，而核定这些信息和/或数据也要使用"定性或定量的客观标准，或者根据实际情况，两者同时使用"。这些标准将"用于评估每个行业性和结构性的领域所取得的进展"。对于克林顿政府以结果为导向的总体目标而言，重要的是嵌入的语句涉及了经济可变因素中的变化方向。在政府采购方面，该协议指出，谈判达成的措施应"旨在大幅扩大日本政府对具有竞争力的外国商品和服务的采购"。在汽车领域，该协议要求"大量增加销售机会，以使在日本境内的日本公司及其跨国公司大大增加对外国零件的采购"。尽管这种语言无疑比美国谈判者想要的要模糊，但它提供了充分的理由，可以让他们把框架协议宣告为一项政策突破。[29]有关保险、汽车产品以及政府采购电信和医疗设备的谈判，被确定为高度优先领域，要在六个月内，或者 1994 年的第一次政府首脑会议之前，达成协议。关于其他问题，双方的计划是要在 1994 年 7 月之前达成协议。双方还刻意起草了一些附函作为补充文件。在拒绝了日本的要求后，美国保留适用其国内贸易法的所有权利，并明确指出，框架协议下产生的所有协议和措施，均可以根据美国的 301 条款提起诉讼。日本政府在一封同时并列的附函中表示，如果美国政府对正在协商的任何事项展开 301 条款调查，他们保留退出谈判的权利。

克林顿总统宣布该协议后，称其为"尚待谈判的具体协议的管理框架。谈判这些协议肯定会很困难。但是，至少现在，我们已经同意这些谈判的结果必须是：切实可行且行之有效的进

· 第九章 修正主义者与强硬派领袖的邂逅 ·

展".[30]然而实际上,有两个因素会对未来在谈判中达成协议造成不利影响。首先,克林顿政府难以确切说明它希望从日本获得什么。其次,日本谈判代表决心避免任何客观标准,因为这些标准有可能成为数字目标,要受到美国贸易法规的全面管制。

由国家经济委员会副主席兼首席框架谈判代表鲍曼·卡特主持的跨部门进程,效率很高,在政府成立之后短短几个月之内,就建立了对日本政策的共识,并形成合力。但是,当谈判开始进行的时候,要实施以结果为导向的政策,还是颇费周章。[31]例如,在汽车和零件方面,出现了两种不同意见,相互争执不下,政府部门中的一部分人在做准备的时候,是以《市场导向多领域谈判方案》建立起来的流程为基础的,而另一部分人将过去的方法视为一种彻头彻尾的失败,他们宁愿单刀直入,针对客观标准展开谈判,然后约束日本贯彻执行这些基准。[32]当然,核心的问题仍然是美国的量化客观标准的本质是什么,能够具体明确到何种程度。1993年7月22日,美国贸易代表夏琳·巴尔舍夫斯基来到国会做证,她继续强调,要以明确的、数字化的手段来衡量进展。

我们在每一个行业中所要寻求的东西就是那些数据点,它们将被收集回来,然后进行联合监控。我们将在一些适当的要素条件下利用定量信息,例如相关的市场趋势、日本的市场份额统计数据或者公共和私营部门之间的比较结果。我们还将在有帮助的情况下使用定性指标,例如日本制造商与其美国的供应商之间的业务往来属于何种性质,或者在开展业务和监管环境方面出现了哪些有利于外国公司的变化。每个行业都很有可能存在几个这样的数据点，只依靠单独的一种基准就能够确定行业协议的成败，这种情况是不存在的。

雷蒙德·埃亨（Ahearn 1994：2）

此后，鲍曼·卡特在一定程度上深入思考了量化指标的问题，认为还存在"心照不宣的和未经整理的分歧"。

也许从一开始，与更关注宏观问题的机构相比，商务部和美国贸易代表办公室就有不同看法。但这在最初的几个月中没有太多辩论，因为我觉得每个人都会这么想，大家听到的说法毫无差别。……在某种程度上，我认为之所以出现这种情况，是因为新一届政府普遍渴望齐心协力，一致对外。因此，没有人想通过发问说"您在那到底是什么意思？"来展开一场激烈的论战。如果您能区分目标（goal）和靶标（target）这两个词的差异，那么现在这个案例就很能说明问题了，宏观经济机构可能会将事物视为总体的目标，而微观机构则将事物视为锁定的靶标。……我认为，更多的微观机构在看待一些事物的时候，是把它们当成了有关份额的靶标，或者有关进口增长的靶标。[33]

在 1993 年 9 月举行第一轮会谈之前，尽管进行了激烈的跨部门讨论，但针对一些已经锁定的领域，美国尚未就具体标的物达成共识，比如保险、汽车产品以及政府采购的电信和医疗设备。在 10 月中旬的第二轮谈判中，美国团队搁置了一系列数据，以及在四个优先领域达成协议的提案。[34] 在 11 月的第三轮谈判中，

· 第九章 修正主义者与强硬派领袖的邂逅 ·

双方就美国起草的协议争论不休，这些协议呼吁迅速、大量和持续地增加锁定领域的销售额。关于汽车产品的草案文本引起了日本的强烈反对，该草案文本被认为是美国谈判团队的最终意图。它确定了一些定量指标，涵盖的项目包括：在日本境内的外国车辆销售、对美国境内的日资跨国公司的零件销售，以及在日本境内的外国零件采购。同时，草案文本指出，对于这些标准，"具体期望应包括在《约定》之中，留待两国政府展开进一步协商"。[35]草案还呼吁日本政府使用政府引导，以确保外国车辆和零部件的销售增长。对于在美国向日资跨国企业的零件销售，要求提供"引导"，以确保"对来自美国的非日资企业生产的汽车零件做特殊考虑"。关于政府采购电信和医疗设备的协议草案中，期望有一个三到四年的中期目标，将销售到外国市场的份额，提升到与其他发达国家相当的水平。[36]

爱德华·林肯认为，在确保协议框架对客观标准的承诺后，美国谈判人员面临的问题是，"没人知道这意味着什么"。

在1993年（北半球）的秋季，他们仍在设法弄清这一点。他们对日本人放了一些小气球。"我们知道您不能接受市场份额的数字。我们不打算进行管理贸易，但是可否嵌入这样的语言：日本政府在该领域的目标是，随着时间的推移，将逐渐接近经合组织的平均水平？"日本人讨论之后，回来告诉我们说："绝对不行，那就是一个数字。您能计算出来那个平均值是多少，然后会来找我们说，您尚未达到外国渗透率的这一市场份额。"……我认为，政府陷入了自己的逻辑，因为他们没法对此提出反驳。[37]

双方之间缺乏信任使得寻找折中方案变得愈发困难。每一方都会指责另一方藐视全球贸易规则，在激烈的公共关系争夺中，各自都提供了开展自由贸易的凭据。日本官员们发表了措辞强硬的声明，展示了美国要求量化目标的协议草案，这样就成功地给克林顿政府贴上标签，暗示克林顿政府意图实施管理贸易。一群备受瞩目的经济学家（包括五位诺贝尔奖获得者）也加入了批评者的行列，他们在1993年9月向克林顿总统和新任日本首相细川护熙（Morihiro Hosokawa）发出了一封联名信。这封联名信是由哥伦比亚大学的杰格迪什·巴格瓦蒂（Jagdish Bhagwati）组织发起的，信中敦促克林顿总统放弃"管理贸易的靶标"，警告"走这条路是要为世界贸易体系承担风险的，这种风险很大，而且，毫无道理"。[38] 不过，美国方面也有经济学家层级的支持者，最值得注意的是国际经济研究所的一些关键人物转变了观念，他们有选择地采用了自愿进口扩张（Bergsten and Noland 1993）。但是在大多数情况下，日本政府成功地将克林顿政府描绘为"追求彻底摆脱自由贸易准则的国家"，并赢得了其他贸易伙伴的支持。用国务院的温斯顿·洛德（Winston Lord）的话来说，"就我们的目标和辩论而言，我们的公关工作简直糟糕透顶"。[39]

对于美国谈判团队在框架会谈中到底追求什么，仍然存在截然不同的看法。[40] 玛乔丽·西林在那时担任商务部副助理部长（其职位大致相当于中国商务部一个处的副处长——译者注），也是负责医疗设备采购谈判的美国首席谈判代表，她提供的观点，有助于了解美国在1993年底之前处于何种状况：

第九章 修正主义者与强硬派领袖的邂逅

神学是微妙的。这并不是说:"销售这件事,是在 Y 这个日子到来之前,必须完成 X,否则就违反了约定。"分界线在于,"如果您真正去谈判一份开放市场的协议,那么我们应该能够看到销售额增长到 X 这个水平。如果没有,那么我们就回去看看问题出在哪里"。人们已经确认了一点,就是在每种不同情况下,复制半导体协议那样的成功,或者达成那样的销售目标,都是不可能的。但是,如果您对"什么才是成功的协议"一清二楚,那么您就要"能拿多少拿多少"。没有人期望数字能在协议中生存下来,但是如果您说了那样的话,过一段时间,就再也没有人会相信您了。[41]

上文提到的日方声明,突显了克林顿政府的困境,美方官员们面临的难题是:嵌入协议中的什么内容(如果有的话),既能得到一个可衡量的结果,又不会屈从于被指控在寻求数字目标。在某种程度上,它反映了谈判过程的性质,在以结果为导向的政策旗帜之下,既提出了野心勃勃的主张,又准备了最后的让步立场。林肯(Lincoln 1999:151)等分析家都强调了这一点,他们赞同美国的政策目标:

在这些谈判展开后的早期阶段,评估政府战略遇到了一个主要困难,这源自谈判过程的性质。谈判者从一开始就知道,对方不可能接受己方的要求。最初的谈判草案中,哪些部分代表了政府议程的核心,而随着谈判变得更需严阵以待,哪些部分将被弃置一旁,这通常很难理出个头绪。

尽管如此，有证据显示，在 1993 年第四季度进行的一系列谈判中，美国团队仍然无数次表明了己方的要求，就是明确的、量化的指标，尽管缺少市场份额的锁定目标。转眼到了 1993 年底，距离 1994 年 2 月初这个最后期限已经很近了，两国政府首脑的会晤就定在这个时间点，但是在所有优先领域，谈判双方仍然相距甚远。日本提出了自己精心定义的定性和定量标准。美国谈判代表则坚持要求使用更具体的语言，来建立一些趋势线，以使日本进口指标的运动方向，更向七国集团中其他经济体的水平看齐。趋势线的要求所扮演的角色是，建立进度衡量标准，而不是设定数字目标。但是日本谈判人员觉得，他们看不出这有什么区别。通产省副大臣冈松壮三郎（Okamatsu）驳回了美国的要求，因为美国希望"日本应与其他七国集团成员国家保持一致"，但他辩解说，"这与所谓的数字目标差异之处何在，暂时还说不清楚"。[42]

日本官员对任何术语——指标、基准、标准、衡量尺度、锁定的目标——都保持警惕，这些术语可以解释为：在美国贸易法之下，一些可强制执行的政府承诺。围绕《半导体协议》和有关汽车的系列计划，过往的经验至关重要。冈松副大臣在 1993 年底关于汽车产品的会谈后，致函美国商务部副部长杰弗里·加滕，突显出日本政府的决心，要避免重蹈覆辙。为了回应美国试图阐明其在汽车领域的要求，冈松写道：

尽管您强调说，您提议的设置标准或趋势线，跟设定数字目标是不同的，但从我们的观点来看，两者似乎没有什么差异……

· 第九章 修正主义者与强硬派领袖的邂逅 ·

在有关半导体的谈判中，美国政府强调说，20%这个数字仅仅作为评估进展的基准，而不是一种保证或者承诺。这种语言上的安排反映了这种解释，将20%这个数字描述为美国产业界的期望。然而，20%这个数字有它自己的生命周期，这给我们留下的教训是相当惨痛的。无论美方如何解释其意图，无论措辞如何精心设计，一旦提及与未来有关的数字，数字的性质都会遇到失真的情况。美方对评估标准或趋势线的解释，使我想起了美方在半导体谈判中向我们提供的类似说法。

您让私营部门就其计划或意图发表声明的想法，也引起了我们的严重关注。1992年1月有关汽车零部件的行动计划，是日本汽车公司宣布的一套自愿行动计划。日本政府只是汇总了每个公司宣布的数字而已。但是，美国政府（原文如此）最终在给我们森喜朗前大臣的信中，将这个总数描述为一种承诺。这次经历给我们提供了另一个教训，即私营部门的公告可以很容易地被改头换面，成为日本政府的一项保证。[43]

1994年初，美国贸易代表米基·坎特在对日政策方面发挥的作用更为出色，完成了关贸总协定的乌拉圭回合谈判，并使《北美自由贸易协定》获得国会批准。坎特将客观标准问题描述为框架协议的核心，重申了克林顿政府的决心，即寻求量化的指标，用趋势线表达市场准入方面的改善和提升，以达到与其他工业化国家类似的水平。他认为，美国正在寻找的是：

一种关于进程的弹道轨迹，最终将导致收敛汇聚在一起。现在您可能指的是可以衡量的年数或者百分比，在您查看任何一个特定部门的情况下，差异可能很明显，但想法是一样的。[44]

随着克林顿总统和细川护熙首相的峰会日益临近，美国人保证，在指标的选择方面可以灵活一点，同时否认正在寻求市场份额的目标，但是，日本的抵制还是相当坚决。鲍曼·卡特进行了11小时的努力，进行协调以达成协议，这又一次证明了谈判是不成功的，可以说，谈判的处境极为不妙（Destler 1996：38－39）。尽管有可能面临峰会失败的窘况，但日方并没有做出最后的让步。当时的日本外相羽田孜（Tsutomu Hata）总结了陷入僵局的原因："您不相信我们，因为没有数字；我们不相信您，因为有数字。"[45]

经过七个月的谈判，克林顿总统和细川护熙首相宣布，两国未能在优先领域达成协议。克林顿在白宫联合新闻发布会上说："我们本可以通过一份协议来装装门面，掩盖分歧。但是我们之间的问题太重要了……以至于没有达成协议反而比达成空头协议要好。"克林顿建议说，这个问题"可以用一句话来形容，或者可以用话语背后的一种感觉来表达……关于一个开放的市场是如何构建的，在这个问题上，我们无法达成共识"。细川护熙首相在回应中表示，日本"无法消除有关数字目标的障碍，对此我们深表遗憾"。细川礼貌地拒绝了美国总统，这在现代美日关系中还是首例，他礼节性地指出，双方"都需要一个冷静期"。[46]

克林顿总统于1994年2月15日发表讲话，同意细川首相关于反思期的必要性的说法，但表示政府正在"审查我们的所有选择，我们没有排除任何可能性"。[47]同一天，美国贸易代表坎特宣

·第九章 修正主义者与强硬派领袖的邂逅·

布，美国正在拟定一份价值高达 3 亿美元的制裁清单，断言日本违反了 1989 年协议，而该协议曾正式允许摩托罗拉有更大的机会进入日本手机市场。日本的 IDO 公司受到了指控，这家负责东京—名古屋地区电信运营的公司，在建立基站网络以使摩托罗拉的手机与之竞争的过程中，取得的"进展仅仅是象征性的"。[48] 3 月 3 日，由于国会威胁要立法对日本采取更严厉的行动，克林顿总统签署了一项行政命令，将已失效的超级 301 条款恢复两年，要求锁定优先的外国贸易壁垒。该命令在 9 月 30 日之前给到了行政当局，以鉴别哪些行业要优先锁定。

用克林顿政府一位官员的话说，美国的策略是"逐渐加大对日本的心理压力，直到它采取下一步行动，使谈判再次进行。我们已经准备好了等等他们，但是下一个电话将不得不从他们那里打过来"。[49] 鉴于手机案受到了制裁威胁，双方在 3 月中旬达成了协议。IDO 公司承诺，在 1995 年 12 月之前扩大必要的基础设施，以对东京—名古屋地区市场实现 90％的覆盖。3 月底，政治上被削弱的细川政府提出一系列经济改革方案，包含的措施涉及放松管制、竞争策略、政府采购和促进进口等，同时还包括，在框架谈判中确定的优先行业中，实施自愿行动的步骤。同一周，许多日本汽车公司宣布了未来购买美国和其他外国汽车零件的新目标，将他们以前的自愿计划，从 1994 财政年度末期延长到日本财政年度的 1996 年年底。但是，增长幅度（从 190 亿美元增至约 213 亿美元）远低于美国官员的期望值，据说美方的要求是增长 20％至 30％。看来，克林顿政府发出了不愿迅速返回谈判桌的信号。美国贸易代表坎特认为，日本的一揽子改革方案，具有的

"实质成果有限"。有关汽车行业的计划也受到了批评,因为"没有我们预期的那么大",还有一个理由是,"日本政府没有参与到这些所谓的自愿性努力之中"。[50]

第三节 适度的结果:第一份框架协议

经过三个多月的冷静期后,美国和日本官员于1994年5月24日商定,恢复关于四个优先行业的谈判。日方还接受了美方的要求,将框架谈判扩大到金融服务、平板玻璃和知识产权领域。为了重启谈判,作为条件的一部分,日本确认了对最初框架的保证,即"极大幅度地减少经常账户盈余,并促进包括美国在内的全球商品和服务进口的大幅增长"[51]。得到确认的还有一项,就是在一些优先领域的对话是以"实质性增加准入和销售"为目标,这其中要包含定量和定性的客观标准。至于美国方面,则承认这些标准"并不构成数字目标,使用它们的目的更在于对实现框架目标所取得的进展进行评估"。美国还同意,没有单一指标可以支配任何协议的评估。此外,还有一个关键问题悬而未决,那就是最终达成一致的量化指标是否会建立明确的期望值,以确定市场准入和销售方面出现显著的增长将在什么时候发生。

关于电信和医疗设备的谈判虽然得以恢复,但是从气氛上看,大有波谲云诡之象,因为6月30日是最后期限,美国必须做出决定,要不要根据1988年《贸易法》的第七部分,列举日本在政府采购方面对美国公司的歧视。没想到人算不如天算,没过多久,日本政坛就出现了地震,美国官员只好把做出决定的时间推迟到7

第九章 修正主义者与强硬派领袖的邂逅

月底。[52] 8月1日,美国贸易代表根据1988年《贸易法》第七部分将日本作为引证案例,宣称"使用我们的贸易法规,现在已经到时候了"。[53] 根据超级301条款的规定,启动任何制裁之前,都会有一个60天的磋商期,也就是说,在9月30日这个最后的截止日期来临之前,将对那些存在严重贸易壁垒的国家验明正身,然后才会开刀问斩。电信谈判的绊脚石在于,门槛的高低该如何设定,以及在任何政府对政府的协议中,谈判的措辞是否都要把NTT包含进去。在医疗设备谈判中,日本谈判代表继续反对美国的要求,坚称日本不会发出高级政府指令,以鼓励采购实体寻找有竞争力的外国供应商。但是定量指标问题,在争论过程中,总是无法绕开的重点。日本在7月份提出了修改后的采购建议,而美国官员则继续坚持他们的要求,即在大幅增加准入和销售的总体目标与用来衡量进度的个别标准之间,要建立清晰的关联。美国撤回了对趋势线加以改进的要求,转而呼吁日本要做出承诺,使政府实体的采购价值"每年大幅增长"。后来,又做了进一步修改,调整为,外国产品的价值和份额要"逐年取得进展"。[54]

汽车谈判的形势也不容乐观,重启之后,实质上在原地踏步。针对美国提出的一些要求,谈判双方争执不下。美国希望日本承诺一定数量的特许经销商来销售外国汽车;同时,日本汽车制造商自愿购买美国零件的承诺,要以某种形式加速纳入正式协议;另外,日本也要在汽车后市场放松管制,允许美国公司进入到零件市场。日本官员则继续坚称,美国汽车零部件行业谈判代表的关键要求仅仅是数字目标,只不过换了个名称罢了。[55] 与其他优先行业相比,在保险行业达成协议的主要障碍,并不是量化标准。

这些谈判在程序上仍然主要集中在三个方面：一是在法规方面保持透明度；二是制定放松管制的时间表；三是在日本市场上的保险产品公司受到了类型的严格限制，可以取消限制，实现自由化。鉴于在生命险和非寿险市场上日本企业占据主导地位，美方的核心诉求是，希望日本不要在生命险和非寿险市场实现自由化之前，过早地放松管制所谓的第三领域专业利基保险产品——美国和其他外国保险公司在疾病和伤害险方面已经占有一席之地。

由于法定的最后期限迫在眉睫，1994年10月1日，美国和日本终于达成了有关保险和政府采购电信和医疗设备的协议。双方还就平板玻璃达成了原则共识，并将在30天内最终确定。但是，有关汽车的谈判仍处于胶着状态，官员们尚未找到解决分歧的办法。作为回应，美国发起了一项301条款贸易诉讼案，锁定日本的汽车后市场，剑指国土交通省的车辆安全检查系统，或者称之为车检（Shaken，是指日本车主需要每两年对车辆进行一次深度检验——译者注）。日本官员继续坚持，出于安全和环境原因，这套监管系统是必不可少的。

在10月1日宣布的采购协议中，妥协和歧义的元素同时并存。根据量化标准，协议要求"对采购的价值和份额所取得的进展进行年度评估……以便在中期，使竞争性外国产品的准入和销售实现显著增加"。将参照"价值、增长率和采购份额的最新趋势"对电信和医疗设备协议进行评估。在其他定量和定性标准中，包括了采购外国产品和服务的实体的年度数量，以及由于单一来源的招标出现减少而获取的合同的年度数量和价值。双方官员都试图对已达成的共识发表他们自己的解释。一位美国官员称赞这些协

· 第九章　修正主义者与强硬派领袖的邂逅 ·

议达到了美国的目标，即"具有与价值和份额相关的前瞻性指标，并与实现中期显著增长的承诺相关"。相比之下，日本外务省的一位官员给这些客观标准贴上的标签是"基本中性"。[56]

至少，美国可以宣称在政府采购协议中，其以结果为导向的做法取得了部分胜利。日本的立场似乎在逐渐后退，不再像先前那样，拒绝基于数据反映的最新趋势进行前瞻性评估。正如林肯所指出的那样，政府采购协议"记录在案，日本政府默认了这样一个概念，即更大的市场开放度应导致外国人在市场上的实际占有量有所增加，而无需附加任何数字维度"（Lincoln 1999：152）。然而，日本实现了其首要目标，即避免将来把任何特定的销售预期作为参考值。舒帕对美国的要求进行了评估（Schoppa 1997：267），他指出：

> 克林顿团队的最关键目标是要获得日本人对结果做出保证，这一明确目标足以使美国政府根据美国贸易法规来追究日本政府的责任，但是他们功败垂成。……即使是"在外国采购的价值和份额方面实现年度提升"这样比较无伤大雅的语句，也被删除了，本来这句话可以解释为：政府承诺每年至少保证一定的增长，最终的语言，有很多词需要一种解释元素，根本达不到美国的需要，无法让日本负起责任。

在医疗技术方面，日本满足了美国的一项关键目标，同意向国有医院发布指令，鼓励使用外国医疗技术和服务。关于保险，日本同意汇编并出版有关许可证和新产品的审批标准，并允许公司推出新产品的时候,仅需通知监管机构,而不是要通过前置审批才行。日本还同意避免在专门市场的第三领域发生任何根本性变化,除非在生命和非寿险市场上产生了"有意义的和实质性的自由化"。[57]

虽然说对量化指标的关注有点不成比例,但协议绝大多数还是以程序变更的形式出现的。克林顿政府强调了所谓的新时代,即对协议进行密集监控,大量数据要被收集起来,并在协议中建立年度检查程序。但是,与前几任政府相比,这是一个程度问题。正如林肯(Lincoln 1999:152—153)所述,在采购交易中:

> 指标和后续的会议都不构成协议的核心,协议包括20页的政府采购程序的详细变化,旨在使采购更加透明和客观。
>
> 这种用语与老布什政府在某些协议中获得的用语非常相似——含糊地提到了增加外国商品的销售以及一套双边检讨程序……
>
> 实际上,"实质性的增长"这样的短语不是很精确,也没有特色,因此,政府在进行协议评估时,对"成功"就没有任何清晰的定义。但是,把基于一揽子定性和定量指标的检讨或评估程序制度化,是20世纪90年代的一项重要创新,应归功于老布什政府。

至于汽车谈判,克林顿政府不太愿意做出让步。在将301条款的诉讼行动重点放在日本零部件售后市场时,美国贸易代表坎特很清楚,需要在其他领域取得额外的进展,换句话说,他盯上

·第九章　修正主义者与强硬派领袖的邂逅·

的是汽车特许经销店和零部件销售。作为对美方 301 条款诉讼行动的回应，日本官员决定暂停进一步的汽车谈判。通产相桥本龙太郎（Ryutaro Hashimoto）公开肯定了日本的立场，即"将政府影响范围限制在政府可以影响（私营部门）的范围之内，涉及汽车、汽车零部件以及协议框架提到的所有其他领域，而拒绝数字化目标"。桥本龙太郎在 1994 年 10 月写给坎托的两封信中坚持认为，美国对特许经销权和零件购买计划的要求，不能在协议框架下讨论，因为它们超出了政府的管辖范围。美国官员对此做出回应，重申需要一套全面的解决方案，针对汽车纠纷要设法解决上述两个因素，而且还要再加上对日本汽车售后市场的放松管制。[58]

尽管工业界和国会施加了巨大压力，但克林顿政府仍未在汽车领域对日本采取超级 301 诉讼。在至少获得了一些框架性协议之后，美国政府选择把木材和纸制品方面的日本市场准入作为替代，列入超级 301 的一个观察名单，有必要在未来保持持续关注。日本被引证的问题是，在鼓励使用外国木材和纸制品的步骤方面，日本没有提供详细信息，违反了 1990 年的木制品协定和 1992 年的纸制品行动计划。1994 年 10 月达成的一些行业协议，也为美国提供了一些基础，将重点更多地放在放松管制、行政改革和竞争政策的执行上，这些都被置于一揽子框架协议所涵盖的监管改革和竞争力问题之下。11 月 15 日，美国官员根据 36 个类别提出了一系列要求，涉及 200 多个具体项目。美国的提案对日本做出以下呼吁：第一，对所有法规进行广泛和持续的审查；第二，实施一项政策，允许对法规提出异议，提高透明度，并实施问责制；第三，禁止对政府授权做非正式委托，促进市场机制的发挥。[59]

323

到 1994 年底，放松管制的呼声一浪高过一浪，人们更加敏锐地感觉到，美国的诉讼行动确实对日本起到了约束作用。12 月初，美国商务部副部长加藤谈道，"太平洋两岸的谈判代表越来越感到疲劳和厌倦"。他还承认，日益增长的经济相互依存关系，给美国的影响力带来了限制，他说，美国采取强硬贸易行动的能力"越来越受到世界经济的束缚，而世界经济却是如此相互联系……在诸如协议框架之类的谈判中，结果很难达成，而且进展迟缓"。加藤的商务部同事玛乔丽·西林更为直接，她承认克林顿团队"可能过分吹嘘了这份协议框架，将其视为灵丹妙药，认为可以解决我们所有的对日经济问题"。[60]

关于如何衡量进度，又额外进行了两个月的讨论，在此之后的 12 月中旬，双方终于就平板玻璃达成了协议。它呼吁日本玻璃分销商公开宣布，正在制定供应源多样化方案，把竞争性的外国供应商纳入进来，而日本玻璃制造商则要对其分销网络的多元化给予支持。该协议还要求通产省发挥直接作用，既要收集有关玻璃销售的数据，也要确保外国供应商的多元化。在金融领域，1995 年 1 月，双方达成一项协议，对进入日本的公司证券市场和跨境金融交易，实施自由化，并允许外国投资咨询公司加入竞争，争夺公共养老金资产的管理权，以及在公司资产方面可以占有更大的份额。[61]如此一来，只剩下汽车这一个领域还没有着落，当谈判于 1995 年 1 月恢复时，自然就排到了框架协议谈判的最高优先级。

· 第九章 修正主义者与强硬派领袖的邂逅 ·

第四节 汽车行业危如累卵

对于克林顿政府的对日贸易战略而言,针对汽车领域展开的多轮谈判是一种至关重要的测试。而在美国一位首席谈判代表的眼里,堪称"关系最为重大,赌注也最高的一项谈判"。[62]美国方面发布了一项声明,给恢复谈判预留了想象空间。该声明证实了协商将继续举行,但是要达成协议,有三个要素缺一不可:第一,通过特许经销商进入日本汽车市场;第二,日本汽车制造商要购买汽车零件;第三,放松对日本汽车零件售后市场的管制。双方的分歧依然严重,所涉及的问题是日本在这些领域对政府责任范围定义过窄。就恢复谈判所达成的共识没有提及对日本售后市场的 301 调查。但是,根据 301 诉讼的要求,在 1995 年 10 月之前要进行为期一年的调查,很快,美国官员就发现这个抓手的作用有限,有可能乘兴而去,败兴而归。会谈开始后不久,国家经济委员会做出决定,如果在 3 月底之前还没有在谈判中取得重大进展,将加快 301 诉讼案件的处理。该日期恰逢日本会计年度结束,标志着日本汽车公司 1992 年的自愿承诺已经走到终点。

作为美国战略的一部分,如果与日本汽车制造商进行直接对话,那么就既可以增加零件采购,也可以获得在日本的特许经销权。1995 年 3 月,双方通过信函展开了针锋相对的意见交换,日本通产相桥本龙太郎警告美国贸易代表坎特,如果美国"要求日本汽车公司以事实上的强制性或歧视性方式增加对特定汽车零件的采购",美国可能会违反国际贸易规则。桥本龙太郎要求美国确认，涉及自愿购买的企业方案，不纳入政府对政府谈判的范围之内。他还重申，如果美国在争端中采取贸易制裁措施，日本决心向世界贸易组织提起诉讼。坎特在回应中强调，要想达成任何协议，新的自愿计划都是核心要务，并且，他指明日本政府要承担重要角色，以确保1992年计划顺利实施，"坦率地说，这一次的情况不应该有什么差别"。他还警告，美国将准备好"对日本实施广泛的调查，因为日本并未有效地遵守世界贸易组织关于市场开放的诸项目标"。[63]

  3月下旬，美国对提案进行了修订，要求获得日本特许经销权，并且取消售后市场的管制。美国还寻求一项公开声明，由日本汽车工业协会和日本政府来发布，表明各自都会积极支持"大幅增加外国汽车在日本的销量"。该提案还呼吁，日本最大的汽车经销商协会公开宣布经销商的意图和愿景，以便与外国汽车制造商签订特许经营协议。日本官员继续把讨价还价的重点放在美国公司改善其产品质量和成本方面，希望确保其产品和售后服务得以稳定交付，在推出新车型方面，要因地制宜，更适合日本市场。在关于日本放松对车辆检查系统管制方面，美国的提案要求大幅减少关键零件清单，因为日本规定，车辆所属的这些零件必须由国土交通省进行重新检查，除非"由合法资格的车库"预先进行了此项工作。提案还呼吁日本改变车库认证系统，以使专门的维修作业体系得以建立。日本的提案则背道而驰，只将焦点集中于一些具体的案例上，因为美国声称，有一项特定的法规对零件进口造成了障碍。日本官员指责克林顿政府，在要求外国进入日本特许经销店和取消售后市场管制方面，胃口越来越大，以此

第九章　修正主义者与强硬派领袖的邂逅

作为增加零件采购的施压策略。通产省副大臣坂本吉弘（Yoshihiro Sakamoto）指责美国"仍在坚持采用数字锁定的方法"，这确实具有特殊的敏感性，美国继续要求日本政府以某种形式对任何一项计划提供背书。[64]

国家经济委员会在1995年4月举行会议之后，克林顿政府对实施制裁的意愿变得更加明确。4月13日，白宫新闻秘书麦克·麦柯里发表讲话时说，如果谈判继续拖累克林顿总统，"愿意继续考虑其他选择，并且，如果不能通过协商解决我们的问题……他准备在必要时采取行动"。麦柯里指出，如果日本要"享受双边关系的全部利益"，那么"经济领域必须有所进步，而这正是贸易谈判旨在实现的目标"。[65]到4月底，美国官员已经就301条款诉讼案的最终损失估算达成一致，为对日制裁清单提供了依据。5月10日，在美国贸易代表坎特与通产相桥本龙太郎之间的会谈破裂后，美国宣布了一个双管齐下的战略：报复清单将作为301条款诉讼案的一部分予以公布；同时，针对日本在汽车领域的做法向世界贸易组织提起诉讼，指控日本政府的行为"破坏并损害"了美国和其他国家在多边贸易体系下应享有的利益。桥本龙太郎称美国的行动"非常令人遗憾"，他把美国诉诸世界贸易组织争端解决机制并且走向制裁的做法描述为"违反世界贸易组织一项基本原则的决定——禁止在贸易争端中采取单边行动——是一项让我们无法理解的决定"。日本认为，达成协议的主要绊脚石是美国制造的，他们继续坚持要求日本制造商发起新的自愿采购零件的计划。[66]

导致汽车纠纷在1995年明显升级的因素有两个：一个是民主党在1994年11月失去了国会控制权，另一个是克林顿总统期望为自己1996年能够成功连任获得加分项。这种状况造成的政治影响是沉重的。贸易战现在打得异常辛苦（尤其是在《北美自由贸易协定》上），政府不得不向国会寻求贸易政策支持，特别是向中西部的民主党战友求助。克林顿总统曾两次公开发表讲话，这包括在一家汽车装配厂里的那一次，突显了他下定决心，要迫使日本接受美国的要求（Lincoln 1999：133）。5月13日是星期六，克林顿定期发表了广播讲话，他向美国人保证，准备"为公平对待美国产品而战"，因为美国跟日本人进行了20个月的会谈，但是一直都在"撞墙"（Woodward 1996：202）。毫无疑问，克林顿政府的制裁行动这一回在国会山获得了鼎力相助，5月10日，参议院以88票对8票通过了一项表达支持的议案（S. Res. 118）。

5月16日，美国贸易代表坎特公布了一项制裁名单，威胁要对价值59亿美元的进口日本豪华车征收100%的关税。[67]日本于5月17日做出回应，援引了世界贸易组织立案的第一步程序，要求就该争端进行双边磋商。6月中旬，日本确认白宫的报复威胁不是说说而已，于是放出消息说，日本愿意参与进来，一起实现美国的目标，而且机缘巧合的是，日本五家主要汽车制造商同时宣布了新的采购计划。尽管如此，日本政府仍然排除了具体的数字预测或政府对任何采购计划的背书。最后，协议还是达成了，只不过是在加税行动生效前的几个小时，而且，恰好就在此时，美国贸易代表坎特放弃了克林顿政府对特定数字的要求。有人指出，这一让步：

除了对日本汽车业零部件采购计划的性质产生主要影响外，

·第九章 修正主义者与强硬派领袖的邂逅·

还对解决特许经销商准入问题产生了影响，这是华盛顿此前拒绝过的一项折中方案，尽管为了达成全面的汽车协议，它从最初的绝大部分具体内容上逐渐后退了。[68]

6月28日，美国和日本宣布一项协议，避免了惩罚性关税。日本撤回了对WTO的申诉，美国则宣布，已经没有理由再继续其世界贸易组织诉讼。正式协议以日本和美国的汽车集团发布的系列声明作为补充，这些声明为双方各自宣布胜利预留了空间。在一位贸易官员所说的"创造性的交易"中，双方发表了一份联合声明，其中的数字一直是空白的，直到美国政府构思出自己的数字化估算值，当然这要基于日本人的两个新商业计划：一个是日本对汽车零部件的采购计划；另一个是外国汽车在日本的特许经销商扩张计划。有一个问题很重要，就是双方都同意该计划不纳入政府的谈判范围，因此计划将不受美国贸易法规的约束。[69]该计划预示，到1998年日本制造商在美国的汽车产量将从210万辆增加到265万辆，并增加北美市场的份额。美国政府单方面估计，到1998年，在美国购买的零件将增加67.5亿美元，而在日本购买的外国零件将增加约60亿美元。联合声明的组成部分，坦率得令人吃惊，"桥本大臣说，日本政府没有参与这一计算，因为它超出了政府的范围和责任。他说，美国贸易代表的估算完全是自己的估算"。[70]

关于特许经销权问题，该协议要求日本通产省致信给所有日本汽车经销商，以确认他们可以自由经营外国车辆；同时，在日本政府和主要制造商中建立联系点，以促进与外国的合作，并由政府主导一次民意调查，以确定日本经销商对销售外国车辆的兴趣。再次，根据美国政府自己的展望，在协议约定的第一年里，大致预估会有 200 个新的外国汽车销售网点，到 2000 年底将有 1000 个新销售网点。另外，联合声明附带了日本的免责声明，写得清晰明了："桥本龙太郎大臣说，日本政府没有参与这一预测，因为它超出了政府的范围和责任。桥本龙太郎大臣说，这些预测完全是美国政府的预测。"[71]

美国终于可以宣布在日本汽车后市场取得的战果了：放松管制，增加有可能经营外国汽车维修配件的车库数量，降低对汽车配件的检查要求，并允许日本的车库在使用某些进口零件进行特定维修的过程中实现专业化。日本同意对其关键零件清单进行为期一年的审查，其目标是放松那些对健康和安全问题并不重要的任何零件的管制。它还同意简化设立指定车库的申办手续，以允许在车检系统下对维修进行自我认证，并建立专业认证车库系统，减少一些维修区域，使之不再受限于国土交通省的再次检测规定。美国声称，这些措施将使美国零件的采购额增加近 90 亿美元，或在三年内增加 50%。即便如此，克林顿政府仍未实现最终目标，没能把日本修理厂和车检设施的绑定关系拆散。

克林顿总统宣布达成汽车协议后，将其描述为，这一协议是"美国历任总统努力了二十年才解决的问题"，是日本汽车和零部件市场向美国公司"真正开放的一个起点"。"该协议是明确的，也是有办法衡量的。它将取得真实的、具体的成果。"美国贸易代表坚持认为，客观标准将"给日本施压，以确保美国汽车和零部件制造商在市场准入、销售和商业机会方面取得显著增

·第九章 修正主义者与强硬派领袖的邂逅·

长。……请记住,日本做出'大幅增长'的保证是可以通过美国贸易法强制执行的"。通产相桥本龙太郎仅仅表示:"这些谈判的结果表明,日本有能力维持其基本原则。"[72]除了这些华丽的辞藻之外,美国还接受了一项协议,但在具体的数字预测方面,既没有针对汽车零部件的采购金额,也没有针对销售外国汽车的日本特许经销店数量,不过,作为解决方案的基准,此前曾对一些数字预测进行过设定。《华盛顿邮报》报道说:"克林顿政府对日本汽车市场壁垒的攻击……(因为)美国的好战威胁而引人注目,但就其结果而言,意义并不明显。"[73]关于美国的要求,哈罗德·马尔姆格伦(Malmgren 1995:13)指出:

很明显,日本人在两个关键点之间连一厘米都没有给出来:日本人没有承诺增加汽车零部件采购的量化目标;在兑现日本汽车产业的预测方面,日本政府也没有官方保证。

在支撑1995年达成协议方面发挥作用的是日元,在20世纪90年代上半期,日元表现很坚挺,这也是促使日本汽车生产能力转移和向海外购买汽车零部件的一个主要因素。在1992年美国产品受到激励而产生强劲扩张之后,到1994年,日资美国工厂的产量已达到在美国市场上销售的所有汽车的20%以上(Nanto等1995)。为了回应日本汽车制造商的商业计划,克莱斯勒董事长罗伯特·伊顿曾说:"无论如何,所有这些事情都会发生。但是就我而言,其实什么都没有改变。"[74]

避免制裁的协议虽然签订了,但是美国和日本官员就该协议的解释不但没有停下来，反而进一步唇枪舌剑，吵得不可开交，而关于如何监测进展的讨论，竟然持续了六个星期之久。8月中旬，美国贸易代表办公室发布了一份长达30页的协议版本，其中包括两个总体进度指标——两国的市场状况以及对个别规定的后续操作——以及十五项具体的定量和定性客观标准，将在年度报告中作为评估的基础。[75]随后，美国政府在9月初宣布，政府与业界之间将进行"前所未有的合作"，以追踪日本对汽车协议的遵守情况。监督工作要求扩大数据收集范围，并对协议的有效性进行六个月的评估。它还预示着，将建立一个由美国贸易代表办公室和商务部官员领导的跨部门监测小组。

关于汽车问题，克林顿政府锁定的是协议框架之下的新产品领域，后来转而关注那些已达成的协议的履行和监控，所以监控汽车领域的活动是这种更广泛的转变的一部分。这与美国的日益重视相吻合，从上一年开始，美国对日本强调了放松管制和行政改革。1995年年中发生的汽车纠纷，使美日双方的一个联合决定蒙上了阴影，按照他们原本的计划，要延长美日新经济伙伴关系框架（原定于1995年7月到期），但没有明确任何新的协商领域。在汽车争端之后，克林顿政府的官员们决定实行一项战略，以宣扬自政府成立以来美日之间前所未有的二十项贸易协定。为了澄清政府的对日政策，白宫经济顾问委员会和美国财政部在1995年11月发布了研究报告，展示出从克林顿政府上任以来，美国对日本的二十项贸易协定所涵盖的那些行业，已经出现了近80%的增长，是其他行业美国对日出口增长的差不多两倍半。到1995年底，美国贸易代表办公室和商务部都制订出计划，专门成立常

· 第九章 修正主义者与强硬派领袖的邂逅 ·

设办公室,以监测和强化贸易协定的履行。[76]

第五节 强硬派势力衰退了

1995年12月4日,美国驻日本大使沃尔特·蒙代尔在贸易对话中提到了"一个周期"这样的措辞,而美国现在"处于关切的第二个代际,就是对这些协议的执行和监督"。同时,他确定了两个"迫在眉睫的问题",即《半导体协议》定于1996年7月到期,以及伊士曼·柯达诉请发起301调查,指控在日本胶片和相纸市场存在反竞争行为。尽管汽车争端在很大程度上让克林顿政府精疲力竭,不再有欲望为确保量化的市场准入目标而高调行事了,但是关于什么方法(如果有的话)可以取代这种标杆性的实例——美日《半导体协议》——还存在争议。美国半导体协会在1995年初满怀激情地表示,他们很希望达成一项新的协议。对此,美国贸易代表坎特在1995年9月做出确认,美国对达成一项新的协议兴趣很大。他说:"我们几乎马上就要爆发了,因为我们在那个市场上拥有了一个良好的、坚实的基础,所占有的比例也是合法的,但是,新的协议将起到非常大的助推作用。"不久之后,通产相桥本龙太郎拒绝了美国的要求,坚称"协议的目标已经实现,无需再进行政府对政府的安排。我们的市场已经开放了"。[77]根据1995年11月公布的数字,在日本市场的外国所占份额已经上升到26.2%,因此日本反对达成一项新的协议,态度比此前更为坚决。

重要的是,克林顿政府决定不寻求新的数字目标,同时坚持认为政府对政府的协议是至关重要的,有助于市场准入的进一步扩大。美国官员注意到，日本有一些行业的外国销售占比，相对于半导体而言，要滞后很多，比如汽车、电信和视频游戏。他们还呼吁，在设计导入和面向中小型日本企业的销售领域，还有很大的拓展空间。在1996年的前几个月，日本继续拒绝就一项新协定进行正式谈判，根据已经达成的框架协议，日本有恃无恐地杯葛了美国提出的要求。不过，在桥本龙太郎升任日本首相之后，灵活性的第一个迹象突然闪现，他在1996年4月的美日首脑会议召开之前，给克林顿总统发去一封信函，表示日本政府支持美国和日本半导体行业代表达成谅解，"但不包括某种非常奇怪的协议"。[78]

因为日方的原因，各行业之间的对话陷入僵局。日方继续排除美国产业界的要求，因为美方希望协议中包含政府监督这些类似于早期协议的措辞，要求市场份额"逐步而稳定地增长"，以及允许快速应对倾销指控。日本电子工业协会在6月份提出一项方案，要求达成一项为期三年的行业协议，支持日本市场的芯片用户与供应商展开合作，但明确拒绝政府卷入其中。它还呼吁成立世界半导体理事会，以促进产业合作，进一步减少两国政府对产业的参与度。1996年第一季度，非日本关联公司的半导体销售占比攀高到30%，这使得美国谈判代表更难获得日本政府的背书了，也不容易再找到一些措辞来描述市场份额的提升，更不好再通过资本层面的隶属关系来继续进行监督。[79]

1996年7月31日是最后期限，已经火烧眉毛了，于是双方都做出一些微小的让步。由于日本电子工业协会提议举行一个关于半导体的全球政府论坛，把私营部门的实体也纳入其中，所以

第九章 修正主义者与强硬派领袖的邂逅

日本改变了对政府参与问题所持的反对立场。美国方面放出风声说，愿意接受私营部门对市场份额的监控。双方在政府如何使用这些数据来评估市场准入条件方面仍存在分歧，而日本政府决定，针对进一步提高市场份额的问题，要避免使用修饰性的措辞来暗示说，政府会提供一种保证。[80]

1996年8月1日，一项新的半导体协议宣布达成，适当放松了自20世纪80年代中期以来一直发挥作用的框架协议的关键部分。美国半导体协会和日本电子工业协会同意建立一个私营部门的半导体理事会，"以增进相互了解，解决市场准入问题，促进合作性的产业活动并扩大半导体领域的国际共赢，从长期的全球角度，促进该产业的健康增长"。理事会将通过定期的半导体市场数据分析向政府发布季度市场报告，包括"市场规模和市场增长，以及在理事会的成员国市场上，外国半导体产品的市场份额占比情况"。该协议指出，"此分析的目的不是创建数字目标，而是评估趋势，更好地理解市场动态并促进更深入的了解。没有任何数据可以对市场发展的评估起决定性作用"。[81]

两国政府宣布，将设立一个全球半导体政府论坛，并召开美国和日本官员的年度会议，以审查合作和市场发展，包括行业收集的数据。这对于代理美国贸易代表夏琳·巴尔舍夫斯基而言是最低限度了，可以允许她宣布该协议将"进一步增强美国公司在日本半导体市场中的强势地位"。通产省大臣冢原俊平（Shunpei Tsukahara）对半导体行业新的多边合作框架表示欢迎，并强调说，新协议"通过检讨市场份额（并）斟酌数字目标，终止了贸易管控体系"。[82]

1996年的半导体协议标志着，在克林顿政府第一任期届满之前，美国对日本定量目标的需求有所减少。许多因素导致了以结果为导向的对日政策被悄无声息地束之高阁了。部分解释是由于汽车纠纷之后蒙代尔大使所说的自然政策周期。美国官员可能有理由声称，他们至少达到了某些既定目标，从而有助于他们不再纠缠于日本问题。到1996年底，日本的总体贸易顺差已降至国内生产总值的1.4%，而日本在20世纪90年代上半期的小规模进口激增，使白宫得以凸显美国令人瞩目的出口增长领域。但是，总的来说，如果美国政府对双边贸易流量施压，那么就需要一些统计证据，现在与以前相比，显然不那么容易了（Noland 1997；Greaney 2000）。

潜在的政治因素和国际经济条件的结合，无疑使美国所提的要求大为缩减，这是一个更为根本性的原因。至关重要的是，对美国要求的量化指标，日本做出了强烈而持久的抵制。在日本国内，没有任何人支持克林顿政府的政策目标，这限制了强硬政策偏好的实施。日本的主要参与者心意已决，不再对一位美国总统做出重大让步，这在日本人的语境里，突显出国内的一些诱因起到了助推作用，而国际约束力也允许他们这么干。强制约束力是日本人的政策偏好，这是已经被证明了的事。正如舒帕（Schoppa 1997：272）所言：

由于官僚、媒体和其他舆论领袖一致反对克林顿的要求，因此政治领导人几乎没有动机去进行干预，以促成一项交易。框架中的主要政治人物，1994年2月之前的细川首相和自1994年夏

第九章 修正主义者与强硬派领袖的邂逅

天至今的日本通产相桥本龙太郎两人,都赢得了赞誉,这并不是因为他们通过对话解决了与美国人的关系问题,而是因为他们拒绝屈服。

在20世纪90年代中期之前,以结果为导向的对日政策销声匿迹了,这并非因为别的什么,而是日本和美国的经济表现发生了翻天覆地的变化。20世纪80年代后期,在日本爆发了泡沫经济,留下的烂摊子包括金融危机、工业空洞化、企业破产和失业率上升。日本经济经历了自1920年以来最严重的衰退,以及战后时代的首次重大金融危机和银行挤兑,最终陷入了长期停滞。在1992年至1995年之间,日本经济平均每年增长0.5%。相比之下,美国在20世纪90年代初期经历了相对缓和的衰退之后,开始了一段长期的经济增长。到1996年,失业率下降到5.4%,通货膨胀率保持在2%到3%之间,这使克林顿政府得以在1996年竞选连任的过程中,宣布美国经济是三十年来最健康的经济。它还为美国贸易官员提供了一个空间,不动声色地弱化了针对日本的贸易投诉。尽管各种指标表明,美国的工业力量正在复苏,但对于白宫演讲撰稿人来说,在大选之年,没有什么比有机会宣布这件事来得更让人陶醉:"自20世纪70年代以来,美国的汽车销量首次超过日本。"[83]

在20世纪90年代中期之前,还存在其他的一些次要因素使美国对日市场准入政策难以发出声量。1995年,世界贸易组织的建立为国际贸易行为制定了一套更具约束力的规则,包括一个争端解决系统,人们有可能发现,美国的制裁威胁与这些规则会面临抵触的情形。如果遇到制裁，通过给予一次向争端解决小组提出申诉的机会，世界贸易组织会"改善日本的无协议选择权"（Schoppa 1997：293）。汽车争端记录表明，世界贸易组织争端解决机制，改变了美国核算争端成本和收益的方式，在这种情况下，影响了克林顿政府接受交易的决定。美国要想赢得世界贸易组织的日本申诉案，前景笼罩着很高的不确定性，而日本则更有信心地提出论据，以反制美国的单方面贸易行动。舒帕（Schoppa 1997：288—289）建议说：

对日本是有一些帮助的，因为它降低了美国威胁的影响力。日本已经明确表示，如果美国继续对日本发出威胁，日本就要把美国拉到世界贸易组织那里去——无论产生什么损失，都要诉诸世界贸易组织。日本很清楚，美国在面对这一选择的情况下，将寻求通过谈判达成和解。因此，美国的威胁被打了折扣，这迫使美国接受一项协议，但结果却什么都不是。

尽管美国发表了相反的官方声明，世界贸易组织还是减弱了美国利用超级301和301条款所表现出的进攻性双边主义。普雷斯托维茨在汽车争端之后捕捉到了强硬派的挫败感，哀叹道，"此案表明301条款已经寿终正寝：美国在贸易问题上有能力采取单边行动的时代已经一去不复返了"（Prestowitz 1995：2）。尽管美国加入世界贸易组织并没有削弱美国提起301诉讼的能力，但确实要求把涉及世界贸易组织有关贸易协定的案件，提交到世界贸易组织以寻求争端的解决。同时，美国力图消除日本和其他

第九章 修正主义者与强硬派领袖的邂逅

市场在准入方面存在的正式和非正式限制,而世界贸易组织恰恰强化了美国的多边选择。

自由贸易—良好关系联盟为振兴双边安全关系而付出的更多努力,也促使华盛顿在 20 世纪 90 年代中期之前,对其进攻性的对日政策做出检讨。让五角大楼的决策者们感到担忧的是,定期发生的贸易争端会造成腐蚀性的影响,因此,他们确信美国不得不展示美日安保同盟的重要性。美国国防部在部长助理约瑟夫·奈的指导下,采取了一系列措施,以重申美国对日本和更广泛的东亚的安全承诺(Nye 1995)。奈倡议,最终以克林顿总统与桥本龙太郎首相于 1996 年 4 月达成的一项协议为基础,为美日防卫合作建立一套新准则。一位分析家甚至认为,"到克林顿政府第一届任期结束时,美国已经改变了方向,走上了与前辈先贤们相同的道路:他们遵循'防御优先,贸易次之'的原则"(Asher 1997:343)。

第十章

日本问题黯然失色

到1996年,美国政府已不再将量化的市场准入安排作为对日贸易政策的主要目标。20世纪90年代下半年,美国经济走强,而日本经济陷入持续低迷,这促使美国以结果为导向的对日政策偃旗息鼓。在克林顿总统的第二任期,美国政府对日本市场准入问题采取了低调的态度,其后的小布什总统则萧规曹随。

第一节 从克林顿到小布什

对日本的抱怨之声,在克林顿政府第二任期仍不绝于耳,但此一时彼一时也,矛头指向日本人的,已不再是其经济上的长处,反而是其弱点。东京的决策者们被抨击的最大焦点在于,他们无力刺激日本的经济,当1997年底亚洲经济危机爆发的时候,这个问题就更凸显出来。这个时候,美国官员对日本问题的措辞已经相当熟练了,"封闭的分销系统、排他性的商业惯例、过度

第十章 日本问题黯然失色

的监管、歧视性的和不透明的采购流程，以及各部委与其所监管行业之间的不适当关系"。[1] 他们继续指责日本未能实施一长串的市场准入安排。周期性的行业紧张局势围绕着有关保险、电信、港口服务和民航的谈判。但是，如果日本不同意就具体的市场准入做出保证，那么对于以可信的报复威胁作为后盾的高调辩论，也就没什么必要了。

1997年6月，克林顿总统获得了桥本龙太郎首相的支持，双方签署《日美规制缓和协议》，确立了日本放松管制与竞争政策的基本框架。为此，双方成立了一些工作组，把重点放在经济领域的一系列结构性问题以及特定领域的监管改革之上——住房、金融服务、电信、医疗设备和制药以及能源领域。对加速放松管制的强调，突出了一种方向性的调整：市场准入谈判，现在更多是以过程为导向了。会谈产生了一个以年度为周期的公告制度，长路漫漫，现在终于可以确保市场准入问题，不再成为克林顿总统和他的日本同行举行首脑会晤时的主要议题了。

这一次，国会倒是没有什么反应，原本克林顿政府担心国会旧事重提，再次对政府施压，要求采取进攻性的市场准入政策。在国会山上，日本问题早就不再是一个热门问题了，部分原因在于，民主党在1994年中期选举中失去了对国会的控制权。共和党占据多数席位，其优先事项已经有了大幅调整，没有人再认为一个亚洲盟友会威胁美国的经济优势，而从这个亚洲盟友那里获得市场准入，也不是什么值得大肆吹嘘的胜利。克林顿政府第二任期开始后一年的光景，分析师奥斯特罗姆（Ostrom 1997：15）就观察到：

日本将继续淡出美国决策者的雷达扫描屏幕。例如，在众议院占多数的共和党议员对20世纪80年代的跨太平洋贸易摩擦没有亲身经历。他们对日本的了解仅止于——哪怕有一点也好——日本是中华人民共和国的一个日子不太好过的邻居，或者说，是一家在议员们自己的社区里设有工厂的跨国公司的总部所在地。这两种看法都不可能招致人们冲到防御土墙后面，准备打一场未来的双边贸易战。

在对双边主义的追求保持低调的同时，克林顿政府积极使用世界贸易组织的争端解决机制，它在与日本有关的三起世界贸易组织案件中取得了令人鼓舞的成果——录音制品的知识产权保护、酒水饮料的税收和某些农产品的限制。但是，1997年12月，美国发现自己的申诉被世界贸易组织的专家组驳回了，柯达案的判决不利于美方。在该申诉中，美国政府认为，在消费型胶片和相纸领域，日本政府对日本市场上的外国竞争者存在系统性的歧视。尽管该决定被美国贸易代表夏琳·巴尔舍夫斯基抨击为只关注"那些狭窄的技术问题"，但美国的反应显然是在淡化此事。[2]

到20世纪90年代下半期，美国贸易逆差激增，而日本的全球和双边贸易顺差却不断增长，这进一步测试了美国的市场准入政策。但是，在蓬勃发展的美国经济中，对日本的主要抱怨有一个更传统的来源，就是钢铁行业，他们在1999年游说美国政府，向日本和其他国家施压，以使这些国家削减钢铁出口。1997年之后，官员们承认产业结构调整和日本的汽车部门陷入不景气，影

第十章 日本问题黯然失色

响很大，即使美国生产的汽车产品在日本的进口量没有出现急剧下滑，也有可能引发进攻性的反应。随着克林顿总统在1999年1月签署行政命令，恢复超级301调查，人们重新推测，一种更具对抗性的做法或许会重出江湖。但是，在1999年和2000年，美国宣布贸易优先事项，惹人注目的是，没有把日本的市场准入作为锁定目标。[3]

克林顿政府想针对1995年的汽车协定达成一项后续协议，但是并没有为此尽力一搏，这就解释了，为什么在克林顿总统第一任期结束之际，日本的市场准入问题在贸易政策的重要性上已经排到第二位了——头等大事变成世界贸易组织启动了新一回合的多边磋商，有关中国加入世界贸易组织的系列对话，以及一系列棘手的世界贸易组织争端（尤其是与欧盟的争端）。到2000年底，克林顿政府宣布了自己的业绩：与日本签订的双边和多边市场准入协议多达三十九项。夏琳·巴尔舍夫斯基在其离任美国贸易代表的一次演讲中，提到日本的时候，只是一笔带过。在美国贸易官员的心中，日本问题已黯然失色，只不过还没有彻底消失而已。[4]

2001年1月，新一届政府在华盛顿宣誓就职，他们更不倾向于采取进攻性的日本市场准入政策。小布什总统的共和党政府高级决策者毫不掩饰一个事实，他们认为，克林顿团队把时间都花在了向日本发表演讲上。

小布什总统和小泉纯一郎（Junichiro Koizumi）首相给双边关系定下的调子是，要更具有建设性。2001年6月，双方同意建立新的经济增长伙伴关系。不过，《日美规制缓和协议》铺设的

343

道路已经破败不堪，在克林顿政府最后几年里，许多相同的问题一直处于议而不决的状态。行业聚焦的问题几乎与工作组完全一致，这些工作组在建立之初就已经涵盖了电信、信息技术、医疗设备和制药以及能源领域。双方还就汽车问题进行了新的双边对话，并于 2001 年 10 月最终达成协议。双方确立的经济增长伙伴关系，对一些具有美国早期政策特征的机制有所弱化，在时间表上不再那么严格，比如次长级会议、更高的私营部门参与度、对双向议程的明确认可，以及人们不再像以前那样热切期盼首脑会晤取得具体成果，等等（Bergsten 等 2001：171）。[5]

小布什政府在贸易上的优先级实际上是在其他地方。出口政治集中于启动多边贸易自由化，追求雄心勃勃的美洲自由贸易区，以及完成与智利和新加坡的双边自由贸易谈判（该谈判肇始于克林顿政府任期结束之际）。在 2001 年 11 月的多哈部长级会议之后，新的世界贸易组织谈判开始，重申了多边体系在美国贸易政策中的核心地位。另外，进口政治也找到了出路。小布什总统在 2002 年 3 月决定，对钢铁进口产品征收最高 30% 的关税，这表明，在美国的政治中，自由贸易的言论总是不如公平的贸易实用主义那么吃香，尤其是在具有重大政治意义的行业面临压力的时候。按照这一标准来衡量的话，日本的出口可以归入这一范畴。

但是，如果有人怀疑小布什总统对大张旗鼓地敲打日本已经失去兴趣的话，那么 2001 年 9 月美国遭到恐怖袭击，就可以算是一个明确的证据。日本市场准入问题，几乎淡出了华盛顿的视野。日本在反恐战争中是美国的盟友，但是这一身份并不意味着美国官员不会为存在市场准入问题的美国商业利益而全力以赴。美国决策者会继续以批评者的口吻说出——如果声音更小一点的话也许更好——日本的宏观经济政策很差劲，经济改革也拖泥带水。但是，如果还有人认为美日冲突是由双方之间存在的竞争性资本主义体系所引发，并将成为冷战后国际政治舞台的中心议题，那这种观点一定会遭到群嘲的。

第二节 一些理论观点和未来的美日贸易关系

本书的主要目的是要解释，在20世纪80年代末期和20世纪90年代初期，是什么原因驱使美国，决然地放弃了传统上以过程为导向的对日市场准入谈判。在美国的市场准入要求出现缩减后，又反过来引发了对美日关系未来的质疑。这真的是一个时代的终结吗？以前对日本问题进行辩论的强硬派思想还剩下多少？为理解美国的贸易政策，这项研究还可以提供哪些通用的教训？

针对美国以结果为导向的对日政策所经历的潮起潮落，美国的国家－社会关系理论为应用层次分析法提供了便利。将政策制度置于政策偏好分析的中心，有助于发现美国贸易政策变化的广泛决定因素。美国对日本市场取得具体成果的要求越来越明晰，是对20世纪80年代上半期美国贸易政策体制（机构、法律和规范）危机的更大反应的一部分。确定这场危机的根源表明一些要素的相互作用，诸如国际结构变化、宏观经济因素以及美国政治中存在的广泛执政联盟发生转变，厘清了美国贸易政策的大致轮廓。

体制危机使国会的贸易激进主义重新抬头，迫使第二届里根政府于1985年9月采取了更具进攻性的双边市场准入政策，这与战后占主导地位的多边方式形成鲜明对照。美国国际经济地位的变化与里根第一届政府的宏观经济决策之间发生冲突，是体制危机的根本原因，并且最终，也成了美国的对日市场准入政策出现变化的关键决定因素。美国制造业的国际化和世界经济中出现剩余资本的新来源，侵蚀了美国在战后的经济主导地位。到20世纪80年代，日本已成为美国最广泛和最深刻的经济挑战者。

但是，如果仅仅关注国际层面的力量，会使这样的问题变得模糊难辨，即它们如何并且在什么时候发挥了影响力。20世纪80年代中期在产生重大政策转折方面有何特别之处？在美国迈向进攻性双边市场准入政策的过程中，与其他可能性相比（例如转向国家认可的保护主义），塑造了美国响应属性的，是什么？国际结构有助于制定政策，但是，它们总以不确定的方式进行。

国内因素，特别是里根第一届政府的宏观经济政策，对于确定贸易体制危机的性质、时机和强度至关重要。通过对美元、美国商品贸易部门和美国外部赤字的影响，20世纪80年代初期的财政政策显著放松，这促使将美国的贸易政策体制推向危机爆发点。简而言之，里根经济学对美国贸易政策产生了意想不到的重大后果。均衡的宏观经济政策组合，似乎是美国贸易政策体制保持稳定的内在规范。

鉴于其竞争挑战的程度和双边贸易失衡的规模，日本成为美国的主要目标，承载了其对不公平贸易壁垒的抱怨指责。但是，只有通过探索国内游说联盟的政治命运，对于朝向以结果为导向

第十章 日本问题黯然失色

的对日政策转变，才有可能提供更细致入微的解释。在对日本的市场准入问题上，强硬派和自由贸易派有不同的看法，这些问题关乎风险在哪里，以及——如果有风险的话——美国该如何应付。强硬派团结一致，认为日本的差异性在于其国际开放性方面。同时，在对以过程为导向的谈判的反应能力方面，也存在不同。自由贸易派最初的反应是，他们挑战了一种观点，即日本的差异足以使它脱离以过程为导向的谈判，或者，他们认为这些问题在很大程度上与美国的其他政策优先项无关。

对于这些游说联盟在制度影响和声望地位方面，体制危机产生的震荡可谓波及甚广。此前，自由贸易派对强硬派存有一定的约束力，这主要是由于行政部门在制度上享有支配地位。但是体制危机使强硬派对美国政策施加更大的影响成为可能，这一判断来自正式签署的双边协议在数量上出现增长，以及1985年后，在行动上转向了多领域的、以结果为导向的对日政策。

强硬派和自由贸易派之间的政治竞赛，也是一种观念之争。本书探讨了政治与思想之间的契合性，以此来突出说明，是特殊的环境状况导致了美国严重偏离以过程为导向的谈判准则。1985年以后的政策优先顺序表明，在不断学习的作用之下，对日本问题的理念发生了变化，这有助于调整政策的边界。在20世纪80年代下半期，修正主义出现了，它是一种连贯的强硬路线范式，使之受益的，是美日争端的肥沃政治土壤、冷战的结束以及精英们对日本的态度出现恶化。自由贸易联盟本已变得支离破碎，处于被动挨打的地位，而雪上加霜的是美国政策界知名经济学家们的集体发声，他们得出结论，日本在国际开放性方面确实与其他工业化经济体差异明显。随着时间的流逝，强硬派思想开始在对日政策上发挥影响，他们认为不能仅仅考虑美日两国相对地位的变化，比如经济实力、宏观经济环境，或者一个联盟胜过另一个联盟的优势资源。

老布什总统发起的《结构性障碍倡议》将这种政策学习的元素纳入了以过程为导向的框架之中。肥沃的政治土壤与强硬派思想的结合，使克林顿政府奉行更加系统化的政策，以要求在市场准入协议中规定量化目标。但是这项政策并没有取得成功，主要原因在于日本的坚决抵制和20世纪90年代美日经济命运出现反转。前者凸显出，为什么对于政策偏好的强调（国家想要什么）并不意味着国家真的得到了他们想要的东西。日本人的政策偏好，证明了强硬派人士不可能随心所欲。而后者凸显出，20世纪90年代美日两国日益分化的经济表现，令美国决策者在日本以进攻性的姿态追求市场准入成果，降低了风险。

到20世纪90年代下半期，以结果为导向的对日政策失去生命力，表明我们可以强力地重申一次，本书所描绘的核心（非认知性）要素才是政策变革的主要驱动力。到21世纪初，美国的经济复兴和日本陷入"迷失的十年"，大大降低了日本问题的政治和经济重要性。非常重要的一点是，美国的再度崛起是与正统的经济战略紧密相关的，比如审慎的财政政策和持续的经济开放，从而强烈地提振了自由贸易派的预期。在这种情况下，一些以前曾对以结果为导向的对日政策提供有条件支持的美国分析家，现在拥抱了这样的观点，即特殊的对日政策已经不再需要了（Bergsten等2001）。

第十章 日本问题黯然失色

在日本市场准入的问题上，围绕着学习的作用凸显出一个复杂的画面。特别是，它强调了关注肥沃的政治土壤具有重要意义，而不是仅仅关注理念本体的性质。强硬派利用肥沃的土壤来对日本进行辩论，其反映出的一系列特殊环境，现在已经发生了巨大变化。最值得注意的是，日本经济的萎靡不振打击了核心修正主义关于日本问题存在风险的理念。这凸显出，在探究政治与思想之间的联系时，不仅要关注思想，还要关注使思想扎根和发展的原因。本书阐明了各种特殊情况的结合，激进主义思想由此进入了政策制定过程。从某些方面来看，对日本经济结构和惯例做法的根本担忧并未消失。消失的是，20世纪80年代和20世纪90年代初那种特别肥沃的土壤。

有没有替代性的观点可以合理解释，为什么美国以结果为导向的对日政策会出现潮起潮落？回顾一下，体系分析强调了美国贸易政策在国际层面的决定因素，在某些高度概括性的背景下，它可能具有说服力。美国对日本的控制力出现下降（大约从20世纪50年代到20世纪90年代），这与经济冲突的增加相吻合。考虑到20世纪90年代美国经济的强劲表现和日本深重的经济问题，这种冲突现在看起来并不那么尖锐。但是，当我们想更具体地了解政策的实质内容时，这样简约的、自上而下的观点就很困难。的确，以体系为中心的、国家行为者的研究方法，要么是把国际决定因素的确定性放错了地方，要么就是高层的政策具有不确定性（这对他们的理论主张是一种消弱）。诸如霸权稳定理论或戴维·莱克的结构经济框架之类的现实主义方法，对几个问题缺乏足够的关注：首先是国家与社会关系的制度配置；其次是国内其他政策领域的决定如何影响贸易；最终是国内偏好的建立基础。对于国际政治中的某些研究问题，缺乏关于国内偏好形成的理论见地可能并不那么重要。但是对于以历史为基础的美国贸易政策研究而言，的确很重要。

美国贸易政治的社会中心论模型具有持久的力量，这在于他们关注国内集团的物质利益如何影响政策。从汽车工人到半导体企业家，受日本经济挑战影响的美国参与者的名单，动员了庞大的、实力雄厚的利益集团，来支持在战后居于主导地位的以过程为导向的多边主义。华盛顿不能无视那些吱吱作响的车轮。但是，仅仅来自社会利益的要求并非故事的全部，而对国家施加黑箱操作又把分析研究扯远了，跟政策权威的最终来源可谓差之千里。对社会经济利益的狭隘关注可能会忽略几个重要的问题：诉求是如何被机构塑造和引导的，这些机构是如何与分配给国家行为者的任务相冲突的，以及这些国家行为者如何动员势均力敌的社会利益来支持特定的政策目标。国家可能不会完全脱离社会而独立存在。但是，社会群体可能会对缺乏有利的制度设定感到失望，也可能会对国家决策机构中缺少以同样方式看待问题的同盟者感到不满。

本书采用的国家－社会理论的研究方法建立在历史制度主义政治学派的见解之上，突出了制度的变革能力，对独立定位的政策程序和历史偶然性的敏锐感知，以及思想的有限角色。

20世纪80年代初期，日本的经济挑战与美国自身造成的预算创伤之间的强大相互作用，严重破坏了美国贸易政策的制度平衡。自20世纪30年代中期以来，体制危机改变了国会与总统之

第十章 日本问题黯然失色

间的微妙平衡，这两个机构一直都存在一种讨价还价的关系，但长期来看，基本上是行政主导。宏观经济决策给美国贸易政策带来的意想不到的后果，增强了研究国内政治联系的必要性。体制危机偏向某些群体及其对美国贸易问题的特定定义。强硬派在20世纪80年代下半期变得更有影响力，在制定美国贸易政策的道路上也看到了他们的想法在信任中成长。尽管如此，围绕修正主义的经验表明，一旦更基础性的现实世界政策决定因素与之相反，新思想就难以站稳脚跟。由于美国的经济表现一直超过日本，美国决策者在使日本问题重新成为美国对外经济政策的主要重点方面，压力和诱惑都大为减少。

对于未来的美日贸易关系，可能的结果是什么？一个有用的起点是考虑两国的长期经济前景。在这种情况下，进入一个以结果为导向的市场准入政策新时代的机会看上去微乎其微。

日本仍然是世界第二大经济体，也是生产、消费、资本和技术的主要场景。但是，现在还没有任何严肃认真的经济预言家相信，日本将对美国取而代之，成为世界头号经济强国。在2001年，日本的经济增长为负值，这在此前的十年中，已经是第三次遇到连续三年的衰退，自第二次世界大战以来，这也是主要工业化经济体中最长的通缩时期。目前看来，增长的前景仍然处于不确定之中，据估计，在没有重大经济结构调整的情况下，日本的长期经济增长率已降至每年约1%（经合组织1999a）。

有很多属性在过去都被修正主义者视为日本的实力源泉，但是现在，显然已成疥癞之患。这包括几个方面的问题：其一，国家主导的经济发展模式还有一些残余的影响力；其二，私营部门对利润的导向还不那么强；其三，银行部门不适应自由金融决策的制定；其四，由合伙企业控制的市场还缺乏活跃度。有一些情况已经显示出来，比如日本公司资本的净回报率约为美国的一半，而非制造业经济部门的生产率约为美国的 60％ (Alexander 1998；Asher and Smithers 1998)。日本政府部门效率低下，长期财政前景仍然黯淡，公共债务与国内生产总值的总比率接近 140％，而且人口已经迅速老龄化。经合组织对日本的监管结构进行了调查，得出的结论是：在市场主导的增长时期缺乏对国家作用的统一概念，使得监管干预支离破碎，不连贯且容易受到许多特殊利益的影响（经合组织 1999b：12)。日本决策者未能应对泡沫经济的遗留问题，尤其是通缩和不良贷款拖累了银行体系，严重损害了日本精英官僚的声誉。

试图让日本出现好转的官方声明其实并不少。2001 年 4 月，小泉纯一郎 (Junichiro Koizumi) 成为自 1990 年以来日本的第九位领导人，他承诺要进行"没有庇护所的改革"。但是，这样的声明在面对制度上虚弱的领导权问题时，显得有些势单力薄，而且，对于重大经济结构调整，在日本也存在着根深蒂固的抵制 (Carlile and Tilton 1998；Katz 1998)。

相比之下，20 世纪初，一些德高望重的人士准备冒些风险——例如美联储主席格林斯潘——他们认为美国已经进入一个经济表现卓有成效的新时代。1992 年至 2000 年的这段时间，美国的经济扩张是自 1850 年有记录以来持续时间最长的阶段（经合组织，2000)。从 1997 年到 2000 年，美国经济以年均 4.5％的速度增长，这一期间的通货膨胀比较适度，生产率显著提高。到了20世纪90年代下半期,劳动生产率的增长趋势急剧上升到每年2.5%以上,而在过去的20年中还不到1.5%,这似乎促进了美国的潜在增长率。人口特征,包括对移民的高度容忍,使人们对美国的长期经济表现感到乐观。美国的劳动年龄人口到2010年可能会至少增长10%,而在欧洲将陷入停滞,在日本将下降6%(Hale 2000)。

美国的经济前景将尤其取决于,在怀疑论者和乐观主义者中,到底哪一方对生产率增长的理解是准确无误的。增长趋势可谓欣欣向荣,而这种趋势与资本市场的暴涨也存在关联度,特别是信息技术产品的股票气势如虹。有关美国经济前景的辩论,就是围绕着上述这两个问题展开的(Gordon 2000;Jorgenson and Stiroh 2000;Oliner and Sichel 2000)。从2000年下半年开始,经济放缓刺穿了一些对美国经济更为乐观的看法。在某些可能的情况下,20世纪90年代的繁荣所带来的问题拖累了未来的增长,比如产能过剩、个人储蓄薄弱以及经常账户赤字超过国内生产总值的4%。但是2002年的主要形势依然是,美国具有非凡的经济灵活性和抵御负面冲击的能力。

日本距离挑战美国在世界经济中的主导地位还有很长的路要走,这表明对未来的双边关系或多或少持乐观态度。从趋势上看,这两个经济体在国际一体化方面进展良好,从而强化了这一结论。尽管贸易赤字达到了创纪录的水平,但美国贸易政治的密切观察者强调,自20世纪90年代中期以来,传统贸易保护主义从总体上看还是处于劣势(Destler and Balint 1999:1)。当然也有例外,最值得注意的是钢铁行业,在获得进口救济方面取得了成功。尽管如此，正在日益国际化的美国经济已经没有了那种动不动就吵一架的行业贸易政治，而在20世纪80年代，这种行业贸易政治曾经刻画了经济失衡和宏观经济周期的显著特征。大致看来，美国和日本公司（从半导体到金融服务）之间的交叉所有权和合作联系的增加，在减少市场准入摩擦方面，作用十分明显。

在某种程度上，重大的结构改革是日本经济振兴的关键，其作用也在于，让过去的对立冲突不再有机会重复上演。此外，尽管对经济改革感到失望，但市场迫切需要继续推动日本的结构变化。20世纪90年代，日本经济出现停滞，其显著特征之一就是进口渗透率的增加，削弱了美国对日本问题的强硬诉求。尽管1990年至2000年日本国内生产总值的年均增长率稍稍超过了1%，但是商品的进口量却以年均5.3%的速度强劲增长。在同一时期，工业制成品在日本商品进口中的份额从42.5%上升到56%（世界贸易组织2001a）。整个20世纪90年代，在日本的境外直接投资增加了五倍，这也有助于加深日本经济的国际化（De Brouwer and Warren 2001）。

当然，有些要素能够迅速且不可预测地改变政策环境，因此，始终对其保持敏锐度，可以缓和在贸易政策上出现广泛的结构性影响。例如，我们以美国经济作为样本分析会发现，金融市场愿意承担风险，持续为经常账户赤字提供财务支持，要知道，赤字已经占到国内生产总值4%以上了。反恐战争引发了新的政府支出需求，这可能会再次出现大量预算赤字，从而削弱美国经济。其力量和自由度也告诫我们，不要忽视公平贸易组织可能一时心血来潮，把美国钉在单边主义的耻辱柱上。国会和工商界的强硬派也可能会再次决定，把双边贸易平衡作为贸易政策是否成功的晴雨表。日本的对外盈余仍然是世界上最大的。美国独特的经济民族主义传统始终赋予其能量，把新的政策企业家推到前台，提出一些全新的抑或是新瓶装旧酒的想法，探讨如何恢复美国的贸易关系对等主义，这当然也包括与日本的贸易关系。

尽管如此，恢复以前那样的对日政策，以可量化的市场准入为目标，看上去已是镜花水月。美国如此彻底地偏离面向过程的谈判准则，迄今为止仍属例外之举。对于20世纪80年代和20世纪90年代初期的美国－日本贸易案例，有太多的变量因素似乎都是绝无仅有的。

第三节 新的挑战者及其挑战

是否会有一个新的经济挑战者出现，从而触发一种进攻性的、以结果为导向的贸易政策？中国的经济实力不断增长，与美国存在巨大的双边贸易顺差，这种情况令华盛顿的强硬派将其明确锁定为候选者。21世纪会不会抛出一项"中国问题"呢，就像是20世纪后期的"日本问题"那样？

答案是否定的，中美经济关系中的一些重要差异表明，不可能有类似的经历。首先，至少在未来很多年内，经济发展的相对水平应该会避免产生这种担心，即中国不久就要毁灭美国的高科技基础。首先，在20世纪80年代，日本高科技挑战的规模，曾经引起了人们对美国无力竞争的担忧。其次，美国使用了各种手段来定义日本问题,而中国的市场准入问题,其存在的方式与日本不同。在中国的进口中,制成品占主导地位,行业内贸易的规模大于日本,并且在过去二十年,境外直接投资像潮水般涌入中国,其速度在发展中国家尚属首例(Garnaut and Huang 2000；Song 2000)。值得注意的是,中国对境外直接投资的开放性,使得美国企业已经在中国建立了利益网络,可以极大地影响美国政府的政策。在20世纪80年代和20世纪90年代初的对日政策中,几乎没有类似的利益体现。最后,中美关系的性质是不同于美日关系的,美国决策者需要三思而后行,不能简单地照搬克林顿总统的对日政策而仍以结果为导向。框架谈判的一个基本前提是,经济和政治安全问题可以单独在各自的轨道上处理。由于日本对美国在安全问题上存在根本性依赖,美日关系固有的不平等性质支持了这一前提。虽然华盛顿的顽固派有可能仍然会找到一些论点,来证明对中国采取对抗性的经济外交存在正当性,但是他们很难宣称,这可以在政治安全关系上做到泾渭分明。

不过,所有类型的要素在不远的将来仍有可能扰乱中美贸易关系。我们可以假定,中国将实现持续的高速增长,并与世界经济达成更深入的融合,这将使中国在未来几十年里,在全球经济事务中发挥更大的作用。一些长期的预测表明,与日本的不同之处在于,中国可能确实会在21世纪的某个时点超越美国,成为世界上最大的经济体。在国际舞台上,对于采用什么样的行为规范更适合自身的特点,美国和中国持有几乎截然不同的看法。所有这些因素,都使双边关系变得微妙,并警示人们,不要基于全球化的必然性及其和平效果,就本能地产生出一种经济决定论

第十章 日本问题黯然失色

(也称经济唯物主义,用经济因素的自动作用解释复杂的社会现象和历史发展进程——译者注)。

确实,围绕着美国的未来贸易政策,最有趣的问题可能是国内对全球化的强烈反对。美国已经将其"旧经济"的重要部分国际化,并占领了"新经济"的制高点。它是世界上占主导地位的经济大国,不会很快与任何国家交换位置。然而,正如小布什总统的最高贸易官员罗伯特·佐利克(Robert Zoellick)所指出的那样,美国在追求贸易协定方面一直"落后于世界其他地区"。[6] 其实,在过去十年的大部分时间里,美国在贸易政策的国际领导力方面,显得力不从心。这是一个暂时现象,还是一种更为旷日持久的态势呢?

克林顿政府在《北美自由贸易协定》和乌拉圭回合谈判上取得了初步成功,这让人们还没有意识到,一个贸易分工的新时代已经来临。《北美自由贸易协定》是一个引雷杆,激起了自20世纪30年代以来最有争议的贸易辩论(Destler 1995;Mayer 1998)。其后果是,美国一直以来都扮演着国际贸易自由化的领导者角色,但是现在却受制于一些强大的国内因素,即人们担忧全球化的影响,及其对劳工和环境的冲击(Destler and Balint 1999)。直到1993年12月克林顿政府任职期满,他们仍然没有获得贸易谈判授权的快速立法通道。国会为履行乌拉圭回合,在1994年进行了立法,作为其中的一部分,克林顿政府最初试图确保获得新的授权,但是在1998年,新的快速通道法案没有在众议院获得通过。1999年初,克林顿总统宣布,他打算在贸易上重建国内共识,并推动新一轮的全球贸易谈判。在缺乏国际支持的情况下，1999年底的世界贸易组织西雅图部长级会议破裂了，人们以后也许会对催泪瓦斯和暴力活动记忆犹新，因为这些都是由美国国内的激烈贸易辩论所引发的。在克林顿政府任期的最后一年，稍微有点标志性的是一些小得可怜的立法提案，从贸易领导力的意义上讲，远称不上是一份遗产。

小布什总统继承的这个政策环境包括几个方面的内容：其一，对全球化有着同样的关注；其二，在劳工和环境问题上面临着同样的政治分裂；其三，在华盛顿有同样的高层党派关系，这也是克林顿时代的标志。小布什政府的官员们很快就意识到，推进任何新的贸易倡议——不管是多边的、区域性的，还是双边的——都要取决于其是否有能力重新建构一套国内贸易选区体系。在寻求新的《美国贸易促进授权法案》（快速立法通道的接替物）的过程中，小布什政府必须努力应对的深层分歧，存在于国会以及更大的圈子之中，他们对于贸易的看法，以及在什么东西应该纳入贸易协议这样的问题上，泾渭分明。正如德斯特勒和巴林特（Destler and Balint 1999：9）在劳工和环境问题上观察到的那样，激烈的辩论围绕着"不是要在美国商业利益之间达成平衡，而是这些利益与社会所重视的其他利益之间的适当平衡"。简而言之，美国贸易政治已经成为一个日益拥挤的舞台，在这个舞台上，诸如有关拉丁美洲的毒品政策等各种各样的问题，都可以对决策施加影响。

本书指明了一种方法，便于人们去理解一个问题，即当提到贸易领导力的时候，美国的脆弱性会如何表现。从理论上讲，美国在国际经济中的立场拥有很大的自由度。在国家－社会理论的

第十章 日本问题黯然失色

框架中,国内偏好至关重要,因此在国际体系中,对于像美国这样的最大的参与者而言,情况更是如此。既然美国是最大的参与者,那么美国就能以不同的方式来定义其政策利益。

我们身不由己地采用了一种自下而上的方法,来阐明美国的贸易政策行为,这在所难免。在美国的国家-社会关系的横断面上,对机构和行为者的重点关注,可以帮助我们发现那些使美国实现领导力和限制领导力的因素。尽管根据美国贸易政策体制设置的这些机构是一种稳定源,但是当贸易影响更多人的生活的情况发生时,新的联盟会利用该体制的基本开放性,来对美国的贸易问题进行重新定义。当代有关美国贸易政策的那些龙争虎斗,无不强调出,拥有一种分析框架是何等的重要,不管在方式上呈现出多么的错综复杂,但是一定容纳了思想、价值和利益,它们彼此交织,盘根错节。

从政治角度看,相同的结构不一定会产生相同的结果。需要放开视界,对国内政治明察秋毫,才能发现那些偶然因素和无妄之灾。尽管决策者可能会沿用某些方式,来继承过去的经验,但他们仍有选择的余地。在 21 世纪之初,政策制定者们渴望重新确立美国的国际贸易领导地位,他们正在寻找新的选择,以减轻全球化所引发的国内矛盾。对贸易政策而言,高度简约和确定性的方法不太可能告诉我们这些选择的本质是什么。我们留在了那种政治分析的"折中的混乱中心"——正如埃文斯(Evans 1995:2)所言——这里没有井然有序的解决方案,模型也不正规,更与历史毫无关联,但是只要在那些分析棱镜上瞄一眼,它就会告诉我们,关于那些特殊案例,意义非凡者来自何方。

注　释

第一章　概述

1. 1998年4月15日,在华盛顿特区,美国对日谈判全权大使夏琳·巴尔舍夫斯基向彼德森国际经济研究所发表了演讲。

2. 鲁杰的"嵌入式自由主义"理论所具有的灵活性,体现在他对进口限制贸易干预的描述上,例如"自愿出口限制"和《多种纤维协定》,可以作为"受规范制约的"变革的实例。

3. 沃尔兹在1959年通过围绕三个层次(或"意象")的分析:体系、国家和个体来组织有关战争起因的文献,从而开创了这种理解国际关系的方式。

4. 偏好由一系列基本利益(物质上的或是概念上的)构成,其定义适用于世界各国,与战略、策略和政策存在明显区别。根据定义,它们在因果关系上独立于其他国家的策略,因此优先于特定的国家间的政治互动(Moravcsik 1997：519)。

5. 信念（beliefs）和想法（ideas）这两个术语，在本书中可以互换使用。

第二章 解读美国贸易政策：国家－社会理论的研究方法

1. 可以肯定的是，吉尔平的现实主义理论在类型上属于折中主义，很多方面借鉴了自由主义和马克思主义的思想理念。

2. 指标包括：（1）美国经济的相对规模（Gilpin 1975；Krasner 1976）；（2）相对经济增长率（Gilpin 1975；Krasner 1976）；（3）相对人均收入（Krasner 1976）；（4）相对生产率表现（Gilpin 1977）；（5）美国在世界贸易中的相对份额（Krasner 1976）；（6）美国在境外直接投资中的相对份额（Gilpin，1975；Krasner，1976）。

3. 尽管为保护钢铁和某些农产品而施加的压力已经被容纳了，但是这一发现在21世纪之初仍然是富有活力的。

4. 鉴于简单的霸权稳定理论存在经验上的弱点，吉尔平和克拉斯纳重新做了一些思考。有关内容请参见本书作者昆克尔的文章（Kunkel 1998，18—19）。

5. 有关美国保护政策决定因素的经验研究，请参见雷尔·P. 拉维涅（Lavergne 1983）和罗伯特·E. 鲍德温（Baldwin 1985）的著述。

6. 与国际因素的层次分析所产生的关联，体现了古勒维奇（Gourevitch）在1978年提出的"第二意向反转"的研究路径（将肯尼思·华尔兹提出的国际、国家、个体这三个意向中的第二个意向进行反转，以国际政治因素来解释国内政治的变迁——译者注），但政策结果是在国内多元化框架中确定的。

7. 有关内生保护理论的调研，请参阅史蒂芬·玛吉（Magee 1984）、道格拉斯·R. 尼尔森（Nelson 1988）和丹尼·罗德里克（Rodrik 1994）的著述。

8. 参见纳尔逊·波尔斯比（Polsby 1989）撰写的有关沙特施耐德（Schattschneider 1935）和西奥多·罗伊（Lowi 1964）的分析文章。

9. 游说联盟的框架在美国政治环境中已经应用于一些政策领域，例如犯罪、失业和空气污染（Sabatier and Jenkins-Smith 1993）。

10. "提倡者"与"经纪人"之间的区别在于连续性。正如萨巴蒂埃（Sabatier 1993：27）指出的那样，许多经纪人"会有一些政策方面的倾向，而提倡者可能会对体系的维护表现出某种严重关切"。

11. 有关政治和外交政策文献的调研，请参见 Bennett and Howlett（1992）和 Levy（1994）的著述。

12. 关于精英信仰体系在结构上的分类，请参见萨巴蒂埃（Sabatier 1993：30）的著述。

第三章　美国贸易政策经历了一场体制危机

1. 从一开始，在建立全面的多边贸易体系的努力中，就有一些重要例外，包括美国策动的、在允许罗斯福新政时期实行的农场计划继续延长的问题上，投了弃权票。此外，发起了一些运动试图建立一个更具雄心的国际性贸易组织，但是未能获得美国国会的支持（Diebold 1952）。

2. 美国政策的主要目标是将日本纳入"自由世界"经济体系，以巩固其作为美国在亚洲重要战略盟友的作用。美国率先提议允许日本加入关贸总协定。美国又跟加拿大一道，没有援引关贸总协定第35条授权，对新的缔约方不适用关贸总协定的减让清单——这样做的成员国只有美国和加拿大。

3. 与此相关的一次讨论，涉及关税减让危险点和豁免条款及其在1934年之前的先例，请参阅戴斯勒（Destler 1995：21）的著述。戈德斯坦（1993）详细论述了战后走向自由化的运动，以及早期保护主义的许多痕迹是如何被保留其中的。

4. 1987年，当时的美国财政部长詹姆斯·贝克评论说，里根总统的"进口救济"措施（设置壁垒以保护民族工业——译者注），"超越"了过去半个多世纪以来他的任何前任（Finger 1992：89）。同样，尼斯卡宁（Niskanen 1988：137）指出："自从胡佛以来，现任政府与历届政府相比，对贸易施加的新限制措施要更多。"

5. 丹尼斯·囚卡内中（Dennis Encarnacion 1992）和马克·梅森（Mark Mason 1992）强调了过去的限制性投资政策对日本贸易结构的重要性。

6. 根据与美国历届政府的谅解，日本将碳钢的出货量限制在美国总市场的5%至6.5%之间（Hufbauer等人1986：171）。

7. 基欧汉（Keohane 1986）让"严格"和"扩散"这些关于对等（reciprocity）的术语得以普及，两个版本有明显区别：20

世纪 80 年代的版本更狭义一些，而在关贸总协定早期的几个回合谈判中使用的对等（reciprocity）版本，不太准确。

8. 该法案于 1982 年和 1983 年获得了众议院投票通过，但在参议院功亏一篑。

9. 威廉·布洛克（William Brock）1996 年 6 月 24 日在华盛顿特区接受了本书作者的访谈。

10. 朱蒂丝·贝罗（Judith Bello）1996 年 7 月 26 日在华盛顿特区接受了本书作者的访谈。

11. 众议院以 394 票对 19 票通过了一项类似的决议案。

12. 由格普哈特众议员独自发起的法案，后来做了几次修改，终以《格普哈特修正案》著称于世。

13. S. 1404 号法案虽然在第 99 届国会未能越过参议院的门槛，但后来成为 1988 年《综合贸易和竞争力法》中超级 301 条款的概念基础。

14. 罗伯特·佐利克（Robert Zoellick）1996 年 6 月 19 日在华盛顿特区接受了本书作者的访谈。

15. 克莱顿·尤特（Clayton Yeutter）1996 年 8 月 2 日在华盛顿特区接受了本书作者的访谈。

16. 格扎·费克特库蒂（Geza Feketekuty）1996 年 6 月 22 日在华盛顿特区接受了本书作者的访谈。

第四章　强硬派与自由贸易者针锋相对

1. 莫林·史密斯（Maureen Smith）1996 年 7 月 18 日在华盛顿特区接受了本书作者的访谈。

·注释·

2. 莫林·史密斯1996年的访谈。

3. 莫林·史密斯1996年的访谈。普雷斯托维茨（Prestowitz 1988：260）谈到史密斯的时候，这样描述这位商务部日本办公室主任：美国政府内，在日本贸易问题上有两个"机构记忆源"，此人便是其中一位，因为他的服务时间几乎贯穿整个20世纪80年代。

4. 在日本的美国商会（1997：23-4）将最初针对NTT的那些谈判描述为政府采购领域的"开拓性努力"，并指出"从整体谈判的角度来看，NTT的案子提供了一些宝贵的经验和先例"。但是，他们也引用了美国前贸易官员的一种说法，即达成的协议"体现了渐进主义对于自由化而言往往不是一种好的处理方法"。

5. 例如，可以参阅美国审计署（1979）、美国国会的联合经济委员会（1980）和朱利安·格雷瑟（Julian Gresser 1980）的相关文献，相关情况应有所反映。

6. 关于政府在美国和日本半导体产业中的参与情况，查阅肯尼思·弗拉姆（Flamm 1996）的相关著述可以得到一套完整分析。

7. 最重要的垄断性生产商是IBM，尽管在20世纪80年代上半期美日贸易紧张局势加剧的岁月里有所下滑，但是IBM在世界半导体产量中仍然保持了差不多10%的份额。当谈到美国半导体产业的定义时，许多经验性数据虽然对政策辩论起到了助推作用，但是却忽略了IBM（Flamm 1996：20）。

8. 相关案例，请参见美国国会的联合经济委员会（1980）和美国国会的众议院筹款委员会（1980a）的文献资料。

365

9. 在1979年下半年，美国商务部官员首次尝试在助理部长级别（相当于中国商务部的处长级别——译者注）建立跨部门小组，以此为基础形成一套更系统化的产业与政府对话机制（SIA 1980：24）。

10. 在特别贸易代表办公室，沃尔夫（Wolff）曾主持跨部门的助理部长小组讨论日本问题。作为华盛顿最赫赫有名的贸易律师之一，在他随后的影响之下，游说联盟将国家和社会行为者的方法整合进来，并加以强化。

11. 奥尔默既代表了行政部门内部出现的对日本态度更为强硬的观点，也体现了美国贸易政策界的多变性。在进入里根政府之前，他曾领导摩托罗拉向NTT销售袖珍传呼机的工作（Prestowitz 1988：15）。

12. 有关此情节的详细讨论，请参见威廉·V. 拉普（Rapp 1986）。本书涉及他1986年撰写的文章《日本的隐形贸易壁垒》。

13. 林肯（Lincoln 1984：55）全面研究了日本的工业政策及其与20世纪80年代上半年美国政策辩论之间的关系，可以参阅他的著作。一些文献断言了产业政策对日本经济成功具有重要意义，相关的文献样本请参见 Magaziner and Hout（1981），Johnson（1982），Magaziner and Reich（1983），Reich（1983），Zysman and Cohen（1983），Zysman and Tyson（1983）。另外 Noble（1989）对有关日本产业政策的学术辩论提供了出色的调查。

14. 莱昂内尔·奥尔默（Lionel H. Olmer）1996年5月31日在华盛顿特区接受了本书作者的访谈。

·注释·

15. 相关案例可参见伯格斯滕（C. Fred Bergsten）对美国国会众议院外交事务委员会的声明（1982年）。本书第八章确定了萨克森豪斯得出的结论，在20世纪80年代下半期是如何受到其他主流经济学家质疑的。

16. 迈克尔·史密斯（Michael Smith）1996年5月10日在华盛顿特区接受了本书作者的访谈。

17. 莱昂内尔·奥尔默1996年的访谈。

18. 相关案例可参见美国审计署（1982a，1982b）、Wheeler等人的著述（1982）和美国国际贸易委员会（ITC 1983）。

19. 莫林·史密斯1996年的访谈。

20. 威廉·皮茨（William Piez）1996年7月17日在华盛顿特区接受了本书作者的访谈。

21. 参见《国际贸易报道》（*International Trade Reporter*），3（3），15 January 1986：82。

22. 迈克尔·史密斯1996年的访谈。

第五章 《半导体协议》：强硬派迎来高光时刻

1. 普雷斯托维茨（Prestowitz 1988，52）将1982年11月的协议描述为"彻头彻尾只是一座纪念熟练打草稿的丰碑，其他的什么都算不上"。该协议被认为仅具向两国政府建议的地位，因此没有法律效力。

2. 参见《美国贸易内参》杂志（*Inside US Trade*），2（6），10 February 1984：5。

3. 参见《美国贸易内参》杂志（*Inside US Trade*），30

August 1985：11。

4. 艾伦·沃尔夫（Alan Wolff）1996年5月22日在华盛顿特区接受了本书作者的访谈。

5. 艾伦·沃尔夫1996年的访谈。史蒂夫·德莱顿（Steve Dryden 1995：313）也关注到了这种交流。

6. 美国半导体协会（SIA）当时根据1984年的数据进行了推算，得出的结果显示，日本在美国半导体市场的进口渗透率为14%（SIA 1985）。

7. 参见《国际贸易报道》（International Trade Reporter），2（25），19 June 1985：807。

8. 参见《国际贸易报道》（International Trade Reporter），2（27），3 July 1985：865。

9. 迈克尔·史密斯1996年的访谈。

10. 克莱顿·尤特1996年的访谈。

11. 迈克·法伦（J. Michael Farren）1996年7月18日在华盛顿特区接受了本书作者的访谈。之前仅有的一个自发的反倾销案例是在卡特执政期间发生的，处于钢铁触发价格机制的框架之内。

12. 参见《国际贸易报道》（International Trade Reporter），2（49），11 December 1985：1543；3（11），12 March 1986：329；3（12），19 March 1986：372和3（18），30 April 1986：577。

13. 参见《国际贸易报道》（International Trade Reporter），3（11），12 March 1986：330。《美国贸易内参》杂志（Inside

US Trade），4（13），28 March 1986：2。另参见肯尼思·弗拉姆（Kenneth Flamm 1996：170）。

14. 参见《美国贸易内参》杂志（Inside US Trade），6（45），18 November 1988：1。尽管在宣布协议时没有披露《附函》，但弗拉姆（Flamm 1996：174）指出，在协议签订前后，有关市场准入相关章节的确切措辞已被英国《金融时报》披露出来。

15. 克莱顿·尤特1996年的访谈。道格拉斯·A. 欧文（Douglas Irwin 1996：50）断言："1986年5月28日这一天，美国贸易代表尤特与通产相渡边美智雄在东京的会晤中，明确提出了20％的要求。"德莱顿（Dryden，1995：319）也坚持认为，到1986年5月，尤特"已经成为一个积极倡导者，认为市场份额的目标可以强制实现"。

16. 迈克尔·史密斯1996年的访谈。

17. 黑田诚（Makoto Kuroda）1997年2月20日在东京接受了本书作者的访谈。

18. 参见《美国贸易内参》杂志（Inside US Trade），5（6），6 February 1987：1。

19. 参见《国际贸易报道》（International Trade Reporter），4（5），4 February 1987：141和4（13），1 April 1987：423。加征的关税于1987年4月17日生效。根据美国政府的统计，针对涉嫌违反第三国倾销行为的制裁金额为1.35亿美元，而针对涉嫌违反市场准入行为的制裁费用为1.65亿美元。

20. 斯图尔特·奥尔巴赫（Stuart Auerbach），《有力证据推动美国对日本实施制裁》,《华盛顿邮报》,1987年4月5日:H01版。

21. 参见《国际贸易报道》(International Trade Reporter),4(16),22 April 1987:538。

22. 克莱顿·尤特1996年的访谈。

23. 迈克尔·史密斯1996年的访谈。

24. 艾伦·华莱士(W. Allen Wallis)1996年8月15日在华盛顿特区接受了本书作者的访谈。

25. 迈克尔·史密斯1996年的访谈。

第六章 里根、老布什和面向结果的多领域诉求

1. 参见《美国贸易内参》杂志(Inside US Trade),4(14),18 April 1986:11。

2. 参见《美国贸易内参》杂志(Inside US Trade),5(1),2 January 1987:1;5(6),6 February 1987:5;4(33),19 August 1987:130;5(34),21 August 1987:7和6(7),19 February 1988:5。

3. 西德尼·林恩·威廉姆斯(Sidney Linn Williams)1996年9月24日在美国加州尔湾市接受了本书作者的访谈。

4. 参见《国际贸易报道》(International Trade Reporter),8(27),3 July 1991:1013。

5. 迈克·法伦1996年的访谈。

6. 参见《国际贸易报道》(International Trade Reporter),8(45),13 November 1991:1643。内田明德(Akinori Uchida),《汽车问题对老布什总统的访问至关重要》,参见《读卖新闻》

1991年12月24日头版。《美国呼吁在贸易问题上取得"可见"的结果》,参见《读卖新闻》1991年12月26日。《总理敦促汽车制造商帮助美国汽车行业》,《每日新闻》1992年1月1日。《日本汽车制造商愿意扩大美国汽车进口量》,《日经新闻》热门文章,1992年1月1日。

7. 参见《国际贸易报道》(International Trade Reporter), 9 (16), 15 April 1992: 685。

8. 罗伯特·佐利克1996年的访谈。

9. 第三方无线电系统是一种特定类型的移动通信网络,一般在出租车、拖车和货运服务行业使用。

10. 参见《国际贸易报道》(International Trade Reporter), 3 (3), 15 January 1986: 82。

11. NTT使用的系统是专有的,在日本以外没有使用过,TACS的情况完全相反,已在许多国家被用作国际标准(Johnson 1993: 37)。

12. 日本高速通讯株式会社(Telway Japan)由丰田汽车、日本高速公路公共公司和东京电力等共同组建(Johnson 1993: 42—3)。

13. 斯图尔特·奥尔巴赫(Stuart Auerbach),《政府命令对日本实施贸易制裁》,《华盛顿邮报》,1989年4月29日: D11。《国际贸易报道》(International Trade Reporter), 6 (20), 17 May 1989: 615。

14. 《希尔斯宣布电信协议》,美国贸易代表办公室,1989年6月28日。

15. 西德尼·林恩·威廉姆斯1996年的访谈。

16. 高野靖（Yasushi Takano），《美日贸易摩擦为摩托罗拉带来了回报》，《日本经济日报》，1990年2月17日，第14页。

17. 莱尔·布雷纳德（Lael Brainard）是老布什政府白宫经济顾问委员会的成员，她推荐里根－老布什时代达成的一些共识，涉及汽车零部件、手机、超级计算机、建筑和木材产品，都是以结果为导向的。

18. 这次意见交换，据说从东京发给美国国务院的一封电报中被泄露出去，以致强硬派会定期把这事拿出来当靶子，以寻求对日采取更具进攻性的贸易行动。参见斯图尔特·奥尔巴赫（Stuart Auerbach），《一些言论引发美国对日本进行报复的运动》，《华盛顿邮报》1987年3月26日：A1。黑田诚的言论广为流传，但是他后来对媒体的各种解读予以了否认。黑田诚在1997年的访谈。

19. Todd J. Gillman，《日本计划为美国计算机铺平道路》，《华盛顿邮报》1987年8月8日：C01。《国际贸易报道》（International Trade Reporter），4（32），12 August 1987：1008。

20. 格兰·福岛重茂（Glen S. Fukushima）1996年5月16日在东京接受了本书作者的访谈。

21. John Burgess and Evelyn Richards，《美国能否捍卫超级计算机的领导地位？CDC退出后，日本的进攻性增加了赌注》，《华盛顿邮报》，1989年5月7日：H01。

22. 1990年6月15日，美国贸易代表卡拉·希尔斯致日本村田良平大使阁下的信有一个附件，为《引进超级计算机的步骤》。

23. 参见《国际贸易报道》（International Trade Reporter），

·注释·

7（13），28 March 1990：427。

24. 西德尼·林恩·威廉姆斯1996年的访谈。

25. 黑田诚1997年的访谈。

26. 《克雷科技首席执行官发出抗议》，《日本时报》（*Japan Times*），10 October 1992。

27. 参见《美国贸易内参》杂志（*Inside US Trade*），5（22），29 May 1987：12。

28. 其中一个原因是，日本通产省的推算方式把IBM日本总公司专门运输给其日本子公司的出货量也包含了进去（Flamm 1996：280）。

29. 参见《美国贸易内参》杂志（*Inside US Trade*），6（46），18 November 1988：17。

30. 西德尼·林恩·威廉姆斯1996年的访谈。

31. 参见《美国贸易内参》杂志（*Inside US Trade*），6（46），18 November 1988：17。

32. 参见《美国贸易内参》杂志（*Inside US Trade*），7（35），1 September 1989：1；7（50），15 December 1989：7；

33. 参见《美国贸易内参》杂志（*Inside US Trade*），7（42），20 October 1989：1。

34. 卡拉·希尔斯（Carla Hills）1996年8月30日在华盛顿特区接受了本书作者的访谈。

35. 西德尼·林恩·威廉姆斯1996年的访谈。《交易就是交易》是美国半导体协会的一份主要报告的标题（1990年），该报告陈述了一项新的半导体协议。

36. 与此相关的一个进展是，在 1991 年初，美国官员就日本政府在计算机行业的采购惯例发起了双边对话。

37. 根据 1991 年的协议推算出的这个数字——14.4%，是以新的美国人偏爱的市场准入方案（F1）为基础的。参见《美国贸易内参》杂志（*Inside US Trade*），10（32），7 August 1992：5。

38. 威廉·克莱恩（William R. Cline），《日元升值确实会减少日本的顺差》，《华尔街日报》，1993 年 5 月 20 日：A16。

39. 西德尼·林恩·威廉姆斯 1996 年的访谈。

40. 约瑟夫·马西（Joseph P. Massey）1996 年 9 月 18 日接受了本书作者的电话访谈。

41. 迈克尔·阿玛科斯特（Michael Armacost）1996 年 7 月 5 日在华盛顿特区接受了本书作者的访谈。

42.《与日本公共部门采购计算机产品和服务有关的措施》，美国贸易代表办公室，1992 年 1 月 22 日。"外国"的定义基于资本从属关系而不是生产地点，这是在半导体和汽车谈判中美国所做的一项政策方法上的扩展。

43. 参见《美国贸易内参》杂志（*Inside US Trade*），10（3），17 January 1992：1。《美国日本经济研究所报告》（*JEI Report*），3B，24 January 1992：7。

第七章　强硬派高歌猛进

1. 本节重点参考的是苏珊·施瓦布（Susan Schwab）在 1994 年制定 1988 年《贸易法》的情况说明。施瓦布在此过程中曾是参议员约翰·丹佛斯（John Danforth）的首席立法顾问。

·注释·

2. 国会议员格普哈特得到了众议院民主党大佬们的支持，比如众议院议长吉姆·赖特（D. Jim Wright）和民主党党鞭托尼·科尼略（Tony Coelho，加利福尼亚州民主党人），另外的重量级支持来自一个商业联盟，由克莱斯勒的李·艾柯卡（Lee Iacocca）领导，其中包括钢铁、纺织和汽车零部件生产商以及一些主要的跨国公司，例如摩托罗拉和福特汽车公司（Schwab 1994：109）。

3. 参见《美国贸易内参》杂志（*Inside US Trade*），3（22），31 May 1985：11。

4. 参见《国际贸易报道》（*International Trade Reporter*），3（10），5 March 1986：311；3（47），26 November 1986：1417。

5. 参见文章《重新思考日本》，《商业周刊》（*Business Week*），7 August 1989：20。

6. 格兰·福岛重茂1996年的访谈。

7. 查默斯·约翰逊（Chalmers Johnson），《对日贸易的修正主义立场》，《华盛顿邮报》，"致编辑的信"栏目，1992年8月11日：A16。

8. 彼得·豪尔（Peter A. Hall 1993）在探索英国经济决策中从凯恩斯主义向货币主义的转变时，最明确地依赖库恩主义的范式转变思想。

9. 莫林·史密斯1996年的访谈。

10. 格兰·福岛重茂1996年的访谈。

11. 詹姆斯·法洛斯（James Fallows）等人，《超越日本的抨击："四人团"捍卫修正主义路线》，《美国新闻与世界报道》（*US News & World Report*），1990年5月7日：54—55。

12. 彼得·德鲁克（Peter F. Drucker），《日本与对抗性贸易》，《华尔街日报》，1986年4月1日。

13. 引自查默斯·约翰逊（Chalmers Johnson）对《时运变迁Ⅱ》一书的背书。给普雷斯托维茨（Prestowitz）1988年的这本书背书的人名清单就像是一本强硬派高层联盟的名人榜：参议员罗伯特·多尔（Robert Dole）、约翰·丹佛斯（John Danforth）、罗伯特·伯德（Robert Byrd）、保罗·西蒙（Paul Simon，伊利诺伊州民主党人），还有商界人士戴维·帕卡德（David Packard，惠普公司）、罗伯特·加尔文（Robert Galvin，摩托罗拉）和李·艾柯卡（Lee Iacocca，克莱斯勒），以及工会领袖林恩·威廉姆斯（Lynn Williams，美国钢铁工人联合会）。

14. 相比之下，约翰逊的早期工作（Johnson 1982：chapter 8）描述了直到20世纪80年代的日本贸易和资本主义自由化，大致来看，与传统主义的观点是一致的。

15. 雷蒙德·艾亨（Raymond Ahearn）1996年5月22日在华盛顿特区接受了本书作者的访谈。

16. 爱德华·林肯（Edward Lincoln）1997年1月24日在华盛顿特区接受了本书作者的访谈。

17. 布德纳和克劳斯（Budner and Krauss，1995：346）在对20世纪80年代后期美日冲突的报纸报道进行分析时发现，"美国故事中最常引用的论点似乎强调了对日本行为的担忧，认为这威胁着美国经济的福祉。同时，又对美国实际的或者潜在的衰落，感到恐惧"。

18. 彼得·恩尼斯（Peter Ennis），《华盛顿对日本政策两极分化》，Tokyo Business Today，March 1990：16－17。恩尼斯（Ennis）报告了由美国国务院官员凯文·柯恩斯（Kevin Kearns）的一项提议引发的争论，该提议设立 B 小组，由持强硬立场的贸易、国防和外交政策专家组成，他们对老布什政府的日本政策很不满。

第八章　自由贸易派与日本的结构性障碍

1. 在这个团体中，鲁迪格·多恩布希（Rudiger Dornbusch）无疑是最积极的倡导者，他主张对日本采取更具进攻性的政策。参见鲁迪格·多恩布希，《给日本一个目标，然后说"进口"就好了》，《纽约时报》，1989 年 9 月 24 日 sect. 3：2。

2. 参见斯蒂芬·S. 戈卢布（Stephen S. Golub 1994：11）对有关文献的后期调查，该调查还得出一些结论，即经济学家们"看上去分裂成了势均力敌的两派"，他们针对日本异常的贸易模式是否"意味着异常的保护主义或者异常的经济特征和比较优势"，在看法上完全对立。

3. 相关案例，请参见克鲁格曼和鲍德温（Krugman and Richard E. Baldwin 1987）、鲍德温（Richard E. Baldwin 1988）和劳伦斯（Lawrence 1990）。克鲁格曼（Krugman 1991b）和博斯沃思（Bosworth 1993）提供的证据很有说服力，表明了根据传统的蒙代尔—弗莱明模型（Mundell-Fleming model）做出假定，外部的调整过程一直持续到 20 世纪 80 年代下半期。

4. 相反的观点认为，莫迪凯·E. 克赖宁（Mordechai E. Kreinin）的发现反映了日本在澳大利亚的制造业务的较近起源，请参见彼得·德赖斯代尔（Peter Drysdale 1993）。

5. 有一些研究成果强调了日本经连会（keiretsu）的经济逻辑和效益，并挑战了市场准入壁垒的观点，请参阅保罗·谢尔德（Paul Sheard 1991，1992）和青木昌彦（Masahiko Aoki 1994）。

6. 后来有一些，比如迈克尔·克内特（Michael M. Knetter 1994）和佐佐木洋子（Yoko Sazanami 等 1995），他们认为价格差异就是非正式壁垒的表现。

7. 静态最优关税的论点是一个长期的例外。

8. 早期对新贸易理论做出重要贡献的是：克鲁格曼（1979，1980，1981），迪克西特和诺曼（Dixit and Norman 1980），兰开斯特（Lancaster 1980），还有赫尔普曼（Helpman 1981）。

9. 大卫·理查森（J. David Richardson）自己的经验著作（1989）提供了证据，表明新的观点是如何在案例中强化自由贸易的。

10. 威廉·巴雷达（William Barreda）1996年7月10日在华盛顿特区接受了本书作者的访谈。

11. 艾伦·布林德（Alan Blinder），《先有资本家，后有日本人》，《商业周刊》（8 October 1990：9）。

12. 查尔斯·达拉拉（Charles Dallara）1996年8月28日在华盛顿特区接受了本书作者的访谈。

13. 候任美国贸易代表卡拉·希尔斯1989年1月27日在参议院金融委员会上的发言。

14. 卡拉·希尔斯1996年的访谈。

15. 参见《美国贸易内参》杂志（*Inside US Trade*），7

(9), 3 March 1989, 1。

16. 查尔斯·达拉拉1996年的访谈。

17. 西德尼·林恩·威廉姆斯1996年的访谈。

18. 迈克·法伦1996年的访谈。

19. 西德尼·林恩·威廉姆斯1996年的访谈。

20. 参见《国际贸易报道》(International Trade Reporter)，6 (22)，31 May 1989：684。

21. 《布什总统和宇野宗佑首相关于经济问题的联合声明》，白宫，新闻秘书办公室，1989年7月14日。

22. 根据《结构性障碍问题协议》设立的工作组，在美国方面包括：财政部、美国贸易代表办公室、国务院、商务部、司法部和白宫经济顾问委员会。在日本方面包括：外务省、通产省、大藏省、经济企划厅和日本公平贸易委员会。

23. 迈克·法伦1996年的访谈。

24. 参见《国际贸易报道》(International Trade Reporter)，6 (36)，13 September 1989：1138。

25. 参见《美国贸易内参》杂志(Inside US Trade)，7 (45)，10 November 1989：7。《国际贸易报道》(International Trade Reporter)，6 (45)，16 November 1989：1466。

26. 参见《国际贸易报道》(International Trade Reporter)，6 (39)，4 October 1989：1264。

27. 参见《国际贸易报道》(International Trade Reporter)，6 (41)，18 October 1989：1349－1350。

28. 参见《国际贸易报道》(International Trade Reporter)，

7（23），6 June 1990：790。

29. 参见《美国贸易内参》杂志特别报道（*Inside US Trade-Special Report*），29 June 1990：1。《国际贸易报道》（*International Trade Reporter*），7（27），4 July 1990：982。《美国贸易内参》杂志特别报道（*Inside US Trade - Special Report*），8（27），6 July 1990：9。

30. 梅丽特·杰诺（Merit Janow）1996 年 3 月 12 日在纽约接受了本书作者的访谈。

第九章　修正主义者与强硬派领袖的邂逅

1. 负责国际事务的副部长劳伦斯·萨默斯（Lawrence Summers）1993 年 5 月 20 日在纽约的日本协会上所做的发言。

2. 约翰·朱迪斯（John B. Judis）的文章《更粗俗的贸易》，《新共和》杂志，1993 年 5 月 31 日第 28 页。

3. 比尔·克林顿总统在美国大学百年庆典上发表的讲话，白宫，新闻秘书办公室，26 February 1993。

4. 罗杰·奥尔特曼（Roger Altman）1996 年 8 月 5 日接受了本书作者的电话访谈。

5. 米基·坎特（Mickey Kantor）在参议院金融委员会的证词，美国贸易代表办公室，9 March 1993。

6. 商业部长罗纳德·H. 布朗（Ronald H. Brown）在日本东京的美国商会发表讲话，4 April 1993。

7. 蒂莫西·盖特纳（Timothy Geithner）1996 年 7 月 10 日在华盛顿特区接受了本书作者的访谈。

8. 约翰·朱迪斯（John B. Judis）的文章《老炮儿》（*Old Master*），《新共和》杂志，12 December 1993：24。

9. 鲍曼·库特（Bowman Cutter）1996年8月29日接受了本书作者的电话访谈。

10. 克莱·钱德勒（Clay Chandler）的文章《日本团队尝到了苦头》，《华盛顿邮报》，22 February 1994：1。

11. 劳伦斯·萨默斯（Lawrence Summers），《花钱的时候到了，日本必须提振以需求为导向的增长，并且开放市场》，《金融时报》，1993年6月29日第14版。

12. 参见《美国贸易内参》杂志（*Inside US Trade*），11（3），22 January 1993：1。

13. 艾伦·布林德（Alan Blinder）1996年8月6日在新泽西州普林斯顿接受了本书作者的访谈。

14. 温斯顿·洛德（Winston Lord）1996年6月21日在华盛顿特区接受了本书作者的访谈。

15. 关键的参与者是鲍曼·库特（国家经济委员会）、劳伦斯·萨默斯和罗杰·奥尔特曼（财政部）、琼·斯佩罗和丹尼尔·塔鲁洛（国务院）、夏琳·巴尔舍夫斯基（美国贸易代表）、劳拉·泰森和艾伦·布莱德（白宫经济顾问委员会），以及后来的某个时间点，杰弗里·加顿（商务部）也加入了进来（Destler 1996：37）。国家经济委员会的审议工作没有把国防部包括进去。

16. 玛乔丽·西林（Marjory Searing）1996年7月15日在华盛顿特区接受了本书作者的访谈。

17. 梅丽特·杰诺1996年的访谈。

18. 米基·坎特（Mickey Kantor）和一名高级美国贸易官员的背景简介，美国贸易代表办公室，19 March 1993。

19. 参见《美国贸易内参》杂志（Inside US Trade），11(13)，2 April 1993：9。

20. 参见《美国贸易内参》杂志（Inside US Trade），11(5)，5 February 1993：9。

21. 《美国日本经济研究所报告》（JEI Report），6A，19 February 1993：9。

22. 参见《美国贸易内参》杂志（Inside US Trade），11(13)，2 April 1993：10。《国际贸易报道》（International Trade Reporter），10(13)，31 March 1993：526。4月30日，美国贸易代表坎特在第七部分将日本锁定为目标，针对所谓的美国公司在建筑、陶瓷和工程服务的采购中受到歧视的问题进行特别协商的目标，并宣布，针对日本履行1990年有关超级计算机的协议情况进行一次检讨。在为期60天的建筑磋商之后，系列制裁措施宣布延期。

23. Susumu Awanohara，《兑现诺言：克林顿向日本施压，实现大选期间的承诺》，《远东经济评论》，29 April 1993：15。

24. 负责国际事务的财政部副部长劳伦斯·萨默斯1993年5月20日在纽约的日本协会上所做的发言。

25. 参见《美国贸易内参》杂志（Inside US Trade），11(23)，11 June 1993：1。美国将同意，假如日本朝着更加开放的贸易和投资体制取得令人满意的进展，那么作为这次"讨价还价"的一部分，美国会"实施计划，以大幅度减少预算赤字，增加公共投资",并"维持其公开市场和投资政策"。

26.《国际贸易报道》(International Trade Reporter),10(23),9 June 1993:934。

27.《美国日本经济研究所报告》(JEI Report),26B,16 July 1993:6。

28.《美国国务院快讯》(US State Department Dispatch),4(28),12 July 1993:493—496.

29. 戴维·桑格(David Sanger),《克林顿达成对日协议的贸易框架》,《纽约时报》头版。林肯(1999:128)表示,由于双方在所有谈判中均做出让步,想必克林顿政府最初在特定部门问题上所要求的措辞,要比"大幅增加"这样的用语更强硬。

30.《国际贸易报道》(International Trade Reporter),10(28),14 July 1993:1150。

31. 在五个框架篮子中确定了十六个小组,其职责由美国贸易代表办公室与国务院、财政部和商务部共同分担。

32.《美国贸易内参》杂志(Inside US Trade),11(35),3 September 1993:20。

33. 鲍曼·库特1996年的访谈。

34.《美国贸易内参》杂志(Inside US Trade),11(42),22 October 1993:19。

35.《美国贸易内参(特别报道)》杂志(Inside US Trade - Special Report),1 November 1993。在接受这项研究所做的系列采访中,许多美国官员强调,该协议的草案,连同新闻界发现的一些蛛丝马迹,成为一个重要因素,使得政府很容易遭受攻击,被指责说，美国政府在寻求管理贸易。

36. 《美国贸易内参（特别报道）》杂志（*Inside US Trade - Special Report*），11（43），29 October 1993。《美国贸易内参》杂志（*Inside US Trade*），11（44），5 November 1993：18。

37. 爱德华·林肯1997年的访谈。

38. 《美国贸易内参》杂志（*Inside US Trade*），11（40），8 October 1993：18。

39. 温斯顿·洛德1996年的访谈。

40. 在得出不同结论的同时，针对美国在框架谈判中的诉求，舒帕（Schoppa 1997）和林肯（Lincoln 1999）进行了两种更为复杂的分析。

41. 玛乔丽·西林1996年的访谈。

42. Hiroshi Nakamae, "Japan, US poles apart in auto talks"，《日经周刊》（*Nikkei Weekly*）1993年12月27日至1994年1月3日的系列报道。

43. 《美国贸易内参》杂志（*Inside US Trade*），12（2），14 January 1994：14。

44. 《国际贸易报道》（*International Trade Reporter*），11（3），19 January 1994：79。

45. 《国际贸易报道》（*International Trade Reporter*），11（23），8 June 1994：892。

46. 《国际贸易报道》（*International Trade Reporter*），11（7），16 February 1994：242－243。《美国日本经济研究所报告》（*JEI Report*），7B，18 February 1994：13－14。

·注释·

47.《美国贸易内参》杂志（Inside US Trade），12（7），18 February 1993：8。

48.《国际贸易报道》（International Trade Reporter），11（8），23 February 1994：281。

49. "Tough Talk：Are the US and Japan Headed for a Trade War"，《商业周刊》，28 February 1994：15。

50.《美国贸易内参（特别报道)》杂志（Inside US Trade - Special Report），1 April 1994：S1-4。

51.《美国贸易内参（特别报道)》杂志（Inside US Trade - Special Report），27 May 1994：S1。

52. 美国贸易代表坎特4月30日决定展期60天，因为细川护熙辞任日本首相，新的继任者是羽田孜；1994年7月上旬，羽田孜的首相一职又被村山富市接替，这已经是克林顿总统当选以来，日本的第四位首相了。

53.《国际贸易报道》（International Trade Reporter），11（31），3 August 1994：1208。

54.《美国贸易内参》杂志（Inside US Trade），12（31），5 August 1994：4。《美国贸易内参》杂志（Inside US Trade），12（39），30 September 1994：20。

55. 据报道，美国的要求是：日本将外国零配件的购买量，从1994日本财年结束时的预期值190亿美元，增加到1998日本财年结束时的400亿美元。《美国贸易内参》杂志（Inside US Trade），12（39），30 September 1994：19。

56.《美国贸易内参》杂志（Inside US Trade），12（40），7

385

October 1994：23。《国际贸易报道》（*International Trade Reporter*），11（39），5 October 1994：1522。

57.《美国贸易内参》杂志（*Inside US Trade*），12（40），7 October 1994：24。

58.《国际贸易报道》（*International Trade Reporter*），11（39），5 October 1994：1525。《美国贸易内参》杂志（*Inside US Trade*），12（43），28 October 1994：1。《美国贸易内参》杂志（*Inside US Trade*），12（44），4 November 1994：6。

59.《国际贸易报道》（*International Trade Reporter*），11（46），23 November 1994：1804。日本已经表明打算实行一项为期五年的放松管制方案，该方案将在1995年上半年完成。

60.《国际贸易报道》（*International Trade Reporter*），11（48），7 December 1994：1887。《美国贸易内参》杂志（*Inside US Trade*），12（49），9 December 1994：4。

61.《国际贸易报道》（*International Trade Reporter*），11（49），14 December 1994：1931。《美国贸易内参》杂志（*Inside US Trade*），13（2），13 January 1995：4。

62. 美国贸易代表办公室法律总顾问艾拉·夏皮罗（Ira Shapiro）1995年4月21日在纽约对日本协会发表的评论。

63.《美国贸易内参》杂志（*Inside US Trade*），13（12），24 March 1995：1。

64.《美国贸易内参》杂志（*Inside US Trade*），13（16），21 April 1995：6，25。《国际贸易报道》（*International Trade Reporter*），12（17），26 April 1995：724。在1995年1月的汽车

·注释·

会谈中,坂本吉弘(Yoshihiro Sakamoto)已代替冈松壮三郎(Sozaburo Okamatsu),担任日本通产省副大臣兼首席谈判代表。

65. 《美国贸易内参》杂志(*Inside US Trade*),13(15),14 April 1995:18。

66. 《美国贸易内参》杂志(*Inside US Trade*),13(19),12 May 1995:1。坂本吉弘表示,对自愿计划的需求"不过是事实上的数字目标,将导致有管控的贸易。如果美国停止要求自愿计划,我们认为协议就有足够的回旋余地"。《国际贸易报道》(*International Trade Reporter*),12(19),10 May 1995:840。

67. 这份清单包括13款豪华车车型,分别为本田、丰田、日产、马自达和三菱这些汽车厂商制造的,虽然其生效日期原定6月28日,但制裁明确规定了追溯期是从5月20日这一天开始计算。《国际贸易报道》(*International Trade Reporter*),12(20),17 May 1995:848。

68. 《美国日本经济研究所报告》(*JEI Report*),24B,30 June 1995:9。

69. 该协议规定:"两位部长承认并理解,美国或日本公司的计划均为承诺,不受两国贸易救济法规的约束。相反,这是两国公司的业务预测和意图,并以他们对市场状况和其他要素所做的研究为基础。两位部长都承认并理解,市场状况的变化可能会影响这些计划的实现。"参日本通产相桥本龙太郎和美国贸易代表迈克尔·坎特发布的关于汽车和汽车零部件的联合公告,1995年6月28日。

70. 日本通产相桥本龙太郎和美国贸易代表迈克尔·坎特就

日本汽车公司的计划发布的联合声明，1995年6月28日。

71. 日本通产相桥本龙太郎和美国贸易代表迈克尔·坎特关于经销权的联合声明，1995年6月28日。

72. 史蒂夫·霍兰（Steve Holland），《克林顿说贸易协议将在日本取得进展》，路透社，1995年6月28日。《国际贸易报道》（*International Trade Reporter*），12（27），5 July 1995：1132—1133。

73. 保罗·布鲁斯坦（Paul Blustein），《汽车市场不容置疑》，《华盛顿邮报·国家周刊编辑版》（*Washington Post National Weekly Edition*），3 July 1995：22。

74. 大卫·劳德（David Lawder），《美国更多的日本生产可能会伤害底特律》，路透社，29 June 1995。

75. 美国贸易代表坎特和商务部长布朗代表美国，与日本驻美国大使栗山尚一（Takakazu Kuriyama）于8月23日进行了换文，使最终的汽车贸易协定生效。日本方面还释出了一个单独的文本，仍然声称在美国有关汽车协议的背景文件中，一些说法具有误导性，或者存在不准确的地方。《国际贸易报道》（*International Trade Reporter*），12（35），6 September 1995：1469。

76. 考虑到日本正着手计划打开第三地市场，美国将1994年的保险协议与汽车协议一起锁定为执法工作的目标。

77. 《美国贸易内参》杂志（*Inside US Trade*），13（38），22 September 1995：1。《国际贸易报道》（*International Trade Reporter*），12（42），25 October 1995：1760。

78. 《美国贸易内参》杂志（*Inside US Trade*），14（15），

12 April 1996：1。

79.《美国贸易内参》杂志（Inside US Trade），14（15），12 April 1996：1；14（18），3 May 1996：1；14（23），7 June 1996：1；14（25），21 June 1996：1。

80.《美国贸易内参》杂志（Inside US Trade），14（26），28 June 1996：1；14（30），26 July 1996：1。

81.《美国贸易内参（特别报道）》杂志（Inside US Trade - Special Report），5 August 1996。

82.《美国贸易内参（特别报道）》杂志（Inside US Trade - Special Report），5 August 1996。日本在协议中拒绝使用美方的措辞，即按照1991年的说法，要求日本生产者为响应美国反倾销主张而加快提供成本和价格数据。

83. 总统国情咨文，白宫，新闻秘书办公室，1996年1月23日。

第十章　日本问题黯然失色

1. 夏琳·巴尔舍夫斯基作为美国大使在日本国家新闻俱乐部发表的讲话，美国贸易代表办公室，1998年9月17日。

2. 针对胶片和相纸问题引发的世界贸易组织争端，夏琳·巴尔舍夫斯基作为美国大使发表的声明，美国贸易代表办公室，1997年12月5日。

3. 美国贸易代表夏琳·巴尔舍夫斯基和商务部长威廉·M. 戴利（William M. Daley）就《美国－日本汽车协议监测报告》发布的声明，美国贸易代表办公室，1999年6月3日。美国贸易代表办公室针对全球贸易扩张和执法问题设置的优先事项,美国贸易代表办公室,1999年4月30日。美国贸易代表夏琳·巴尔舍夫斯基对克林顿政府2000年贸易政策议程和1999年年度报告的重点介绍,美国贸易代表办公室,2000年3月2日。

4. 夏琳·巴尔舍夫斯基大使的讲话,经济战略研究所,华盛顿特区,2000年12月19日。

5. 《美国与日本经济增长伙伴关系》,布什总统和小泉纯一郎首相的联合声明的附件,白宫,新闻秘书办公室,2001年6月30日。《美国和日本启动解决双边汽车问题的新论坛》,美国贸易代表办公室,2001年10月18日。

6. 罗伯特·佐利克,《在自由贸易上我们落后了》,《纽约时报》,2002年4月14日。

引述和摘录指南

（人名按照英文顺序排列）

Ahearn，雷蒙德·艾亨（Raymond J. Ahearn），美国国际贸易和金融专家，在国会研究服务局任职长达 35 年，撰写了大量研究报告。同时，他还是雪城大学麦斯韦尔公民与公众事务学院兼职教授。著有《崛起的经济强权与全球经济》(2011)。

Alexander，亚瑟·亚历山大（Arthur Alexander），美国约翰霍普金斯大学高级国际研究学院兼职讲师，课程主要涉及日本经济领域。曾任日本经济研究所前主席（1990－2000）。著有《在奇迹的阴影下》(2002)。

Altman，罗杰·奥尔特曼（Roger C. Altman），曾在美国总统吉米·卡特政府的财政部担任负责国内金融事务的副部长（1978－1981）。20 世纪 80 年代曾任耶鲁大学管理学院兼职教授，著名投资银行家。

Armacost，迈克尔·阿马科斯特（Michael H. Armacost），美国斯坦福大学研究员，曾任驻菲律宾大使（1982－1984），分管政治事务的副国务卿（1984—1989）和驻日本大使（1989—1993），亦曾担任布鲁金斯学会主席（1995—2002）。代表性著作有《政治武器创新》（1969）、《朋友还是对手》（1996）和《美国在东北亚联盟的未来》（2004）等。

Asher，大卫·阿什尔（David Asher），美国哈德逊研究所高级研究员，曾任美国国务院东亚和太平洋事务高级顾问。

Bacchetta，菲利普·巴彻塔（Philippe Bacchetta），瑞士洛桑大学宏观经济学教授和经济学系主任。他是本书参考的《国家储蓄和国际投资》（1991）一文的共同作者。

Bailey，马丁·贝利（Martin N. Baily），美国布鲁金斯学会经济学家，此前曾供职于彼德森国际经济研究所，以有关劳动生产率和竞争力的研究著称于世。克林顿总统的白宫经济顾问委员会成员（1994—2001）。他曾任马里兰大学经济学教授（1989—1996）。代表性著作有《创新与生产率危机》（1988）、《裁员和生产力增长：神话还是现实？》（1994）和《美国年金改革：从其他国家获取的教训》（2008）等。

Baldwin，理查德·鲍德温（Rechard E. Baldwin），瑞士日内瓦国际发展高级研究所教授，长期研究全球化和贸易问题。曾任教于美国哥伦比亚大学商学院，后来加入老布什总统的白宫经济顾问委员会（1991—1992），其国际贸易理论侧重于新经济地理学，与克鲁格曼的新贸易理论更接近。

Baldwin，罗伯特·鲍德温（Robert E. Baldwin），美国威斯康辛－麦迪逊大学经济学教授。他的国际贸易理论更侧重于贸易的国际政治经济学。

Balassa，贝拉·巴拉萨（Bela Balassa），匈牙利经济学家，美国约翰霍普金斯大学经济学教授，世界银行顾问。代表性著作有《经济融合理论》（1961）、《发展中国家的贸易前景》（1964）和《工业化国家的贸易自由化》（1967）等。

Balint，彼得·巴林特（Peter Balint），美国乔治梅森大学政策和政府学院教授。本书对其与 Destler I. M. 合著的《美国贸易的新政治：贸易，劳工和环境》（1999）一书做了部分摘录。

Barshefsky，夏琳·巴尔舍夫斯基（Charlene Barshefsky），克林顿政府时期的美国贸易代表（1996－2001）。被哈佛大学法学院授予"伟大谈判专家"荣誉称号。

Bass，威奈尔·巴斯（Gwenell L. Bass），美国国会研究服务局前分析师。

Bauer，雷蒙德·鲍尔（Raymond A. Bauer），美国哈佛大学商业管理学教授。代表性著作有《九张苏联画像》（1955）、《社会指标》（1966）和《政策形成研究》（1968）等。他也是本书引述的《美国商业与公共政策：对外贸易中的政治》（1963）一书的共同作者。

Bayard，托马斯·巴雅尔德（Thomas O. Bayard），美国福特基金会项目负责人。本书引用内容出自他参与撰写的《美国贸易政策中的对等与报复》（1994）一文。

Benedict，鲁思·本尼迪克特（Ruth Benedict），美国人类学家，20世纪初少数的女性学者，文化形貌论的共同提出者，有关日本的著作《菊花与刀——日本文化的诸模式》（1946）享誉世界。

Bergsten，弗雷德·伯格斯滕（C. Fred Bergsten），彼德森国际经济研究所创办人，国际经济研究领域的权威学者，曾在美国卡特政府担任财政部助理部长。

Bhagwati，贾格迪什·巴格沃蒂（Jagdish Bhagwati），美国哥伦比亚大学教授，自由贸易的倡导者。代表性著作有《政治经济学和国际经济学》（1996）和《百日之风：华盛顿如何管理全球化》（2001）等。本书摘录内容出自其参与编辑的《进攻性单边主义：美国的301贸易政策和世界贸易体系》（1990）一书。

Blair，玛格丽特·布莱尔（Margaret M. Blair），美国范德堡大学法学教授，布鲁金斯学会高级研究员。代表性著作有《所有权与控制权：对21世纪公司治理的反思》（1995）、《21世纪补偿制度的合理化》（1996）和《新经济必由之路》（2000）。她也是《生产率与美国管理》（1988）一书的共同作者（与马丁·内尔·贝利合著）。

Blinder，艾伦·布莱德（Alan Blinder），美国普林斯顿大学经济学教授，在克林顿政府时期曾任美联储副主席（1994－1996）。代表性著作有《走向收入分配的经济学理论》（1974）、《经济政策与大萧条》（1979）、《争议中的宏观经济学》（1989）和《共同成长：20世纪90年代的替代经济战略》（1991）等。

Bluestone，巴里·布鲁斯托（Barry Bluestone），美国马萨诸塞州波士顿分校国际经济学教授，是公开反对特朗普的经济学家之一。代表性著作有《伟大的掉头：公司重组与美国两极分化》（1990）、《谈判未来：美国企业的劳工视角》（1992）和《飞机行业动态：竞争，资本和劳动力分析》（2000）等。

Brainard，莱尔·布雷纳德（Lael Brainard），美国经济学家，老布什政府白宫经济顾问委员会成员，也曾担任财政部负责国际事务的副部长，布鲁金斯学会高级研究员（2001－2009）。

Branson，威廉·布兰森（William H. Branson），美国经济学家，国际经济学领域的先驱，他撰写的中级教科书《宏观经济理论与政策》（1989）广受关注，另著有《宏观经济学》（1981）。

Brouwer，戈登·德·布劳威尔（Gordon De Brouwer），澳大利亚国立大学经济学教授（2000－2004），澳大利亚－日本研究中心执行主任，前环境与能源部长（2016－2017）。代表性著作有《东亚金融整合》（1999）、《新兴市场的对冲基金》（2001）和《东亚金融市场与政策》（2003）等。

Burstein，丹尼尔·波尔斯坦（Daniel Burstein），美国著名风险投资家（投资案例包括Facebook、Twitter和阿里巴巴），黑石集团前高级投资顾问。代表性著作有《日元：日本的新金融帝国及其对美国的威胁》（1988）、《掀桌子：与日本打交道的马基雅维利式策略》（1993）和《巨龙：中国的未来及其对商业、经济和全球秩序的影响》（1998）等。

Caporaso，詹姆斯·卡波拉索（James A. Caporaso），美国华盛顿大学政治学教授，国际经济学和国际关系理论专家。代表性著作有《功能主义与区域整合：逻辑和实证评估》（1972）和《改变中的国际劳动分工》（1987）。他也是1992年出版的《政治经济学》一书的共同作者。

Carlile，朗尼·卡莱尔（Lonny E. Carlile），美国夏威夷大学日本与东亚研究副教授。著有《劳动力分配：日本劳工运动中的全球化、意识形态和战争》(2005)。

Choate，帕特·乔特（Pat Choate），美国经济学家，乔治华盛顿大学政治管理学院教授。著有《热门财产：全球化时代的思想窃取》(2007)。

Cline，威廉·克莱恩（William R. Cline），美国经济学家，曾任美国财政部国际事务助理秘书办公室发展与贸易研究部副主任（1971—1973），彼德森国际经济研究所的高级研究员。代表性著作有《全球变暖的经济学》(1992)、《重新审查国际债务》(1995)、《贸易和收入分配》(1997)和《贸易政策与全球贫困》(2004)。本书引用的部分内容出自他的《美日经济问题》一文，1985年刊载于彼德森国际经济研究所 Policy Analyses in International Economics 13。

Cohen，本杰明·科恩（Benjamin J. Cohen），美国汇率和贸易政策专家，法国巴黎大西洋国际事务研究所高级研究员，在国际金融研究领域颇有建树。著有《国际收支政策》(1969)、《帝国主义问题：统治与依赖的政治经济学》(1973)、《谁的利益？国际银行与美国外交政策》(1986)和《货币地理》(1998)等。

Collier，大卫·科利尔（David Collier），美国加州大学伯克利分校政治学教授，主要研究比较政治学和定性研究方法。著有《重新思考社会调查：多样化工具和共同标准》(2004)。

Conybeare，约翰·科尼比尔（John A. Conybeare），美国艾奥瓦州立大学政治经济学教授。著有《贸易战争》(1987)和《融合交通：国际汽车产业的整合》(2003)。

Crandall，罗伯特·克兰德尔（Robert W. Crandall），美国布

鲁金斯学会高级研究员,研究领域涉及产业组织、反托拉斯政策和政府管控经济学。代表性著作有《多次危机中的美国钢铁业:竞争性世界的政策选择》(1982)、《联邦监管改革议程》(1996)和《竞争与混乱:1996年电信法案以来的美国电信业》(2005)等。他也是《汽车业监管》(1986)一书的共同作者。

Curzon,杰拉尔德·寇松(Gerard Curzon),瑞士日内瓦大学国际经济学教授。代表性著作有《多边商业外交:GATT及其对国家商业政策和技术的影响》(1965)、《关贸总协定:任务拓展的施压与战略》(1967)和《国际贸易隐性壁垒》(1970)等。

Dam,肯尼思·丹姆(Kenneth W. Dam),美国芝加哥大学法学院教授,布鲁金斯学会高级研究员,曾先后担任美国副国务卿(1982—1985)和财政部副部长(2001—2004)。代表性著作有《石油资源:谁能驾驭》(1978)、《博弈规则:国际货币体系的改革与演变》(1982)和《全球博弈规则:美国国际经济博弈的新视角》(2001)等。他也是《超越新闻头条的经济政策》(1998)一书的共同作者。

Denison,爱德华·丹尼森(Edward F. Denison),美国经济学家,布鲁金斯学会高级研究员,美国国民生产总值计量的先驱,也是增长核算的奠基人之一。代表性著作有《增长率差异之源:战后九个西方国家的经验》(1967)、《解读经济增长放缓》(1979)和《按行业估算的生产率变化》(1989)等。

Derthick,玛莎·德西克(Martha A. Derthick),美国弗吉尼亚大学政治学教授,布鲁金斯学会研究员,政府研究项目主任(1978—1983)。著有《社会保障政策的制定》(1979)和《美国联邦民主制的规模困境》(1999)等。

Dertouzos，迈克尔·德托罗斯（Michael L. Dertouzos），美国麻省理工学院电工和计算机科学希腊裔教授、计算机科学实验室主任（1974—2001）。著有《未来会怎样》(1997)和《未完成的革命》(2001)。他也是本书参考的《美国制造：重新获得生产优势》一书的共同作者（1989）。

Dessler，戴维·德斯勒（David Dessler），2018年4月前曾任美国威廉玛丽学院政府学教授。

Destler，麦克·戴斯勒（I. M. Mac Destler），美国马里兰大学公共政策学院教授，曾任国际经济研究所高级研究员，卡耐基国际和平基金会和布鲁克林研究所高级学者。曾任教于普林斯顿大学、尼日利亚大学和日本国际大学。代表性著作有《美国贸易政治第四版》(2005)、《国家经济委员会：循序渐进》(1996)、《管理盟友：美日关系里的政治》(1976)。其中，《美国贸易政治》被公认了解美国对外贸易政策发展演变的最权威著作。

DiIulio，小约翰·迪尤利奥（John J. DiIulio Jr.），美国宾夕法尼亚大学政治学教授，亦曾长期担任普林斯顿大学政治学教授，布鲁金斯学会研究员（1992—2006）。《美国政府：要点集锦》(1995)一书的共同作者。

Dohlman，彼得·道尔曼（Peter A. Dohlman），美国经济学家，美国财政部拉美局前副局长，国际货币基金组织希腊和冰岛等地区事务特派员。本书引用部分内容来自其在杜克大学的博士论文《美日半导体协议：政治经济学，博弈论和福利分析》(1993)。

Dornbusch，鲁迪格·多恩布希（Rudiger Dornbusch），德国

经济学家，美国麻省理工学院著名经济学家教授，曾在芝加哥大学、罗切斯特大学任教。代表性著作有《开放经济宏观经济学》(1980)、《美元、债务和赤字》(1987)、《汇率与通胀》(1988)、《稳定、债务与改革：发展中国家的政策分析》(1993)和《繁荣的关键：自由的市场、很棒的货币和一点运气》(2000)等。

Dryden，史蒂夫·德莱顿（Steve Dryden），曾任《商业周刊》记者，著有《贸易勇士：美国贸易代表和自由贸易征途》(1995)，本书多处引用了其中的内容。

Eckstein，哈里·艾克斯坦（Harry Eckstein），美国加州大学教授，著名政治学家。代表性文章有《政治学中的个案研究与理论》(1975)，专著有《权威模式：政治探究的结构基础》(1975)。

Eichengreen，巴里·艾肯格林（Barry Eichengreen），美国加州大学伯克利分校经济学和政治学教授（1987年至今），美国经济政策研究中心研究员，曾任国际货币基金组织高级政策顾问。代表性著作有《金色的枷锁：黄金标准与大萧条（1919—1939）》(1992)、《资本全球化：国际货币体系史》(1996)、《全球失衡与布雷顿森林体系的教训》(2006)和《美元的兴衰与国际货币体系的未来》(2011)等。

Elliott，金伯利·艾略特（Kimberly A Elliott），美国全球发展中心研究员，曾在彼得森国际经济研究所就职多年，美国国家咨询委员会成员，负责监督自由贸易协定中的劳工条款执行情况。著有《腐败与全球经济》(1997)和《兑现多哈：农产品贸易与贫困》(2006)，也是《反思经济制裁》(1985)和《衡量美国的保护成本》(1994)的共同作者。

Evans，彼特·埃文斯（Peter B. Evans），美国加州大学伯克利分校社会学教授。代表性著作有《美洲高科技产业：公司战略和政府政策》（1989）、《嵌入式自治：国家与产业变革》（1995）和《国家与社会的协同作用：发展中的政府与社会资本》（1997）等，也是《让国家回归》（1985）的共同作者。

Fallows，詹姆斯·法洛斯（James Fallows），曾任美国《大西洋月刊》记者，大名鼎鼎的中国问题专家，美国和中国多所高校的客座教授。代表性著作有《国家防卫》（1983）、《耀眼的日光：新东亚经济的崛起及其政治体系》（1994）和《突发新闻》（1996）等。

Feldstein，马丁·费尔德斯坦（Martin S. Feldstein），美国哈佛大学经济学教授，被称为供应学派经济学之父，经济研究局原局长，卫生经济学领域的先驱者，曾任里根总统白宫经济顾问委员会主席（1982—1984），2009年接受奥巴马总统邀请担任经济顾问。代表性著作有《社会保障，退休效应和总资本积累》（1974）、《国内储蓄和国际资本流动》（1988）和《转变中的美国经济》（1990）。

Fiorina，莫里斯·费奥里纳（Morris P. Fiorina），美国斯坦福大学政治学教授，胡佛研究所高级研究员。代表性著作有《美国国会，华盛顿的建基之石》（1977）、《美国大选的投票追溯性问题》（1981）、《美国的新民主政治：永远的竞选》（2003）和《不稳定的多数派》（2017）等。

Flamm，肯尼思·弗拉姆（Kenneth Flamm），美国德克萨斯州大学奥斯汀分校研究计算机行业的经济学家。本书引用内容出自其著作《贸易失控？战略性政策与半导体产业》(1996)。

Fratantuono，迈克尔·弗拉坦图奥诺（Michael J. Fratantuono），美国迪金森学院国际研究系副教授。

Frankel，杰弗瑞·弗兰克尔（Jeffrey A. Frankel），哈佛大学肯尼迪政府学院教授，曾是克林顿总统白宫经济顾问委员会成员。他在美国国家经济研究局管理国际金融以及宏观经济项目，同时也是商业循环评估委员会成员之一，该委员会是判断美国经济复苏和衰退的官方机构。代表性著作有《金融市场与货币政策》(1995)、《世界经济体系中的区域贸易集团》(1997)和《任何时候都不存在合适任何国家的单一货币》(1999)等。

Frieden，杰弗里·弗里登（Jeffry A. Frieden），美国哈佛大学教授，专注于国际货币和金融关系政治学。代表性著作有《世界银行业：美国国际金融的政治学》(1987))、《债务、发展与民主：现代政治经济与拉丁美洲》(1991)和《失落的数十年：美国债务危机的形成与长期复苏》(2011)等。此外，被翻译成中文的著作有《货币政治》《20世纪全球资本主义的兴衰》《国际政治经济学：审视全球权力与财富》等。本书引用的文章为1988年刊载在 Journal of Public Policy 上的《资本政治：债权人与国际政治经济学》一文。

Friman，理查德·弗里曼（H. Richard Friman），美国马凯特大学（Marquette University）政治学教授。代表性著作有《拼凑的保护主义：美国、日本和西德的纺织品贸易政策》(1990)、《非法的全球经济与国家权力》(1999)和《犯罪与全球政治经济问题》(2009)等。

Frost，爱伦·弗罗斯特（Ellen Frost），前美国贸易代表（1993－1995），现任美国东西研究中心（East-West Center）副研究员。

Fuss，梅尔文·富斯（Melvyn A. Fuss），加拿大多伦多大学经济学教授，曾执教于哈佛大学和以色列希伯来大学。他是本书引用的《汽车生产中的成本和生产率问题》（1992）一书的共同作者。

Gaddis，约翰·加迪斯（John L. Gaddis），美国耶鲁大学讲座教授（军事和海军历史），以研究冷战和大战略著称于世，被《纽约时报》誉为"冷战史学泰斗"。他写的20世纪美国政治家乔治·凯南的官方传记，获得2012年普利策传记文学奖。代表性著作有《美国和冷战的起源，1941－1947》（1972）、《俄罗斯，苏联和美国：历史解读》（1978）、《历史景观：历史学家如何图解过往》（2002）和《遏制策略：战后美国国家安全政策的关键评估》（1982）等。

Gardner，理查德·加德纳（Richard N. Gardner），美国哥伦比亚大学法学院资深国际法教授，国际与公共事务学院国际组织学教授，曾在肯尼迪政府担任美国国务院负责国际组织事务的副助理国务卿。代表性著作有《英镑兑美元外交》（1956）、《追求世界秩序》（1964）、《和平蓝图》（1966）和《全球伙伴关系：国际机构与经济发展》（1968）等。

Garnaut，郜若素（Ross Garnaut），澳大利亚经济学家，前驻华大使，现任澳洲国立大学亚太经济管理学院主任、经济学教授。著有《亚洲市场经济：国际环境变化带来的挑战》（1994）

和《开放的区域主义与贸易自由化：亚太对世界贸易体系的贡献》(1996) 等。

Garten，杰弗瑞·加顿（Jeffrey E. Garten），美国耶鲁大学国际贸易实务、金融和商业系教授、管理学院院长。1995年被任命为美国商务部负责国际贸易的副部长。代表性著作有《冷和平》(1992)、《十大新兴市场》(1997) 和《政治财富》(2002)。

Gilpin，罗伯特·吉尔平（Robert Gilpin），美国普林斯顿大学国际政治学教授，当代西方著名的国际政治经济学家，他主导创立的现实主义国际政治经济学派是西方国际政治经济学的主流学派之一，其代表作《国际关系的政治经济学》堪称名著，也是国际政治经济学领域的一部经典作品。总体而言，吉尔平继承并发展了金德尔伯格（Charles Kindleberger）的霸权稳定论（Hegemonic Stability Theory）。

George，亚历山大·乔治（Alexander George），美国斯坦福大学政治系教授。著有《缩小差距：外交政策的理论与实践》(1993) 和《外交政策中的总统决策：信息和建议的有效利用》(1980)。

Glazer，内森·格莱泽（Nathan Glazer），美国社会学家，曾在加州大学伯克利分校任教，并在哈佛大学任教数十年。因撰写《熔炉之上》（1961）一书而闻名。著有《种族困境（1964－1982)》(1985) 和《新移民：对美国社会的挑战》(1990) 等，这些书籍多以处理种族或民族问题为主旨。

Goldstein，茱蒂丝·戈德斯坦（Judith Goldstein），美国斯坦福大学政治学教授、系主任，以贸易政治领域的研究著称。代表性著作有《建立关贸总协定规则：理念、制度与美国政治》(1993)、《理念，利益和美国贸易政策》(1994)、《富兰克林·罗斯福：理念与理想》(1996) 和《贸易制度的演变》(2006) 等。

Gordon，罗伯特·戈登（Robert J. Gordon），美国西北大学社会学教授，经济学家，以对生产率、经济增长和失业原因的研究著称。他曾在美国国家经济研究局任职，著有《宏观经济学》(2002) 和《耐用品价格的计量》(1990)。

Gourevitch，彼得·古勒维奇（Peter Gourevitch），美国加州大学圣地亚哥分校国际关系和太平洋研究学院教授，比较政治经济学的代表性学者之一。著有《艰难时期的政治》(1986)。

Gowa，珍妮·高娃（Joanne S. Gowa），美国普林斯顿大学政治学教授，研究贸易与安全关系的权威学者，其关于布雷顿森林体系崩溃的研究至今未被超越。代表性著作有《关闭黄金窗口：国内政治与布雷顿森林体系的终结》(1983)、《盟友，对手和国际贸易》(1995) 和《选票与子弹：难以达成的民主和平》(2011)。

Grafstein，罗伯特·格拉弗斯坦（Robert Grafstein），美国佐治亚大学政治学教授、公共与国际事务学院执行院长。著有《制度现实主义：理性行为者的社会和政治约束》(1992) 和《自由选择的理性：政治行为的积极理论》(1999)。

Greaney，特蕾莎·格蕾妮（Theresa M. Greaney），美国夏威夷大学马诺阿分校经济学教授，早期的研究主要关注美日贸易冲突。

Grieco，约瑟夫·格里科（Joseph M. Grieco），美国杜克大学政治学教授，国际关系理论中的新现实主义理论家，在新现实主义和新自由主义的论战中，是一位关键人物。著有《国家间的合作》（1990）和《依赖与自治之间》（1984），也是《国家权力与世界市场：国际政治经济学》（2002）一书的共同作者。

Haggard，斯蒂芬·哈格德（Stephan Haggard），美国加州大学圣地亚哥分校教授，东亚政治经济学权威，也是《东亚研究杂志》（*Journal of East Asian Studies*）的主编。

Hale，戴维·黑尔（David D. Hale），美国经济学家兼作家，国防部顾问，对外关系委员会成员，以宏观经济分析和政策见长。多家国际级报社的撰稿人，电台节目的常客。

Hall，彼得·豪尔（Peter A. Hall），哈佛大学政府系克庐伯欧洲研究基金教授，著有《治理经济：英法之间的国家干预政治》（1986）和《经济思想的政治力量：跨国家的凯恩斯主义》（1989），也是《资本主义的多样性：比较优势的制度基础》（2001）一书的共同作者。

Harrison，贝内特·哈里森（Bennett Harrison），美国麻省理工学院政治经济学教授，也是一位作家、音乐家和作曲家。也曾在哈佛大学和卡内基梅隆大学以及意大利和日本的大学任教。他的代表性著作有《美国的去工业化：工厂关闭，社区废弃和基础工业的瓦解》（1982）、《贫困线下的工作》（1990）和《增长的繁荣：21世纪的平等增长之战》（2001）等。

Heclo，休·赫克罗（Hugh Heclo），哈佛大学政治学教授，亦曾在乔治·梅森大学和乔治华盛顿大学政府学系任教，布鲁金斯学会高级研究员。代表性著作有《英国和瑞典的现代社会政治》（1974）、《陌生人的政府》（1977）和《我们应得的政府：回应式民主与不断变化的期望》(1998)等。

Hirschman，阿尔伯特·赫希曼（Albert Otto Hirschman），美国普林斯顿高等研究院经济学家，他强调了不平衡增长的必要性。代表性著作有《国家权力与对外贸易结构》(1945)、《经济发展战略》(1958)、《进取之路》(1963)和《激情与利益》(1977)等。

Hodin，迈克尔·霍丁（Michael W. Hodin），美国外交关系协会高级研究员，曾任哥伦比亚大学和乔治城大学兼职教授。他是《1977年的美日钢铁问题》(1982)一文的共同作者。

Horioka，查尔斯·堀冈佑二（Charles Yuji Horioka），日本大阪大学社会经济研究所教授，著名经济学家，其与Feldstein在《国内储蓄与国际资本流动》(1980)一文中共同提出的Feldstein-Horioka之谜，成为国际宏观经济学六大谜题之一。本书参考的部分内容出自其另一篇文章《为什么日本的家庭储蓄率这么高？文献调查》(1990)。

Huang，黄益平（Yiping Huang），现任北京大学国家发展研究院副院长、教授。曾任中国人民银行货币政策委员会委员（2015年6月至2018年6月），同时兼任澳大利亚国立大学克劳福特公共政策学院中国经济讲座教授，主要研究领域为宏观经济与国际金融。著有《中国的农业改革》(1998)和《摸石头过河最后几步：企业和银行改革》(2001)等。

Hufbauer，加里·赫夫鲍尔（Gary Clyde Hufbauer），美国彼得森国际经济研究所高级研究员（1992－2018），曾任乔治城大学国际金融与外交学教授（1985－1992）、美国财政部负责贸易与投资政策的副助理部长（1977－1979）和对外关系委员会研究部主任（1996－1998）。代表性著作有《基本税制改革和边境税调整》（1996）和《美国国际收入的税务问题》（1992）。他也是《反思经济制裁》（1985）、《衡量美国的保护成本》（1994）和《美国的贸易保护：31份案例研究》（1986）的共同作者。

Hunsberger，沃伦·亨斯伯格（Warren S. Hunsberger），美国美利坚大学经济学教授，美国外交关系协会研究员。他曾在普林斯顿大学、罗切斯特大学和约翰霍普金斯大学担任过教职。代表性著作有《美国的对日经济政策》（1961）、《世界贸易中的日本与美国》（1964）和《日本：新产业巨人》（1972）。

Ikenberry，约翰·伊肯贝里（John Ikenberry），美国普林斯顿大学伍德罗·威尔逊公共与国际事务学院教授，美国国际关系和外交政策领域的著名理论家。著有《立国之因：石油政治与美国政府的能力》（1988）和《战胜之后：制度、战略克制与重建》（2000），也是《国家权力与世界市场：国际政治经济学》（2002）一书的共同作者。

Irwin，道格拉斯·欧文（Douglas A. Irwin），美国达特茅斯学院经济学教授，其著作《贸易争端：美国贸易政策史》（2017）被《经济学家》杂志评为当年最佳图书。

Islam，沙菲克·艾斯拉姆（Shafiqul Islam），美国外交关系协会国际经济学和金融学高级研究员。

Jackson，詹姆斯·杰克逊（James K. Jackson），在美国国会研究服务局担任国际贸易和金融专家。代表性著作有《美国经济中的外包和内包工作：基于外国投资数据的证据概述》（2005）、

《贸易协议：美国经济的冲击》(2009)、《美国贸易赤字、美元和石油价格》(2010) 和《外国投资与国家安全》(2013) 等。

Jacobsen，约翰·雅格布森（John Kurt Jacobsen），美国芝加哥大学政治学系国际政治、经济与安全计划的研究员。著有《推算：信息时代的思想、利益和政治》(1997)。

Johnson，查莫斯·约翰逊（Chalmers Johnson），美国加州大学伯克利分校和圣地亚哥分校政治学教授，美国日本政策研究所所长，被认为是日本发展模式概念之父，东亚问题专家。代表性著作有《通产省与日本经济奇迹》(1982)、《产业政策论战》(1984) 和《谁在治理日本》(1995) 等。

Janow，梅丽特·杰诺（Merit E. Janow），美国哥伦比亚大学国际与公共事务学院院长，老布什政府前官员，曾担任美国对中国和日本的贸易谈判代表团副助理，负责研究、协调和落实贸易谈判中的贸易政策和战略。2003 年至 2007 年，曾任世界贸易组织上诉机构第一位女性成员，审理有关农业补贴、贸易救济、服务、关贸总协定等领域的 30 多起案件。

Jenkins-Smith，汉克·詹金斯—史密斯（Hank Jenkins-Smith），美国俄克拉荷马大学政治学教授，研究领域涉及公共政策处理、国家安全以及气候、能源和环境政策。著有《民主政治与政策分析》(1990)。

Jorgenson，戴尔·乔根森（Dale W. Jorgenson），诺贝尔经济学奖得主，美国哈佛大学经济学教授、系主任，也曾在加州大学伯克利分校担任经济学教职，在经济理论、统计理论等诸多领域贡献卓越。他曾担任美国经济计量学会主席（1983）、美国经济学会主席（2000）。代表性著作有《美国能源政策的计量经济学研究》（1976）、《税收改革与资本的代价》（1991）、《生产率：信息技术和美国增长的复苏》（1995）和《经济测量学：信息时代的经济增长》（2000）等。

Kabashima，蒲岛郁夫（Ikuo Kabashima），日本东京大学法学教授，曾任筑波大学政策与规划研究所教授、国际政治经济学院院长，政治学家，日本熊本县知事（2008年至今）。他是本书引用的《美日汽车贸易的政治问题》（1982）一文的共同作者。

Kaufman，罗伯特·考夫曼（Robert R. Kaufman），美国罗格斯大学政治学教授。代表性著作有《向稳定威权专制政体过渡：智利的案例》（1976）和《债务政治：阿根廷，巴西和墨西哥》（1988）。他也是《民主过渡的政治经济学》（1995）一书的共同作者。

Katz，理查德·卡茨（Richard Katz），《东方经济学家报告》（*Oriental Economist Report*）主编，日本主流商业周刊 Toyo Keizai 特约记者。他写了两本关于日本的书：《日本：变坏的系统——日本经济奇迹的兴衰》（1998）和《日本凤凰城：经济复兴的漫长道路》（2002）。他也曾在美国纽约大学石溪分校和斯忒恩商学院任经济学副教授。

Katzenstein，彼特·卡赞斯坦（Peter J. Katzenstein），美国康奈尔大学国际关系学教授，著名政治学家，国际关系理论的建构主义学派主要代表人物之一。著有《文化规范与国家安全》（1996）和《世界市场的小国》（1985）。

Kenen，彼得·凯南（Peter Bain Kenen），美国普林斯顿大学

经济学和国际金融学教授，外交关系协会国际经济学高级研究员，曾在哥伦比亚大学担任经济学系主任（1957－1971）。代表性著作有《国际经济学》（1964）、《国际贸易与金融：来自一线的研究》（1975）、《管理汇率》（1989）和《管理世界经济：布林顿森林体系50年》（1995）等。

Kennedy，保罗·肯尼迪（Paul Kennedy），英国历史学家，美国耶鲁大学教授。他出版了很多关于英国皇家海军、大国争霸、太平洋战争等主题的书籍，其《大国的兴衰》（1987）一书探讨了1500年至今国际舞台上大国兴替的历史。代表性著作还有《准备迎接21世纪》（1993）、《关键国家：世界发展中的美国政策新框架》（1999）等。

Keohane，罗伯特·基欧汉（Robert O. Keohane），美国普林斯顿大学国际关系大师，新自由制度主义理论（Neo-liberal Institutionism）的奠基人，曾任美国政治学会主席，在布兰代斯大学、哈佛大学、杜克大学亦曾担任过教职。代表作有《霸权之后：世界政治经济中的合作与纷争》（1984）和《新现实主义及其批判》（2002）等。与约瑟夫·奈合著《权力与相互依赖》《国际制度与国家权力》等。

Kindleberger，查尔斯·金德尔伯格（Charles Kindleberger），美国经济历史学家，拥有30多本专著，代表性著作有《世界经济至上》（1996）和《国际经济秩序》（1988）。他以"霸权稳定论"而闻名，也被《经济学家》杂志誉为金融危机的"流派大师"。

Kingdon，约翰·金登（John W. Kingdon），美国密歇根大学

政治学系教授，著名政策科学家和政治学家。代表性著作有《议程、被选方案与公共政策》(1984)、《国会议员的投票决策》(第3版，1989)和《异常的美国》(1999)等。

Komiya，小宫隆太郎（Ryutaro Komiya），日本经济学家，青山学院大学国际政治经济部教授。代表性著作有《关于日本经济的英语研究参考书目》(1966)、《日本经济：贸易、产业和政府》(1990)和《日本在机械工业的竞争优势》(1991)等。

Krasner，斯蒂芬·克拉斯纳（Stephen Krasner），美国斯坦福大学政治学教授，胡佛研究所高级研究员，美国人文与科学学院院士，原美国国务院政策规划司司长。代表性著作有《捍卫国家利益》(1978)、《结构性冲突：反对全球自由化的第三世界》(1985)和《国际机制》、《主权：有组织的伪善》(1999)等书。

Krugman，保罗·克鲁格曼（Paul Krugman），美国麻省理工学院经济学教授，《纽约时报》专栏作家，曾任普林斯顿大学经济系教授、纽约市立大学经济系教授，新兴凯恩斯主义经济学派代表，2008年诺贝尔经济学奖得主。代表性著作有《地缘与贸易》(1992)、《发展、地缘与经济理论》(1997)和《伟大的突破：正在迷失的新世纪》(2004)等。

Kunz，黛安·坤姿（Diane Bernstein Kunz），美国作家、历史学家和律师，杜克大学法学院高级讲师，曾任教于哥伦比亚大学（1998－2001）。代表性著作有《1931年的英国黄金标准之战》(1987)、《苏伊士危机的经济外交》(1991)、《外交政策的关键十年》(1994)和《黄油与枪》(1997)。

Lavergne，雷尔·拉维涅（Réal P Lavergne），加拿大经济分

析师，现任"公平投票组织"主席。本书引述内容出自其专著《美国关税的政治经济学》（1983）。

Lavin，富兰克林·拉文（Franklin L. Lavin），曾在美国小布什政府时期担任商务部负责国际贸易的副部长（2005－2007），美国驻新加坡大使（2001－2005）。

Laird，萨姆·莱尔德（Sam Laird），一位独立顾问，也是坦桑尼亚阿鲁沙非洲贸易政策中心的学术委员会成员，客座教授。

Lake，戴维·莱克（David Lake），美国加州大学圣地亚哥分校政治科学系杰出教授，是目前美国最顶尖的国际政治学者之一，他曾任美国政治学会主席、国际研究协会主席、《国际组织》杂志共同主编。代表性著作有《国际关系中的等级制》。

Lawrence，罗伯特·劳伦斯（Robert Z. Lawrence），美国哈佛大学肯尼迪政府学院国际贸易与投资教授，彼德森国际经济研究所高级研究员，克林顿总统白宫经济顾问委员会成员（1999－2001）。著有《区域主义，多边主义和更深层次的融合》（1996）和《犯罪行为还是处罚行为？WTO规则之下的报复》（2003）。

Levine，大卫·P. 莱文（David P. Levine），美国丹佛大学国际研究学院教授。代表性著作有《整体经济关系体系：经济理论（第二卷）》（1982）、《客体关系，工作与自我》（2009）和《黑暗幻想：回归运动与政治意义的探索》（2018）。他也是1992年出版的《政治经济理论》一书的共同作者。

Lijphart，艾伦·李帕特（Arend Lijphart），美国加州大学圣地亚哥分校教授，著名政治学家，著有《民主的类型：三十六国的政府形式及其绩效》（1999）。

Lincoln，爱德华·林肯（Edward J. Lincoln），美国乔治华盛顿大学教授，布鲁金斯学会（1984－1993 和 1996－2001）和对外关系委员会（2002－2006）高级研究员。在 20 世纪 90 年代中期，他曾任美国驻日大使沃尔特·蒙代尔大使的特别经济顾问，还曾任纽约大学斯特恩商学院日美商业与经济研究中心主任和经济学教授（2006－2011）。代表性著作有《面对经济成熟的日本》（1988）、《动荡时期：20 世纪 90 年代的美日经济关系》（1998）、《日本关节炎：经济改革的缓慢步伐》（2001）和《东亚经济区域主义》（2004）等。

Lowi，西奥多·罗伊（Theodore J. Lowi），美国康奈尔大学政府管理系教授，其研究领域为美国政府与公共政策。代表性著作有《美国立法政治》（1962）、《自由主义的终结》（1979）、《美国政府》（1995）和《美国政治要点》（2001）等。

MacKnight，苏珊·麦克奈特（Susan MacKnight），日本经济研究所首席经济学家。本书引用的《1993 年的美日经济关系》（1994）一文的作者。

Maddison，安格斯·麦迪森（Angus Maddison），英国著名经济史学家和统计学家，专研定量宏观经济史，包括测量和经济增长与发展的分析。格罗宁根大学（University of Groningen）法学院经济学名誉教授。代表性著作有《资本主义发展的几个阶段》（1982）、《资本主义发展的驱动力》（1991）、《监控世界经济：1820－1992》（1995）、《世界经济：历史学统计》（2003）和《世界经济的成长与互动》（2005）等。

Magee，史蒂芬·P. 玛吉（Stephen P. Magee），美国得克萨

斯州立大学金融学教授。

Majone，吉安多梅尼科·马乔（Giandomenico Majone），意大利佛罗伦萨欧洲大学研究所公共政策教授，其专长是欧盟内部的监管治理以及授权理论及其对欧盟民主赤字的影响。著有《欧洲一体化的困境》（2005）等。

Malmgren，哈罗德·马格伦（Harald Malmgren），先后担任四任美国总统（肯尼迪、约翰逊、尼克松和福特）的高级助手，前首席贸易谈判代表。曾任史密森学会的伍德罗·威尔逊研究员。1998年，他与前国务卿劳伦斯·伊格尔伯格（Lawrence Eagleburger）共同创立了科德尔·赫尔研究所（Cordell Hull Institute）。

Mastanduno，迈克尔·马斯坦杜诺（Michael Mastanduno），美国达特茅斯学院政府管理学教授，布鲁金斯学会研究员。

Mayer，弗雷德里克·M.迈尔（Frederick W. Mayer），美国杜克大学政治学教授。著有《解读北美自由贸易协定》（1998）和《叙事政治：故事与集体行动》（2014）。

Mayhew，大卫·R.枚休（David R. Mayhew），美国耶鲁大学政治学教授。代表性著作有《国会议员的党派忠诚》（1966）、《事关选举：美国国会的政治解读》（1974）、《美国政治中的政党参与》（1986）、《分而治之》（1991）和《政党与政治》（2008）。

McKeown，蒂莫西·麦基翁（Timothy McKeown），美国北卡罗来纳大学政治学教授。代表性文章有《组织化决策的案例研究和理论》（1985），专著有《盘整商业：美国和日本的贸易协会》（1989）。

Mikanagi，御巫由美子（Yumiko Mikanagi），美国纽约新学院大学荣誉教授，曾任日本国际基督教大学副教授。本书部分内容摘自其著作《日本贸易政策：主动还是被动？》(1996)。

Milner，海伦·米尔纳（Helen V. Milner），美国普林斯顿政治与国际关系学教授，全球化与治理研究中心主任，政治学系主任。她在国际政治经济学、国内政治与外交政策的联系、全球化与区域化与商业政策的关系等范畴研究成果。代表性著作有《抵制贸易保护主义：全球产业与国际贸易政治》(1988)、《国家安全的政治经济学》(1990)和《利益、制度与信息：国内政治与国际关系》(1997)。

Mitsuyu，三露久男（Hisao Mitsuyu），日本大学国际关系学院教授。本书引用的《不同轨的机车：宏观经济外交（1977－1979）》(1982)一书的共同作者。

Moravcsik，安德鲁·莫劳夫奇克（Andrew Moravcsik），美国普林斯顿大学伍德罗·威尔逊公共与国际事务学院教授，著名欧洲和国际问题专家。著有《欧洲的抉择：社会目标和政府权力》(2008)。

Mucciaroni，加里·穆恰罗尼（Gary Mucciaroni），美国坦普尔大学政治学教授，主要研究美国公共政策制定过程中的政治问题。代表性著作有《就业政策的政治失败（1945－1982）》(1990)、《财富的逆转：公共政策与私人利益》(1995)和《性别相同，政治有别：同性恋权利斗争的成败》(2008)等。

Nacht，迈克尔·纳赫特（Michael Nacht），美国马里兰大学公共事务学院院长和教授（1986－1994），曾在政府任职，亦曾担任哈佛大学肯尼迪政府学院科学与国际事务中心的副主任（1973—1984）。

Naka，中则夫（Norio Naka），日本大阪学院大学国际学部准教授，美国加州大学伯克利分校日本研究中心访问学者，美日贸易关系领域的政治经济学专家。著有《预测美日贸易谈判的结果：〈结构性障碍问题协议〉的政治进程》（1996）。

Nanto，迪克·K.南托（Dick K. Nanto），前美国国会研究服务局经济学家。

Nau，亨利·诺（Henry R. Nau），美国乔治华盛顿大学埃利奥特国际事务学院政治学和国际事务教授，有关美国外交政策的"保守国际主义"理论的创立者。代表性著作有《美国衰退之谜》（1990）、《运筹帷幄：美国外交政策的本体与实力》（2002）和《保守国际主义》（2013）。除了学术著作外，他还曾在美国政府担任高级职务。

Nelson，尼尔森·波尔斯比（Nelson W. Polsby），美国普林斯顿大学伯克利分校政治学教授，研究美国总统制和国会的著名专家。代表性著作有《现代总统制》（1973）、《美国的政治创新：政策肇始的政治》（1984）和《国会如何演变：制度变迁的社会基础》（2005）等。

Nelson，道格拉斯·R.尼尔森（Douglas R. Nelson），美国杜兰大学经济学教授。本书引用的部分内容出自《内生关税理论：批判性调查》一文［刊载于1988年出版的杂志 American Journal of Political Science，32（3）：796—837］以及《贸易政策的游戏：经济、政治和博弈论》一文（刊载于1991年出版的《新国际政治经济学》一书）。

Nelson，琼·M. 尼尔森（Joan M. Nelson），美国普林斯顿大学出版社编辑。本书引用的部分内容来自她编辑的《经济危机与政策选择：第三世界的调整政治》（1990）一书。

Neustadt，理查德·艾略特·诺伊施塔特（Richard Elliott Neustadt），美国著名政治学家，曾在康奈尔大学和哥伦比亚大学担任教授，著有《总统的权力：领袖政治》（1960）和《政治结盟》（1970）等。

Niskanen，威廉·A. 尼斯卡宁（William A. Niskanen），美国加州大学伯克利分校经济学教授，曾任里根的经济顾问，长期担任美国加图学会（Cato Institute）主席，是公共选择理论的代表人物之一。代表性著作有《官僚机构与代议政府》（1971）、《里根经济学》（1988）和《政治学家的思考》（2008）。

Noland，马库斯·诺兰德（Marcus Noland），彼德森国际经济研究所执行副主席兼研究部主任。代表性著作有《太平洋地区的发展中国家：未来前景》（1990）、《亚洲货币贬值的全球经济影响》（1998）和《新贸易保护主义者：美国贸易政策的私有化》（1999）等。

Nye，约瑟夫·奈（Joseph Nye），美国哈佛大学肯尼迪政府学院教授，著名国际政治学者，曾出任卡特政府助理国务卿、克林顿政府国家情报委员会主席和助理国防部长。他是国际关系理论中"新自由主义学派"的代表人物，以最早提出"软实力"概念而闻名。著有《注定领导世界：美国权力性质的变迁》（1990）和《软实力：世界政治中的成功之道》（2004）。

Odell，约翰·奥德尔（John S. Odell），美国南加州大学国际关系学名誉教授，国际治理创新中心高级研究员。著有《美国国际货币政策》（1982）。

Okimoto，丹尼尔·I. 冲本（Daniel I. Okimoto），美国斯坦福大学政治学系教授，日裔学者。代表性著作有《变相的美国人》（1971）、《在通产省和市场之间：日本高科技产业政策》（1989）和《深入日本人的体系》（1997）等。

Oliner，斯蒂芬·D. 奥利纳（Stephen D. Oliner），美国加州大学洛杉矶分校高级研究员，美国企业研究所高级顾问，经济学家。著有《信息技术与生产率》（2002）。

Olson，曼苏尔·劳埃德·奥尔森（Mancur Lloyd Olson），美国经济学家和政治学家，公共选择理论的主要奠基者，曾在马里兰大学任教。他最有影响力的贡献是机构经济学。代表性著作有《集体行动的逻辑》（1965）、《国家兴衰》（1982）和《权力与繁荣》（1999）等。

Ostrom，道格拉斯·奥斯特罗姆（Douglas Ostrom），美国马里兰大学职业学院经济学系教授，日本经济研究所高级经济学家。

Pastor，罗伯特·艾伦·帕斯特（Robert Alan Pastor），美国美利坚大学国际关系学教授，曾任卡特中心高级研究员（曾设立中国乡村选举项目），其在美国外交政策领域著述颇丰。代表性著作有《急流勇退：美国对拉丁美洲的外交政策》（1992）、《世纪之旅：大国如何塑造世界》（1999）和《绝不重演：美国和尼加拉瓜》（2002）等。他也是《有限的友谊：美国与墨西哥》（1989）一书的共同作者。

Patrick，休·帕特里克（Hugh T. Patrick），美国哥伦比亚大学国际商务教授，1984年以前曾任耶鲁大学经济学教授。他的主要研究领域包括宏观经济绩效和政策、银行和金融市场、政府与企业关系以及日美经济关系等。代表性著作有《困境中的太平洋地区工业：九个工业化经济体的结构调整和贸易政策》（1991）等。

Pearson，查尔斯·S.皮尔森（Charles S. Pearson），美国约翰霍普金斯大学国际经济学教授。本书引用的《自由贸易还是公平贸易？里根总统的记录》（1989）一书的作者。他的代表性著作还有《经济学与全球环境》（2000）和《美国贸易政策：循序渐进》（2003）等。

Pressman，杰弗里·L.普雷斯曼（Jeffrey L. Pressman），已故美国麻省理工学院政治学副教授（1977年，享年仅33岁）。代表性著作有《履行：华盛顿的厚望在奥克兰化为泡影》（1973）和《联邦计划与城市政治》（1975）。MIT专门设立了普雷斯曼奖学金（Jeffrey L. Pressman Awards），以致缅怀。

Prestowitz，克莱德·普雷斯托维茨（Clyde Prestowitz），美国经济战略研究所创始人兼主席，在全球化和竞争力方面是全球知名的作家和战略家。他曾任里根政府商务部长顾问，并被克林顿总统任命为亚太地区投资贸易委员会副主席、美国进出口银行顾问委员会成员。代表性著作有《时运变迁Ⅱ》（1988）、《实力经济学》（1991）和《打开日本市场》（1994）等。

Quirk，保罗·夸克（Paul J. Quirk），加拿大不列颠哥伦比亚大学政治学教授。著有《联邦监管机构的行业影响力》（1981）和《放松管制的政治》（1985）等。

Rapp，威廉·V. 拉普（William V. Rapp），美国新泽西州立大学国际贸易与商业教授。著有《信息技术战略》（2002）和《成功企业的 IT 战略（日文版）》（2003）。

Richardson，大卫·理查森（J. David Richardson），美国雪城大学经济学教授，彼德森国际经济研究所高级研究员。代表性著作有《理解国际经济学：理论与实践》（1980）、《全球贸易与金融》（1986）、《调整美国的出口限制措施》（1991）和《为什么全球融合最重要》（2001）等。

Rodrik，丹尼·罗德里克（Dani Rodrik），美国哈佛大学肯尼迪政府学院国际政治经济学教授，也曾在普林斯顿大学高等研究院任教。代表性著作有《全球化已经走得太远？》（1997）、《让开放发挥作用：新全球经济与发展中国家》（1999）和《寻找繁荣：关于经济增长的分析性叙事》（2003）等。

Rogowski，罗纳德·罗戈斯基（Ronald Rogowski），美国加州大学洛杉矶分校政治科学系教授，比较政治学家，是研究国际贸易如何影响国内政治联盟的权威学者。著有《商业与联盟》（1989）和《合理合法：一种政治支持理论》（1974）。

Rosovsky，亨利·罗索夫斯基（Henry Rosovsky），美国哈佛大学经济学教授，代理校长（1984－1987），东亚地区经济史学家。代表性著作有《日本的资本形成》（1961）、《两种体系中的工业化》（1966）和《太平洋的纷争：日美同盟的挑战》（1972）等。

Ruggie，约翰·鲁杰（John Ruggie），美国哈佛大学肯尼迪政府学院人权和国际事务教授，法学院国际法教授。1982年，约翰·鲁杰在《国际机制、交易与变迁：战后经济秩序中内嵌的自由主义》一文中首次提出了"内嵌的自由主义"（embedded liberalism）这一概念。著有《赢取和平：新时代的美国和世界秩序》（1996）和《构建世界政治》（1998）等。

Russett，布鲁斯·鲁塞特（Bruce Martin Russett），美国耶鲁大学麦克米伦中心政治学系主任兼国际和地区研究教授。代表性著作有《世界政治：可选清单》（1981）、《把握民主式的和平》（1993）和《霸权与民主》（2011）。

Sabatier，保罗·萨巴蒂尔（Paul A. Sabatier），美国加州大学戴维斯分校环境科学和政策系的教授，编有《政策过程理论第二版》（2017）一书。

Samuels，理查德·萨缪尔斯（Richard Samuels），知名国际关系学者、美国麻省理工学院政治学系教授、国际研究中心主任。代表性著作有《美国该为日本的科技做好准备》（1986）、《富国强军：国家安全与日本的技术改造》（1994）和《亚洲技术的危机与创新》（2003）等。

Sato，佐藤秀夫（Hideo Sato），已故国际关系专家，在日本筑波大学参与组建国际政治经济学院并被任命为首任院长（1992），曾任日本国际关系协会主席（1996－1998），在1976－1982年期间亦曾于美国耶鲁大学政治学系担任教职。著有《遏制冲突：预防性外交案例》（2003），他也是《应对美日经济冲突》（1982）一书的共同作者。

Saxonhouse，加里·萨克森豪斯（Gary R. Saxonhouse），美

国密歇根大学经济学教授，他的研究集中于日本经济、国际贸易、经济历史和经济发展。曾在总统经济顾问委员会任职，并为美国财政部、商务部和国务院以及世界银行提供咨询。著有《日本经济的法律与贸易问题：美国和日本的观点》（9186）和《发展、二元性与国际经济体制》（1991）等，他也是《日本的金融、治理与竞争力》（2000）一书的共同作者。

Schattschneider，埃尔默·沙特施耐德（Elmer Eric Schattschneider），美国政治学会主席，强调利益集团在贸易政策中的重要性。代表性著作有《政治、压力和关税》（1935）、《公共事务研究指南》（1952）、《党派政府》（1958）和《半主权人民》（1960）等。

Schoppa，莱昂纳多·舒帕（Leonard J. Schoppa），美国弗吉尼亚州立大学政治学教授和研究生院院长，日本政治与国际关系专家。因少年时代随父母生活在日本北海道，所以日语流利。他针对美日贸易谈判的专著《与日本讨价还价——美国施压的能与不能》（1997）影响巨大。

Schwab，苏珊·施瓦布（Susan C. Schwab），美国马里兰大学公共政策学院院长（1995－2003），最初曾在美国驻日大使馆担任贸易政策官员，20世纪80年代作为贸易政策专家和参议员约翰·丹佛斯的首席立法顾问，在多项美国贸易政策倡议中发挥过关键作用，包括国会在1984年和1988年制定的具有里程碑意义的贸易立法。著有《有舍有得：磋商〈综合贸易法〉》（1994）。

Sichel，丹尼尔·希雪（Daniel E. Sichel），美国韦尔斯利女子学院经济学教授，前美联储高级官员。著有《计算机革命：经济视角》(1997)。

Simmons，贝思·西蒙斯（Beth A. Simmons），美国宾夕法尼亚大学法学院教授，研究领域为国际政治经济学、国际法与国际人权。国际关系领域著名学者。代表性著作有《国际制度理论》(1987)、《谁在变化？两次世界大战期间外国经济政策的国内来源》(1994)、《国际制度的理论与实证研究》(1998)和《自由化的全球化：国际政治经济学中的政策扩散》(2004)等。

Skocpol，西达·斯科克波尔（Theda Skocpol），美国哈佛大学政府与社会学教授，以倡导历史制度和比较方法以及"国家自治理论"著称，她的代表性著作有《现代世界的社会革命》(1994)、《美国的社会政策》(1994)、《罗斯福新政时期的国家和政党》(1995)。

Skowronek，史蒂芬·斯科夫罗内克（Stephen Skowronek），美国耶鲁大学政治与社会学教授，因其对美国国家机构和美国总统的研究以及对刺激对美国政治发展的研究而著称。代表性著作有《建立新美国：国家行政管理能力的扩张（1877－1920）》(1982)、《总统搞政治：从约翰·亚当斯到比尔·克林顿的领导力》(1997)和《理念和目标的重新定位：种族主义，自由主义和美国的政治传统》(2006)。

Smith，罗杰斯·史密斯（Rogers M. Smith），美国宾夕法尼亚大学政治学教授，以其对美国宪法和政治发展及政治思想的研究和著作而著称，其研究重点是公民身份以及种族、性别和阶级不平等问题。代表性著作有《自由主义与美国宪法》(1985)、《公民理想：美国历史中公民身份的愿景冲突》(1997)和《民族性的故事：政治成员的政治与道德》（2003）等。

Smithers，安德鲁·史密瑟斯（Andrew Smithers），金融经济学和全球资产配置方面的领先专家。著有《重估华尔街：不完善的市场与无能为力的中央银行家》（2009）。

Snidal，丹肯·斯奈德（Duncan Snidal），英国牛津大学国际关系学教授。著有《协调与囚徒困境：对国际合作和制度的影响》（1985）和《国际合作的相对收益问题》（1993）。

Solomon，罗伯特·所罗门（Robert Solomon），前美联储首席国际经济学家，20世纪60年代致力于挽救和改革长期存在的国际货币体系。代表性著作有《石油赤字的分配》（1975）、《发展中国家的债务：另一种视角》（1981）、《繁荣伙伴》（1991）和《欧元的诞生：西欧货币联盟》（1999）等。

Somers，玛格丽特·萨默斯（Margaret R. Somers），美国密歇根大学历史与社会学教授，著名社会学家。经典性文章有《宏观社会调查中比较史学的运用》，图书有《公民权的谱系》（2008）。

Song，宋立刚（Ligang Song），澳大利亚国立大学经济学教授。著有《不断变化的全球比较优势：来自亚太地区的证据》（1996）和《中国市场化与经济增长》（2007）等。

Steinmo，斯文·斯坦莫（Sven Steinmo），美国科罗拉多大学政治学教授。著有《现代国家的演变：瑞典、日本和美国》（2010）。

Strange，苏珊·斯特兰奇（Susan Strange），英国国际关系学者。代表性著作有《赌场资本主义》（1983）、《国家与市场》

(1988)、《国际政治经济学之路》(1985)和《国家的退却》(1996)。

Suda，须田美失子（Miyako Suda），日本学习院大学经济学教授，日银（日本央行）董事会成员，佳能全球研究院特别顾问。她是本书参考的《1971—1982年日本的外汇政策》(1991)一书的共同作者。

Thelen，凯瑟琳·瑟伦（Kathleen Thelen），美国政治学会主席、麻省理工学院政治学教授。著有《制度是如何演化的：德国、英国、美国和日本的技能政治经济学》(2004)和《自由化的多样性与社会团结的新政治》(2014)。

Thurow，莱斯特·瑟罗（Lester C. Thurow），美国麻省理工学院管理及经济学教授、斯隆管理学院院长。代表性著作有《零和社会：分配和经济变革的可能性》(1981)、《21世纪的角逐：行将到来的日、欧、美经济战》(1992)和《资本主义的未来：当今各种经济力量如何塑造未来世界》(1996)等。

Tilton，马克·提尔顿（Mark C. Tilton），美国普渡大学政治学副教授，以研究日本见长。著有《限制贸易：日本基础材料行业的卡特尔》(1996)一书。

Tolchin，苏珊·托尔钦（Susan Joan Tolchin），美国政治学家，乔治华盛顿大学和乔治梅森大学教授。著有《愤怒的美国人：选民的怒火如何改变国家》(1999)，并与丈夫马丁·托尔钦共同撰写多部著作。

Tolchin，马丁·托尔钦（Martin Tolchin），纽约时报资深记者，《国会山》杂志创办人和出版人，他和妻子苏珊的报道《收购美国：外国资金如何改变国家面貌》（1988）曾名动全球。

Tyson，劳拉·泰森（Laura D'Andrea Tyson），美国加州大学伯克利分校商学院教授，曾担任伦敦商学院的院长。在克林顿政府时期担任白官经济顾问委员会主席（1993－1995）。代表性著作有《贸易和就业动态》（1988）、《谁在敲打谁？》（1992）和《高科技产业的贸易竞争》（1993）等。

Vogel，史蒂文·沃格尔（Steven Kent Vogel），美国加利福尼亚大学伯克利分校的政治学教授，新闻记者，作家和政治学家。著有《更自由的市场需要更多的规则》（1998）和《日本重建：政府和产业如何改革日本的资本主义》（2006）等。其父为著名中国问题专家傅高义。

Volcker，保罗·沃尔克（Paul Adolph Volcker），美国经济学家，前美国财政部副部长（1969－1974），普林斯顿大学伍德罗·威尔逊公共与国际事务学院的高级研究员（1974－1975）。曾在卡特和里根总统时期担任美联储主席（1979－1987）。著有《坚持不懈：对稳健资金和良好政府的追求》（回忆录，2018），也是《改变命运：世界货币及其对美国领导地位的威胁》（1992）一书的共同作者。

Waltz，肯尼思·华尔兹（Kenneth Neal Waltz），国际著名政治学家，先后在哥伦比亚大学、加州大学伯克利分校任教，曾任美国政治学会会长。其著作《国际政治理论》（1979）一书自出版以来便被誉为"当代经典"，迄今为止是国际关系学界影响最大、引用率最高的著作，是"新现实主义"的开山之作。新现实主义认为冲突是国际政治的根本特征，合作是有限的、脆弱的、不可靠的，该理论是西方国际政治学界长期以来公认的理论范式。

Watanabe，保罗·渡边水央（Paul Y. Watanabe），美国马萨诸塞州大学波士顿分校政治学教授，日裔学者。著有《族群、国会和美国外交政策》（1984）。

Watts，威廉·沃茨（William Watts），美国政治分析师，对外政策专家，道琼斯旗下《市场观察》杂志（Market Watch）高级撰稿人。他撰写的文章涉及股票、债券、货币和大宗商品（包括石油），还有一些是关于全球宏观问题和交易策略的。

Waverman，莱昂纳德·威福尔曼（Leonard Waverman），加拿大多伦多大学和伦敦商学院经济学教授。他是本书引用的《汽车生产中的成本和生产率问题》（1992）一书的共同作者。

Webb，迈克尔·韦伯（Michael Webb），加拿大维多利亚大学政治学副教授。著有《政策协作的政治经济学：1945年以来的国际调整》（1995）。

Weir，玛格丽特·威尔（Margaret Weir），美国加州大学伯克利分校社会学和政治学教授。她在欧洲和美国广泛撰写了有关社会政策的文章，著有《政治与工作：美国就业政策的边界》（1993）一书。

Wildavsky，亚伦·维尔达夫斯基（Aaron Wildavsky），美国加州大学伯克利分校戈德曼公共政策学院创办人，以其在公共政策、政府预算编制和风险管理方面的开创性工作而闻名，著有《预算过程政治》（1964）一书，被美国公共管理学会确认为过去五十年来最有影响力的公共管理著作之一。他也是《履行：华盛顿的厚望在奥克兰化为泡影》(1973) 一书的共同作者。

Williamson, 约翰·威廉姆森 (John Williamson), 英国著名国际经济学家,"华盛顿共识"理论创立者、"汇率目标区"理论创始人, 20 世纪 60－70 年代, 曾先后在美国普林斯顿大学、麻省理工学院等学府担任经济学教授。1981 年, 他和伯格斯滕共同创立美国最具影响的对外经济政策思想库——彼德森国际经济研究所 (PIIE), 并担任资深研究员至今。他还曾担任英国财政部顾问、国际货币基金组织顾问和世界银行南亚局首席经济学家。代表性著作有《世界货币改革的失败, 1971－1974》(1977)、《自愿减免债务之策》(1988)、《苏联解体后的贸易与支付》(1992) 和《参考利率与国际货币体系》(2007) 等, 也是《汇率与贸易政策》(1983) 一书的共同作者。

Wilson, 詹姆斯·威尔逊 (James Quinn Wilson), 美国保守派学者, 加州大学洛杉矶分校和哈佛大学教授。他曾担任总统外国情报咨询委员会委员。代表性著作有《美国政府》(1980)、《官僚主义》(1989)、《政治组织》(1995) 和《国家与地方政府》(1998) 等。他也是本书摘录的《美国政府:要点集锦》(1995) 一书的共同作者。

Winham, 吉尔伯特·温汉姆 (Gilbert Rathbone Winham), 加拿大达尔豪斯大学教授。代表性著作有《美加经济关系中的政治问题》(1985)、《国际贸易与东京回合谈判》(1986) 和《国际贸易协定的演变》(1992) 等。他也是本书引用的《美日汽车贸易的政治问题》(1982) 一书的共同作者。

Wolferen, 卡雷尔·冯·沃尔夫伦 (Karel van Wolferen), 荷

兰记者，阿姆斯特丹大学比较政治和经济制度学教授，尤以他对日本政治、经济、历史和文化的了解闻名于世。代表性著作有《日本国力之谜》（1989）、《资产阶级：日本政治文化中消失的元素》（1999）和《小布什与世界秩序的毁灭》（2003）等。

Womack，詹姆·沃马克（James P. Womack），曾任美国麻省理工学院国际机动车辆项目的研究主管，也是本书引用的《机器改变世界》（1990）一书的共同作者。

Woodward，鲍勃·伍德沃德（Bob Woodward），《华盛顿邮报》记者，因揭露水门事件而享誉国际新闻界，普利策新闻奖获得者（1973）。与卡尔·伯恩斯坦合著了三本有关水门事件的书：《总统的人马》（1974）、《最后的日子》（1976）和《深喉》（2005）。其他专著还有《选择》（1996）和《战争中的布什》（2002）等。

Yamamura，山村耕造（Kozo Yamamura），美国华盛顿大学国际研究学院教授，白宫经济顾问委员会前特约顾问。代表性著作有《战后日本的经济政策》（1967）、《日本对美国的投资》（1989）和《近代日本的经济振兴》（1997）等。

Yeats，亚历山人·叶芝（Alexander J. Yeats），曾在世界银行担任国际贸易首席经济学家。

Yee，余兆伟（Albert S Yee），美国高露洁大学政治学教授。曾在约翰·霍普金斯大学、布朗大学、佐治亚大学任教。本书引用的部分内容出自其1996年发表在 *International Organization* 杂志上的"The Causal Effects of Ideas on Policies"一文。

Yoffie，大卫·约菲（David B. Yoffie），美国哈佛商学院国际企业管理学教授,研究科技行业数十年。著有《超越自由贸易:公司、政府和全球竞争》(1993)和《数字融合时代的竞争》(1997)等。

参考文献

ACTPN (1989) Advisory Committee for Trade Policy and Negotiations, *Analysis of the US-Japan Trade Problem*, Washington, DC, February.

—— (1993) *Major Findings and Recommendations on US-Japan Trade Policy*, Washington, DC, January.

Ahearn, Raymond J. (1986) 'Protectionist legislation in 1985', Congressional Research Service: 86-632E, The Library of Congress, Washington, DC.

—— (1994) 'Japan-US trade negotiations: Will the deadlock be broken?', Congressional Research Service: 94-724F, The Library of Congress, Washington, DC, 13 September.

Alexander, Arthur (1998) 'Japan's mid-life economic crisis: Similarities and differences with East Asia's troubles', *JEI Report* 1A, 9 January.

Altman, Roger C. (1994) 'Why pressure Tokyo?', *Foreign Affairs*, 73 (3): 2-6.

American Chamber of Commerce in Japan (1997) *Making Trade Talks Work: Lessons from Recent History*, Tokyo: American Chamber of Commerce in Japan.

Anonymous (1996) *Primary Colors: A Novel of Politics*, London: Chatto & Windus.

Aoki, Masahiko (1994) 'The Japanese firm as a system of attributes: A survey and research agenda', in Masahiko Aoki and Ronald Dore (eds) *The Japanese Firm: The Sources of Competitive Strength*, Oxford: Oxford University Press.

Armacost, Michael H. (1996) *Friends or Rivals? The Insider's Account of US-Japan Relations*, New York: Columbia University Press.

Asher, David (1997) 'A US-Japan alliance for the next century', *Orbis*, 41 (3): 343-74.

Asher, David and Andrew Smithers (1998) 'Japan's key challenges for the 21st century: Debt, deflation, default, demography and deregulation', SAIS Policy Forum Series, March, photocopy.

Bailey, Martin Neil and Margaret M. Blair (1988) 'Productivity and American management', in Robert E. Litan, Robert Z. Lawrence and Charles L. Schultze (eds) *American Living Standards: Threats and Challenges*, Washington, DC: The

·参考文献·

Brookings Institution.

Balassa, Bela (1986a) 'Japanese trade policies towards developing countries', *Journal of International Economic Integration*, 1 (1), Spring.

—— (1986b) 'Japan's trade policies', *Weltwirtschaftliches Archiv*, 122 (4): 745-90.

Balassa, Bela and Marcus Noland (1988) *Japan in the World Economy*, Washington, DC: Institute for International Economics.

Baldwin, Richard (1988) 'Hysteresis and import prices: The beachhead effect', *American Economic Review*, 78: 773-85.

Baldwin, Robert E. (1984) 'The changing nature of US trade policy since World War II', in Robert E. Baldwin and Anne O. Krueger (eds) *The Structure and Evolution of Recent US Trade Policy*, Chicago: University of Chicago Press.

Baldwin, Robert E. (1985) *The Political Economy of US Import Policy*, Cambridge, MA: MIT Press.

Bass, Gwenell L. (1992) 'Japan US automotive trade', Congressional Research Service, The Library of Congress, Washington, DC, September.

Bauer, Raymond A., Ithiel de Sola Pool and Lewis A. Dexter (1963) *American Business and Public Policy : The Politics of Foreign Trade*, Chicago: Atherton Press.

Bayard, Thomas O. and Kimberly Ann Elliott (1994)

Reciprocity and Retaliation in US Trade Policy, Washington, DC: Institute for International Economics.

Bello, Judith Hippler and Alan F. Holmer (1990) 'The heart of the 1988 Trade Act: A legislative history of the amendments to Section *301* ', in Jagdish Bhagwati and Hugh T. Patrick (eds) *Aggressive Unilateralism : America' s 301 Trade Policy and the World Trading System*, Ann Arbor: University of Michigan Press.

Benedict, Ruth (1972) *The Chrysanthemum and the Sword*, New York: Meridian Books.

Bennett, Colin J. and Michael Howlett (1992) 'The lessons of learning: Reconciling theories of policy learning and policy change', *Policy Sciences*, 25: 275-94.

Bergsten, C. Fred (1981) 'The costs of Reaganomics', *Foreign Policy*, 44: 24-36.

—— (1982a) 'What to do about the US-Japan economic conflict', *Foreign Affairs*, 60 (5): 1059-75.

—— (1982b) 'The villain is an overvalued dollar', *Challenge*, March-April.

—— (1987) 'Economic imbalances and world politics', *Foreign Affairs*, 65 (4): 770-94.

—— (1992) 'The primacy of economics', *Foreign Policy*, 87: 3-24.

Bergsten, C. Fred, Takatoshi Ito and Marcus Noland (2001)

· 参考文献 ·

No More Bashing: Building a New Japan-United States Economic Relationship, Washington, DC: Institute for International Economics.

Bergsten, C. Fred and William R. Cline (1985) *The United States-Japan Economic Problem*, Policy Analyses in International Economics 13, Washington, DC: Institute for International Economics.

Bergsten, C. Fred and Marcus Noland (1993) *Reconcilable Differences? United States-Japan Economic Conflict*, Washington, DC: Institute for International Economics.

Bergsten, C. Fred and John Williamson (1983) 'Exchange rates and trade policy', in William R. Cline (ed.) *Trade Policy in the 1980s*, Washington, DC: Institute for International Economics.

Bhagwati, Jagdish (1990) 'Aggressive unilateralism: An overview', in Jagdish Bhagwati and Hugh T. Patrick (eds) *Aggressive Unilateralism: America's 301 Trade Policy and the World Trading System*, Ann Arbor: The University of Michigan Press.

Bluestone, Barry and Bennett Harrison (1982) *The Deindustrialization of America: Plant Closings, Community Abandonment and the Dismantling of Basic Industry*, New York: Basic Books.

Bosworth, Barry (1993) *Saving and Investment in a Global*

Economy, Washington, DC: The Brookings Institution.

Brainard, S. Lael (1995) 'Comments' on Mark B. Cronshaw and James R. Markusen, 'The theory and consequences of results-oriented trade policy', in Jim Levinsohn, Alan V. Deardorff and Robert M. Stern (eds) *New Directions in Trade Theory*, Ann Arbor: University of Michigan Press.

Brander, James A. and Barbara J. Spencer (1985) 'Export subsidies and market share rivalry', *Journal of International Economics*, 18: 83-100.

Branson, William H. (1980) 'Trends in United States trade and investment since World War II', in Martin Feldstein (ed.) *The American Economy in Transition*, Chicago: University of Chicago Press.

Budner, Stanley and Ellis Krauss (1995) 'Newspaper coverage of US-Japan frictions', *Asian Survey*, April: 336-56.

Burstein, Daniel (1988) *Yen !: Japan's New Financial Empire and Its Threat to America*, New York: Simon and Schuster.

Caporaso, James A. (1993) 'Global political economy', in Ada W. Finifter (ed.) *Political Science : The State of the Discipline II*, Washington, DC: The American Political Science Association.

Caporaso, James A. and David P. Levine (1992) *Theories of Political Economy*, Cambridge, UK: Cambridge University

· 参考文献 ·

Press.

Carlile, Lonny E. and Mark C. Tilton (eds) (1998) *Is Japan Really Changing Its Ways ? Regulatory Reform and the Japanese Economy*, Washington, DC: Brookings Institution.

CEA (1983) Council of Economic Advisers, *The Economic Report of the President*, Washington, DC: US Government Printing Office.

—— (1986) *The Economic Report of the President*, Washington, DC: US Government Printing Office.

—— (1994) *The Economic Report of the President*, Washington, DC: US Government Printing Office.

Choate, Pat (1990) *Agents of Influence : How Japan Manipulates America's Political and Economic System*, New York: Simon and Schuster.

Cline, William R. (1983a) 'Introduction and summary', in William R. Cline (ed.) *Trade Policy in the 1980s*, Washington, DC: Institute for International Economics.

—— (1983b) '"Reciprocity": A new approach to world trade policy', in William R. Cline (ed.) *Trade Policy in the 1980s*, Washington, DC: Institute for International Economics.

Cohen, Benjamin (1990) 'The political economy of international trade', *International Organization*, 44 (2): 261 -81.

Cohen, Stephen D., Joel R. Paul and Robert A. Blecker

(1996) *Fundamentals of US Foreign Trade Policy : Economics , Politics , Laws and Issues*, Boulder, CO: Westview Press.

Cohen, Stephen S. and John Zysman (1987) *Manufacturing Matters : The Myth of the Post-Industrial Economy*, New York: Basic Books.

Collier, David (1993) 'The comparative method', in Ada W. Finifter (ed.) *Political Science : The State of the Discipline II* , Washington, DC: The American Political Science Association.

Conybeare, John A. (1984) 'Public goods, prisoners' dilemmas and the international political economy', *International Studies Quarterly*, 28: 5-22.

Crandall, Robert W. (1981) *The Steel Industry in Recurrent Crisis*, Washington, DC: The Brookings Institution.

Crandall, Robert W. et al. (1986) *Regulating the Automobile*, Washington, DC: The Brookings Institution.

Crichton, Michael (1992) *Rising Sun*, New York: Alfred A. Knopf.

Curran, Timothy J. (1982) 'Politics and high technology: The NTT case', in I. M. Destler and Hideo Sato (eds) *Coping with US-Japan Economic Conflicts*, Lexington, MA: Lexington Books.

Curzon, Gerard (1965) *Multilateral Commercial Diplomacy : The General Agreement on Tariffs and Trade and Its Impact on National Commercial Policies and Techniques*,

· 参考文献 ·

London: Michael Joseph.

Dam, Kenneth W. (1970) *The GATT: Law and International Economic Organization*, Chicago: University of Chicago Press.

De Brouwer, Gordon and Tony Warren (2001) *Strengthening Australia-Japan Economic Relations*, Report commissioned by the Department of Foreign Affairs and Trade, Canberra.

Denison, Edward F. and William K. Chung (1976) 'Economic growth and its sources', in Hugh Patrick and Henry Rosovsky (eds) *Asia's New Giant: How the Japanese Economy Works*, Washington, DC: The Brookings Institution.

Derthick, Martha and Paul J. Quirk (1985) *The Politics of Deregulation*, Washington, DC: The Brookings Institution.

Dertouzos, Michael L., Richard K. Lester and Robert M. Solow (1989) *Made In America: Regaining the Productive Edge*, The MIT Commission on Industrial Productivity, Cambridge, MA: MIT Press.

Dessler, David (1989) 'What's at stake in the agent-structure debate?', *International Organization*, 43 (3): 441-73.

Destler, I. M. (1986) *American Trade Politics: System under Stress*, Washington, DC: Institute for International Economics; New York: The Twentieth Century Fund.

—— (1995) *American Trade Politics*, 3rd edn, Washington, DC: Institute for International Economics; New

York: The Twentieth Century Fund.

—— (1996) *The National Economic Council : A Work in Progress*, Washington, DC: Institute for International Economics.

Destler, I. M. and Peter J. Balint (1999), *The New Politics of American Trade : Trade, Labor, and the Environment*, Washington, DC: Institute for International Economics.

Destler, I. M. and Hisao Mitsuyu (1982) 'Locomotives on different tracks: Macroeconomic diplomacy, 1977 – 1979', in I. M. Destler and Hideo Sato (eds) *Coping with US-Japan Economic Conflicts*, Lexington, MA: Lexington Books.

Destler, I. M. and John Odell (1987) *Anti-protection : Changing Forces in United States Trade Politics*, Washington, DC: Institute for International Economics.

Destler, I. M. and Hideo Sato (1981) 'Political conflict in US-Japan economic relations: Where it comes from; what to do about it', in Japan-United States Economic Relations Group, *Appendix to the Report of the Japan-United States Economic Relations Group*, April.

—— (1982) 'Coping with economic conflicts', in I. M. Destler and Hideo Sato (eds) *Coping with US-Japan Economic Conflicts*, Lexington, MA: Lexington Books.

Destler, I. M., Haruhiro Fukui and Hideo Sato (1979) *The Textile Wrangle : Conflict in Japanese-American Relations, 1969 – 71*, Ithaca, NY: Cornell University Press.

·参考文献·

Diebold, William Jr. (1952) *The End of the ITO : Essays in International Finance*, no. 16, Department of Economics and Social Institutions, Princeton University.

Dixit, Avinash and Victor Norman (1980) *Theory of International Trade*, Cambridge, UK: Cambridge University Press.

Dohlman, Peter A. (1993) 'The US-Japan semiconductor trade arrangement: Political economy, game theory and welfare analysis', PhD dissertation, Duke University.

Dornbusch, Rudiger and Jeffrey A. Frankel (1987) 'Macroeconomics and protection', in Robert M. Stern (ed.) *US Trade Policies in a Changing World Economy*, Cambridge, MA: The MIT Press.

Dornbusch, Rudiger, James Poterba and Lawrence Summers (1987) *The Case for Manufacturing in America's Future*, Rochester, NY: Eastman Kodak Company.

Dryden, Stephen (1995) *Trade Warriors : USTR and the American Crusade for Free Trade*, New York: Oxford University Press.

Drysdale, Peter (1993) 'Japanese direct foreign investment in Australia in comparative perspective', *Pacific Economic Papers*, no. 223, September.

Duncan, William C. (1995) 'US-Japan trade relations—Myth and reality—The case of the automobile negotiations', Presentation

441

to the Japan-America Society of Central Ohio Planning Committee, Columbus Council on World Affairs and the Institute for Japanese Studies at the Ohio State University, 10 November.

Eckstein, Harry (1975) 'Case study and theory in political science', in Fred I. Greenstein and Nelson W. Polsby (eds) *Handbook of Political Science Volume 7: Strategies of Inquiry*, Reading MA: Addison-Wesley Publishing Company.

Economic Planning Agency (1989) 'Commodity price report', Tokyo.

Eichengreen, Barry and Peter B. Kenen (1994) 'Managing the world economy under the Bretton Woods System: An overview', in Peter B. Kenen (ed.) *Managing the World Economy: Fifty Years After Bretton Woods*, Washington, DC: Institute for International Economics.

Encarnation, Dennis J. (1992) *Rivals Beyond Trade: America versus Japan in Global Competition*, Ithaca, NY: Cornell University Press.

Evans, Peter B., Dietrich Rueschemeyer and Theda Skocpol (eds) (1985) *Bringing the State Back In*, Cambridge, UK: Cambridge University Press.

Evans, Peter B. (1995) 'The role of theory in comparative politics: A symposium', *World Politics*, 48: 1-49.

Fallows, James (1989a) 'Containing Japan', *The Atlantic Monthly*, May: 40-54.

—— (1989b) 'Getting along with Japan', *The Atlantic Monthly*, December: 53-64.

—— (1994) *Looking at the Sun : The Rise of the New East Asian Economic and Political System*, New York: Pantheon Books.

Feldstein, Martin and Charles Horioka (1980) 'Domestic saving and international capital flows', *Economic Journal*, 90: 314-29.

Feldstein, Martin and Bacchetta Phillipe (1991) 'National saving and international investment', in B. Douglas Bernheim and John B. Shoven (eds) *National Saving and Economic Performance*, Chicago: University of Chicago Press.

Finger, J. Michael (1992) 'Trade policies in the United States', in Dominick Salvatore (ed.) *National Trade Policies: Handbook of Comparative Economic Policies*, vol. 2, New York: Greenwood Press.

Fiorina, Morris (1995) 'Rational choice and the new (?) institutionalism', *Polity*, 28 (1): 107-15.

Flamm, Kenneth (1996) *Mismanaged Trade ? Strategic Policy and the Semiconductor Industry*, Washington, DC: Brookings Institution Press.

Frankel, Jeffrey A. (1984) *The Yen/Dollar Agreement : Liberalizing Japanese Capital Markets*, Policy Analyses in International Economics 9, Washington, DC: Institute for

International Economics.

—— (1991) 'Quantifying international capital mobility in the 1980s', in B. Douglas Bernheim and John B. Shoven (eds) *National Saving and Economic Performance*, Chicago: University of Chicago Press.

Fratantuono, Michael J. (1993) *Shifting Winds and Strong Currents: George Bush Charts a Trade-Policy Approach to Japan*, Pew Case Studies in International Affairs, Case 153 Parts A&B, Institute for the Study of Diplomacy, Washington, DC: Georgetown University.

Frieden, Jeffrey (1986) 'From economic nationalism to hegemony: Social forces and the emergence of modern US foreign economic policy, 1914-1940', UCLA mimeo.

—— (1988) 'Sectoral conflict and US foreign economic policy, 1914-1940', *International Organization*, 42 (1): 59-90.

Friman, H. Richard (1990) *Patchwork Protectionism*, Ithaca, NY: Cornell University Press.

Frost, Ellen (1987) *For Richer, For Poorer: The New US-Japan Relationship*, New York: Council on Foreign Relations.

Fung, K. C. (1991) 'Characteristics of Japanese industrial groups and their potential impact on US-Japan trade', in Robert E. Baldwin (ed.) *Empirical Studies of Commercial Policy*, Chicago:

·参考文献·

University of Chicago Press.

Fuss, Melvyn A. and Leonard Waverman (1992) *Costs and Productivity in Automobile Production*, Cambridge, UK: Cambridge University Press.

Gaddis, John Lewis (1982) *Strategies of Containment: A Critical Appraisal of Postwar American National Security Policy*, New York: Oxford University Press.

Gardner, Richard N. (1980) *Sterling-Dollar Diplomacy in Current Perspective: The Origins and the Prospects of Our International Economic Order*, New York: Columbia University Press.

Garnaut, Ross and Yiping Huang (2000) 'China and the future of the international trading system', in Peter Drysdale and Ligang Song (eds) *China's Entry to the WTO: Strategic Issues and Quantitative Assessments*, London: Routledge.

Garten, Jeffrey E. (1992) *A Cold Peace: America, Japan, Germany and the Struggle for Supremacy*, paperback edn, New York: Times Books.

George, Alexander L. and Timothy J. McKeown (1985) 'Case studies and theories of organizational decision making', *Advances in Information Processing in Organizations*, vol. 2, Santa Barbara, CA: JAI Press.

Gilpin, Robert (1971) 'The politics of transnational economic relations', *International Organization*, Special Issue, 25: 398

-419.

—— (1975) US *Power and the Multinational Corporation：The Political Economy of Foreign Direct Investment*, New York：Basic Books.

—— (1977) 'Economic interdependence and national security in historical perspective', in Klaus Knorr and Frank N. Trager (eds) *Economic Issues and National Security*, Lawrence, KN：The Regents Press of Kansas.

—— (1981) *War, Change and International Politics*, New York：Cambridge University Press.

—— (1987) *The Political Economy of International Relations*, Princeton：Princeton University Press.

Glazer, Nathan (1975) 'From Ruth Benedict to Herman Kahn：The postwar Japanese image in the American mind', in Akira Iriye (ed.) *Mutual Images：Essays in American-Japanese Relations*, Cambridge, MA：Harvard University Press.

Goldstein, Judith (1993) *Ideas, Interests and American Trade Policy*, Ithaca, NY：Cornell University Press.

Golub, Stephen S. (1994) 'The United States-Japan current account imbalance：A review', *IMF Paper on Policy Analysis and Assessment*, March.

Gordon, Robert (2000) 'Does the "New Economy" measure up to the great inventions of the past?', *Journal of Economic Perspectives*, 4 (14)：49-74.

· 参考文献 ·

Gourevitch, Peter (1978) 'The second image reversed: The international sources of domestic politics', *International Organization*, 32 (4): 881-912.

—— (1986) *Politics in Hard Times: Comparative Responses to International Economic Crises*, Ithaca, NY: Cornell University Press.

Gowa, Joanne S. (1983) *Closing the Gold Window: Domestic Politics and the End of Bretton Woods*, Ithaca, NY: Cornell University Press.

—— (1989a) 'Rational hegemons, excludable goods and small groups: An epitaph for hegemonic stability theory?', *World Politics*, 41 (3): 307-24.

—— (1989b) 'Bipolarity, multipolarity and free trade', *American Political Science Review*, 83 (4): 1245-56.

Grafstein, Robert (1992) *Institutional Realism: Social and Political Constraints on Rational Actors*, New Haven: Yale University Press.

Gray, H. Peter, Thomas Pugel and Ingo Walter (1986) *International Trade, Employment and Structural Adjustment: The United States*, Geneva: International Labour Office.

Greaney, Theresa M. (2000) 'Assessing the impacts of US-Japan bilateral trade agreements, 1980 - 95', *The World Economy*, 24 (2): 127-57.

Gresser, Julian (1980) *High Technology and Japanese*

447

Industrial Policy: A Strategy for US Policymakers, report for the House of Representatives Committee on Ways and Means, Washington, DC, October.

Grieco, Joseph M. (1990) *Cooperation Among Nations: Europe, America and Non-tariff Barriers to Trade*, Ithaca, NY: Cornell University Press.

Haggard, Stephan (1988) 'The institutional foundations of hegemony: Explaining the Reciprocal Trade Agreements Act of 1934', *International Organization*, 42 (1): 91-120.

—— (1991) 'Structuralism and its critics: Recent progress in international relations theory', in Emanuel Adler and Beverly Crawford (eds) *Progress in International Relations*, New York: Columbia University Press.

Haggard, Stephan and Robert R. Kaufman (eds) (1992) *The Politics of Economic Adjustment: International Constraints, Distributive Conflicts and the State*, Princeton: Princeton University Press.

Hale, David D. (2000) *Will American Economic and Financial Performance Perpetuate American Economic Dominance in the 21st Century?* photocopy.

Hall, Peter A. (1993) 'Policy paradigms, social learning and the state: The case of economic policymaking in Britain', *Comparative Politics*, 25 (3): 275-96.

Heclo, Hugh (1974) *Social Policy in Britain and Sweden*,

・参考文献・

New Haven: Yale University Press.

—— (1978) 'Issue networks in the executive establishment', in Anthony King (ed.) *The New American Political System*, Washington, DC: American Enterprise Institute.

Helpman, Elhanan (1981) 'International trade in the presence of product differentiation, economies of scale and monopolistic competition – a Chamberlinian-Heckscher-Ohlin approach', *Journal of International Economics*, 11: 305-40.

Hirschman, Albert O. (1945) *National Power and the Structure of Foreign Trade*, Berkeley: University of California Press.

Holbrooke, Richard (1991-2) 'Japan and the United States: Ending the unequal partnership', *Foreign Affairs*, 70 (5): 41-57.

Holstein, William J. (1990) *The Japanese Power Game: What It Means for America*, New York: Charles Scribner's Sons.

Horioka, Charles Y. (1990) 'Why is Japan's household savings rate so high? A literature survey', *Journal of the Japanese and International Economies*, 4 (1): 49-92.

Hufbauer, Gary C. and Kimberly Ann Elliott (1994) *Measuring the Costs of Protection in the United States*, Washington, DC: Institute for International Economics.

Hufbauer, Gary, Diane T. Berliner and Kimberly Ann Elliott

(1986) *Trade Protection in the United States: 31 Case Studies*, Washington, DC: Institute for International Economics.

Hull, Cordell (1948) *The Memoirs of Cordell Hull*, vol. 1, New York: Macmillan.

Hunsberger, Warren S. (1964) *Japan and the United States in World Trade*, New York: Harper & Row.

Ikenberry, G. John (1993) 'The political origins of Bretton Woods', in Michael D. Bordo and Barry Eichengreen (eds) *A Retrospective on the Bretton Woods System: Lessons for International Monetary Reform*, Chicago: University of Chicago Press.

—— (1996) 'Introduction', in G. John Ikenberry (ed.) *American Foreign Policy: Theoretical Essays*, New York: HarperCollins College Publishers.

Ikenberry, G. John, David A. Lake and Michael Mastanduno (1988) 'Introduction: Approaches to explaining American foreign economic policy', *International Organization*, 42 (1): 1-14.

IMF (1991): International Monetary Fund, *Determinants and Systemic Consequences of International Capital Flows*, Occasional Paper 77, Washington, DC: International Monetary Fund.

Irwin, Douglas A. (1996) 'Trade politics and the semiconductor industry', in Anne O. Krueger (ed.) *The Political Economy of American Trade Policy*, Chicago: University of Chicago Press.

·参考文献·

Islam, Shafiqul (1990) 'Capitalism in conflict', *Foreign Affairs*, 69 (1): 172-82.

Jackson, James K. (1990) 'Japan's financial stake in the United States: How stable is it?', in *Japan's Economic Challenge*, Study papers submitted to the Joint Economic Committee, US Congress, 101st Congress, 2nd session, Washington, DC: US Government Printing Office.

Jacobsen, John Kurt (1995) 'Much ado about ideas: The cognitive factor in economic policy', *World Politics*, 47 (2): 283-310.

Janow, Merit E. (1994) 'Trading with an ally: Progress and discontent in US-Japan trade relations', in Gerald L. Curtis (ed.) *The United States, Japan and Asia*, New York: W. W. Norton & Company.

Japan Economic Institute of America (1981) *Yearbook of US-Japan Economic Relations in 1980*, Washington, DC: Japan Economic Institute of America.

—— (1982) *Yearbook of US-Japan Economic Relations in 1981*, Washington, DC: Japan Economic Institute of America.

—— (1983) *Yearbook of US-Japan Economic Relations in 1982*, Washington, DC: Japan Economic Institute of America.

—— (1984) *Yearbook of US-Japan Economic Relations in 1983*, Washington, DC: Japan Economic Institute of America.

—— (1986) *US-Japan Economic Relations Yearbook 1984 -*

1985, Washington, DC: Japan Economic Institute of America.

Japan Times (1960) *Economic Survey of Japan*, Tokyo: Japan Times Ltd.

Japan-United States Economic Relations Group (1981) *Report of the Japan-United States Economic Relations Group*, prepared for the President of the United States and the Prime Minister of Japan, January.

Jenkins-Smith, Hank C. and Paul A. Sabatier (1993) 'The study of public policy processes', in Paul A. Sabatier and Hank Jenkins-Smith (eds) *Policy Change and Learning : An Advocacy Coalition Approach*, Boulder, CO: Westview Press.

Johnson, Chalmers (1982) *MITI and the Japanese Miracle : The Growth of Industrial Policy, 1925 - 1975*, Stanford: Stanford University Press.

—— (1987a) 'How to think about economic competition from Japan', in Kenneth B. Pyle (ed.) *The Trade Crisis : How Will Japan Respond* ? Seattle: Society for Japanese Studies.

—— (1987b) 'Political institutions and economic performance: The government-business relationship in Japan, South Korea and Taiwan', in F. C. Deyo (ed.) *The Political Economy of the New Asian Industrialization*, Ithaca, NY: Cornell University Press.

—— (1989) 'Their behavior, our policy', *The National Interest*, Fall: 17-27.

·参考文献·

—— (1990) 'Trade, revisionism and the future of Japanese-American relations ', in Kozo Yamamura (ed.) *Japan 's Economic Structure: Should It Change*? Seattle: Society for Japanese Studies.

Johnson, Leland L. (1993) *US-Japan Trade Relations in Telecommunications Equipment Markets*, Rand Center for US-Japan Relations, Santa Monica, CA: Rand.

Johnson, Sheila K. (1988) *The Japanese Through American Eyes*, Tokyo: Kodansha International.

Jorgenson, Dale W. and Kevin J. Stihoh (2000) 'Raising the speed limit: US economic growth in the information age ', *Brookings Papers on Economic Activity*, 1: 125-211.

Jorgenson, Dale W. , Masahiro Kuroda and Mieko Nishimizu (1987) 'Japan-US industry-level productivity comparisons, 1960-1979', *Journal of the Japanese and International Economies*, 1 (1): 1-30.

Katz, Richard (1998) *Japan : The System That Soured*, New York: M. E. Sharpe.

Katzenstein, Peter (1978) 'Conclusion: domestic structures and strategies of foreign economic policy', in Peter Katzenstein (ed.) *Between Power and Plenty : Foreign Economic Policies of Advanced Industrial States*, Madison: University of Wisconsin Press.

—— (1985) *Small States in World Markets : Industrial*

Policy in Europe, Ithaca, NY: Cornell University Press.

Kennedy, Paul (1988) *The Rise and Fall of the Great Powers : Economic Change and Military Conflict from 1500 to 2000*, New York: Random House.

Keohane, Robert O. (1984) *After Hegemony : Cooperation and Discord in the World Political Economy*, Princeton: Princeton University Press.

—— (1986) 'Reciprocity in international relations', *International Organization*, 40 (1): 1-27.

Kindleberger, Charles (1973) *The World in Depression, 1929-1939*, London: Allen Lane.

Kingdon, John W. (1984) *Agendas, Alternatives and Public Policies*, Boston: Little Brown and Company.

Knetter, Michael M. (1994) 'Why are retail prices in Japan so high?', NBER Working Paper 4894, Cambridge MA: National Bureau of Economic Research.

Komiya, Ryutaro and Miyako Suda (1991) *Japan's Foreign Exchange Policy, 1971-1982*, Sydney: Allen & Unwin.

Krasner, Stephen D. (1976) 'State power and the structure of international trade', *World Politics*, 28 (3): 317-47.

—— (1978) 'United States commercial and monetary policy: Unravelling the paradox of external strength and internal weakness', in Peter Katzenstein (ed.) *Between Power and Plenty : Foreign Economic Policies of Advanced Industrial States*,

Madison: University of Wisconsin Press.

—— (1979) 'The Tokyo Round: Particularistic interests and prospects for stability in the global trading system', *International Studies Quarterly*, 23 (4): 491-531.

—— (1984) 'Approaches to the state: Alternative conceptions and historical dynamics', *Comparative Politics*, 16: 223-46.

—— (ed.) (1983) *International Regimes*, Ithaca, NY: Cornell University Press.

Kreinin, Mordechai E. (1988) 'How closed is Japan's market?: Additional evidence', *The World Economy*, 11 (4): 529-42.

Krugman, Paul R. (1979) 'Increasing returns, monopolistic competition and international trade', *Journal of International Economics*, 9: 469-79.

—— (1980) 'Scale economies, product differentiation, and the pattern of trade', *American Economic Review*, 70: 950-9.

—— (1981) 'Intra-industry specialization and the gains from trade', *Journal of Political Economy*, 89: 959-73.

—— (1984) 'Import protection as export promotion: International competition in the presence of oligopoly and economies of scale', in Henry Kierzkowski (ed.) *Monopolistic Competition in International Trade*, Oxford: Oxford University Press.

—— (1987a) 'Is the Japan problem over?', in Ryuzo Sato

and Paul Wachtel (eds) *Trade Friction and Economic Policy: Problems and Prospects for Japan and the United States*, New York: Cambridge University Press.

—— (1987b) 'Comments' on Robert Z. Lawrence, 'Imports in Japan: Closed markets or minds?', *Brookings Papers on Economic Activity*, 2: 549-52.

—— (1991a) 'Introduction', in Paul R. Krugman (ed.) *Trade With Japan: Has the Door Opened Wider?* Chicago: University of Chicago Press.

—— (1991b) *Has the Adjustment Process Worked?* Policy Analyses in International Economics 34, Washington, DC: Institute for International Economics.

—— (1992) 'Does the new trade theory require a new trade policy?' *The World Economy*, 15 (4): 423-41.

—— (1994) *Peddling Prosperity: Economic Sense and Nonsense in the Age of Diminished Expectations*, New York: W. W. Norton.

Krugman, Paul R. and Richard E. Baldwin (1987) 'The persistence of the US trade deficit', *Brookings Papers on Economic Activity*, 1: 1-56.

Kunkel, John (1998) 'Realism and postwar US trade policy', *Pacific Economic Papers*, 285, November.

Kunz, Diane B. (1997) *Butter and Guns: America's Cold War Economic Diplomacy*, New York: The Free Press.

参考文献

Laird, Sam and Alexander Yeats (1990) 'Trends in nontariff barriers of developed countries, 1966 – 1986', *Weltwirtschaftliches Archiv*, 126: 299-325.

Lake, David (1984) 'Beneath the commerce of nations: A theory of international economic structures', *International Studies Quarterly*, 24: 143-70.

—— (1988) *Power, Protection and Free Trade: International Sources of US Commercial Strategy, 1887-1939*, Ithaca, NY: Cornell University Press.

—— (1993) 'Leadership, hegemony, and the international economy: Naked emperor or tattered monarch with potential?' *International Studies Quarterly*, 37: 459-89.

Lancaster, Kelvin (1980) 'Intra-industry trade under perfect monopolistic competition', *Journal of International Economics*, 10: 151-75.

Lavergne, Real (1983) *The Political Economy of US Tariffs: An Empirical Analysis*, New York: Academic Press.

Lavin, Franklin L. (1993) 'Clinton and trade', *The National Interest*, Summer.

Lawrence, Robert Z. (1984) *Can America Compete?* Washington, DC: The Brookings Institution.

—— (1987) 'Imports in Japan: Closed markets or minds?', *Brookings Papers on Economic Activity*, 2: 517-48.

—— (1988) 'The international dimension', in Robert E.

Litan, Robert Z. Lawrence and Charles Schultze (eds) *American Living Standards*: *Threats and Challenges*, Washington, DC: Brookings Institution.

—— (1990) 'US current account adjustment: An appraisal', *Brookings Papers on Economic Activity*, 2: 343-82.

—— (1991) 'Efficient or exclusionist? The import behavior of Japanese corporate groups', *Brookings Papers on Economic Activity*, 1: 311-30.

Levy, Jack S. (1994) 'Learning and foreign policy: Sweeping a conceptual minefield, *International Organization*, 48 (2): 279-312.

Lijphart, Arend (1971) 'Comparative politics and comparative method', *American Political Science Review*, 84: 481-96.

Lincoln, Edward J. (1984) *Japan's Industrial Policies*: *What are they, do they matter, and are they different from those in the United States?* Washington, DC: Japan Economic Institute of America.

—— (1985) 'Disentangling the mess in US-Japan economic relations', *The Brookings Review*, 4 (1): 22-7.

—— (1988) *Japan*: *Facing Economic Maturity*, Washington, DC: The Brookings Institution.

—— (1990) *Japan's Unequal Trade*, Washington, DC: The Brookings Institution.

—— (1999) *Troubled Times*: *US-Japan Trade Relations in*

the 1990s, Washington, DC: Brookings Institution Press.

Lowi, Theodore J. (1964) 'American business, public policy case studies and political theory', *World Politics*, 16 (4): 677-715.

—— (1988) 'The return of the state: Critiques', *American Political Science Review*, 82 (3): 885-91.

McKeown, Timothy J. (1991) 'A liberal trade order? The long-run pattern of imports to the advanced capitalist states', *International Studies Quarterly*, 35: 151-72.

MacKnight, Susan (1993) 'US-Japan competition in automotive parts: No quick fixes', *JEI Report* 15A, 23 April.

MacKnight, Susan (1994) 'US-Japan economic relations in 1993: A look back', *JEI Report* 9A, 4 March.

Maddison, Angus (1995a) *Monitoring the World Economy: 1820-1992*, Paris: Development Centre of the Organisation for Economic Co-operation and Development.

—— (1995b) 'Standardized estimates of fixed capital stock: A six-country comparison', in Angus Maddison, *Explaining the Economic Performance of Nations*, Brookfield, VT: Edward Elgar.

Magaziner, Ira C. and Thomas M. Hout (1981) *Japanese Industrial Policy*, Berkeley: Institute for International Studies, University of California.

Magaziner, Ira C. and Robert B. Reich (1983) *Minding*

America's Business, New York: Vintage Books.

Magee, Stephen (1984) 'Endogenous tariff theory: A survey', in David Colander (ed.) *Neoclassical Political-Economy*, Cambridge, MA: Ballinger.

Majone, Giandomenico (1980) 'Policies as theories', *Omega*, 8: 151-62.

Malmgren, Harald (1995) 'Who really won the US-Japan auto fight?', *The International Economy*, July-August: 13-15.

Marston, Richard C. (1990) 'Pricing to market in Japanese manufacturing', *Journal of International Economics*, 14: 3-24.

—— (1991) 'Price behaviour in Japanese and US manufacturing' in Paul R. Krugman (ed.) *Trade with Japan: Has the Door Opened Wider?* Chicago: University of Chicago Press.

Mason, Mark (1992) *American Multinationals and Japan: The Political Economy of Japanese Capital Controls, 1899-1990*, Cambridge, MA: Harvard University Press.

Mastanduno, Michael (1992a) 'Setting market access priorities: The use of Super 301 in US trade with Japan', *The World Economy*, 15 (6): 729-53.

—— (1992b) 'Framing the Japan Problem: The Bush Administration and the structural impediments initiative', *International Journal*, 47: 235-64.

Mayer, Frederick W. (1998) *Interpreting NAFTA: The*

·参考文献·

Science and Art of Political Analysis, New York: Columbia University Press.

Mayhew, David R. (1974) *Congress: The Electoral Connection*, New Haven: Yale University Press.

Mikanagi, Yumiko (1996) *Japan's Trade Policy: Action or Reaction?* London: Routledge.

Milner, Helen (1988) *Resisting Protectionism: Global Industries and the Politics of International Trade*, Princeton: Princeton University Press.

Milner, Helen and David Yoffie (1989) 'Between free trade and protectionism: Strategic trade policy and a theory of corporate trade demands', *International Organization*, 43: 239-72.

Moravcsik, Andrew (1997) 'Taking preferences seriously: A liberal theory of international politics', *International Organization*, 51 (4): 513-53.

Mucciaroni, Gary (1995) *Reversals of Fortune: Public Policy and Private Interests*, Washington, DC: The Brookings Institution.

Nacht, Michael (1983) 'The American mood', in *US-Japan Relations: Towards a New Equilibrium*, Annual Review 1982-83, Harvard: The Program on US-Japan Relations, Center for International Affairs, Harvard University.

Naka, Norio (1996) *Predicting Outcomes in United States-Japan Trade Negotiations: The Political Process of the*

Structural Impediments Initiative, Westport, CT: Quorum Books.

Nanto, Dick K. and Gwenell L. Bass (1992) 'Automobile trade with Japan', *CRS Review*, Congressional Research Service, Library of Congress, Washington, DC, April-May.

Nanto, Dick K., William Cooper and Gwenell L. Bass (1995) 'The Japan-US automobile and parts trade dispute', Congressional Research Service: 95-725E, Library of Congress, Washington, DC, June.

Nau, Henry R. (1990) *The Myth of America's Decline: Leading the World Economy into the 1990s*, New York: Oxford University Press.

Nelson, Douglas R. (1988) 'Endogenous tariff theory: A critical survey', *American Journal of Political Science*, 32 (3): 796-837.

—— (1989) 'Domestic political preconditions of US trade policy: Liberal structure and protectionist dynamics', *Journal of Public Policy*, 9 (1): 83-108.

—— (1991) 'Trade policy games', in Craig N. Murphy and Roger Tooze (eds) *The New International Political Economy*, Boulder, CO: Lynne Rienner Publishers.

Nelson, Joan (ed.) (1990) *Economic Crisis and Policy Choice: The Politics of Adjustment in the Third World*, Princeton: Princeton University Press.

Neustadt, Richard E. (1960) *Presidential Power : The Politics of Leadership*, New York: John Wiley & Sons Inc.

Niskanen, William A. (1983) 'Issues and nonissues', in Edward R. Fried et al. (eds) *The Future Course of US-Japan Economic Relations*, Washington, DC: The Brookings Institution.

—— (1988) *Reaganomics : An Insider's Account of the Policies and the People*, New York: Oxford University Press.

Noble, Gregory W. (1989) 'The Japanese industrial policy debate', in Stephan Haggard and Chung-in Moon (eds) *Pacific Dynamics : The International Politics of Industrial Change*, Boulder, CO: Westview Press.

Noland, Marcus (1989) 'Japanese trade elasticities and the J-curve', *Review of Economics and Statistics*, 71: 175-9.

—— (1992) 'Protectionism in Japan', Washington, DC: Institute for International Economics, photocopy.

—— (1997) 'Chasing phantoms: The political economy of USTR', *International Organization*, 51 (3): 365-87.

Nye, Joseph S. Jr. (1987) 'Nuclear learning and US-Soviet security regimes', *International Organization*, 41 (3): 371-402.

—— (1990) *Bound to Lead : The Changing Nature of American Power*, New York: Basic Books.

—— (1995) 'East Asian security: The case for deep engagement', *Foreign Affairs*, 74 (4): 90-103.

Odell, John S. (1990) 'Understanding international trade

policies: An emerging synthesis', *World Politics*, 43 (1): 139 -67.

OECD (1985): Organisation for Economic Co-operation and Development, *The Semiconductor Industry: Trade-related issues*, Paris: OECD.

—— (1992) *Globalisation of Industrial Activities, Four Case Studies: Auto Parts, Chemicals, Construction and Semiconductors*, Paris: OECD.

—— (1995) *World Steel Trade, 1983-93*, Paris: OECD.

—— (1996) *Indicators of Tariff and Non-Tariff Trade Barriers*, Paris: OECD.

—— (1997) *Indicators of Tariff and Non-Tariff Trade Barriers*, Paris: OECD.

—— (1999a) *OECD Economic Outlook*, June, Paris: OECD.

—— (1999b) *Review of Regulatory Reform in Japan*, Paris: OECD.

—— (2000) *Economic Surveys, United States*, Paris: OECD.

Okimoto, Daniel I. (1986) 'Regime characteristics of Japanese industrial policy', in Hugh Patrick (ed.) *Japan's High Technology Industries: Lessons and Limitations of Industrial Policy*, Seattle: University of Washington Press.

Okimoto, Daniel I. and James H. Raphael (1993)

· 参考文献 ·

'Ambivalence, continuity and change: American attitudes toward Japan and US-Japan Relations', in The Aspen Strategy Group, *Harness the Rising Sun : An American Strategy for Managing Japan's Rise as a Global Power*, Lanham, MD: University Press of America Inc.

Okimoto, Daniel I. , Takuo Sugano and Franklin B. Weinstein (eds) (1984) *Competitive Edge : The Semiconductor Industry in the US and Japan*, Stanford: Stanford University Press.

Oliner, Stephen D. and Daniel E. Sichel (2000) 'The resurgence of growth in the late 1990's: Is information technology the story?', *Journal of Economic Perspectives*, 14 (4): 3-22.

Olson, Mancur (1965) *The Logic of Collective Action*, Cambridge, MA: Harvard University Press.

—— (1982) *The Rise and Decline of Nations : Economic Growth , Stagflation and Social Rigidities*, New Haven, CT: Yale University Press.

Ortmayer, Louis L. (1992) *The US-Japanese FSX Fighter Agreement*, Pew Case Studies in International Affairs, Case 350, Parts A&B, Institute for the Study of Diplomacy, Georgetown University, Washington, DC.

O'Shea, Timothy J. C. (1995) *The US-Japanese Semiconductor Problem*, Pew Case Studies in International Affairs, Case 139, Institute for the Study of Diplomacy, Georgetown University, Washington, DC.

Ostrom, Douglas (1997) 'US-Japan trade relations: Bilateral versus multilateral options', *JEI Report* 43A, 14 November.

Packard, George R. (1987-8) 'The coming US-Japan crisis', *Foreign Affairs*, 66 (2): 348-67.

Pastor, Robert A. (1980) *Congress and the Politics of US Foreign Economic Policy, 1929-1976*, Berkeley: University of California Press.

Patrick, Hugh and Henry Rosovsky (eds) (1976) *Asia's New Giant: How the Japanese Economy Works*, Washington, DC: The Brookings Institution.

Pearson, Charles S. (1989) *Free Trade, Fair Trade? The Reagan Record*, FPI Papers in International Affairs, Lanham, MD: University Press of America.

Petri, Peter (1991) 'Market structure, comparative advantage and Japanese trade under the strong yen', in Paul R. Krugman (ed.) *Trade with Japan: Has the Door Opened Wider?* Chicago: University of Chicago Press.

Pollard, Robert A. (1985) *Economic Security and the Origins of the Cold War, 1945-1950*, New York: Columbia University Press.

Powell, Robert (1994) 'Anarchy in international relations theory: The neorealist-neoliberal debate', *International Organization*, 48: 313-44.

Pressman, Jeffrey and Aaron Wildavsky (1973) *Implementation*

, Berkeley: University of California Press.

Prestowitz, Clyde V. Jr. (1988) *Trading Places : How We Allowed Japan to Take the Lead*, New York: Basic Books.

—— (1993) 'Japan and the United States: Twins or opposites?', in The Aspen Strategy Group, *Harness the Rising Sun : An American Strategy for Managing Japan's Rise as a Global Power*, Lanham, MD: University Press of America Inc.

—— (1995) *The United States and Japan : Towards a New Century*, 10 October, photocopy.

Rapp, William V. (1986) 'Japan's invisible barriers to trade', in Thomas A. Pugel and Robert G. Hawkins (eds) *Fragile Interdependence : Economic Issues in US-Japanese Trade and Investment*, Lexington, MA: Lexington Books.

Reich, Robert B. (1983) 'Beyond free trade', *Foreign Affairs*, 61 (4): 773-804.

Reilly, John E. (ed.) (1991) *American Public Opinion and US Foreign Policy , 1991*, Chicago: Chicago Council on Foreign Relations.

Richardson, J. David (1989) 'Empirical research on trade liberalization with imperfect competition: A Survey', *OECD Economic Studies*, 12, Spring.

—— (1991) 'US Trade Policy in the 1980s: Turns – and roads not taken', NBER Working Paper 3725, Cambridge, MA: National Bureau of Economic Research.

Richardson, J. David (1993) 'New trade theory and policy a decade old: Assessment in a Pacific context', in Richard Higgott, Richard Leaver and John Ravenhill (eds) *Pacific Economic Relations in the 1990s : Cooperation and Conflict ?* , St. Leonards, Australia: Allen & Unwin.

Rodrik, Dani (1994) 'What does the political economy literature on trade policy (not) tell us that we ought to know?', NBER Working Paper 4870, Cambridge, MA: National Bureau of Economic Research.

Rogowski, Ronald (1989) *Commerce and Coalitions : How Trade Affects Domestic Political Alignments*, Princeton, NJ: Princeton University Press.

Ruggie, John Gerard (1982) 'International regimes, transactions and change: Embedded liberalism in the postwar economic order', *International Organization*, 36 (2): 379-416.

—— (1996) *Winning the Peace : America and World Order in the New Era*, New York: Columbia University Press.

Russett, Bruce M. (1985) 'The mysterious case of vanishing hegemony; or Is Mark Twain really dead?', *International Organization*, 39: 20-32.

Sabatier, Paul A. (1987) 'Knowledge, policy-oriented learning, and policy change: An advocacy coalition framework', *Knowledge : Creation , Diffusion , Utilization*, 8 (4): 649-92.

—— (1993) 'Policy change over a decade or more', in Paul A. Sabatier and Hank C. Jenkins-Smith (eds) *Policy Change and Learning: An Advocacy Coalition Approach*, Boulder, CO: Westview Press.

Sabatier, Paul A. and Hank C. Jenkins-Smith (eds) (1993) *Policy Change and Learning: An Advocacy Coalition Approach*, Boulder, CO: Westview Press.

Samuels, Richard (1992) 'Japanese political studies and the myth of the independent intellectual', in Richard J. Samuels and Myron Weiner (eds) *The Political Culture of Foreign Area and International Studies*, Washington, DC: Brassey's.

Sato, Hideo and Timothy J. Curran (1982) 'Agricultural trade: the case of beef and citrus', in I. M. Destler and Hideo Sato (eds) *Coping with US-Japan Economic Conflicts*, Lexington, MA: Lexington Books.

Sato, Hideo and Michael W. Hodin (1982) 'The US-Japanese steel issue of 1977', in I. M. Destler and Hideo Sato (eds) *Coping with US-Japan Economic Conflicts*, Lexington, MA: Lexington Books.

Saxonhouse, Gary R. (1982) 'Evolving comparative advantage and Japan's imports of manufactures', in Kozo Yamamura (ed.) *Policy and Trade Issues of the Japanese Economy: American and Japanese Perspectives*, Seattle: University of Washington Press.

—— (1983a) 'The micro- and macroeconomics of foreign sales to Japan', in William R. Cline (ed.) *Trade Policy in the 1980s*, Washington, DC: Institute for International Economics.

—— (1983b) 'What is all this about "Industry Targeting" in Japan?', *The World Economy*, 6 (3): 253-73.

—— (1989) 'Product differentiation, economies of scale and access to the Japanese market', in Robert Feenstra (ed.) *Trade Policies for International Competitiveness*, Chicago: University of Chicago Press.

—— (1993) 'What does Japanese trade structure tell us about Japanese trade policy?', *Journal of Economic Perspectives*, 7 (3): 21-43.

Saxonhouse, Gary R. and Stern, Robert M. (1989) 'An analytical survey of formal and informal barriers to international trade and investment in the United States, Canada and Japan', in Robert M. Stern (ed.) *Trade and Investment Relations Among the United States, Canada and Japan*, Chicago: University of Chicago Press.

Sazanami, Yoko, Shujiro Urata and Hiroki Kawai (1995) *Measuring the Costs of Protection in Japan*, Washington, DC: Institute for International Economics.

Schattschneider, E. E. (1935) *Politics, Pressures and the Tariff : A Study of Free Private Enterprise in Pressure Politics*, Englewood Cliffs, NJ: Prentice-Hall.

Schoppa, Leonard J. (1997) *Bargaining With Japan: What American Pressure Can and Cannot Do*, New York: Columbia University Press.

Schott, Jeffrey J. (1983) 'The GATT Ministerial: A postmortem', *Challenge*, May-June: 40-5.

Schultze, Charles L. (1983a) 'Industrial policy: A solution in search of a problem', *California Management Review*, 25 (4): 5-15.

—— (1983b) 'Industrial policy: A dissent', *The Brookings Review*, 2 (1): 3-12.

Schwab, Susan C. (1994) *Trade-offs: Negotiating the Omnibus Trade and Competitiveness Act*, Boston: Harvard Business School Press.

Sheard, Paul (1991) 'The economics of Japanese corporate organization and the "Structural Impediments" debate: A critical review', *Japanese Economic Studies*, 19 (4): 30-78.

—— (1992) 'Keiretsu and closedness of the Japanese market: An economic appraisal', Institute of Social and Economic Research Discussion Paper no. 271, Osaka University.

SIA (1980): Semiconductor Industry Association, *An Industry Response to the Foreign Industrial Challenge in High Technology Industries*, Cupertino, CA: SIA.

—— (1983) *The Effect of Government Targeting on World Semiconductor Competition: A Case History of Japanese*

Industrial Strategy and Its Costs for America, Cupertino, CA: SIA.

—— (1985) *The Impact of Japanese Market Barriers in Microelectronics*, prepared for the Subcommittee on Economic Goals and Intergovernmental Policy of the Joint Economic Committee, San Jose, CA: SIA.

—— (1990) *A Deal Is a Deal : Four Years of Experience under the US-Japan Semiconductor Agreement*, San Jose, CA: SIA.

Simmons, Beth A. (1994) *Who Adjusts ? Domestic Sources of Foreign Economic Policy During the Interwar Years*, Princeton, NJ: Princeton University Press.

Skocpol, Theda and Margaret Somers (1980) 'The uses of comparative history in macrosocial inquiry', *Comparative Studies in Society and History*, 22: 174-97.

Skowronek, Stephen (1995) 'Order and change, policy forum: Institutions and institutionalism', *Polity*, 28 (1): 91-7.

Smith, Rogers M. (1995) 'Ideas, institutions and strategic choice', *Polity*, 28 (1): 135-40.

Snidal, Duncan (1985) 'The limits of hegemonic stability theory', *International Organization*, 39 (4): 579-614.

Solomon, Robert (1977) *The International Monetary System , 1945-1976: An Insider's View*, New York: Harper & Row.

·参考文献·

Song, Ligang (2000) 'Trade liberalisation and development of China's foreign trade', in Peter Drysdale and Ligang Song (eds) *China's Entry to the WTO: Strategic Issues and Quantitative Assessments*, London: Routledge.

Spencer, Barbara J. and James A. Brander (1983) 'International R&D rivalry and industrial strategy', *Review of Economic Studies*, 50: 707-22.

Strange, Susan (1987) 'The persistent myth of lost hegemony', *International Organization*, 41 (4): 551-74.

Takeuchi, Kenji (1989) 'Does Japan import less than it should?: A review of the econometric literature', *Asian Economic Journal*, 3: 138-69.

Thelen, Kathleen and Sven Steinmo (1992) 'Historical institutionalism in comparative politics', in Sven Steinmo, Kathleen Thelen and Frank Longstreth (eds) *Structuring Politics: Historical Institutionalism in Comparative Analysis*, Cambridge, UK: Cambridge University Press.

Thurow, Lester (1992) *Head to Head: The Coming Economic Battle Among Japan, Europe and America*, New York. William Morrow.

Tolchin, Martin and Susan Tolchin (1988) *Buying Into America: How Foreign Money Is Changing the Face of Our Nation*, New York: Times Books.

Trezise, Phillip H. (1983) 'Industrial policy is not the major reason for Japan's success', *The Brookings Review*, Spring.

―― (1989-90) 'Japan: the enemy?', *The Brookings Review*, 8: 3-13.

Tyson, Laura D'Andrea (1992) *Who's Bashing Whom ?: Trade Conflicts in High-Technology Industries*, Washington, DC: Institute for International Economics.

Tyson, Laura D'Andrea and John Zysman (1989) 'Developmental strategy and production innovation in Japan', in Chalmers Johnson, Laura D'Andrea Tyson and John Zysman (eds) *Politics and Productivity : How Japan's Development Strategy Works*, New York: HarperBusiness.

UNCTAD (1998): United Nations Conference on Trade and Development, *World Investment Report 1998 : Trends and Determinants*, United Nations: New York.

US Congress, House Committee on Foreign Affairs (1982) *United States-Japan Relations*, hearings before the House of Representatives Committee on Foreign Affairs and its Sub-committees on International Economic Policy and Trade and on Asian and Pacific Affairs, 97th Congress, 2nd session, March-August.

US Congress, House Committee on Ways and Means (1979) *Taskforce Report on United States-Japan Trade*, Washington, DC, January.

―― (1980a) *Competitive Factors Influencing World Trade*

in Semiconductors, hearings before the Subcommittee on International Trade, 96th Congress, 1st session, Washington, DC, 30 November 1979.

—— (1980b) *United States-Japan Trade Report*, September.

US Congress, Joint Economic Committee (1980) *US-Japanese Trade Relations*, hearings before Joint Economic Committee, 96th Congress, 1st session, 10 October 1979.

US Congress, Senate Committee on Finance (1981) *Oversight of US Trade Policy*, hearings before the Subcommittee on International Trade of the Committee on Finance and the Subcommittee on International Finance and Monetary Policy of the Committee on Banking, Housing and Urban Affairs, 97th Congress, 1st session, 8-9 July.

—— (1990) *Super 301: Effectiveness in Opening Foreign Markets*, hearings before the Subcommittee on International Trade, 101st Congress, 2nd session, 27 April.

—— (1991) hearings before the Subcommittee on International Trade, 102nd Congress, 1st session, testimony by Joseph Massey, 2 August.

US Department of Commerce (1979) *A Report on the US Semiconductor Industry*, Washington, DC: US Government Printing Office.

—— (1989) 'The joint DOC/MITI price survey:

Methodology and results', Washington, DC, December.

—— (1991) 'Results of the 1991 DOC/MITI price survey', *US Department of Commerce News*, 91-32, 20 May.

US Department of State (1984) *Realism, Strength, Negotiation: Key Foreign Policy Statements of the Reagan Administration*, Washington, DC, May.

US GAO (1979): US General Accounting Office, *United States-Japan Trade: Issues and Problems*, report by the Comptroller General of the United States, Washington, DC.

—— (1982a) *Industrial Policy: Japan's Flexible Approach*, Washington, DC.

—— (1982b) *Industrial Policy: Case Studies in the Japanese Experience*, Washington, DC.

—— (1983) *Assessment of the Bilateral Telecommunications Agreement with Japan*, Washington, DC.

US ITC (1983): US International Trade Commission, *Foreign Industrial Targeting and Its Effects on US Industries, Phase 1: Japan*, Publication 1437, Washington, DC.

—— (1987) *US Global Competitiveness: The US Automotive Parts Industry*, Publication 2037, Washington, DC.

USTR (1982): US Trade Representative, *Japanese Barriers to US Trade and Recent Japanese Government Trade Initiatives*, November, processed.

—— (1986) *National Trade Estimate: 1986 Report on*

Foreign Trade Barriers, Washington, DC.

van Wolferen, Karel (1986-7) 'The Japan problem', *Foreign Affairs*, 65 (2): 288-303.

—— (1989) *The Enigma of Japanese Power: People and Politics in a Stateless Nation*, London: Macmillan.

—— (1990) 'The Japan problem revisited', *Foreign Affairs*, 69 (4): 42-55.

Vogel, Steven K. (1996) *Freer Markets, More Rules: Regulatory Reform in Advanced Industrial Countries*, Ithaca, NY: Cornell University Press.

Volcker, Paul A. (1992) 'Introduction' in Paul A. Volcker and Toyoo Gyohten, *Changing Fortunes: The World's Money and the Threat to American Leadership*, New York: Times Books.

Waltz, Kenneth N. (1959) *Man, the State, and War*, New York: Columbia University Press.

—— (1979) *Theory of International Politics*, Reading, MA: Addison-Wesley.

Watanabe, Paul and Laura E. Imperiale (1990) 'The past as present: United States-Japan relations and the politics of the Toshiba scandal', *Business in the Contemporary World*, 2, Summer: 84-94.

Watts, William (1984) *The United States and Japan: A Troubled Partnership*, Cambridge, MA: Ballinger.

Webb, Michael C. and Stephen D. Krasner (1989) 'Hegemonic stability theory: An empirical assessment', *Review of International Studies*, 15: 183-98.

Weir, Margaret (1992) 'Ideas and the politics of bounded innovation', in Sven Steinmo, Kathleen Thelen and Frank Longstreth (eds) *Structuring Politics: Historical Institutionalism in Comparative Analysis*, Cambridge, UK: Cambridge University Press.

Wheeler, Jimmy W., Merit E. Janow and Thomas Pepper (1982) *Japanese Industrial Development Policies in the 1980s: Implications for US Trade and Investment*, New York: Hudson Institute, October.

White House (1985) *Administration Statement on International Trade Policy*, 23 September, processed.

—— (1992) *Global Partnership Plan of Action (Part 2), Economic and Trade Relations, Auto and Auto Parts*, photocopy.

Williamson, John and Stephan Haggard (1994) 'The political conditions for economic reform', in John Williamson (ed.) *The Political Economy of Policy Reform*, Washington, DC: Institute for International Economics.

Wilson, James Q. (1989) *Bureaucracy: What Government Agencies Do and Why They Do It*, New York: Basic Books.

Wilson, James Q. and John J. Dilulio Jr. (1995) *American*

Government: The Essentials, 6th edn, Lexington, MA: D. C. Heath and Company.

Winham, Gilbert R. (1986) *International Trade and the Tokyo Round Negotiation*, Princeton: Princeton University Press.

Winham, Gilbert R. and Ikuo Kabashima (1982) 'The politics of US-Japanese auto trade', in I. M. Destler and Hideo Sato (eds) *Coping with US-Japan Economic Conflicts*, Lexington, MA: Lexington Books.

Womack, James P., Daniel T. Jones and Daniel Roos (1990) *The Machine That Changed the World*, New York: Rawson Associates.

Woodward, Bob (1996) *The Choice*, New York: Simon & Schuster.

WTO (2001a): World Trade Organization, *International Trade Statistics – 2001*, WTO: Geneva.

—— (2001b) *Overview of Developments in the International Trading Environment*, WT/MIN (01) /2, WTO: Geneva.

Yamamura, Kozo (ed.) (1989) *Japanese Investment in the United States: Should We Be Concerned?*, Seattle: Society for Japanese Studies.

Yee, Albert S. (1996) 'The causal effects of ideas on policies', *International Organization*, 50 (1): 69-108.

Yoffie, David B. (1988) 'The politics of business: How an industry builds political advantage', *Harvard Business Review*,

May-June: 82-9.

Zysman, John and Stephen S. Cohen (1983) 'Double or nothing: Open trade and competitive industry', *Foreign Affairs*, 61 (5): 1113-39.

Zysman, John and Laura D'Andrea Tyson (1983) 'American industry in international competition' in John Zysman and Laura D'Andrea Tyson (eds) *American Industry in International Competition: Government Policies and Corporate Strategies*, Ithaca, NY: Cornell University Press.

缩略词表

ACTPN：贸易政策与谈判咨询委员会（Advisory Committee on Trade Policy and Negotiations）

AEA：美国电子协会（American Electronics Association）

AFL-CIO：美国劳工联合会－产业工会联合会（American Federation of Labor and Congress of Industrial Organizations）

APPA：汽车零部件与配件协会（Automotive Parts and Accessories Association）

AT&T：美国电话电报公司（American Telephone and Telegraph）

CEA：经济顾问委员会（Council of Economic Advisers）

CIA：中央情报局（Central Intelligence Agency）

CSPP：计算机系统政策项目（Computer Systems Policy Project）

DIA：国防情报局（Defense Intelligence Agency）

DRAMs：动态随机存取存储器设备（Dynamic Random Access Memory devices）

EC：欧洲共同体（European Community）

EIAJ：日本电子工业协会（Electronic Industries Association of Japan）

EPC：经济政策委员会（Economic Policy Council）

EPROMs：可擦除可编程只读存储器设备（Erasable Programmable Read Only Memory devices）

FDI：外国直接投资（Foreign Direct Investment）

ETA：自由贸易协定（Free Trade Agreement）

G-7：七国集团（Group of Seven）

GAO：美国审计总署（General Accounting Office）

GATT：关税与贸易总协定（General Agreement on Tariffs and Trade）

GDP：国内生产总值（Gross Domestic Product）

GNP：国民生产总值（Gross National Product）

HST：霸权稳定理论（Hegemonic Stability Theory）

HTWC：高科技工作组（High Technology Working Group）

IC：集成电路（Integrated Circuit）

IDO：移动通信公司（Idou Tsushin Corporation）

IIE：国际经济研究所（Institute for International Economics）

IMF：国际货币基金组织（International Monetary Fund）

IPE：国际政治经济学（International Political Economy）

ITC：国际贸易委员会（International Trade Commission）

JAMA：日本汽车工业协会（Japan Automobile Manufacturers Association）

JFTG：日本公平贸易委员会（Japan Fair Trade Commission）

JFY：日本财政年度（Japanese Fiscal Year）

JSL：日本垒球联赛（Japan Softball League）

JSMR：日本共享移动无线电（Japan Shared Mobile Radio）

LDP：自由民主党（Liberal Democratic Party）

LSI：大规模集成（Large-Scale Integration）

MAPs：市场准入计划（Market Access Plans）

MFA：多种纤维协定（Multi-Fibre Arrangement）

MFN：最惠国待遇（Most Favoured Nation）

MIT：麻省理工学院（Massachusetts Institute of Technology）

MITI：通产省（Ministry of International Trade and Industry）

MOCP：市场导向合作计划（Market-Oriented Cooperation Plan）

MOSS：市场导向、行业选择安排（Market-Oriented, Sector Selective）

MPT：邮政省（Ministry of Posts and Telecommunications）

MRC：移动无线电中心（Mobile Radio Center）

NAFTA：北美自由贸易协定（North American Free Trade Agreement）

NAM：全国制造商协会（National Association of Manufacturers）

NEC：国家经济委员会（National Economic Council）

NSC：国家安全委员会（National Security Council）

NTB：非关税壁垒（Non-Tariff Barrier）

NTE：国别贸易评估（National Trade Estimates）

NTT：日本电报电话公司（Nippon Telegraph and Telephone）

OE：初始设备（Original Equipment）

OECD：经济合作与发展组织（Organisation for Economic Co-operation and Development）

OMA：有序销售安排（Orderly Marketing Arrangement）

OMB：行政管理和预算局（Office of Management and Budget）

R&D：研发（Research and Development）

RTAA：对等贸易协定法（Reciprocal Trade Agreements Act）

SCSG：半导体国会支持团体（Semiconductor Congressional Support Group）

SIA：半导体产业协会（Semiconductor Industry Association）

SII：结构性障碍倡议（Structural Impediments Initiative）

SRAMs：静态随机存取存储器设备（Static Random Access Memory devices）

STR：特别贸易代表（Special Trade Representative）

TACS：全面接入通信系统（Total Access Communications System）

TFC：贸易便利化委员会（Trade Facilitation Committee）

TQIs：临时数量指标（Temporary Quantitative Indicators）

UAW：美国汽车工人联合会（United Auto Workers）

USTR：美国贸易代表（United States Trade Representative）

VERs：自愿出口限制（Voluntary Export Restraints）
VIEs：自愿进口扩张（Voluntary Import Expansions）
VLSI：超大规模集成（Very Large-Scale Integration）
WTO：世界贸易组织（World Trade Organization）